PROCÈS

DES

ex-Ministres.

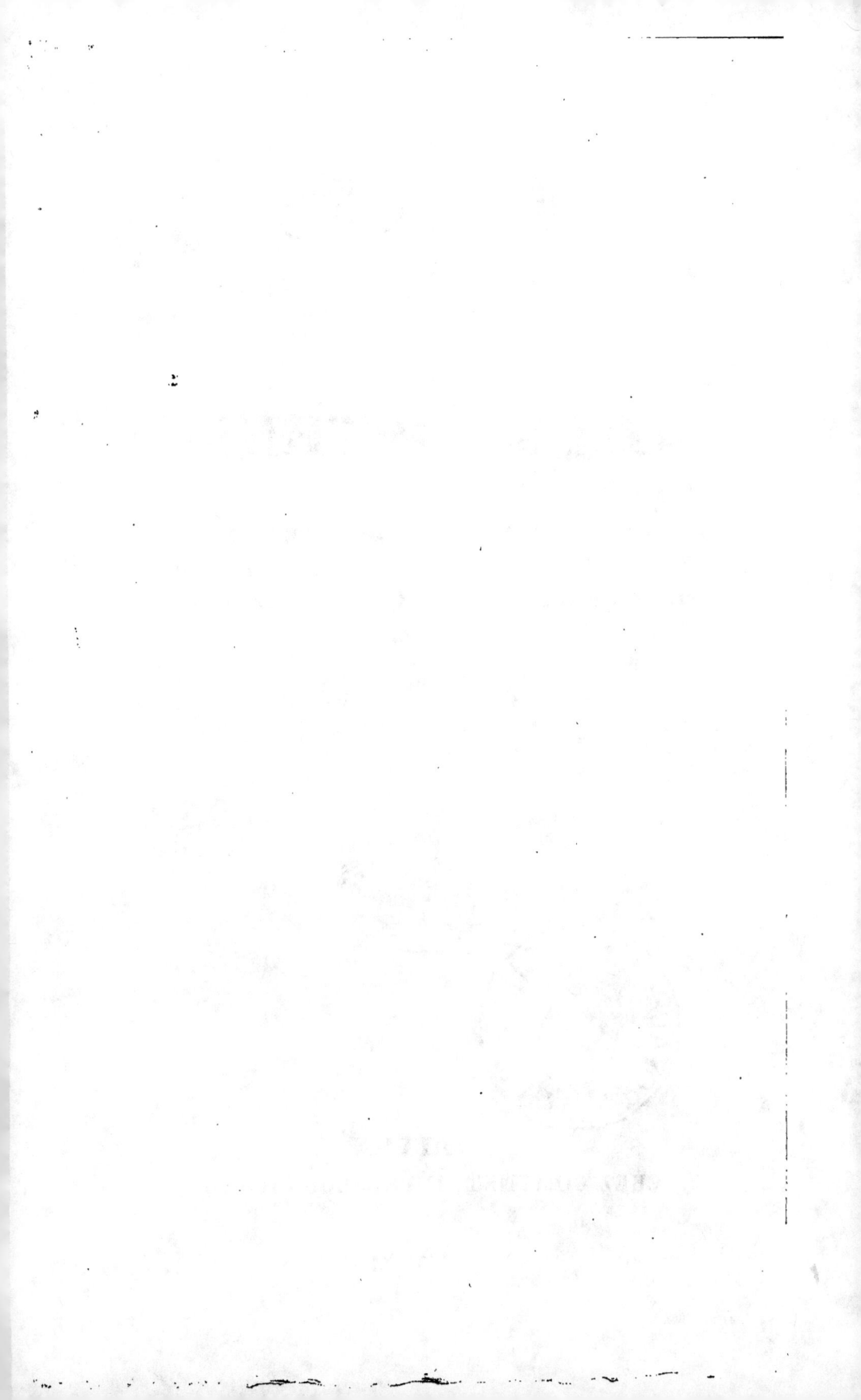

PROCÈS

DES

EX-MINISTRES

Prince de POLIGNAC, comte de PEYRONNET, de CHANTELAUZE, comte de GUERNON-RANVILLE, baron d'HAUSSEZ, baron CAPELLE, de MONTBEL.

AVALLON,
CHEZ COMYNET, IMPRIMEUR-LIBRAIRE.

————

1830.

AVERTISSEMENT.

L'ACCUSATION des Ministres signataires des ordonnances du 25 Juillet 1830, et le jugement de ces Ministres peuvent être considérés comme le manifeste de notre régénération politique, ils en révéleront les causes, et seront pour l'histoire de précieux matériaux.

Quel est, dans les circonstances graves dans lesquelles nous nous trouvons, le citoyen qui n'éprouve le besoin de suivre avec attention les débats de ce procès célèbre? Quels seront, par la suite, pour ceux qui désirent connaître l'histoire, la politique, les évènemens remarquables et le plus grave des actes judiciaires du royaume de France, l'avantage et la nécessité de trouver réunis et rassemblés dans un seul ouvrage tous les documens de ce procès, les discussions qu'à entraînée l'accusation de haute-trahison portée contre tous les membres du ministère de Charles X, les moyens d'attaque et de défense, et le jugement qui terminera cette mémorable affaire?

Nous avons cru faire quelque chose d'utile en réunissant dans un seul volume tous les documens de l'accusation, de l'instruction et du jugement. Placé dans toutes les bibliothèques, ce volume sera consulté long-temps encore après l'exécution de l'arrêt.

Loin de nous l'idée de composer une histoire, loin de nous l'idée de remplir nos feuilles de nouvelles apocryphes; nous mettrons au contraire la plus sévère exactitude à rapporter sans aucun changement et sans omission, tout ce qui a été et sera dit soit à la tribune de la chambre des députés, soit à la barre de la cour des pairs.

Pour former une collection complète nous serons exacts à donner TEXTUELLEMENT :

Le rapport des ministres au Roi, du 25 juillet 1830, sur la liberté de la presse, les élections, la réunion des colléges électoraux, la dissolution de la chambre des députés et la convocation des chambres. — Les ordonnances rendues par suite de ce rapport. — La proposition d'accusation des ministres et le développement de cette proposition. — Les pouvoirs donnés à la commission de la chambre des députés. — L'arrestation des ministres et le premier interrogatoire de M. de Polignac. — Le rapport de la commission à la chambre des députés. — La discussion et la décision de cette chambre. — La nomination des commissaires chargés de suivre l'accusation. — La constitution de la chambre des pairs en Cour de justice. — Le premier arrêt de cette cour. — Les dépositions des témoins devant la cour de justice. — L'interrogatoire des prévenus. — Les réquisitions et conclusions des commissaires. — Les plaidoieries des avocats, les défenses des prévenus. — Enfin, l'arrêt qui interviendra.

Des entreprises semblables à la nôtre ont été annoncées dans les journaux de la capitale. Nous ne craignons pas de dire, et nous offrons de le prouver, malgré leur pompeuse annonce de *retracer en entier tout ce qui aura été dit à la tribune* : que ces publications incomplètes ne sont qu'un abrégé du Moniteur.

Notre édition, quoique plus complète, sera moins dispendieuse.

Chaque livraison sera d'une ou plusieurs feuilles, avec couvertures imprimées. Le prix de chaque feuille est de 25 centimes, franc de port.

PROCÈS

DES

ex-Ministres.

~~~~~~

RAPPORT AU ROI.

SIRE,

Vos ministres seraient peu dignes de la confiance dont Votre
Majesté les honore, s'ils tardaient plus long-temps à placer sous vos
yeux un aperçu de notre situation intérieure, et à signaler à votre
haute sagesse les dangers de la presse périodique.

A aucune époque, depuis quinze années, cette situation ne s'é-
tait présentée sous un aspect plus grave et plus affligeant. Malgré
une prospérité matérielle dont nos annales n'avaient jamais offert
d'exemple, des signes de désorganisation et des symptômes d'anarchie se manifestent sur presque tous les points du royaume.

Les causes successives qui ont concouru à affaiblir les ressorts du
gouvernement monarchique, tendent aujourd'hui à en altérer et à
en changer la nature : déchue de sa force morale, l'autorité, soit
dans la capitale, soit dans les provinces, ne lutte plus qu'avec dé-
savantage contre les factions ; des doctrines pernicieuses et subver-
sives, hautement professées, se répandent et se propagent dans

toutes les classes de la population ; des inquiétudes trop généralement accréditées agitent les esprits et tourmentent la société. De
toutes parts on demande au présent des gages de sécurité pour
l'avenir.

Une malveillance active, ardente, infatigable travaille à ruiner
tous les fondemens de l'ordre et à ravir à la France le bonheur dont
elle jouit sous le sceptre de ses Rois. Habile à exploiter tous les
mécontentemens et à soulever toutes les haines, elle fomente, parmi
les peuples, un esprit de défiance et d'hostilité envers le pouvoir,
et cherche à semer partout des germes de troubles et de guerre
civile.

Et déjà, Sire, des événemens récens ont prouvé que les passions
politiques, contenues jusqu'ici dans les sommités de la société, commencent à en pénétrer les profondeurs et à émouvoir les masses
populaires. Ils ont prouvé aussi que ces masses ne s'ébranleraient
pas toujours sans danger pour ceux-là mêmes qui s'efforcent de les
arracher au repos.

Une multitude de faits, recueillis dans le cours des opérations
électorales, confirment ces données, et nous offriraient le présage
trop certain de nouvelles commotions, s'il n'était au pouvoir de
Votre Majesté d'en détourner le malheur.

Partout aussi, si l'on observe avec attention, existe un besoin
d'ordre, de force et de permanence, et les agitations qui y semblent
le plus contraires n'en sont en réalité que l'expression et le témoignage.

Il faut bien le reconnaître : ces agitations qui ne peuvent s'accroî-
tre sans de grands périls, sont presque exclusivement produites et
excitées par la liberté de la presse. Une loi sur les élections, non
moins féconde en désordres, a sans doute concouru à les entretenir ;
mais ce serait nier l'évidence que de ne pas voir dans les journaux
le principal foyer d'une corruption dont les progrès sont chaque jour
plus sensibles, et la première source des calamités qui menacent
le royaume.

L'expérience, Sire, parle plus hautement que les théories. Des
hommes éclairés sans doute, et dont la bonne foi d'ailleurs n'est pas
suspecte, entraînés par l'exemple mal compris d'un peuple voisin,

ont pu croire que les avantages de la presse périodique en balan-
ceraient les inconvéniens, et que ses excès se neutraliseraient par
des excès contraires. Il n'en a pas été ainsi, l'épreuve est décisive,
et la question est maintenant jugée dans la conscience publique.

A toutes les époques, en effet, la presse périodique n'a été, et
il est dans sa nature de n'être qu'un instrument de désordre et de
sédition.

Que de preuves nombreuses et irrécusables à apporter à l'appui
de cette vérité! C'est par l'action violente et non interrompue de
la presse que s'expliquent les variations trop subites, trop fréquentes de notre politique intérieure. Elle n'a pas permis qu'il s'établît
en France un système régulier et stable de gouvernement, ni qu'on
s'occupât avec quelque suite d'introduire dans toutes les branches
de l'administration publique les améliorations dont elles sont susceptibles. Tous les ministères depuis 1814, quoique formés sous
des influences diverses et soumis à des directions opposées, ont
été en butte aux mêmes traits, aux mêmes attaques et au même
déchaînement de passions. Les sacrifices de tout genre, les concessions de pouvoir, les alliances de parti, rien n'a pu les soustraire à
cette commune destinée.

Ce rapprochement seul, si fertile en réflexions, suffirait pour
assigner à la presse son véritable, son invariable caractère. Elle
s'applique, par des efforts soutenus, persévérans, répétés chaque
jour, à relâcher tous les liens d'obéissance et de subordination, à
user les ressorts de l'autorité publique, à la rabaisser, à l'avilir
dans l'opinion des peuples et à lui créer partout des embarras et des
résistances.

Son art consiste, non pas à substituer à une trop facile soumission
d'esprit une sage liberté d'examen, mais à réduire en problêmes les
vérités les plus positives; non pas à provoquer sur les questions
politiques une controverse franche et utile, mais à les présenter
sous un faux jour et à les résoudre par des sophismes.

La presse a jeté ainsi le désordre dans les intelligences les plus
droites, ébranlé les convictions les plus fermes, et produit, au
milieu de la société, une confusion de principes qui se prête aux

tentatives les plus funestes. C'est par l'anarchie dans les doctrines qu'elle prélude à l'anarchie dans l'État.

Il est digne de remarque, Sire, que la presse périodique n'a pas même rempli sa plus essentielle condition, celle de la publicité. Ce qui est étrange, mais ce qui est vrai à dire, c'est qu'il n'y a pas de publicité en France, en prenant ce mot dans sa juste et rigoureuse acception. Dans l'état des choses, les faits, quand ils ne sont pas entièrement supposés, ne parviennent à la connaissance de plusieurs millions de lecteurs, que tronqués, défigurés, mutilés de la manière la plus odieuse. Un épais nuage, élevé par les journaux, dérobe la vérité et intercepte en quelque sorte la lumière entre le Gouvernement et les peuples. Les Rois vos prédécesseurs, Sire, ont toujours aimé à se communiquer à leurs sujets : c'est une satisfaction dont la presse n'a pas voulu que Votre Majesté pût jouir.

Une licence qui a franchi toutes les bornes, n'a respecté, en effet, même dans les occasions les plus solennelles, ni les volontés expresses du Roi, ni les paroles descendues du haut du trône. Les unes ont été méconnues et dénaturées; les autres ont été l'objet de perfides commentaires ou d'amères dérisions. C'est ainsi que le dernier acte de la puissance royale, la proclamation a été discrédité dans le public, avant même d'être connu des électeurs.

Ce n'est pas tout. La presse ne tend pas moins qu'à subjuguer la souveraineté et à envahir les pouvoirs de l'Etat. Organe prétendu de l'opinion publique, elle aspire à diriger les débats des deux chambres, et il est incontestable qu'elle y apporte le poids d'une influence non moins fâcheuse que décisive. Cette domination a pris surtout depuis deux ou trois ans dans la chambre des députés un caractère manifeste d'oppression et de tyrannie. On a vu, dans cet intervalle de temps, les journaux poursuivre de leurs insultes et de leurs outrages les membres dont le vote leur paraissait incertain ou suspect. Trop souvent, Sire, la liberté des délibérations dans cette chambre a succombé sous les coups redoublés de la presse.

On ne peut qualifier en termes moins sévères la conduite des journaux de l'opposition dans des circonstances plus récentes. Après avoir eux-mêmes provoqué une adresse attentatoire aux prérogatives du trône, ils n'ont pas craint d'ériger en principe la réélection, des 221 députés dont elle est l'ouvrage. Et cependant Votre Majesté avait repoussé cette adresse comme offensante ; elle avait porté un blâme public sur le refus de concours qui y était exprimé ; elle avait annoncé sa résolution immuable de défendre les droits de sa couronne si ouvertement compromis. Les feuilles périodiques n'en ont tenu compte ; elles ont pris, au contraire, à tâche de renouveler, de perpétuer et d'aggraver l'offense. Votre Majesté décidera si cette attaque téméraire doit rester plus long-temps impunie.

Mais de tous les excès de la presse, le plus grave peut-être nous reste à signaler. Dès les premiers temps de cette expédition dont la gloire jette un éclat si pur et si durable sur la noble couronne de France, la presse en a critiqué avec une violence inouie les causes les moyens, les préparatifs, les chances de succès. Insensible à l'honneur national, il n'a pas dépendu d'elle que notre pavillon ne restât flétri des insultes d'un barbare. Indifférente aux grands intérêts de l'humanité, il n'a pas dépendu d'elle que l'Europe ne restât asservie à un esclavage cruel et à des tributs honteux.

Ce n'était point assez : par une trahison que nos lois auraient pu atteindre, la presse s'est attachée à publier tons les secrets de l'armement, à porter à la connaissance de l'étranger l'état de nos forces, le dénombrement de nos troupes, celui de nos vaisseaux, l'indication des points de station, les moyens à employer pour dompter l'inconstance des vents, et pour aborder la côte. Tout, jusqu'au lieu du débarquement a été divulgué comme pour ménager à l'ennemi une défense plus assurée. Et, chose sans exemple chez un peuple civilisé, la presse, par de fausses alarmes sur les périls à courir, n'a pas craint de jeter le découragement dans l'armée, et signalant à sa haine le chef même de l'entreprise, elle a pour ainsi dire excité les soldats à lever contre lui l'étendard de la révolte ou a déserter leurs drapeaux ! Voilà ce qu'ont osé faire les organes d'un parti qui se prétend national !

Ce qu'il ose faire chaque jour, dans l'intérieur du royaume, ne va pas moins qu'à disperser les élémens de la paix publique, à dissoudre les liens de la société, et qu'on ne s'y méprenne point, à faire trembler le sol sous nos pas. Ne craignons pas de révéler ici toute l'étendue de nos maux pour pouvoir mieux apprécier toute l'étendue de nos ressources. Une diffamation systématique, organisée en grand, et dirigée avec une persévérance sans égale, va atteindre, ou de près ou de loin, jusqu'au plus humble des agens du pouvoir. Nul de vos sujets, Sire, n'est à l'abri d'un outrage, s'il reçoit de son souverain la moindre marque de confiance ou de satisfaction. Un vaste réseau, étendu sur la France, enveloppe tous les fonctionnaires publics ; constitués en état permanent de prévention, ils semblent en quelque sorte retranchés de la Société civile ; on n'épargne que ceux dont la fidélité chancelle ; on ne loue que ceux dont la fidélité succombe ; les autres sont notés par la faction pour être plus tard sans doute immolés aux vengeances populaires.

La presse périodique n'a pas mis moins d'ardeur à poursuivre de ses traits envenimés la religion et le prêtre. Elle veut, elle voudra toujours déraciner, dans le cœur des peuples, jusqu'au dernier germe des sentimens religieux. Sire, ne doutez pas qu'elle n'y parvienne, en attaquant les fondemens de la foi, en altérant les sources de la morale publique, et en prodiguant à pleines mains la dérision et le mépris aux ministres des autels.

Nulle force, il faut l'avouer, n'est capable de résister à un dissolvant aussi énergique que la presse. A toutes les époques où elle s'est dégagée de ses entraves, elle a fait irruption, invasion dans l'Etat. On ne peut qu'être singulièrement frappé de la similitude de ses effets depuis quinze ans, malgré la diversité des circonstances et malgré le changement des hommes qui ont occupé la scène politique. Sa destinée, est, en un mot, de recommencer la révolution, dont elle proclame hautement les principes. Placée et replacée à plusieurs intervalles sous le joug de la censure, elle n'a autant de fois ressaisi la liberté que pour reprendre son ouvrage interrompu. Afin de le continuer avec plus de succès, elle a trouvé un actif auxiliaire dans la presse départementale qui, mettant aux prises les jalousies et les haines locales, semant l'effroi dans l'ame des hommes timides, harcelant l'autorité par d'interminables tracasseries, a exercé une influence presque décisive sur les élections.

Ces derniers effets, Sire, sont passagers ; mais des effets plus durables se font remarquer dans les mœurs et dans le caractère de la nation. Une polémique ardente, mensongère et passionnée, ecole de scandale et de licence, y produit des changemens graves et des altérations profondes; elle donne une fausse direction aux esprits, les remplit de préventions et de préjugés, les détourne des études sérieuses, nuit ainsi au progrès des arts et des sciences, excite parmi nous une fermentation toujours croissante, entretient, jusque dans le sein des familles, de funestes dissensions, et pourrait par degrés nous ramener à la barbarie.

Contre tant de maux enfantés par la presse périodique la loi et la justice sont également réduites à confesser leur impuissance.

Il serait superflu de rechercher les causes qui ont atténué la répression et en ont fait insensiblement une arme inutile dans la main du pouvoir. Il nous suffit d'interroger l'expérience et de cons- tater l'état présent des choses.

Les mœurs judiciaires se prêtent difficilement à une répression efficace. Cette vérité d'observation avait depuis long-temps frappé de bons esprits : elle a acquis nouvellement un caractère plus mar- qué d'évidence. Pour satisfaire aux besoins qui l'ont fait instituer, la répression aurait dû être prompte et forte : elle est restée lente, faible et à peu près nulle. Lorsqu'elle intervient, le dommage est commis; loin de le réparer, la punition y ajoute le scandale du débat.

La poursuite juridique se lasse, la presse séditieuse ne se lasse jamais. L'une s'arrête, parce qu'il y a trop à sévir, l'autre multiplie ses forces en multipliant ses délits.

Dans des circonstances diverses, la poursuite a eu ses périodes d'activité ou de relâchement. Mais zèle ou tiédeur de la part du ministère public, qu'importe à la presse? Elle cherche dans le re- doublement de ses excès la garantie de leur impunité.

L'insuffisance ou plutôt l'inutilité des précautions établies dans les lois en vigueur, est démontrée par les faits. Ce qui est également démontré par les faits, c'est que la sûreté publique est compromise par la licence de la presse. Il est temps, il est plus que temps d'en arrêter les ravages.

Entendez, Sire, ce cri prolongé d'indignation et d'effroi qui part de tous les points de votre royaume. Les hommes paisibles, les gens de bien, les amis de l'ordre élèvent vers Votre Majesté des mains suppliantes. Tous lui demandent de les préserver du retour des calamités dont leurs pères ou eux-mêmes eurent tant à gémir. Ces alarmes sont trop réelles pour n'être pas écoutées, ces vœux sont trop légitimes, pour n'être pas accueillis.

Il n'est qu'un seul moyen d'y satisfaire, c'est de rentrer dans la Charte. Si les termes de l'article 8 sont ambigus, son esprit est manifeste. Il est certain que la Charte n'a pas concédé la liberté des journaux et des écrits périodiques. Le droit de publier ses opinions personnelles, n'implique sûrement pas le droit de publier, par voie d'entreprise, les opinions d'autrui. L'un est l'usage d'une faculté que la loi a pu laisser libre ou soumettre à des restrictions, l'autre est une spéculation d'industrie qui, comme les autres et plus que les autres, suppose la surveillance de l'autorité publique.

Les intentions de la Charte, à ce sujet, sont exactement expliquées dans la loi du 21 octobre 1814, qui en est en quelque sorte l'appendice ; on peut d'autant moins en douter que cette loi fut présentée aux chambres le 5 juillet, c'est-à-dire un mois après la promulgation de la Charte. En 1819, à l'époque même où un système contraire prévalut dans les chambres, il y fut hautement proclamé que la presse périodique n'était point régie par la disposition de l'article 8. Cette vérité est d'ailleurs attestée par les lois même qui ont imposé aux journaux la condition d'un cautionnement.

Maintenant, Sire, il ne reste plus qu'à se demander comment doit s'opérer ce retour à la Charte et à la loi du 21 octobre 1814. La gravité des conjonctures présentes a résolu cette question.

Il ne faut pas s'abuser. Nous ne sommes plus dans les conditions ordinaires du gouvernement représentatif. Les principes sur lesquels il a été établi, n'ont pu demeurer intacts, au milieu des vicissitudes politiques. Une démocratie turbulente, qui a pénétré jusques dans nos lois, tend à se substituer au pouvoir légitime. Elle dispose de la majorité des élections par le moyen de ces journaux et le concours d'affiliations nombreuses. Elle a paralisé, autant qu'il dépendait d'elle, l'exercice régulier de la plus essentiel prérogative de la couronne, celle de dissoudre la chambre élective. Par cela même la constitution de l'Etat est ébranlée : Votre Majesté seule conserve la force de la rassoir et de la raffermir sur ses bases.

Le droit, comme le devoir, d'en assurer le maintien, est l'attribut inséparable de la souveraineté. Nul gouvernement sur la Terre ne resterait debout, s'il n'avait le droit de pourvoir à sa sûreté. Ce pouvoir est préexistant aux lois, parce qu'il est dans la nature des choses. Ce sont là, Sire, des maximes qui ont pour elles et la sanction du temps et l'aveu de tous les publicistes de l'Europe.

Mais ces maximes ont une autre sanction plus positive encore, celle de la Charte elle-même. L'article 14 a investi Votre Majesté d'un pouvoir suffisant, non sans doute pour changer nos institutions, mais pour les consolider et les rendre plus immuables.

D'impérieuses nécessités ne permettant plus de différer l'exercice de ce pouvoir suprême. Le moment est venu de recourir à des mesures qui rentrent dans l'esprit de la Charte, mais qui sont en-dehors de l'ordre légal, dont toutes les ressources ont été inutilement épuisées.

Ces mesures, Sire, vos ministres, qui doivent en assurer le succès, n'hésitent pas à vous les proposer, convaincus qu'ils sont que force restera à justice.

Nous sommes avec le plus profond respect,

Sire,

De Votre Majesté,

Les très-humbles et très-fidèles sujets,

Le président du conseil des ministres,
Pᶜᵉ DE POLIGNAC.

Le garde-des-sceaux de France, ministre de la justice,
CHANTELAUZE.

Le ministre secrétaire-d'état de la marine et des colonies,
Bᵒⁿ D'HAUSSEZ.

Le ministre secrétaire-d'état de l'intérieur,
Cᵗᵉ DE PEYRONNET.

Le ministre secrétaire d'état des finances,
MONTBEL.

Le ministre secrétaire-d'état des affaires ecclésiastiques et de l'instruction publique,

Cte DE GUERNON-RANVILLE.

Le ministre secrétaire-d'état des travaux publics,

Bon CAPELLE.

~~~~~~

CHAPITRE I.

ORDONNANCES DU 25 JUILLET 1830 SUR LA LIBERTÉ DE LA PRESSE. — DISSOLUTION DE LA CHAMBRE DES DÉPUTÉS. — ÉLECTIONS. — COLLÉGES ÉLECTORAUX.

———————

Ordonnance du Roi qui suspend la liberté de la presse périodique et semi-périodique.

CHARLES, PAR LA GRACE DE DIEU, ROI DE FRANCE ET DE NA-VARRE,

A tous ceux qui ces présentes verront, salut.

Sur le rapport de notre conseil des ministres,

Nous avons ordonné et ordonnons ce qui suit :

Art. 1er. La liberté de la presse périodique est suspendue.

2. Les dispositions des articles 1er, 2 et 9 du titre 1er de la loi du 21 octobre 1814 sont remises en vigueur.

Loi du 21 octobre 1814.

ART. 1er. Tout écrit de plus de 20 feuilles d'impression pourra être publié librement et sans examen ou censure préalable.

ART. 2. Il en sera de même, quelque soit le nombre de feuilles,

1o. Des écrits en langues mortes et en langues étrangères ;

2o. Des mandemens, lettres pastorales, catéchismes et livres de prières;

3o. Des mémoires sur procès, signés d'un avocat ou d'un avoué près les cours et les tribunaux.

En conséquence, nul journal et écrit périodique ou sémi-périodique, établi ou à établir, sans distinction des matières qui y seront traitées, ne pourra paraître, soit à Paris, soit dans les départemens, qu'en vertu de l'autorisation qu'en auront obtenue de nous séparément les auteurs et imprimeurs.

Cette autorisation devra être renouvelée tous les trois mois.

Elle pourra être révoquée.

3. L'autorisation pourra être provisoirement accordée et provisoirement retirée par les préfets aux journaux et ouvrages périodiques ou sémi-périodiques publiés ou à publier dans les départemens.

4. Les journaux et écrits, publiés en contravention à l'art. 2 seront immédiatement saisis.

Les presses et caractères qui auront servi à leur impression seront placés dans un dépôt public et sous scellés, ou mis hors de service.

5. Nul écrit au-dessous de vingt feuilles d'impression ne pourra paraître qu'avec l'autorisation de notre ministre secrétaire-d'état de l'intérieur à Paris, et des préfets dans les départemens.

Tout écrit de plus de vingt feuilles d'impression qui ne constituera pas un même corps d'ouvrage sera également soumis à la nécessité de l'autorisation.

Les écrits publiés sans autorisation seront immédiatement saisis.

Les presses et caractères qui auront servi à leur impression seront placés dans un dépôt public et sous scellés ou mis hors de service.

6. Les Mémoires sur procès et les Mémoires des sociétés savantes ou littéraires sont soumis à l'autorisation préalable, s'ils traitent en tout ou en partie de matières politiques, cas auquel les mesures prescrites par l'art. 5 leur seront applicables.

4°. Des mémoires des sociétés littéraires et savantes, établies ou reconnues par le Roi.

5°. Des opinions des membres des deux chambres.

ART. 9. Les journaux et écrits périodiques ne pourront paraître qu'avec l'autorisation du Roi.

7. Toute disposition contraire aux présentes restera sans effet.

8. L'exécution de la présente ordonnance aura lieu en conformité de l'art. 4 de l'ordonnance du 27 novembre 1816 et de ce qui est prescrit par celle du 18 janvier 1817.

9. Nos ministres secrétaires-d'état sont chargés de l'exécution des présentes.

Donné en notre château de Saint-Cloud, le vingt-cinq de juillet de l'an de grâce 1830, et de notre règne le sixième.

CHARLES.

Par le Roi :

Le président du conseil des ministres,

Pce DE POLIGNAC.

Le garde-des-sceaux ministre secrétaire-d'état de la justice,

CHANTELAUZE.

Le ministre secrétaire-d'état de la marine et des colonies,

Bon D'HAUSSEZ.

Le ministre secrétaire-d'état des finances,

MONTBEL.

Le ministre secrétaire-d'état des affaires ecclésiastiques et de l'instruction publique,

Cte DE GUERNON-RANVILLE.

Le ministre secrétaire d'état des travaux publics,

Bon CAPELLE.

Ordonnance du 27 novembre 1816.

ART. 4. Néanmoins dans les cas et les lieux ou nous jugerons convenable d'en hâter l'éxécution, les lois et ordonnances seront censées publiées et seront exécutoires du jour qu'elles seront parvenues au Préfet, qui en constatera la réception sur un registre.

L'ordonnance du 18 janvier 1817, ajoute à celle du 27 novembre 1816:

Les Préfets feront imprimer et afficher les lois et ordonnances aussitôt après la réception.

Ordonnance du Roi qui dissout la chambre des députés des départemens.

CHARLES, PAR LA GRACE DE DIEU, ROI DE FRANCE ET DE NAVARRE,

A tous ceux qui ces présentes verront, salut.

Vu l'art. 5o de la Charte constitutionnelle,

Etant informé des manœuvres qui ont été pratiquées sur plusieurs points de notre royaume, pour tromper et égarer les électeurs pendant les dernières opérations des colléges électoraux,

Notre conseil entendu,

Nous avons ordonné et ordonnons :

Art. 1er. La chambre des députés des départemens est dissoute.

2. Notre ministre secrétaire-d'état de l'intérieur est chargé de l'éxécution de la présente ordonnance.

Donné à Saint-Cloud, le 25e jour du mois de juillet de l'an de grâce mil huit cent trente, et de notre règne le sixième.

CHARLES.

Par le Roi :

Le ministre secrétaire-détat de l'intérieur,

Cte DE PEYRONNET.

Ordonnance du Roi, qui réforme, selon les principes de la Charte constitutionnelle, les règles d'élection et prescrit l'éxécution de l'article 46 de la Charte.

CHARLES, PAR LA GRACE DE DIEU, ROI DE FRANCE ET DE NAVARRE :

A tous ceux qui ces présentes verront, salut :

Ayant résolu de prévenir le retour des manœuvres qui ont exercé une influence pernicieuse sur les dernières opérations des colléges électoraux;

Voulant en conséquence réformer, selon les principes de la Charte constitutionnelle, les règles d'élection dont l'expérience a fait sentir les inconvéniens,

Nous avons reconnu la nécessité d'user du droit qui nous appartient, de pourvoir, par des actes émanés de nous, à la sûreté de l'Etat et à la répression de toute entreprise attentative à la dignité de notre couronne.

A ces causes,

Notre conseil entendu,

Nous avons ordonné et ordonnons :

Art. 1er. Conformément aux articles 15, 36 et 50 de la Charte constitutionnelle, la chambre des députés ne se composera que de députés de département.

2. Le cens électoral et le cens d'éligibilité se composeront exclusivement des sommes pour lesquelles l'électeur et l'éligible seront inscrits personnellement, en qualité de propriétaire ou d'usufruitier, au rôle de l'imposition foncière et de l'imposition personnelle et mobilière.

3. Chaque département aura le nombre de députés qui lui est attribué par l'article 36 de la Charte constitutionnelle.

4. Les députés seront élus et la chambre sera renouvelée dans la forme et pour le tems fixés par l'art. 37 de la Charte constitutionnelle.

5. Les colléges électoraux se diviseront en colléges d'arrondissement et colléges de département.

Sont toutefois exceptés les colléges électoraux des départemens auxquels il n'est attribué qu'un seul député.

6. Les colléges électoraux d'arrondissement se composeront de tous les électeurs dont le domicile politique sera établi dans l'arrondissement.

Les colléges électoraux de département se composeront du quart le plus imposé des électeurs du département.

7. La circonscription actuelle des colléges électoraux d'arrondissement est maintenue.

8. Chaque collége électoral d'arrondissement élira un nombre de candidats égal au nombre des députés de département.

9. Le collége d'arrondissement se divisera en autant de sections qu'il devra nommer de candidats.

Cette division s'opérera proportionnellement au nombre des sections et au nombre total des électeurs du collége, en ayant égard, autant qu'il sera possible, aux convenances des localités et du voisinage.

10. Les sections du collége électoral d'arrondissement pourront être assemblées dans des lieux différens.

11. Chaque section du collége électoral d'arrondissement élira un candidat, et procédera séparément.

12. Les présidens des sections du collége électoral d'arrondissement seront nommés par les préfets, parmi les électeurs de l'arrondissement.

13. Le collége de département élira les députés.

La moitié des députés du département devra être choisie dans la liste générale des candidats proposés par les colléges d'arrondissement.

Néanmoins si le nombre des députés du département est impair, le partage se fera sans réduction du droit réservé au collége du département.

14. Dans le cas où par l'effet d'omissions, de nominations nulles ou de doubles nominations, la liste de candidats proposés par les colléges d'arrondissement seraient incomplètes. Si cette liste est réduite au-dessous de la moitié du nombre exigé, le collége de département pourra élire un député de plus hors de la liste; si la liste est réduite au-dessous du quart, le collége de département pourra élire hors de la liste la totalité des députés du département.

15. Les préfets, les sous-préfets et les officiers-généraux commandant les divisions militaires et les départemens ne pourront être élus dans les départemens où ils exercent leurs fonctions.

16. La liste des électeurs sera arrêtée par le préfet en conseil de préfecture. Elle sera affichée cinq jours avant la réunion des colléges.

17. Les réclamations sur la faculté de voter auxquelles il n'aura pas été fait droit par les préfets seront jugées par la chambre des députés en même temps qu'elle statuera sur la validité des opérations des colléges.

18. Dans les colléges électoraux de département les deux électeurs les plus âgés et les deux électeurs le plus imposé rempliront les fonctions de scrutateurs.

La même disposition sera observée dans les sections de collége d'arrondissement, composées de plus de cinquante électeurs.

Dans les autres sections de collége, les fonctions de scrutateur seront remplies par le plus âgé et par le plus imposé des électeurs.

Le secrétaire sera nommé dans les colléges et sections de colléges par le président et les scrutateurs.

19. Nul ne sera admis dans le collége ou section de collége s'il n'est inscrit sur la liste des électeurs qui en doivent faire partie. Cette liste sera remise au président, et restera affichée dans le lieu des séances du collége pendant la durée de ces opérations.

20. Toute discussion et toute délibération quelconques seront interdites dans le sein des colléges électoraux.

21. La police du collége appartient au président. Aucune force armée ne pourra, sans sa demande, être placée auprès du lieu des séances. Les commandans militaires seront tenus d'obtempérer à ses réquisitions.

22. Les nominations seront faites dans les colléges et sections de collége, à la majorité absolue des votes exprimés.

Néanmoins, si les nominations ne sont pas terminées après deux tours de scrutin, le bureau arrêtera la liste des personnes qui auront obtenu le plus de suffrage au deuxième tour. Elle contiendra un nombre de noms double de celui des nominations qui resteront à faire. Au troisième tour, les suffrages ne pourront être donnés qu'aux personnes inscrites sur cette liste, et la nomination sera faite à la majorité relative.

23. Les électeurs voteront par bulletins de liste. Chaque bulletin contiendra autant de noms qu'il y aura de nominations à faire.

24. Les électeurs écriront leur vote sur le bureau, ou l'y feront écrire par l'un des scrutateurs.

25. Le nom, la qualification et le domicile de chaque électeur qui déposera son bulletin, seront inscrits par le secrétaire sur une liste destinée à constater le nombre des votans.

26. Chaque scrutin restera ouvert pendant six heures et sera dépouillé séance tenante.

27. Il sera dressé un procès-verbal pour chaque séance. Ce procès-verbal sera signé par tous les membres du bureau.

28. Conformément à l'art. 46 de la Charte constitutionnelle, aucun amendement ne pourra être fait à une loi, dans la chambre, s'il n'a été proposé ou consenti par nous, et s'il n'a été renvoyé et discuté dans les bureaux.

29. Toutes dispositions contraires à la présente ordonnance resteront sans effet.

30. Nos ministres secrétaire-d'état sont chargés de l'exécution de la présente ordonnance.

Donné à Saint-Cloud, le 25e jour du mois de juillet de l'an de grâce mil huit cent trente, et de notre règne le sixième.

CHARLES.

Par le Roi :

Le président du conseil des ministres, Prince DE POLIGNAC.
Le garde des sceaux, ministre de la justice, CHANTELAUZE.
Le ministre de la marine et des colonies, Baron D'HAUSSEZ.
Le ministre de l'intérieur, Comte DE PEYRONNET.
Le ministre des finances, MONTBEL.
*Le ministre des affaires ecclésiastiques et de l'instruction
publique*, Comte DE GUERNON-RANVILLE.
Le ministre des travaux publics, CAPELLE.

Charte constitutionnelle de 1814.

ART. 15. La puissance législative s'exerce collectivement par le Roi, la chambre des pairs et la chambre des députés des départemens.

ART. 36. Chaque département aura le même nombre de députés qu'il a eu jusqu'à présent. (Total 258).

ART. 37. Les députés seront élus pour 5 ans, et de manière que la chambre soit renouvelée chaque année par cinquième.

ART. 46. Aucun amendement ne peut être fait à une loi, s'il n'a été proposé ou consenti par le Roi, et s'il n'a été renvoyé et discuté dans les bureaux.

ART. 50. Le Roi convoque chaque année les deux chambres; il les proroge et peut dissoudre celle des députés des départemens; mais, dans ce cas, il doit en convoquer une nouvelle dans le délai de trois mois.

Ordonnance du Roi, qui convoque les colléges électoraux d'arrondissement pour le 6 septembre prochain, les colléges de département pour le 18, et la chambre des pairs et celle des députés pour le 28 du même mois.

CHARLES, PAR LA GRACE DE DIEU, ROI DE FRANCE ET DE NAVARRE,

A tous ceux qui ces présentes verront, salut

Vu l'ordonnance royale en date de ce jour, relative à l'organisation des colléges électoraux,

Sur le rapport de notre ministre secrétaire-d'état au département de l'intérieur,

Nous avons ordonné et ordonnons ce qui suit :

Art. 1er Les colléges électoraux se réuniront, savoir, les colléges électoraux d'arrondissement le 6 septembre prochain, et les colléges électoraux de département le 18 du même mois.

2. La chambre des pairs et la chambre des députés des départemens sont convoquées pour le 28 du même mois de septembre prochain.

Notre ministre secrétaire-d'Etat de l'intérieur est chargé de l'exécution de la présente ordonnance.

Donné au château de Saint-Cloud le 25e jour du mois de juillet de l'an de grâce 1830, et de notre règne le sixième.

CHARLES.

Par le Roi :

Le ministre secrétaire-d'Etat de l'intérieur.

Comte DE PEYRONNET.

CHAPITRE II.

PROPOSITION D'ACCUSATION.—DÉVELOPPEMENT DE CETTE PROPOSITION.

CHAMBRE DES DÉPUTÉS.

Vice-Présidence de M. LABBEY DE POMPIÈRES.

(Séance du 6 août.)

M. LE VICE-PRÉSIDENT. J'ai l'honneur de soumettre à la chambre une proposition qui vient de m'être remise à l'instant.

La chambre des députés accuse de haute trahison les ministres signataires des ordonnances du 25 juillet 1830. — Signé Eusèbe Salverte, député de la Seine.

(Appuyé.)

M. Salverte demande la parole. (*A gauche*, Il n'y a pas d'opposition.)

M. SALVERTE. Je demande que, conformément au réglement, ma proposition soit renvoyée dans les bureaux, et, comme la chambre doit s'occuper préalablement d'affaires plus importantes, je ne demanderai la parole pour développer ma proposition que dans huit ours.

La proposition est renvoyée dans les bureaux.

Vice-Présidence de M. LAFFITTE.

(Séance du 13 août.)

M. LE PRÉSIDENT. M. de Salverte a la parole pour le développement de sa proposition. (Un grand silence s'établit.)

M. DE SALVERTE. Messieurs, Quand je me présente devant vous, pour accuser des hommes qu'une défaite aussi complète que méritée

a renversés du faîte du pouvoir, j'éprouve un sentiment qui trouvera, j'en suis sûr, de la sympathie dans vos âmes : je songe à leur
malheur. Et si ce souvenir ne m'arrête point dans l'exécution d'un
devoir sacré, il m'impose l'obligation de me demander, presque à
chaque pas, si la mémoire de nos frères égorgés ne retentit point
trop puissamment dans mes paroles, et si les hommes dont je proclame la culpabilité n'ont pas pu trouver, dans les conjonctures,
quelque excuse propre à atténuer la haine qui les poursuit, l'horreur qui les accable.

Fidèle à cette obligation, j'obtiendrai votre approbation et l'approbation du peuple généreux que vous avez l'honneur de représenter : le peuple a soif de justice et non pas de vengeance.

La session de 1829 avait fini dans un calme profond ; session fe-
conde en discussions lumineuses, nulle en bons résultats : des explications, des promesses, voilà tout ce que les chambres avaient obtenu de la Couronne, et, avouons-le, tout ce qu'elles en avaient
exigé.

Dans l'espoir que tant de modération porterait ses fruits à la session suivante, le peuple se reposait de son avenir sur des intentions
qu'il s'opiniâtrait à croire bonnes et pures, et sur des vérités dont
l'évidence devait finir par frapper les yeux les plus opiniâtrément
fermés à la lumière. Avec le travail et l'industrie, régnaient partout
l'ordre et la tranquillité : la police la plus inquiète, la plus soupçonneuse, n'aurait pu découvrir, sur aucun point, le moindre symp-
tôme de trouble et de désobéissance aux lois : jamais règne n'avait
été plus paisible, jamais trône moins menacé d'orages.

C'est alors que le Ministère fut changé en entier ; les impatiens in-
terprètes de la faction anti-nationale nous annoncèrent que la mission du Ministère nouveau était le renversement de toutes nos libertés.

Je ne rappellerai point, Messieurs, des faits d'une importance
secondaire qui prouveront bientôt la vérité de cette révélation ; je
ne ferai point ressortir le contraste permanent de la condition de
deux classes d'écrivains : les uns, provoquant chaque jour le ministère aux mesures les plus inconstitutionnelles, et présentant ces mesures comme un fait prochain et inévitable, jouissaient d'une par-

faite tranquillité ; tandis que des poursuites judiciaires, incessamment renouvelées, punissaient les écrivains qui ne répétaient de
pareilles menaces, que pour sommer le Ministère de les démentir,
et les citoyens qui croyaient en prévenir l'effet, en s'associant pour
résister, par des voies légales, à des exigences illégales. Je ne ferai
qu'une observation ; huit mois s'écoulèrent au sein de ces graves
inquiétudes, et la paix publique ne fut pas troublée un seul instant.

L'époque arriva où devait s'ouvrir la session de 1830. En cette
occasion solennelle, le Ministère mit dans la bouche du prince des
paroles éminemment inconstitutionnelles : le pouvoir royal qui, dans
l'ordre réglé par la Charte, ne doit exercer aucune action sur la législation, sans le concours des deux autres pouvoirs, il le présente
comme décidé à surmonter seul, et, au besoin, par la force, les
obstacles opposés à sa volonté.

A cette déclaration la chambre élective répondit dans une adresse,
dont la rédaction avait été préparée par des hommes notoirement
amis non-seulement du pouvoir monarchique, mais de la dynastie
et de la personne du monarque : la prorogation, puis la dissolution
de la chambre furent la réplique du Ministère.

Je n'attaque point ces derniers actes, quoique rien n'en eût provoqué la rigueur : les ministres appelaient la nation à juger entre
eux et ses mandataires ; ils étaient dans la ligne constitutionnelle,
mais ils ne devaient point tarder à en sortir.

C'est ce dont il devint difficile de douter, lorsque l'on vit s'asseoir
au nombre des conseillers de la couronne, un homme chargé d'une
célébrité sinistre, et encore sous le coup d'une accusation intentée
au sein de la chambre élective. Je dois ne parler de cet homme
qu'avec une réserve profonde, car déjà une fois je me suis porté son
accusateur. Il m'est seulement permis de dire que son nom rappelait à la France les événemens de Colmar, la loi du droit d'aînesse,
la loi dite *de justice et d'amour*, la dissolution de la garde nationale
de Paris, les massacres de la rue Saint-Denis, en novembre 1827...
Il parut, et le parti anti-national s'écria que sa nomination complétait
le ministère du 8 août... Elle en révélait véritablement la pensée
tout entière.

Bientôt, en effet une proclamation fut adressée au nom du Roi, aux électeurs de toute la France. Le Ministère y faisait parler le prince en maître absolu, blessé des représentations les plus modérées et les plus respectueuses. Un tel langage, en attaquant la nation dans ses droits, ne compromettait pas moins les intérêts personnels du monarque. Que signifiait-il en effet, sinon que le prince, foulant aux pieds la Charte, voulait réduire le gouvernement représentatif à n'être plus qu'un misérable jeu de théâtre où les mandataires du peuple devenaient des rebelles, dès qu'ils n'émettaient pas servilement tous les votes que leur dictaient les ministres.

Depuis neuf mois, le Ministère s'efforçait de remplir les administrations et les tribunaux, d'hommes dévoués à ses projets : il se crut assez fort pour exiger, dans les élections, une coopération aveugle, de la part de tous ses salariés. Il professa hautement que tout homme rétribué sur l'argent que la nation confie au Gouvernement, doit voter comme les agens du pouvoir le lui prescrivent, et, s'ils le veulent, contre la nation. Ici, Messieurs, je signale à votre animadversion, un véritable crime. Je ne parle point du délit prévu par le Code pénal, et qui consiste à troubler violemment les citoyens dans le libre exercice de leurs droits politiques. Je parle d'un sytème tendant à corrompre la morale publique, le bien le plus précieux que possède un peuple civilisé; du système suivant lequel, en acceptant une place du Gouvernement, le citoyen serait censé vendre aux ministres du jour, quels qu'ils fussent et quoiqu'ils ordonnassent, non-seulement son temps et son travail, mais son opinion, mais sa conscience, mais le sentiment de ses devoirs. A l'indignation que soulevait une doctrine si profondément immorale, le Ministère répondait que, pour conserver leur confiance, les pères de famille n'avaient qu'à renoncer à la place qui assurait la subsistance de leurs enfans... Que le poignard en main on exige de moi un acte qui répugne à mes principes : si je cède, ma faiblesse sera blâmée; si je résiste, mon héroïsme admiré; mais, dans tous les cas, l'exécration publique poursuivra, et la loi atteindra de son glaive l'auteur de la violence. Et ce sont ici les fonctionnaires chargés de veiller au maintien de la loi, qui érigent la violence en principe : ils en font le droit du Gouvernement; et de l'abandon des inspirations de la conscience, ils font le devoir constant du salarié; ils font la première des qualités pour quiconque désormais voudra occuper une place.

Suppléant aux manœuvres dont la loi de 1828 rendait le succès difficile, des destitutions frappaient les fonctionnaires loyaux; des circulaires menaçantes effrayaient les électeurs; et déjà, dans le Midi de la France, on ne se bornait point à des menaces. Des électeurs consciencieux et le député de leur choix ont dû se dérober par la fuite aux poignards des assassins. Des cris de proscription, des tentatives meurtrières, une émeute évidemment factice, et d'autant plus coupable, puisqu'aucun des hommes qui y prenait part n'était égaré par la passion; voilà ce que les autorités de Montauban ont vu, ce qu'elles ont toléré, ce qu'elles ont excusé, même applaudi; voilà ce que le Ministère s'est bien gardé de poursuivre, et ce qu'il eût voulu laisser tomber dans l'oubli.

Vous n'imiterez point sa négligence volontaire; vous penserez, Messieurs, que le pacte social, en vous conférant la faculté d'accuser, vous confère aussi les pouvoirs accordés aux autorités investies de la même faculté, et sans lesquels cette faculté deviendrait illusoire. Vous voudrez qu'une enquête éclaire et la France et vous, sur les premiers auteurs des événements de Montauban, et aussi sur toutes les manœuvres employées pour falsifier, corrompre ou asservir les opérations des colléges électoraux.

Une enquête devra également vous apprendre jusqu'à quel point est fondée l'opinion généralement reçue que le Ministère, pour le succès de ses projets coupables, avait sollicité l'appui des gouvernemens étrangers.

Une enquête enfin révélera l'origine mystérieuse des incendies qui ont désolé l'ouest et le nord de la France, de ces incendies dont les instigateurs ont échappé tous, comme par miracle aux recherches d'une police si chèrement payée, secondée par des agens si nombreux et si dévoués, et, en tout autre cas, si bien assurée du succès de ses investigations. Une enquête expliquera pourquoi c'est à l'instant même où les poursuites judiciaires promettaient de jeter quelque jour sur cette épouvantable énigme, que le Ministère a frappé le coup d'état qui devait rendre désormais toute publicité impossible.

Pour moi, Messieurs, il me suffit de remarquer que les incendies et l'émeute excitée à Montauban, par la faction contre-révolutionnaire, ont seuls troublé la tranquillité de la France. Malgré l'anxiété générale, la marche du Gouvernement n'a pas rencontré le moindre obstacle, et les ministres qui, depuis le mois d'août 1829, tramaient le renversement de nos lois, étaient encore obéis sans contradiction, au mois de juillet 1830, dans tout ce qu'ils prescrivaient au nom des lois.

Notre attitude politique n'était pas moins rassurante.

Dans la plus grande partie du royaume, les élections avaient été l'expression exacte de la conscience nationale. Quelque soit, Messieurs, l'honneur que les élections nous aient conféré, quelque soit le sentiment d'intérêt public qui les ait dictées, je ne crains pas de dire que personne n'aurait dû en être plus reconnaissant que le prince même à qui on les représentait comme une suite d'actes de révolte. Si le trône ébranlé par des fautes si nombreuses, si patentes, si coupables, pouvait se rasseoir sur un appui solide, il le trouvait dans les élections constitutionnelles. Nous l'attestons, le peuple qui nous envoyait ne voulait point de révolutions nouvelles ; non par faiblesse ou par crainte, il l'a bien prouvé! mais pour l'amour de l'ordre, mais par respect pour ses sermens. L'éloignement d'un Ministère frappé de la réprobation universelle, des lois propres à garantir l'avenir contre le retour du passé, voilà ce que nous étions chargés d'obtenir. Renfermés sévèrement dans les limites constitutionnelles, nous devions, pour atteindre le but, user de la seule arme que la Charte eût mise en nos mains, et refuser de confier les trésors levés sur la nation, à des fonctionnaires qui ne jouissaient point de la confiance de la nation. Telle était notre marche, annoncée hautement mais sans arrière pensée.

L'Europe nous contemplait : l'Europe dira, et la postérité répétera que, de la part de la France, aucun acte extra-légal, aucune démonstratron hostile, n'avait motivé le coup d'Etat qui est venu la frapper, et sous lequel devait succomber la liberté nationale ou la dynastie.

Le *rapport au Roi* et les *ordonnances* du 25 juillet sont présens à tous les esprits. Je dois observer que les *ordonnances* étant des conséquences du *rapport*, signé par le Ministère entier, elles sont, comme le *rapport*, l'ouvrage du Ministère, et engagent solidairement sa responsabilité.

.En relisant ces actes, désormais légués à l'histoire, ne vous êtes vous point, Messieurs, laissés plus d'une fois entraîner à les considérer sous un point de vue bien différent de celui qui nous occupe? Ne vous êtes-vous pas demandé si les conseillers du Prince pouvaient imaginer quelque chose qui entachât davantage sa personne, et le flétrit plus évidemment de la honte attachée au mensonge.

Le peuple n'avait point oublié cette proclamation royale qui naguère lui promettait que ses institutions et ses libertés ne souffriraient aucune atteinte : et la liberté de la presse, la sauve-garde de toutes les autres allait être anéantie; et l'institution du droit électoral était faussée, au point de devenir la propriété d'un petit nombre d'hommes, qui n'en devaient même jouir que sous le bon plaisir de l'autorité : et sans pouvoir réclamer contre ses caprices ou ses erreurs, avant que le succès de la réclamation fût sans objet et sans conséquence.

A cette dérision s'en joignaient de plus amères encore. Puis-je qualifier autrement l'assertion que la liberté de la presse périodique tuait la publicité en France; ou la déclaration, deux fois répétée, que c'était pour rentrer dans la Charte que l'on détruisait et la liberté de la presse, et les droits électoraux, et qu'en prononçant la dissolution de la chambre des députés, avant qu'elle eût une existence légale, on attribuait de fait à la Couronne, la faculté monstrueuse de casser les élections populaires?

Non, en aucun temps, le pouvoir n'a joint avec plus d'audace, l'insulte à l'injustice, en aucun temps avec plus de mépris, il ne s'est joué, et de ses propres sermens, et des droits et des destinées d'un grand peuple.

Quelque chose eût manqué à l'exécution du plan du Ministère, s'il n'eût pas entretenu jusqu'au dernier moment l'espoir et la sécurité publique : c'est ce qu'il a fait. Toutes les *lettres clauses* ont été expédiées, et les membres des deux chambres convoqués pour le 3 août, et sur tous les points de la France, les députés préparaient leur départ, empressés de se rendre à une assemblée qui, dans la pensée du Ministère, avait d'avance cessé d'exister.

On a cru, et non sans vraisemblance, que cette convocation illusoire n'était pas faite sans intention; que le Ministère désirait réunir
sous sa main les députés dont le vote loyal l'avait offensé; que des
tables de proscription étaient dressées, et que l'exil, la déportation,
la mort, étaient les récompenses promises aux votans de l'adresse.
L'enquête éclairera ce fait. Pour nous, Messieurs, nous rougirions
tous de nous arrêter à nos dangers personnels, quand le cri des combats a retenti, quand le sang de nos concitoyens a coulé pour la
cause de la liberté.

Pour l'exécution de ses ordonnances tyranniques, le Ministère
savait que la violence deviendrait indispensable : il était prêt à dé-
ployer une force armée capable de comprimer toutes les résistances.
Et déjà des charges de gendarmerie punissent les clameurs, les
plaintes, les murmures que l'indignation arrache à des hommes désarmés. Mais bientôt le peuple parisien ne se borne pas à ces dé-
monstrations. Il connaît ses droits, il a senti sa force, il combat; et
sa défensive va devenir bientôt une offensive redoutable. De tous
côtés se place la mort; et chaque coup que frappe la mort atteint un
Français.

A ces massacres prémédités, mais dont la bravoure du peuple a
si heureusement changé l'issue, il semblait difficile d'ajouter un
crime..... Des citoyens zélés pensent que leur voix, écoutée du peuple, pourra aussi être entendue des hommes du pouvoir; pour arrêter l'effusion du sang, ils essaient de faire arriver la vérité jusqu'au
trône; ils indiquent tous les moyens de sauver la vie à plusieurs
milliers de Français; ils s'adressent au chef de la force armée, et par
lui au Ministère : leurs conseils, leurs remontrances, leurs patriotiques prières sont repoussées, la mort ou l'assentiment, voilà la seule
alternative que le Ministère laisse au peuple.

Dans votre mémorable séance du 7 août, vous avez entendu,
Messieurs, un honorable député de la Corrèze affirmer que les Ministres, alors, prirent sur eux seuls la responsabilité du refus, et
qu'ils ne laissèrent parvenir jusqu'au prince, ni les nouvelles du
combat, ni les propositions qui pouvaient y mettre un terme. Cette
trahison cruelle et irréparable de la conscience du prince peut paraître incroyable : il est difficile néanmoins de la révoquer en doute,

lorsqu'on voit le journal officiel du 27 et du 28 juillet imprimé dans Paris ensanglanté, nous apprendre qu'à deux lieues de là, on s'occupait de chasse et de réceptions, de l'étiquette et des délassemens d'une cour brillante, prospère, étrangère, je ne dis pas aux scènes d'horreur et de sang, mais aux moindres sollicitudes politiques.

Cependant une ordonnance avait déclaré en état de siége la capitale du royaume : l'autorité militaire allait seule y règner, et distribuer les condamnations au gré du Ministère qui se croyait déjà triomphant. Mais Paris accepte cette déclaration de manière à reporter chez les assiégeans l'effroi qu'ils voulaient inspirer. Toutes les classes, tous les âges fournissent des combattans, fournissent des héros, qui au courage le plus bouillant, joindront l'humanité la plus vraie, et ce désintéressement si souvent rare chez des vainqueurs, si admirable chez des vainqueurs pauvres, indigens, et quelque uns même couverts à peine d'habits en lambeaux. Ah! ne regrettons plus que le Ministère soit resté sourd à l'appel des hommes pacifiques; les immortelles victimes de ces grandes journées nous désavoueraient : la prolongation du combat et la victoire tout entière étaient nécessaires au triomple de la liberté, à la chute complète et sans retour des ennemis du peuple, des fauteurs du gouvernement absolu.

Je le sens, Messieurs, je m'écarterais volontiers de mon sujet; et détournant votre attention des coupables vaincus, je la porterais toute entière sur leurs magnanimes vainqueurs. Mais, du moins, je suis en droit de vous dire : que les souvenirs glorieux fassent taire les souvenirs de douleur; que les cris de victoire et de liberté couvrent les sanglots du regret et les gémissemens de la souffrance. Jonchez de lauriers notre sol ensanglanté; cachez, sous les récits de tant de miracles d'héroisme, les sillons imprimés sur nos murs par les boulets, les balles et la mitraille; livrez-vous uniquement au bonheur du triomphe national : c'est dans cette disposition, vraiment sympathique avec la générosité française, que je vous appelle à prononcer sur mon accusation.

Une Charte existait en France, d'autant plus sacrée pour l'autorité royale que l'autorité royale prétendait l'avoir octroyée; et que sans doute, en la rédigeant, elle avait pris toutes les précautions nécessaires pour préserver sa puissance des envahissemens de la liberté. Cet acte avait été violé sur des points importans, mais il subsistait, obligatoire pour le prince qui en avait juré le maintien, obligatoire pour les ministres chargés d'accomplir les sermens du prince.

Les ministres signataires du rapport au Roi et des ordonnances du 25 juillet, avaient-ils conçu, comme leurs amis ont été les premiers à l'annoncer, et ont-ils tenté d'exécuter le projet de détruire la Charte dans ses principales bases; et de substituer un système complet d'esclavage, au système imparfait de liberté dans lequel, grâce à l'énergie de l'esprit public, la France voyait se développer, quoique bien lentement, les conséquences des droits imprescriptibles des peuples?

Je ne reviendrai point sur des soupçons qu'adopte la croyance publique, et qu'une enquête seule peut confirmer. Je me borne aux actes authentiques.

Le Ministère, dans le discours de la Couronne, a tenu un langage qui affranchissait ce pouvoir du concours des deux autres branches de la législature. Dans une proclamation royale, il n'a pas craint de représenter comme une œuvre de révolte, un acte tout constitutionnel émané de la chambre élective.

Le Ministère s'est efforcé de dominer les élections par la corruption, les menaces, les violences et l'assassinat.

Il a porté atteinte à la morale publique en érigeant en doctrine l'abus de la force pour le Gouvernement, et pour les citoyens, l'abnégation de la conscience.

Sous le prétexte absurde de dissoudre une chambre non encore constituée, non encore réunie, non encore existante, le Ministère a prétendu usurper le droit de casser les élections faites par le peuple français.

Par une *ordonnance* le Ministère a prétendu détruire la liberté de la presse, reconnue en principe et placée sous la seule garantie de la loi, par l'article 8 de la Charte.

Par une ordonnance, il a prétendu renverser l'institution électorale, garantie en principe par la Charte, et établie par des lois formelles, et y substituer un système de déception dont le viol du secret des votes et la toute-puissance des agens de l'autorité, formaient les principales bases.

Pour soutenir ces actes destructeurs de tous nos droits, le Ministère a armé les soldats contre les citoyens; il a fait égorger les uns par les autres; invité à arrêter le carnage, il en a poursuivi le cours, jusqu'à ce que le courage des Parisiens ait triomphé de son opiniâtreté sanguinaire.

Aux termes mêmes de la Charte, telle qu'elle a existé jusqu'à la fin de 1830, si de tels actes ne constituent pas le crime de haute trahison, la responsabilité est un rêve, la loi une fiction, la justice un mot.

Voici le texte de ma proposition :

» La chambre des députés accuse de haute trahison les Ministres » signataires du rapport au Roi, et des ordonnances en date du 25 » juillet 1830. »

(Appuyé! appuyé!)

La prise en considération est mise aux voix et adoptée à l'unanimité.

(La proposition sera renvoyée dans les bureaux.)

Voix à gauche. L'impression.

M. LE PRÉSIDENT. L'impression est de droit.

La proposition est renvoyée dans les bureaux qui nommeront une commission pour en faire le rapport.

Les 9 bureaux ont nommé pour commissaires : 1er. M. Daunou, député du Finistère.—2. M. Bérenger, député de la Drôme.—3. M. Caumartin, député de la Somme.—4. M. Madier de Montjau, député de l'Aude.—5. M. Pelet de la Lozère ; député de Loir-et-Cher. — 6. M. Lepelletier d'Aunay, député de Seine-et-Oise. — 7. M. Bertin de Vaux, député de Seine-et-Oise. — 8. M. Mauguin, député de la Côte-d'Or. — 9. M. Eusèbe de Salverte, député de la Seine, auteur de la proposition.

La commission étant réunie a nommé pour président M. Daunou, et pour secrétaire M. Madier de Montjau. — Des questions préjudicielles très-graves ont été agitées.

CHAPITRE III.

DEMANDE DE POUVOIRS A LA CHAMBRE DES DÉPUTÉS PAR LA COMMISSION CHARGÉE DE L'EXAMEN DE LA PROPOSITION D'ACCUSATION.—DISCUSSION ET DÉCISION.

CHAMBRE DES DÉPUTÉS.

Présidence de M. LAFFITTE.

(Séance du 19 août.)

M. BÉRENGER. La commission que vous avez chargée de l'examen de la proposition relative à l'accusation des ministres signataires des ordonnances du 25 juillet dernier, a senti dès sa première réunion le besoin de donner à ces actes, toute l'autorité convenable pour leur imprimer le caractère de certitude et de légalité que la gravité de cette accusation rend nécessaire.

Elle a senti également que, pour accomplir dans toute son étendue la mission qu'elle tient de vous, elle avait besoin de recevoir spécialement de la chambre et par une sorte de délégation, quelques-uns des pouvoirs qui vous sont attribués par la Charte.

Cette Charte, en effet, si glorieusement défendue par le courage des citoyens, attribue à la chambre des députés le droit d'accuser les ministres, et de les traduire devant la chambre des pairs.

Ce droit *d'accuser* et de *traduire* serait vain, si la chambre n'avait celui de faire tous les actes propres à établir ou à justifier l'accusation, et à mettre les accusés en présence du haut tribunal qui doit les juger.

Ainsi, recueillir les preuves, compulser les dépôts publics, entendre les témoins et les mander devant elle; conséquemment lancer des mandats de comparution ou d'amener; voilà le droit de la chambre. Il en est un autre qui n'est pas moins incontestable et qui est surtout dans l'intérêt de la juste défense, c'est celui d'interroger les prévenus, car nul de vous, Messieurs, ne voudrait concourir à une mise en accusation, si préalablement il n'avait entendu par lui ou par ses délégués, celui qui doit en être l'objet.

Delà dérive encore pour la chambre le droit de faire usage contre les prévenus des divers mandats par lesquels nos lois ont assuré l'action de la justice.

De ces divers droits conférés par la Charte, il résulte les mêmes pouvoirs que notre loi commune assigne aux juges d'instruction et aux chambres du conseil.

Sans doute, Messieurs, qu'en nommant une commission pour examiner la proposition de M. Salverte, vous avez entendu nous déléguer ceux de vos pouvoirs qui nous sont nécessaires pour remplir efficacement le mandat que nous tenons de vous.

Mais nous devons éviter d'être arrêtés par les obstacles que rencontra en 1828 la commission chargée de l'examen de la proposition d'accusation faite par M. de Pompières.

D'ailleurs, et comme je lui ai fait connaître en commençant, plus l'accusation est grave, plus les actes et les faits qui les motivent ont troublé le pays, plus les solennels débats auxquels ils vont donner lieu interreseront la nation, la rendront attentive; plus enfin est terrible la responsabilité encourue par les hommes sur qui va peser cette redoutable accusation, et plus votre commission a dû s'attacher à mettre ses actes à l'abri de toute contestation. Elle a donc voulu tenir ses pouvoirs de vous, non d'une manière implicite et comme conséquence de sa mission; elle a désiré que vous les lui conférâssiez directement et de la manière la plus formelle.

C'est dans cette vue qu'elle vous propose d'adopter la résolution suivante :

« La chambre autorise la commission nommée pour examiner la » proposition de M. de Salverte relative à l'accusation des ministres » signataires des ordonnances du 25 juillet dernier, à exercer tous

» les pouvoirs appartenant aux juges d'instruction et aux chambres
» du conseil. »

(La chambre décide que la discussion sur ce rapport, dont l'impression est ordonnée, sera ouverte demain.)

(Séance du 20 août·)

M. LE PRÉSIDENT. L'ordre du jour est la discussion de la proposition relative à l'accusation du dernier ministère, sur laquelle la commission a proposé la résolution suivante :

« La chambre autorise la commission nommée pour examiner la proposition de M. Salverte, relative à l'accusation des ministres signataires des ordonnances du 25 juillet dernier, à exercer tous les pouvoirs appartenant aux juges d'instruction et aux chambres du conseil. »

M. Persil a la parole.

M. PERSIL. Messieurs, ce n'est qu'en hésitant et avec une extrême défiance que je viens vous soumettre quelques observations sur les conclusions de votre commission : non que je ne sois fermement convaincu de la vérité de ce que je vais vous dire, mais parce que je suis effrayé de l'espèce d'unanimité qui, hier encore, voulait adopter par acclamation ces conclusions.

Je commence, pour éviter toute fausse interprétation de mes intentions, par déclarer que je suis d'avis de l'accusation, que j'ai voté pour la prise en considération, et que si la commission, au lieu de demander des pouvoirs pour instruire, proposait dès-à-présent l'adoption de la proposition, je ne balancerais pas à me ranger de son avis.

Mais une plus grande question est soulevée par son rapporteur. Elle est relative à vos pouvoirs et à l'interprétation d'un article de la Charte; elle a pour objet de vous ériger dès à présent en corps judiciaire, et tend suivant moi à vous faire commettre, dès le début de votre carrière, une véritable usurpation d'autorité.

Expliquons ma pensée par les conclusions même du rapport.

La commission vous demande de lui déléguer tous les pouvoirs que le Code d'instruction criminelle a confié aux juges d'instruction, ce qui comprend le droit de faire des perquisitions partout où besoin sera, et pour cela de requérir la force armée, d'entendre des témoins, et en cas de refus de comparaître de leur part, de les contraindre par des condamnations pécuniaires et même par corps : de décerner toute espèce de mandats, *de comparution*, *d'amener*, *de dépôt*, *d'arrêt*, contre les prévenus.

En vous faisant cette proposition, la commission me semble avoir dépassé ses attributions et méconnu les motifs de sa propre institution; et comme une usurpation de pouvoir en entraîne presque toujours d'autres, elle vous demande ce que vous n'avez réellement pas, un droit qui n'est écrit pour vous ni formellement, ni implicitement dans aucune loi.

Je dis que la commission a méconnu sa propre institution.

Et en effet, pourquoi l'avez-vous établie? Est-ce pour faire une instruction, une procédure judiciaire?

Non, vous avez fait pour la proposition de M. de Salverte ce que vous faites pour toutes les propositions qui vous sont soumises.

Après son dépôt entre les mains de M. le président, vous en avez donné communication aux bureaux, afin de vous assurer qu'elle pouvait, sans danger, paraître au grand jour.

M. de Salverte en a fait ensuite connaître les motifs, et ils vous ont paru suffisans pour la prise en considération.

Vous avez déclaré par là qu'il y avait lieu à vous en occuper, et conformément à votre réglement vous avez renvoyé aux bureaux qui, eux-mêmes, ont nommé une commission pour examiner la proposition, et pour vous faire un rapport sur son adoption ou son rejet.

Voilà tous les pouvoirs de votre commission. Tout ce qu'elle ferait au-delà serait hors du cercle que vous lui avez tracé; elle méconnaîtrait la loi de son institution.

Dira-t-elle qu'elle ne trouve pas dans la proposition elle-même, et dans les motifs qui l'accompagnent, les élémens propres à déterminer sa conviction, et qu'il lui faut d'autres preuves?

Je ne crains pas cette objection.

La conduite du dernier ministère est notoire. Il y a à son égard un véritable flagrant délit, attesté par la clameur publique, et cette clameur, insuffisante pour déterminer à juger et à condamner est toute puissante pour accuser. La dignité humaine ne peut pas demander d'autres garanties de l'accusation.

Et cependant si notre commission veut autre chose, si elle veut des faits déjà prouvés, et auxquels une instruction ne pourrait rien ajouter, qu'elle prenne l'exposé des motifs qui accompagne la proposition.

Je ne citerai que le discours de la couronne à l'ouverture de i session de 1830, la proclamation royale à l'occasion des dernières élections, les trop fatales ordonnances du 25 juillet, et, comme le plus horrible des complémens, les massacres des 27, 28 et 29 juillet : le cri de nos frères qui crient vengeance et justice, mais justice instantanée, justice qu'une instruction préalable ne doit pas faire différer, justice qui sera éclairée par l'instruction de jugement qu-se fera publiquement devant l'autorité qui est chargée de la rendre.

Voilà des faits qui sont prouvés actuellement.

Je ne demande pas s'il exista jamais d'accusation qui reposât sur de plus solides bases, mais je m'étonne qu'elle n'ait pas paru à votre commission de nature à être présentée sur-le-champ.

Avec d'excellentes et louables intentions, votre commission ne vous demande pas ce que l'intérêt public et la justice prescrivent à l'accusation actuelle, et elle vous demande ce que constitutionnellement vous ne pouvez pas lui accorder.

C'est ce que je vais essayer de vous démontrer:

L'art. 57 de la Charte dit que toute justice émane du Roi. Cet article est applicable aux ministres comme aux simples particuliers. Au lieu d'être livrés aux tribunaux ordinaires, ils sont déférés à une haute magistrature qui est instituée par le Roi comme les autres. Vous n'auriez le droit de remplir des fonctions judiciaires qu'autant que vous auriez reçu ce caractère de juges du Roi, de qui émane toute justice. Le mandat que vous avez reçu du peuple ne vous confère pas un tel droit.

La Charte, art. 55, porte :

« La chambre des députés a le droit d'accuser les ministres et de » les traduire devant la chambre des pairs, *qui seule à celui de les* » *juger.* »

3

De cet article, la commission conclut que vous pouvez vous ériger en chambre d'accusation et vous saisir de tous les pouvoirs intermédiaires qui doivent servir à rechercher la vérité et empêcher que les prévenus ne soient soustraits à la justice.

Ainsi juges d'instruction, par l'intermédiaire de votre commission, vous ferez citer des témoins, et s'ils refusent de se présenter, vous les condamnerez à l'amende; vous ferez plus, vous les contraindrez par corps à se présenter.

Vous appellerez les prévenus, vous décernerez contre eux des mandats de comparution, d'amener, de dépôt, d'arrêt.

Quand vous les aurez fait appréhender au corps, et qu'amenés près de vous, vous les aurez interrogés, quand votre instruction sera achevée, il faudra se décider : votre commission vous fera alors un rapport dans lequel elle conclura à la mise en accusation ou à l'acquittement.

Dans le premier cas, les prévenus auront le droit de se défendre au moins par écrit. L'art. 217 du Code d'instruction criminelle le leur accorde formellement.

Viendra enfin le jour de votre délibération ou plutôt de votre décision.

Qu'ordonnerez-vous?

S'il vous est démontré que les ministres sont coupables, vous rendrez un arrêt de mise en accusation.

Si leur innocence (ce qui me paraît impossible, mais que je dois supposer) est établie, vous les acquitterez, et vous ordonnerez leur mise en liberté.

Mais dans l'un et l'autre cas, dans le dernier surtout, celui où vous déclareriez n'y avoir lieu à suivre, que feriez-vous, sinon *juger* les ministres, tout aussi bien qu'une chambre d'accusation *juge* le prévenu qui lui est renvoyé par la chambre du conseil.

On *juge* non-seulement lorsque l'on condamne, mais encore quand on acquitte, quand on déclare n'y avoir lieu à suivre.

Cela est tellement vrai à l'égard des chambres d'accusation, auxquelles on veut vous assimiler, que l'article 246 du Code d'instruction criminelle décide que le prévenu à l'égard duquel la cour royale aura décidé qu'il n'y a pas lieu à suivre, ne pourra plus être poursuivi à raison du même fait.

Or, la loi n'a pu admettre ce principe que parce que la mise en accusation était un véritable jugement; parce que la décision que rend la chambre a le caractère de toutes les décisions judiciaires : la vérité présumée.

Ainsi, en adoptant la proposition de la commission, vous décideriez que vous pouvez faire office de juge, soit pour entendre des témoins, soit pour ordonner l'arrestation des ministres, quoiqu'aucune loi ne vous ait donné ce caractère, quoique le souverain de qui tous les juges en France tiennent leurs pouvoirs, ne vous ait jamais institués. Le peuple, qui seul vous a envoyés, n'a pas pu vous déléguer la puissance judiciaire, exclusivement réservée au Roi.

Ainsi, encore en accédant aux conclusions de la commission et en vous transformant en chambre d'accusation, vous jugeriez les ministres, vous les jugeriez même définitivement si vous les acquittiez, quoique l'article 55 de la charte porte textuellement *que la chambre des pairs a seule le droit de les juger.*

Le moindre inconvénient de votre décision serait peut-être la confusion des pouvoirs, si dangereuse en ces matières. Le mal véritable serait dans l'injustice de la décision elle-même, injustice qui pourrait frapper en même temps et les ministres accusés et la société qui réclame une réparation éclatante.

Supposez que vous donniez à votre commission les pouvoirs qu'elle demande, l'instruction commencera, on entendra les témoins, on arrêtera les accusés; et s'ils sont arrêtés, on les conduira auprès de la commission, qui les entendra quand et autant de fois qu'elle le trouvera convenable.

Tout cela peut être long, et de nature à conduire jusqu'à la fin de la session.

Que deviendra l'accusation? que ferez-vous des ministres qui sont arrêtés et à qui vous devez prompte justice et la liberté, s'ils sont innocens?

Les forcerez-vous d'attendre la session suivante?

Vous avez prévu et résolu la difficulté pour la chambre des pairs, alors que vous pensiez que seule elle pourrait devenir cour de justice. Vous avez dit dans l'art. 26 de la charte rectifiée :

« Toute assemblée de la chambre des pairs qui serait tenue hors
» du temps de la session de la chambredes députés est illicite et
» nulle de plein droit, *sauf le seul cas où elle est réunie comme*
» *cour de justice; et alors elle ne peut exercer que des fonc-*
» *tions judiciaires.* »

Si la chambre des députés avait eu de véritables fonctions judiciaires à remplir, on n'eût pas manqué de lui appliquer cette addition, les mêmes raisons militaient pour elle; corps judiciaire pendant l'instruction, elle aurait naturellement dû survivre à la clôture
de la session législative.

Le silence de la Charte est donc encore un argument qui repousse
la proposition de votre commission.

Il me reste maintenant, Messieurs, à expliquer ma pensée sur le
véritable sens de l'art. 55 de la Charte et sur la marche que, suivant
moi, doit suivre l'accusation.

Le premier principe de notre droit criminel est que « l'action
» pour l'application des peines n'appartient qu'aux fonctionnaires
» auxquels elle est confiée par la loi. » (Art. 1er Cod. d'inst.)

Nul particulier, victime ou non d'un délit ou d'un crime, n'a le
droit d'en poursuivre la réparation.

Il peut porter plainte, accuser, mais non saisir directement la
justice. Ce devoir appartient exclusivement à la partie publique;
aux procureurs du Roi.

Toutefois ce principe eût été destructeur de toute justice, si l'application en eût été faite aux crimes commis par des ministres. On
ne pouvait pas raisonnablement imposer à leurs délégués le devoir
de les poursuivre.

D'un autre côté, la chose étant de la plus haute importancee, et la
chambre des députés pouvant mieux que personne connaître les
faits, c'est à elle qu'a été remise, par l'article 55 de la Charte, l'action
publique.

« La chambre des députés a le droit d'*accuser* les ministres, et
» de les *traduire* devant la chambre des pairs. »

Ces deux mots *accuser* et *traduire* forment toute l'attribution de
la chambre des députés.

Le premier, *accuser,* a seul porté à l'équivoque qui a amené la discussion actuelle. Des jurisconsultes qui faisaient partie de la commission sur une précédente accusation, avaient pris ce mot dans le sens rigoureux, et pensé qu'il obligeait la chambre à rendre en définitive un véritable arrêt d'accusation.

Ils se trompaient évidemment ; car, s'il en était ainsi, le droit de *traduire*, qui, dans l'article, forme le *second droit* de la chambre, ne s'y trouverait pas, puisque la conséquence d'un arrêt de mise en accusation serait de *saisir* la chambre des pairs, de plein droit, et sans avoir besoin de *traduire* devant elle les ministres accusés.

Ainsi, non-seulement ce mot *traduire* serait dans l'article 55 de la charte une véritable répétition, mais il affaiblirait le sens que l'on veut attacher au verbe *accuser*.

Au contraire, suivant l'explication que donnent la plupart des publicistes modernes de cet article, chaque mot a un sens déterminé.

La chambre a le droit d'*accuser*, c'est-à-dire de *dénoncer*, de *porter plainte*.

La chambre a le droit de *traduire* les ministres devant la chambre des pairs, c'est-à-dire de les appeler et de les *poursuivre* devant la seule autorité qui a le droit de les juger, de faire toute réquisition à cet égard, de demander toute enquête, toute instruction, d'y assister, de requérir tous mandats de comparution et d'arrêt, enfin, de faire faire contradictoirement avec elle ou plutôt avec la commission qu'elle déléguerait, tout ce qui pourrait être nécessaire pour arriver à la découverte de la vérité et à la punition des coupables.

Je ne sais si je me trompe, mais il me semble que ce système, qui me paraît celui de la loi, est plus utile pour la vindicte publique que celui de la commission.

Dans ce dernier, la chambre, après l'instruction de la commission, rendrait un arrêt d'accusation qu'elle adresserait à la chambre des pairs. Sa mission serait finie et commencerait celle de la chambre des pairs. Personne ne serait chargé désormais des intérêts de la société, ou ce serait un procureur-général, c'est-à-dire un délégué du ministère.

Dans mon système, au contraire, si la chambre ne rend pas d'arrêt, elle *accuse*, elle *traduit* les ministres prévaricateurs, traîtres à leurs pays; elle adresse son accusation à la chambre des pairs; elle lui livre ses accusés, mais sans jamais quitter l'un et l'autre, sans les perdre un instant de vue.

Tout ce qui se fait se fait contradictoirement avec elle, comme devant les cours royales, contradictoirement avec le ministère public. A tout moment, la chambre, partie publique, agissant dans l'intérêt de la société, peut requérir tout ce qu'il convient de requérir.

Inutile, Messieurs, de donner de plus amples développemens: vous entendez ma pensée; vous voyez la difficulté; et comme vous connaissez les raisons, vous pouvez décider.

Si mon sentiment vous paraît comme à moi fondé sur le texte de la Charte et sur le véritable intérêt de la société, vous refuserez à la commission les pouvoirs qu'elle demande, et vous lui commanderez de vous faire un rapport sur le fond même de la proposition.

M. THIL. Déjà vous avez pris en considération la proposition d'accuser le dernier ministère. La commission que vous avez nommée pour examiner cette proposition, en se livrant à un premier examen, a pensé qu'elle devait s'entourer de toutes les lumières pour vous éclairer vous-mêmes, et vous mettre en état de prononcer en pleine connaissance de cause. Mais dès son début, elle a reconnu qu'elle n'avait pas de pouvoirs suffisans; qu'elle ne pouvait pas s'attribuer les fonctions dévolues par la loi aux juges d'instruction. De là, la proposition à l'occasion de laquelle vous venez d'entendre les développemens présentés par notre honorable collègue M. Persil.

On prétend que la commission a excédé ses pouvoirs. Mais en quoi? La commission vous propose d'adopter une résolution par suite de laquelle elle puisse prendre tous les renseignemens qui sont nécessaires pour éclairer la chambre. Evidemment il n'y a pas là excès de pouvoir. C'est à vous, Messieurs, à décider si la commission doit être investie du droit qu'elle réclame.

Comment pourrait-on dénier à la commission le droit d'agir comme juge d'instruction? Puisque d'après la charte la chambre peut accuser les ministres, elle a incontestablement le droit de rechercher les preuves, d'en former un faisceau lumineux, afin que son accusation repose sur des bases en quelque sorte inébranlables.

Si la chambre a ce droit, elle a, par voie de conséquence, le droit d'investir la commission qu'elle a nommée, des fonctions dévolues par la loi aux juges d'instruction, fonctions qui ne pourront donner lieu à aucun des abus signalés par l'honorable préopinant ; fonctions qui seront exercées non-seulement dans l'intérêt de l'ordre public, mais encore dans l'intérêt des ministres eux-mêmes.

L'honorable préopinant a prétendu que le projet de la commission aurait pour résultat d'intervertir tous les pouvoirs et d'attribuer à la chambre des députés le droit de prononcer définitivement sur l'accusation. Il a cité l'article de la Charte qui déclare que toute justice émane du Roi. Il est facile de répondre à cette objection. Messieurs, vous ne jugez pas définitivement les ministres, quand vous recherchez les preuves d'après lesquelles vous décidez en votre âme et conscience s'il y a lieu à accusation. En statuant de cette manière, vous ne violez pas l'art. 55 de la charte ; vous ne vous attribuez pas un droit réservé à la chambre des pairs : seulement vous vous mettez dans cette position de pouvoir réunir des preuves pour appuyer d'une manière victorieuse la mise en accusation devant la chambre des pairs.

Remarquez que la chambre des pairs ne perd pas pour cela le droit de completter l'instruction, de chercher à s'éclairer à l'aide d'élémens autres que ceux qui résulteraient du travail préparatoire de votre commission. Cette chambre aura toujours la liberté de recourir à tous les moyens qu'elle jugerait convenable, et dans l'intérêt de l'ordre public, et dans l'intérêt des accusés eux-mêmes.

Je pense donc que, sous quelque point de vue qu'on envisage le système développé par M. Persil, on reconnaîtra qu'il est repoussé à la fois par les principes de l'équité, de la raison et du droit. L'équité ! on ne doit pas accuser légèrement. Le droit ! Dans tous les cas où il y a lieu à accusation, on doit pouvoir réunir les preuves sur lesquelles l'accusation est basée. Je n'examine pas ici la question fondamentale qui tient à l'état actuel des choses, à cette preuve flagrante du délit, que nous trouvons dans le rapport adressé au Roi, et dans les ordonnances du 25 juillet ; car ce serait déplacer la question. Il peut être de l'intérêt public, sagement entendu, qu'une instruction soit faite, que des dépôts publics soient consul-

tés, que des témoins soient entendus, afin qu'on parvienne à connaître toute l'étendue du plan de l'ancien ministère, enfin qu'on
soit à portée d'apprécier le degré de culpabilité de chacun des signataires du rapport au Roi et des ordonnances.

Voilà les observations improvisées que j'ai cru devoir vous soumettre à l'occasion des développemens présentés par l'honorable
préopinant.

M. Mestadier. Messieurs, entièrement étranger à la situation
présente et future des minstres accusés, la discussion à laquelle je
vais me livrer sera uniquement d'intérêt général.

Je repousse la proposition de la commission comme inutile ; je la
repousse comme tendant à consacrer un précédent dangéreux ; je la
repousse comme tendant à compromettre l'autorité de la chambre,
et à consacrer un excès de pouvoir.

La nécessité, voilà le grand argument que l'on applique encore à
tout. Il me semble cependant que son crédit aurait déjà dû baisser
beaucoup, et la chambre des députés, qui s'est trouvée le seul
pouvoir de la société ayant quelque force, doit aujourd'hui donner
un exemple salutaire, en prouvant qu'elle est rentrée dans les limites constitutionnelles de ses attributions.

Investie du droit d'accuser, la chambre se doit à elle-même, dit
la commission, de ne prononcer qu'en connaissance de cause.

Cela est souverainement juste et d'une évidence frappante.

Est-ce donc à dire pour cela qu'elle peut s'arroger le droit de
prononcer des amendes, de pénétrer dans tous les dépôts publics,
de décerner des mandats ?

Nulle nécessité pour l'accusation actuelle, puisqu'il ne s'agit pas
de faits obscurs : le fait sur lequel elle repose est un fait patent,
public, éclatant, qui n'est ni ne peut être contesté ; ce ne sera probablement pas sur la réalité ou l'incertitude du fait que rouleront les
débats.

Ainsi, nul motif de créer un précédent aussi grave. Attendons la
loi sur la responsabilité des ministres, alors deux systèmes seront
examinés.

L'article 55 de la charte dit seulement que la chambre des députés a le droit d'accuser et de traduire les ministres devant la chambre des pairs, qui a celui de les juger.

Voila toute la législation actuelle : nulle règle n'est déterminée; nulle forme légale, tout reste à faire.

Premier système : ACCUSER, TRADUIRE, c'est dénoncer, porter plainte, poursuivre.

Pour cela il suffit d'indices, de présomptions graves.

Voilà ce qu'exigent la loi et la raison.

En cette matière les présomptions, les indices sont presque toujours de nature à frapper tous les yeux.

Des formes judiciaires ne sont pas nécessaires.

Des mandats sont inutiles. Le mode le plus simple d'exercice des droits de la chambre suffit pour l'intérêt de la société.

Dans ce système, point de pouvoirs extraordinaires à la chambre élective.

Promptement accusé, promptement traduit, un ministre innocent est promptement acquitté.

La chambre des pairs instruit contre un ministre dont l'innocence n'est pas démontrée; elle le juge, le condamne ou l'acquitte.

Moi qui veux qu'en respectant les libertés publiques le pouvoir soit assez fort pour protéger les personnes et les propriétés, et donner de la sécurité à tous les intérêts, c'est ainsi que j'entends l'article 55 de la Charte.

Deuxième système. C'est celui de la commission. Un ministre est dénoncé; on procède contre lui comme on procède contre un simple particulier : témoins, interrogatoires, investigations dans les dépôts publics, mandats de dépôt, d'amener, d'arrêt, contrainte par corps, procédure judiciaire complète.

La commission vous propose de l'investir de tous les pouvoirs, non-seulement des juges d'instruction, mais encore des chambres du conseil.

Voyons rapidement quels sont les pouvoirs demandés. Le juge d'instruction fait citer les témoins, il peut condamner le témoin défaillant à une amende de 100 francs et ordonner même qu'il sera contraint par corps à venir donner son témoignage; ce n'est pas tout.

Transport du juge d'instruction à domicile, perquisition des papiers et autres objets utiles à la manifestation de la vérité.

Le juge d'instruction peut décerner des mandats de comparution, de dépôt, d'amener ou d'arrêt. La forme de ces mandats est déterminée.

Le juge d'instruction rend compte de l'affaire à la chambre du conseil.

La chambre du conseil peut mettre le prévenu *en liberté*. Si un seul juge opine contre l'accusé, la chambre du conseil décerne une ordonnance de prise de corps.

Ainsi admettez la proposition.

Les pouvoirs du juge d'instruction et de la chambre du conseil, *fort distincts dans la loi*, seront *confondus* dans la personne *des neuf membres* de la commission.

Ces pouvoirs CUMULÉS ne pourront être exercés que *collectivement*, et c'est chose évidemment impraticable.

En effet, pouvoir délégué, la commission n'aura pas le droit de déléguer une partie de ses fonctions à l'un de ses membres.

Remarquez, Messieurs, que ce n'est pas seulement le pouvoir d'appeler des témoins que la commission vous demande, on peut rigoureusement comprendre ce que serait en cette matière une commission d'enquête; mais la commission vous demande en outre le pouvoir de prononcer des amendes, des contraintes par corps.

Elle vous demande le pouvoir de décerner des mandats de comparution, de dépôt, même des mandats d'arrêt.

Elle vous demande même le pouvoir de décerner ordonnance de prise de corps.

En vertu de quel droit la commission exercerait-elle ce pouvoir?.. Par délégation de la chambre des députés.

Mais la chambre des députés a-t-elle le droit de prononcer des amendes, de décerner des mandats, des ordonnances de prise de corps? Peut-elle, seule *et sans loi*, s'arroger ce droit par voie d'induction? Ce serait la plus monstrueuse usurpation de pouvoirs. Peut-elle, doit-elle se le permettre dans une circonstance où la nécessité la plus impérieuse ne le commanderait pas?

Que chacun réfléchisse sur les conséquences possibles de cette usurpation de pouvoirs.

Quant à moi je ne peux pas donner mon assentiment à une mesure extra-légale, dont l'effet serait de porter atteinte au pouvoir royal, protecteur de l'ordre social, et aux garanties légales de la liberté civile, sans aucune utilité pour la société.

J'oppose à la proposition qui vous est faite deux autorités imposantes : c'est celle du projet présenté par M. de Serre, ministre de la justice, le 28 janvier 1819; c'est celle de la commission dont M. Courvoisier fut le rapporteur à la séance du 25 mars suivant · cette commission était composée de MM. Dupont de l'Eure, Villèle, Bedoch, Albert, Beugnot, Roy, Lainé, Corbière et Courvoisier.

La chambre des communes, si souvent emportée jusqu'au règne de Georges II contre les ministres de ses rois, ne conçut jamais en Angleterre l'idée de saisir la chambre accusatrice du droit de décerner contre eux un mandat.

Consacrez le précédent proposé.

La commission pourra pénétrer dans toutes les archives, même aux affaires étrangères, et tous les secrets de l'État seront connus d'une commission de neuf membres, outre les ministres en exercice.

Laissons, Messieurs, laissons au Ministère actuel le soin de produire devant nous, ou devant la chambre des pairs, les pièces dont il jugera la publicité possible et utile, si toutefois il y a d'autres pièces que les ordonnances.

On a vu si souvent les assemblées délibérantes céder à un entraînement, à une illusion momentanée! un ministre pourra être arraché des marches du trône, emprisonné, retenu, en vertu d'un mandat décerné par une commission de la chambre élective, et cette commission pourra proroger l'instruction, elle pourra faire attendre à son gré le jour de la justice! Vous savez qu'en Angleterre le procès de M. Hastings dura sept ans et trois mois. Quatre-vingt-sept pairs étaient morts ou sortis du parlement dans cet intervalle.

Ce n'est pas ainsi que doit être entendu l'article 55 de la Charte.

Ce n'est pas ainsi que doit être exercé le droit d'accuser et de traduire les ministres devant la chambre des pairs.

Messieurs, nous sommes tous animés de l'amour de la justice et de la vérité; mais pour délibérer sur l'accusation, nous n'avons nul besoin de nous arroger un pouvoir que la loi ne nous donne pas, un pouvoir inconstitutionnel, un pouvoir dangereux pour l'autorité royale et par conséquent pour l'ordre social, un pouvoir dangereux pour la liberté civile ; et qui pourrait nous être impunément contesté par les parties intéressées.

Je vote contre la proposition de la commission.

M. BAVOUX. Un membre de la chambre élève la voix contre les ministres ; il les accuse. La chambre veut peser les causes de cette accusation ; elle renvoie à une commission. Cette commission ne doit pas prendre pour certains les faits articulés par le membre qui accuse. Il y a donc pour elle nécessité de s'enquérir avant de faire un rapport à la chambre ; car elle a pour mandat de s'assurer de la vérité des faits énoncés dans l'accusation. Autrement, quel pourrait être le mandat de cette commission ? serait-ce de prendre pour constans les faits articulés? Cela ne peut être : la commission, pour remplir son mandat, est dans la nécessité de vérifier les faits, et de recourir à tous les moyens qui peuvent conduire à la découverte de la vérité. De là aussi la nécessité de donner à la commission tous les moyens possibles de vérification.

Dans une telle situation, la chambre n'est-t-elle pas obligée d'intervenir dans cette enquête que la commission aura faite, avant d'en rejeter ou d'en admettre le résultat? Mais on dit ici : Vous empiétez sur les fonctions judiciaires ; ce caractère ne vous a été donné ni par la loi, ni par la Charte ; vous ne pouvez pas vous constituer en juges d'instruction, ni en chambre du conseil.

Il me semble, Messieurs, que si nous n'avons pas de loi sur ce point, ce n'est pas une raison pour être privés de l'exercice d'un droit que la Charte nous confère. La chambre des pairs s'est trouvée dans une position semblable, lorsqu'elle a été saisie comme cour judiciaire. Il n'y avait encore ni loi ni réglement à ce sujet ; mais la nécessité des choses l'a amenée, non pas à improviser des règles, mais à recourir au droit commun. De même, il suffit que le droit commun ne soit pas interdit à notre commission, pour qu'elle se place sous son égide. Ce moyen me paraît préférable à un mode de procéder improvisé.

On vient nous dire que nous sommes sans mandat spécial. Nous demandons que la chambre nous autorise à faire usage du

droit commun. A cela, le préopinant répond : Prenez garde! vous
allez donner à une commission de neuf membres un pouvoir qu'elle
ne peut exercer collectivement, ni déléguer : cette commission se
présentera dans les archives, fera des recherches ou bien fera appeler devant elle des témoins, et s'ils ne se présentent pas, prononcera
des amendes. Oui, sans doute, Messieurs, la commission fera tout
cela ; mais les membres qui la composent ne concourront pas tous
ensemble à ces actes. Une fois la commission investie du pouvoir
d'une chambre du conseil, elle pourra, comme une cour royale,
désigner un de ses membres pour remplir les fonctions de juge d'instruction : il n'y a là rien qui soit contraire aux lois.

Faut-il attendre que la loi sur la responsabilité ministérielle soit
faite, ainsi que l'a dit le préopinant? (*M. Mestadier.* Je n'ai pas dit
qu'il fallût attendre cette loi.) Si au moment où nous avons à porter
une accusation contre des ministres, la loi sur la responsabilité n'e-
xiste pas, devons-nous être arrêtés par une cause qui nous est étrangère ? Par le seul fait que le germe d'accusation se trouve dans la
chambre ; en absence de toute loi de responsabilité, la Charte doit
nous donner tous les moyens suffisans pour arriver à l'accusation.
La commission que vous avez nommée est investie par là même du
droit de faire toutes les recherches nécessaires pour remplir son
mandat. Elle vous demande les pouvoirs de chambre du conseil :
elle déclare qu'avec ces attributions, elle pourra déléguer des commissaires qui rempliront les fonctions de juge d'instruction. Si vous
voulez qu'elle arrive au but que vous vous êtes proposé en la nommant, vous devez lui accorder les pouvoirs qu'elle vous demande.

M. VILLEMAIN. Les motifs de la commission, et la plupart des raisonnemens qui ont été présentés à la chambre, paraissent avoir été
trop exclusivement empruntés à l'ordre judiciaire et à ce qu'on a
appelé le droit commun. L'honorable préopinant a souvent répété
cette expression. Il a supposé que, dans les grands actes politiques,
le droit commun devait être invoqué, lorsqu'une mesure législative
n'était pas là pour le remplacer. C'est contre ce système que je vais
élever quelques objections.

Les accusations portées par la chambre des députés sont éminemment des accusations politiques. C'est comme pouvoir politique

qu'agit la chambre, c'est le plus grand des accusateurs. Montesquieu a dit qu'il tremblait toujours que la chambre des pairs, telle qu'elle était (et c'était une chambre des pairs décidément héréditaire), ne fût entraînée par l'autorité d'un si grand accusateur. Ainsi, Messieurs, par cela même que vous êtes accusateurs et accusateurs politiques, vous êtes assez puissans, vous n'avez pas besoin d'autre chose.

J'ajouterai que, dans le système adopté par la commission, et habilement défendu par quelques orateurs, on restreint, on affaiblit la prérogative de la chambre; au lieu de l'étendre, on la fait descendre de son haut degré de pouvoir politique, de portion de la puissance publique, de tiers dans la souveraineté, pour l'assimiler à une chambre du conseil, que je respecte infiniment sans doute, mais qui ne peut avoir d'analogie avec un grand corps de l'Etat.

Cela posé, je vous prie de quitter pour un moment les circonstances dans lesquels nous sommes. Nous n'aurons jamais des ministres capables de faire mitrailler la population de Paris, et qui aient l'insolence, la folie de déclarer la capitale de l'empire en état de siége. Mais nous aurons des ministres qui administreront plus ou moins bien, qui feront de mauvais traités, mille choses accusables en droit politique. Quand il s'agira de juger de tels ministres, des ministres qui auront, par exemple, cédé une portion de territoire conquis, est-ce que vous procéderez par la voie de la chambre du conseil et du juge d'instruction? Ne reconnaîtrez-vous pas que ces matières, essentiellement politiques, ne doivent pas être résolues par les procédés ordinaires du droit?

Mais vous me dites qu'il est nécessaire d'entendre des témoins, de lancer des mandats d'amener. Je me place dans cette supposition, et je soutiens que ce droit, réclamé par la commission, est inutile.

Par cela seul qu'une chambre forme une accusation contre un ministre; ce ministre est abattu; il ne s'en relève pas. Il pourra bien être absous; mais il est tué. Je parle pour l'avenir. Supposez un ministre accusé, et l'accusation portée par la majorité de cette chambre. De ce fait résulte pour lui l'impuissance de subsister davantage comme ministre.

Le droit de faire arrêter et emprisonner un ministre n'est pas nécessaire à la chambre des députés, puisque le droit immense qu'elle a de porter une accusation lui donne une autorité si forte. Il est donc impossible d'admettre qu'une commission de la chambre soit transformée en chambre du conseil, exerçant les fonctions de juges d'instruction et décernant des mandats d'amener et de dépôt contre des ministres qui seraient dans le cas d'encourir l'accusation.

Mon honorable collègue M. Persil, dirigé par son excellent esprit et par sa science du droit, a rencontré dans une suite d'argumens purement logiques, la réalité historique qui s'est produite dans un autre pays. Ainsi, des termes de la Charte, commentés par lui, il a fait ressortir comme nécessaire et bon ce qui s'est passé en Angleterre comme fait habituel.

Que se passe-t-il en Angleterre? La chambre des communes porte une accusation contre un ministre. Cette accusation suffit pour le faire tomber ; il est en fuite, il disparaît ; on est enchanté d'en être débarrassé. C'est déjà une grande punition. (*Voix à gauche.* Cela ne suffit pas ; il faut qu'il ne puisse échapper à la peine qu'il a méritée.) Messieurs, ce que je dis n'est pas applicable au cas présent. Vous tenez les ministres; ils sont prisonniers de guerre. La chambre des pairs les jugera.

Lorsque les ministres accusés restent pour entendre leur condamnation, c'est la chambre des pairs qui est chargée de faire une enquête détaillée. La chambre des communes se contente d'une information rapide mais non moins sûre. Elle a vu que ces hommes mettaient le pays en danger, qu'ils le compromettaient par une tendance arbitraire, par de mauvais traités; et, dans l'exercice de son pouvoir politique, elle les a jugés accusables. La chambre des pairs, comme pouvoir judiciaire, procède à une enquête détaillée, entend les témoins et les accusés.

Nous pouvons raisonner par analogie. Chez nous la chambre des députés est le grand accusateur, l'accusateur public. La chambre des pairs est la chambre du conseil, le juge d'instruction, le jury qui prononce la condamnation.

Il est impossible que les choses se passent autrement chez nous. D'après l'article 34 de la Charte, aucun pair ne peut être arrêté que de l'autorité de la chambre. Or, parmi ces ministres accusés il y a des pairs. Votre action est arrêtée par ce privilége. Si, comme juge d'instruction, vous voulez mettre la main sur ce pair ministre, vous êtes obligés d'en demander l'autorisation à la chambre des pairs. N'est-il pas plus naturel de laisser faire l'arrestation par la chambre des pairs elle-même? Nous devons donc nous borner à l'information strictement nécessaire pour porter l'accusation.

Mais cette information sommaire est pourtant suffisante de la part d'un pouvoir éminemment politique, avons-nous tous les moyens de la faire? J'avouerai que non. C'est sous ce rapport qu'il me paraît important que la chambre ajoute aux vues de sa commission, qu'elle lui donne certain pouvoir défini. C'est le cas de faire *privata lex*. C'est ce qui est arrivé sans cesse en Angleterre, où la chambre des communes a des priviléges particuliers qui suppléent en partie à l'action qu'on réclame pour nous. Ainsi, elle peut faire arêter quiconque lui manque de respect, et elle regarde comme un manque de respect, le refus d'un témoin de se présenter quand on l'appelle.

Je voudrais donc que la commision fût investie du droit de faire paraître des témoins devant elle.

Du reste, les lumineux développemens de M. Persil me paraissent recevoir ici leur application, quant à la suite de l'accusation, c'est-à-dire, la présence de commissaires choisis dans le sein des députés et poursuivant devant la chambre des pairs la réparation du grand grief qui a été commis, la condamnation des coupables.

Je me résume en ce sens, que je crois nécessaire d'ajouter en partie aux vues de la commission, de lui accorder par une mesure spéciale un pouvoir tendant à faire que son action ne soit pas scandaleusement éludée, comme nous l'avons vu, il y a trois ans; mais qu'elle soit sagement bornée, qu'elle ne dégénère pas en comité des recherches, et qu'enfin l'accusation soit solennellement soutenue devant la chambre des pairs par des commissaires choisis dans le sein de la chambre des députés.

M. Dupin aîné. Cette question, sans doute, est extrêmement grave, et j'engage moi-même la chambre à ne rien précipiter. Il s'agit du droit des accusateurs, mais il s'agit aussi, ne l'oublions pas, du droit des accusés. Pour contester à la chambre le droit que la commission désire lui attribuer de faire une instruction, je n'invoquerai pas le principe sous l'égide duquel s'est placé un des préopinans; c'est-à-dire que toute justice émane du Roi. Ce principe est ici déplacé : il est écrit dans la Charte sous le titre de l'*Ordre judiciaire*; il s'applique aux tribunaux ordinaires composés de juges inamovibles sans doute, mais qui exercent leurs fonctions au nom du Roi qui les nomme. L'affaire qui nous occupe n'appartient pas à l'ordre judiciaire ; elle ne sera pas soumise à des juges nommés par le Roi. Notre justice est une justice politique tout-à-fait distincte de celle pour laquelle a été fait le principe qu'on réclame.

D'autre part, l'analogie qu'on invoque relativement à l'instruction des procès ordinaires me paraît ici être sans application dans ce qu'on voudrait lui donner de trop absolu. On demande que la chambre soit assimilée en tout à un juge d'instruction ou à une chambre du conseil. Toutefois, de ce qu'il n'y a pas de loi spéciale, il ne s'ensuit pas qu'on soit sans flambeau et sans guide. C'est ici une affaire rationnelle, et la justice veut qu'on en sorte par la puissance des faits et de la nécessité, car on ne le peut par les règles ordinaires. S'il n'existe pas de loi sur la responsabilité des ministres, il n'a pas dépendu de nous d'en avoir une : nous l'avons demandée vainement pendant quinze ans, et si personne en France ne peut se plaindre d'être poursuivi sans loi précise, ce sont les ministres qui, sommés tant de fois de proposer une loi de responsabilité, n'ont jamais voulu satisfaire au vœu public, ni accomplir ce que la Charte avait annoncé.

L'accusation et le jugement sont deux choses distinctes qui appartiennent, l'accusation à la chambre des députés, le jugement à la chambre des pairs. Cependant personne ne contestera que l'une comme l'autre exige qu'on ne se décide qu'en connaissance de cause. Si celui qui peut condamner ou absoudre ne doit le faire qu'après s'être parfaitement éclairé, celui qui est seulement chargé d'accuser n'en est pas moins obligé de procéder avec connaissance de cause pour mettre sa conscience en sûreté et pour concilier à l'accusation l'opinion publique.

Un orateur vous a dit : la notoriété peut suffire. Oui, en de certains cas elle peut suffire, mais bien souvent aussi elle est sujette à de graves erreurs. Le juge doit toujours descendre au fond de sa conscience, et alors même que la clameur publique serait unanime, il lui faut étudier les faits. Je vous citerai à cet égard, mais en le traduisant, un auteur latin. Il dit que la clameur publique ne peut pas être écoutée par le juge quand on demande la condamnation d'un innocent ou l'absolution d'un coupable.

Mais, dailleurs, la notoriété n'existe pas toujours. Il y a des crimes qui peuvent être tramés dans l'ombre, et pour lesquels existe la nécessité de sortir du doute et de procéder à une instruction.

A défaut d'une loi, il y a pour une chambre l'obligation de recourir à tous les moyens qui peuvent compléter l'instruction et mettre au grand jour le délit qui est seulement révélé par quelques indices. Autrement, on se trouverait dans cette alternative ou de laisser un ministre continuer son œuvre souterraine, ou de rendre illusoire le droit de la chambre qui n'aurait pas les moyens légaux de parvenir à l'exercice de sa juridiction.

La chambre des pairs s'est trouvée pour le jugement dans la même position où se trouve la chambre des députés pour l'accusation. Cependant elle n'a pas cru que sa justice dût être paralysée par le défaut d'une loi. Il en est de même pour nous. Ce n'est pas notre faute s'il n'existe pas de loi qui règle l'exercice de notre droit d'accusation. Nous devons agir en vertu du droit politique qui nous est déféré.

Ainsi, en principe et pour m'asseoir sur ce que je regarde comme la règle, je dis que nous avons le droit de nous éclairer par tous les moyens que nous jugerons convenables, quand la preuve sur laquelle doit reposer l'accusation n'est pas complète. Si donc je pensais que notre instruction fût incomplète, je serais le premier à opiner pour une enquête.

Mais je me demande si, en présence des faits qui constituent l'accusation, il est nécessaire que la chambre fasse une loi qui lui donnerait un pouvoir très-vaste dont elle n'aurait pas besoin en ce moment. Assurément cette loi n'est pas réclamée par une nécessité absolue. Les faits nous en dispensent. D'ailleurs la preuve exigée pour porter l'accusation ne doit pas être aussi convaincante que celle sur laquelle est fondée la condamnation. Ce n'est pas à dire pour cela qu'il faille accuser légèrement; mais enfin, pour qu'il y ait accusation, il suffit de présomptions extrêmement graves qui rendent très-probables la conviction complète du juge.

Je ne m'explique pas les motifs allégués en faveur du respect dû au droit de la défense. Ce droit demeurera entier devant la chambre des pairs. Le droit de défense cette fois, je l'espère, ne sera point limité ni interrompu, comme il l'a été dans une condamnation dont je rappelle ici le souvenir douloureux, parce qu'il est resté profondément gravé dans ma mémoire. (*Voix à gauche. C'est la condamnation du maréchal Ney.*)

Le fait sur lequel porte aujourd'hui l'accusation s'est passé à la lumière du jour. Si le soleil a éclairé le crime, il éclairera aussi la défense, elle ne sera aucunement gênée. Les ordonnances du 25 juillet sont là comme pièces de conviction. Vous devez voir s'il y a eu trahison de la part de ceux à qui le dépôt de la Charte a été confié.

Je conçois que si la majorité de la chambre pensait qu'elle n'est pas suffisamment éclairée pour prononcer l'accusation, on procédât à une enquête. Mais si, au contraire, le fait des ordonnances suffit, si leur preuve résulte de l'insertion au *Moniteur*, si les événemens des 27, 28 et 29 juillet sont assez prouvés pour tous les esprits, il n'y a plus qu'une seule question, et chacun de nous peut y répondre : chacun peut dire, en son âme et conscience, si ces faits sont suffisans pour nous déterminer à déclarer qu'il y a lieu à accusation.

M. Eusèbe Salverte. La résolution que la commission vous propose a été attaquée par divers orateurs. Je résumerai en peu de mots leurs argumens, et je m'efforcerai d'y répondre.

On a d'abord attaqué le droit qu'avait la chambre de déléguer le pouvoir que lui demande sa commission, car il ne lui appartient pas. A cela, l'orateur qui m'a précédé a répondu d'une manière victorieuse ; je n'ajouterai que peu de choses. Si vous n'aviez pas le pouvoir qu'on vous suppose, le droit d'accuser serait parfaitement illusoire et tomberait de lui-même; mais vous l'avez tellement, qu'un article déjà cité du Code pénal vous l'accorde en termes formels, alors même qu'il ne résulterait pas de la nature de vos attributions. L'article 1er du Code pénal dit que la recherche des délits appartient exclusivement à l'autorité chargée de les poursuivre ; et les articles suivans expliquent bien cet article, car ils énumèrent les droits, fonctions et pouvoirs des autorités chargées de la poursuite des délits. Or, il y a une autorité spécialement chargée de la poursuite des délits ministériels, c'est la chambre des députés. A qui donc, si ce n'est à la chambre des députés, appartiennent les droits et pouvoirs énumérés dans le titre Iᵉ du Code? Je le demande; et comme personne ne pourra répondre, je dis qu'en vertu de la charte et du Code pénal, vous avez tous les pouvoirs dont la commission vous demande la délégation.

Mais a-t-on dit cela est inutile, et plusieurs orateurs ont développé ce texte. Je ne saurais partager leur opinion. Jamais je ne croirai que dans un pays civilisé on puisse faire justice sans entendre l'accusé. Si vous voulez l'entendre, les pouvoirs demandés sont utiles et même nécessaires; car vous ne pouvez pas accuser sans qu'il ait comparu devant vous.

On vous a dit de plus : les faits sont patens; ils sont écrits en lettres de sang sur les murs de la capitale; mais si un des ministres accusés venait dire : ce n'est pas ma signature! que répondriez-vous? Il est dans son droit d'être appelé comme le nôtre de l'appeler. J'ajouterai qu'en supposant que dans tout autre cas l'accusateur puisse s'en tenir à la notoriété publique, il me semble que la chambre des députés se doit à elle-même de procéder avec des formes plus graves, plus solennelles, et qu'elle ne peut pas porter une accusation sans avoir posé tout ce qui est en faveur de l'accusé, et avoir acquis une conviction personnelle.

Je n'admettrai pas, avec un de nos collègues, que l'exercice de ce droit soit dangereux. Je n'ai pu apprécier son argument. Il a supposé qu'une commission chargée d'examiner une demande d'accusation, serait tout-à-coup saisie d'un esprit de vertige, et sortirait des pouvoirs à elle délégués pour bouleverser le gouvernement. Je répondrai que ce n'est point dans des suppositions extrêmes qu'on doit puiser une règle pour des faits ordinaires; que ce n'est point dans des absurdités qu'on doit puiser la loi des choses raisonnables.

Un autre orateur a dit que le pouvoir que nous demandons dérogerait à la dignité de la chambre. Je n'ai pas bien saisi non plus la preuve de cette assertion. La dignité de la chambre est de faire son devoir dans cette grande circonstance, de le faire avec maturité; et comme les pouvoirs demandés me semblent nécessaires pour cela, loin de déroger à la dignité de la chambre, ils lui sont nécessaires.

On a prétendu qu'un ministre accusé était déjà abattu. Cela est-il bien sûr? J'avoue que comme je n'ai encore vu aucun précédent, je n'admets pas l'assertion. Le même orateur a supposé qu'après avoir accusé un ministère, si on l'arrêtait tout entier, ou démantelerait le gouvernement tout entier. Je ne sais si l'orateur est ici bien d'accord avec lui-même. Il croit d'abord que dès l'instant où le ministère serait accusé il serait abattu, et que certainement il serait remplacé; mais alors, en supposant que postérieurement à l'accusation la commission fît arrêter les personnes qui étaient ministres, elle ne démantelerait pas le gouvernement, puisque déjà de nouveaux ministres tiendraient les rênes de l'Etat.

L'exemple de l'Angleterre ne me paraît pas concluant. L'orateur n'a pas fait attention à des différences très-grandes; d'abord celle qui existe entre notre pairie et celle d'Angleterre, ensuite entre la constitution anglaise et la charte française. La pairie anglaise est antérieure à la monarchie elle-même; les pairs étaient pairs avant la grande Charte; ils sont pairs moins par le choix du Roi que par hérédité, et en cela sûrement ils ne sont pas comparables à des pairs tous nommés par le Roi, sans hérédité, ou dont l'hérédité est si récente. Les ministres trouvent donc en Angleterre des juges différens des nôtres.

Autres différences : les statuts anglais sont le résultat de précédens, d'usages auxquels la coutume a donné force de loi. Ici nous avons une règle positive, écrite dans la charte. Elle dit que nous avons le droit d'accuser et de traduire; or ce droit, comme je l'ai fait voir, nous donne et nous impose le pouvoir dont la commission demande la délégation.

On a fini par vous proposer une espèce d'accusation, je ne sais si je dois dire mitigée, ou comme l'a dit un orateur, à une sorte de plainte, car de quelque manière que l'on déguise les expressions, ce n'est au fond que cela. La chambre se bornerait à porter plainte pour l'accusation des ministres. Messieurs, la charte ne vous a pas destiné ce rôle; elle vous donne le droit d'accuser et de traduire.

Reste à savoir si ce pouvoir sera exercé par vous ou délégué à la commission. Pour moi, je pense que toute accusation est impossible autrement, et je vote en conséquence pour la proposition.

M. Mauguin. La commission ne pense en aucune manière à requérir des pièces et à interroger des témoins. Les ordonnances du 25 juillet existent; elles sont au bulletin des lois; le sang versé dans Paris fume encore : le principal chef d'accusation paraît trop constant pour qu'il soit besoin d'en rechercher la preuve. Mais cependant deux nécessités pèsent sur la commission et sur la chambre. La première, c'est de régulariser l'arrestation des anciens ministres. Dans ce mouvement immense, une mesure politique a pu décider l'arrestation de leurs personnes; on peut même la justifier sous le rapport judiciaire, car il y avait au moins le flagrant délit. Mais depuis que la patrie a reçu ce serment de son Roi tout est rentré dans un ordre régulier; les lois reprennent leur empire, et vous ne pouvez pas laisser exister plus long-temps cet état d'arrestation provisoire. Il faut décharger la responsabilité des gardiens, il faut que promptement un mandat judiciaire intervienne, soit mandat d'amener, soit mandat de dépôt. Il faut que les personnes soient placées sous la main de la justice.

Une autre nécessité est celle de procéder à un interrogatoire. Plus l'accusation est grave, plus la défense est sacrée. Nous ignorons encore ce que les accusés peuvent dire pour leur justification. Peut-être quelques-uns d'entre eux pourront-ils faire valoir des circonstances atténuantes. Peut-être des moyens non prévus paraîtront-ils devant vous. Il faut qu'une certitude arrive à vos consciences avant de prononcer une accusation qui est un jugement grave, puisque son moindre effet doit être d'enlever l'honneur. Il faut que les faits vous apparaissent clairement pour que vous puissiez juger en connaissance de cause.

Ainsi, il y a deux actes à faire à l'instant même : mandat d'amener ou de dépôt et interrogatoire. Votre commission avait-elle le droit de les faire? Chargée de vous présenter un rapport sur la question de savoir si la chambre accuse ou n'accuse pas, elle est par là même chargée de recueillir tous les élémens de conviction, et par suite elle est investie du droit de faire tout ce qui est nécessaire pour que les preuves lui arrivent. Mais la commission n'est arrivée à cette conséquence que par voie de raisonnement, et le raisonnement, quelque logique qu'il soit, n'a pas pour tous les esprits la même évidence. La commission a donc pensé qu'elle devait en référer à vous; et, comme on ignore quels sont les incidens qui peuvent survenir dans une instruction, quelque courte qu'elle soit, au lieu de demander uniquement le pouvoir d'interroger et de faire arrêter, elle vous a présenté une formule générale dont le seul but est d'empêcher que, par de nouveaux référés, nous ne venions absorber votre temps et élever des questions toujours graves et difficiles.

Il faut bien, avant de prononcer que vous connaissiez la puissance des faits sous lesquels vous êtes. L'arrestation peut à chaque instant être critiquée, et à l'aide des lois sur la forme les ministres accusés peuvent échapper à la loi de la responsabilité. La commission s'en réfère à vous, car c'est de vous qu'elle tient ses pouvoirs; vous dirigerez sa conduite. Comment pourrait-on refuser à la chambre le droit de lancer un mandat de dépôt, de procéder à un interrogatoire? Est-ce que par hasard un ministre coupable, menacé d'accusation ne prendra pas la fuite sur-le-champ, si vous n'avez comme tout corps chargé d'accusation le droit de le saisir? Est-ce que l'accusation ne deviendrait pas pour vous un droit tout-à-fait stérile si vous ne pouviez interroger le prévenu? Est-ce que vous ne seriez pas forcés de prononcer un jugement dont l'effet pourrait être de vous compromettre?

Mais dit-on, la chambre ne peut par un article de son réglement se créer un droit. Et ce n'est pas aussi par un article de réglement que je vous propose de vous créer un droit. Ce droit est fondé sur la loi la plus sainte, la loi fondamentale. Quand la Charte vous donne le droit d'accuser et de traduire les ministres, elle vous donne le droit de faire d'après la loi commune, car lorsque la loi spéciale est muette, c'est à la loi commune qu'il faut recourir, sinon toute loi spéciale deviendrait nulle, car les lois spéciales ne contiennent que la création d'un droit, mais jamais elles ne l'organisent.

Remarquez ce que les corps chargés de l'accusation font d'après la loi générale. On distingue la plainte, l'accusation et le jugement. La plainte c'est la révélation d'un fait coupable par la partie privée.

L'accusation, c'est la partie publique. Le jugement, c'est le dernier état du grand drame criminel. L'accusation est plus que la plainte; car la société intervient, et dans la plainte seulement l'individu. Et comme dans l'accusation la société intervient, elle met à la disposition de l'accusateur tous les pouvoirs nécessaires pour vérifier si la plainte est fondée. Ainsi vous voyez d'abord le ministère public qui reçoit la plainte, le juge d'instruction qui recherche les faits, la chambre du conseil qui connaît le rapport du juge d'instruction, et qui décide s'il y a matière à accusation. Serez-vous moins qu'un juge d'instruction, qu'un procureur du Roi? Vous, corps politique, vos pouvoirs n'iront-ils pas jusqu'à faire ce qu'on fait dans les derniers degrés de l'hiérarchie judiciaire?

Un orateur a dit que vous êtes le plus grand des accusateurs. La conséquence qu'il devait en déduire, c'est que vous avez les plus grands pouvoirs. Au contraire, il est parti de là pour dire que vous n'avez aucun pouvoir. Il a reconnu le droit d'accuser, mais il l'a anéanti dans vos mains, car le droit d'accuser sans le droit de rechercher les preuves, n'est pour un corps politique que le droit de se compromettre. Ainsi il a posé le principe et reculé devant les conséquences. Je les rétablis.

Oui, vous êtes le plus grand des accusateurs, l'accusateur le plus puissant que la loi puisse établir; mais c'est pour cela que vous ne devez procéder qu'avec sagesse, sans rien commettre au hasard, car votre autorité sera critiquée devant une autre juridiction. Là, la défense prendra la parole, s'exprimera avec hardiesse : là, vous serez défendeurs vous-mêmes; vous serez obligés de plaider votre cause; et alors, si vous avez négligé des preuves, c'est sur vous que tombera la peine du procès perdu; vous serez considérés comme ayant accusé à tort, et votre considération sera ternie dans l'opinion publique.

Non seulement la Charte vous donne le droit d'accuser, mais elle vous impose l'obligation de rechercher tout ce qui peut appuyer l'accusation. Voyez qu'elle est l'étendue de votre juridiction. Vous avez le droit de traduire les ministres devant la chambre des pairs, vous avez le droit de saisir les coupables et de les conduire à la justice; vous avez par conséquent le droit secondaire de rechercher

les preuves sans lesquelles vous auriez tort d'ordonner une arrestation.

On me dira que pour les ministres dont il s'agit, il n'y a pas de
preuves à rechercher; je le sais; mais je vous fais remarquer avec
les orateurs qui m'ont précédé que nous ne décidons pas pour aujourd'hui seulement. Notre décision sera perpétuelle; nous établis-
sons un précédent. Je ne doute pas qu'on ne nous propose une loi
sur la responsabilité; mais est-ce dans cette session! Est-ce dans la
prochaine? Je l'ignore. Ne nous en rapportons qu'à nous-mêmes.
Supposons qu'il s'agisse d'un Ministère contre lequel il n'existe pas
de preuves aussi évidentes. Et, par exemple, supposons que le
Ministère en question n'aie pas fait rendre les ordonnances du 25 juillet, nous aurions encore à nous occuper d'une question grave, la
spoliation d'Alger. Tout le monde la connaît; où en sont les preuves?
Personne ne les a. Admettez donc le système qu'on vous a développé. Faute de preuves écrites, vous n'auriez pu aller que par des
recherches; et si l'accusation était venue frapper des ministres coupables, grâce au droit de recherche la spoliation aurait été dévoilée,
il aurait au moins sauvé le pays des dilapidations dont il était la
victime.

On a opposé les précédens anglais et les droits de la chambre des
pairs. Quant à moi je le déclare, je vais rarement chercher des précédens en Angleterre. L'histoire parlementaire de ce pays est celle
de ses révolutions; aussi les précédens y sont-ils contradictoires
suivant que tel ou tel parti a obtenu la victoire. D'autre part l'Angleterre est un pays de coutume, tout s'y établit par des précédens;
la France au contraire est un pays de droit écrit, tout s'y décide
d'après la loi. Quelle est ici notre loi? C'est la Charte. La Charte a
parlé, qu'on n'invoque donc pas les précédens.

On dit : La chambre des pairs instruira. Je ne lui conteste pas le
droit de juger, qu'elle l'exerce ; mais vous avez le droit d'accuser
et de traduire, et pour en user vous devez exercer les droits secondaires qui peuvent en assurer l'efficacité.

On dit encore : les pairs ont des priviléges et parmi les anciens
ministres arrêtés il se trouve des pairs; il faut demander à l'autre
chambre l'autorisation de décerner un mandat de dépôt. S'il en était

ainsi, d'après la Charte, il suffirait au Gouvernement de choisir ses
ministres dans la chambre des pairs pour que le droit d'accusation
fût complètement paralysé. Le droit d'accusation dépendrait en
effet de la majorité de la chambre des pairs, et cette majorité, du
Ministère qui l'aurait créée. Ainsi nous tournerions dans un cercle
vicieux, et le droit d'accusation ne serait qu'un leurre jeté aux peuples pour les endormir.

Quand un prend dans la chambre des pairs un ministre, sa qualité de ministre absorbe sa qualité de pair. Quand un des grands
pouvoirs de l'Etat accuse, aucun autre pouvoir ne peut dire : Attendez mon autorisation. Non, ce qui arrête les tribunaux ordinaires
ne peut rien devant la chambre élective.

Ce qu'on craint, c'est que la chambre élective n'acquiert quelque
pouvoir ; et cependant j'interroge l'histoire et je lui demande si le
droit d'accuser a jamais ébranlé le trône ! Non, et le trône même de
Charles X eût été plus solide si ce droit eût été mieux reconnu.
Sous le prétexte que nous pouvions désorganiser le Gouvernement
on désorganisait la chambre ; car la priver du droit d'accusation,
c'est lui enlever toute sa force, c'est laisser la Charte sans aucune
sanction. Or, je le répète, l'accusation est impossible si la chambre
ne retient pour elle-même ou ne donne à la commission le droit
qu'elle vous demande. Nommez, si vous voulez, d'autres membres, mais à cette commission il faut indispensablement ce droit.

M. BÉRENGER. Messieurs, les questions les plus graves et les plus
importantes ont été soulevées dans cette discussion, et c'est parce
qu'elle l'avaient déjà été dans le sein de votre commission, qu'elle
avait cru devoir vous les soumettre afin de vous laisser le soin de les
résoudre vous-mêmes. Ces questions peuvent et doivent se réduire
à deux principales ; car je crois qu'il faut circonscrire toute cette discussion dans les termes les plus simples. La première question est
relative à la nature du droit qui vous est accordé par l'article 56 de
la Charte constitutionnelle, lorsqu'elle vous donne celui d'accuser
les ministres et de les traduire devant le haut tribunal de la chambre
des pairs. La seconde question est de savoir si, étant d'accord sur la
nature de ce droit, vous pouvez vous en servir sur-le-champ et d'a-
près le principe qui est consigné dans la Charte, ou si au contraire

vous avez besoin d'une loi réglementaire qui détermine le mode de procédure.

Je vais parcourir ces deux questions principales à la suite desquelles il pourra s'en présenter d'autres secondaires.

Quel est le droit de la chambre tel qu'il résulte de l'article 56? Deux opinions se sont manifestées. L'une voudrait que la chambre ne pût être considérée que comme partie dénonciatrice, plaignante, et non pas du tout comme partie accusatrice. C'est ainsi qu'elle lui refuse le droit de se constituer en chambre d'accusation. L'autre au contraire considère le rôle de la chambre comme bien plus large, bien plus étendu; elle admet que le droit d'accuser renferme naturellement celui de se constituer en chambre d'accusation.

Il me semble, Messieurs, que ces deux mots : *accuser*, *chambre d'accusation*, produisent dans les esprits une sorte de confusion, tâchons de les dissiper. Dans nos lois, qu'est-ce qu'une chambre d'accusation? C'est celle qui, après avoir réuni toutes les preuves, recueilli tous les documens nécessaires, entendu tous les témoins qui sont propres à éclairer sa conviction, déclare qu'il y a lieu ou non à accuser. Qu'est-ce qu'accuser? C'est porter une sorte de jugement sur ce qui a fait l'objet de l'instruction. Dans ces deux opérations, l'une est le moyen et l'autre le résultat. Au fond, c'est la même chose, il y a analogie. La chambre d'accusation n'est saisie d'après nos lois qu'après que la chambre du conseil a prononcé; c'est une formalité tout-à-fait favorable à l'accusé, qui lui présente une garantie de plus. Eh bien! la commission remplace la chambre du conseil; elle donne un préavis, elle donne son opinion sur l'accusation.

Il est impossible de procéder autrement; car si la chambre n'avait pas le droit de se considérer comme chambre d'accusation, que serait-elle donc? Elle serait seulement, comme je l'ai déjà dit, dénonciatrice ou plaignante. Mais, Messieurs, dénoncer, se plaindre, ce n'est pas *accuser*, ce n'est pas *traduire*, et vous avez le droit de le faire. On s'autorise de ce qui s'est fait à la chambre des pairs; mais il faudrait considérer ici, qu'il y a une différence bien grande entre la position de la chambre des pairs, lorsqu'elle agit conformément à l'article de la Charte, qui lui attribue le pouvoir de juger, et lors-

qu'elle agit en vertu d'une accusation de la chambre des députés.
Dans le premier cas, la chambre des pairs subit la loi de la nécessité
parce qu'il n'y a pas d'accusateur proprement dit, mais dans ce cas
elle a violé une autre loi écrite dans tous nos Codes, celle qui ne
veut pas que le même juge qui a prononcé sur l'accusation puisse
prononcer sur le fond de la cause; c'est cependant ce que la chambre des pairs a été constamment appelée à faire. Eh bien! je répète
qu'elle a subi la loi de la nécessité, parce que la loi n'a placé aucun
corps intermédiaire entre elle et l'accusé pour remplir les fonctions
de chambre d'accusation.

Dans les circonstances où vous vous trouvez, c'est la Charte qui
a établi ce corps intermédiaire; et ce corps intermédiaire, c'est vous-
même. Il serait impossible logiquement de procéder autrement, c'est
votre droit le plus important.

Qu'arrivera-t-il, ou du moins que pourra-t-il arriver si la chambre
des pairs ne considérant l'accusation que comme une simple plainte,
ne se considérait elle-même que comme chambre d'accusation, refusât de juger comme tribunal définitif, et déclarât sans plus ample
examen qu'il n'y a pas lieu à accuser? Voyez quelle perturbation il
en résulterait? Je suis peu touché des règles que l'on s'efforce de
tirer des précédens du parlement d'Angleterre. Je dirai comme
M. Mauguin, que lorsqu'il existe une loi commune dans un Etat,
il est peu permis de puiser des règles chez une nation étrangère.
Il n'y a pas d'ailleurs d'analogie sur ce point entre nos chambres et
les chambres anglaises.

Les règles du parlement anglais résultent des précédens; là, il n'y
a aucune loi précise; tandis que chez nous nous avons dans la Charte
un principe fécond en développemens. Il y a une autre considération : c'est qu'en Angleterre la chambre des communes n'a pas seulement le droit d'accuser les ministres, elle a encore celui d'accuser
tous les citoyens à quelques conditions, à quelque classe qu'ils appartiennent. Elle n'a pas non plus le droit de sévir, d'arrêter, cependant tout le monde sait qu'elle sévit, qu'elle arrête au moyen d'un
subterfuge : elle fait saisir celui qui, en ne comparaissant pas, par
cela même lui manque de respect. Vous avez une loi, un pareil subterfuge vous est inutile.

Toute cette discussion de la part de ceux qui l'ont élevée a pour objet de priver le chambre du droit de se constituer en chambre d'accusation. Mais la chambre peut-elle se dessaisir de ce droit si important, et sans ce droit peut-elle espérer quelque résultat?

Dans les cas d'accusation d'un ministre, quels sont ordinairement les témoins les plus propres à jeter quelque lumière sur l'accusation? Sont-ce des hommes obscurs comme dans les affaires privées? Non, Messieurs, ce sont des hommes très-élevés dans la société, ce sont quelquefois leurs complices eux-mêmes, des hommes que le trône protége le plus souvent. Quels moyens aurez-vous de les faire paraître devant vous? Quels obstacles n'éprouva pas la commission chargée en 1828 d'examiner la proposition d'accusation faite par M. Labbey de Pompières? Des pairs de France qu'elle voulut appeler devant elle lui répondirent qu'ils ne reconnaissaient pas son autorité.

Je me résume. Vos droits sont écrits dans la Charte, vous ne pouvez pas les abandonner, ils appartiennent à la nation qui vous les a confiés.

Je passe à la seconde question. Comment pouvez-vous exercer ce droit? Devez-vous le considérer simplement comme un principe écrit dans la Charte, ou devez-vous déterminer le mode de l'exercer? je conviens que la difficulté est grande et je ne m'étonne pas qu'elle ait préoccupé beaucoup de bons esprits.

On a dit, Messieurs, que la loi n'était qu'un principe; mais puisque vous décidez d'après des analogies, il me semble qu'au lieu de les chercher dans les lois anglaises, nous devrions les chercher dans les précédens de la chambre des pairs. Or, la chambre des pairs constituée comme cour judiciaire, a le droit d'après la Charte de juger certains crimes. Il était dit dans cette Charte que la définition des crimes de trahison et de concussion serait faite par une loi. La chambre des pairs a-t-elle attendu cette loi pour agir, pour décerner des mandats, pour faire tous les actes déférés par nos codes aux tribunaux ordinaires? Non. La chambre des pairs s'est contentée de trouver le principe écrit; elle l'a développé, elle a formé des précédens. Je ne vois pas pourquoi la chambre des députés reculerait devant un pareil exemple.

J'ajouterai que personnellement j'avais été touché, plus qu'aucun autre peut-être, de cette difficulté, de se contenter d'un principe sans avoir une loi qui le développât. Mais lorsque j'ai vu dans votre pacte constitutionnel du 7 août, que l'article de la Charte qui précédemment était le 57e, et qui disposait qu'une loi déterminerait le mode de poursuite, était supprimé, je me suis dit que la chambre des députés avait reconnu que le principe renfermé dans l'art. 56 était assez fécond pour n'avoir pas besoin d'une loi.

Je comprends, Messieurs, combien le danger de décerner des mandats peut effrayer cette chambre. Je sais tous les inconvéniens qui peuvent en résulter; mais vous voudrez bien reconnaître que les circonstances actuelles sortent du cercle des circonstances ordinaires; vous voudrez bien aussi ne pas perdre de vue qu'on a allégué que les ministres actuels se trouvaient par le fait détenus illégalement, puisqu'après leur arrestation, ils n'ont pas été envoyés devant les autorités compétentes. Il y a donc nécessité pour la chambre de déterminer un moyen quelconque de légaliser cette arrestation, qui, je le répète, est en dehors des circonstances ordinaires.

Je ne vois pas d'ailleurs ce qui pourrait vous effrayer pour l'avenir; et s'il y a quelque danger, les ministres qui vont être les premiers à les aprécier, les préviendront, en vous presentant incessamment une loi sur la responsabilité des ministres : cette loi embrasserait en même temps le mode d'accusation; et si cela était jugé nécessaire, elle définirait les crimes de haute trahison et de concussion. C'est dans cette loi que vous examinerez avec la sagesse qui vous distingue, s'il est convenable ou dangereux que la chambre des députés ait la faculté de décerner des mandats.

M. Villemain a proposé d'ajouter ces mots par amendement : « Toutefois la commission ne pourra décerner d'autres mandats « que celui d'amener, soit à l'égard des témoins, soit à l'égard dès « prévenus. » Je n'ai comme rapporteur, aucune autorisation de consentir cet amendement; mais comme simple député, s'il m'était permis d'exprimer mon opinion, je dirais que la commission n'est point jalouse d'étendre ses pouvoirs, et qu'à la rigueur, les simples mandats d'amener et de dépôt pourraient lui suffire pour forcer les témoins à paraître devant elle, et pour obtenir tous les documens propres à établir sa conviction.

Je me permettrai d'ajouter que, pour rendre l'amendement de M. Villemain plus complet, et pour entrer peut-être aussi dans la pensée de plusieurs de nos collégues, il serait utile d'ajouter que la commission ne pourrait jamais infliger d'amende ; car si vous lui déférez tous les droits attribués aux juges d'instruction, elle aurait celui-là.

M. LE PRÉSIDENT. La commission a proposé d'adopter la résolution suivante :

« La chambre autorise la commission nommée pour examiner la « proposition de M. Salverte, relative à l'accusation des ministres « signataires du ordonnances du 25 juillet dernier, à exercer tous « les pouvoirs appartenant aux juges d'instruction et aux chambres « du conseil. »

M. Villemain propose d'y ajouter cette restriction :

« Toutefois votre commission ne pourra décerner d'autre mandat « que celui d'amener, soit à l'égard des témoins, soit à l'égard des « prévenus. »

M. VILLEMAIN. Je réduis mon amendement à ces mots : « Toute- « fois la commission ne pourra décerner d'autres mandats que celui « d'amener. »

L'amendement n'étant pas appuyé, n'est pas mis aux voix.

La résolution de la commission est mise aux voix.

La première épreuve est douteuse.

M. le président invite MM. les secrétaires à se rendre à la tribune.

Le bureau prononce que la majorité de la seconde épreuve est en faveur de la résolution.

En conséquence elle est adoptée.

Plusieurs membres. Le scrutin secret.

M. LE PRÉSIDENT. Je vais donner lecture du réglement.

Art. 32. « Toute proposition ayant une loi pour objet, est votée » par assis et levé, à moins qu'on n'en décide autrement. »

Maintenant, demande-t-on le scrutin secret? (Oui, oui? Non, non!)

M. BÉRENGER. On demande le scrutin secret, la question est trop grave, trop importante pour que la commission ne le réclame pas elle-même.

Un membre prie M. le président de donner une seconde lecture de l'article du réglement.

M. LE PRESIDENT. Conformément au réglement, la chambre a voté par assis et levé, maintenant quelques membres demandent le scrutin secret : cette demande étant appuyée, je dois la mettre aux voix.

M. MAUGUIN. La chambre a prononcé que la résolution de la commission était admise; ainsi c'est une chose consommée. Si on eût demandé le scrutin secret avant que le président eût prononcé, c'était différent, mais à présent c'est fini.

M. LE PRESIDENT. Vous êtes dans l'erreur, dans toutes les délibérations par assis et levé, on annonce le résultat de la délibération et cela n'empêche pas que l'on aille au scrutin.

M MAUGUIN Quand on n'a pas demandé le scrutin secret d'avance, on ne peut le réclamer après avoir annoncé le résultat de la délibération par assis et levé, car ce serait rapporter une délibération. Ce serait si bien la rapporter, que l'on pourrait demander le scrutin secret une heure, deux jours, trois jours après la première délibération.

M. LE PRÉSIDENT. En cas de doute, il ne reste d'autre moyen que de consulter la majorité.

M. MAUGUIN. Vous devez consulter le réglement

M. LE PRÉSIDENT. Je ferai remarquer à M. Mauguin que toutes les fois que la chambre décide par assis et levé, on détermine s'il y a adoption ou rejet, et que c'est après que l'on va au scrutin secret. (Réclamations diverses.) Messieurs, il est impossible de présider une chambre, si vous interrompez à chaque minute.

Je dis que maintenant il y a division pour savoir si quand on n'a pas demandé le scrutin avant toute délibération, on peut le réclamer ensuite. La question ne peut être résolue qu'en consultant la chambre.

M. GAETAN DE LA ROCHEFOUCAULT. Je prie les membres qui ont le réglement de vouloir le lire. Prenez l'article 32.

(L'honorable membre donne lecture de l'article que M. le président a lu au commencement de cette discussion.)

Il est évident, dit-il, que c'est avant de voter par assis et levé que vous devez décider si le scrutin secret aura lieu. Or, vous ne l'avez pas fait ; donc vous ne pouvez revenir sur la délibération.

M. DE GRAMMONT. On a demandé, ce me semble, de changer cet article du réglement. Ainsi il n'y a pas à craindre des précédens, puisque cet article n'existera plus d'ici à peu de jours. Dans cette grave circonstance, il faut décider de la manière qui puisse laisser le moins de doute sur la volonté de la chambre. J'appuie de toutes mes forces le vote au scrutin secret, quoique, comme on le sait, j'aie voté par assis et levé en faveur de la résolution.

Une voix. Consultez la chambre pour savoir si on votera au scrutin secret ou non.

M. LE PRESIDENT. Je n'y vois pas de difficulté ; chacun d'ailleurs sera libre de voter sur cette proposition comme il l'entendra.

Un membre. Tant que le réglement subsiste, il doit être observé·

M. LE PRESIDENT. Il y a deux opinions ; je ne puis avoir deux volontés, je dois donc me mettre aux ordres de la chambre. Chacune des deux opinions trouve le réglement positif dans son sens. Comme il y a doute, je dois consulter la chambre.

M. DE LABORDE. Le réglement est formel, il n'y a pas à y revenir.

M. DEMARÇAY. Messieurs, l'article du réglement et les précédens de la chambre sont positifs ; il ne s'agit pas de décider par analogie. La question est de savoir si, après une délibération prise, vous pouvez la changer par une autre manière de voter. M. le président a allégué ce qui a lieu pour les lois ; mais le réglement dit positivement que les lois doivent être votées au scrutin secret ; mais jamais une délibération qui doit être prise au scrutin secret n'est précédée d'une délibération par assis et levé. (*Plusieurs voix.* Vous êtes dans l'erreur.) Je sais qu'on met aux voix chacun des articles d'une loi, mais pour l'ensemble de la loi on va directement au scrutin (Nouvelles réclamations.)

M. LE PRÉSIDENT. On vote par assis et levé et sur les articles et sur l'ensemble d'une loi.

M. DEMARÇAY. Toujours est-il que le réglement existe, que la délibération a été prise conformément au réglement. Vous pouvez bien changer les articles de votre réglement, mais seulement pour

5.

l'avenir; vous ne pouvez donner à ces changemens un effet rétroactif. Par cette raison, les dispositions du réglement étant positives, la chose étant délibérée et le résultat déclaré par M. le président, je m'oppose au scrutin secret.

M. Madier de Montjau. C'est en mon nom et non en celui de la commission que j'ai demandé la parole; et, sans avoir consulté la commission, j'ose cependant croire qu'elle ne me désavouera pas. Quoique le courage ne nous manquera point pour remplir le mandat immense dont vous nous avez investis, vous devez pourtant sentir combien il importe à nos consciences que ce mandat nous ait été remis par une majorité bien incontestée. La première épreuve a laissé quelques doutes. La majorité de la seconde a paru encore douteuse à quelques membres, qui ont demandé le scrutin secret.

La nature du débat dans une question qui, par sa gravité et son importance, est un véritable projet de loi, me font vous demander, vous conjurer, en mon nom, de vouloir procéder en cette affaire comme pour une loi.

M. de Laborde. Que la question soit grave ou qu'elle ne le soit pas, peu importe. Quand on est assujetti à un réglement, on doit l'observer. Or, le réglement est formel, il ne nous est pas permis de le faire varier suivant l'importance de la question.

Le réglement est formel et empêche d'aller au scrutin secret, à moins qu'antérieurement à la délibération on ne l'ait réclamé.

Plusieurs voix. Il n'y a pas *antérieurement.*

M. le président. Je vais relire l'article du réglement, pour que tous les mots en soient pesés. (Il relit l'article.)

Un membre du centre droit. Le réglement ne fixe pas le moment où l'on doit réclamer le scrutin secret. Dans son silence, il est de la loyauté de la chambre, il est tout français (rumeurs) que du moment qu'une partie de la chambre réclame le scrutin secret, dans une mesure aussi grave, aussi importante, qui peut faire précédent, et un précédent immense, il est impossible, dis-je, que la chambre refuse cette demande, quand elle est faite par un grand nombre de ses membres.

M. de Tracy. Messieurs, je ne sais si je me trompe, mais, en vérité, il me semble que la question qui nous occupe n'en est pas

une. La chambre n'a jamais pu voter alternativement par assis et
levé et par scrutin secret ; car ce fait mènerait à une conséquence la
plus étrange du monde. Chacun la saisira. Lorsqu'une épreuve est
douteuse par assis et levé on demande le scrutin ; on a raison, parce
qu'il n'y a pas d'autre manière de savoir où est la majorité ; lorsque
l'épreuve n'est pas douteuse, aller demander ensuite le scrutin secret, c'est mettre la chambre dans le cas de prendre deux décisions
contradictoires. D'un côté serait l'adoption par assis et levé, et de
l'autre serait le rejet par le scrutin secret, et cependant avec les
mêmes élémens.

On nous a dit que la chambre vote sur les lois au scrutin secret ;
mais sur les lois elle ne vote pas d'abord par assis et levé. Elle
vote ainsi, seulement sur les articles, mais non pas sur l'ensemble ;
car il y aurait contradiction évidente. La chambre, violentée par
quelque raison que ce soit, peut demander le scrutin secret : elle le
peut sans nul doute, mais par une décision antérieure. Elle pourra
mettre dans son réglement un article qui existe dans celui de la
chambre des pairs, qui est que vingt membres suffisent pour rendre
le comité secret. Ce mode est sage et pourra être adopté ; mais
quand le résultat a été annoncé, que l'épreuve a été faite, il serait
inconcevable qu'on mît la chambre dans le cas de se trouver en
contradiction avec elle-même.

M. BOURDEAU. Je demande la question préalable. Il y a un précédent trop fâcheux, c'est la loi sur l'organisation de la cour des
comptes présentée en 1816, qui, après avoir été adoptée à une
grande majorité par assis et levé, fut rejetée au scrutin secret par
une grande majorité.

M. LE PRÉSIDENT. Il y a deux opinions ; j'ai fait tous mes efforts
pour ne pas manifester mon opinion et prouver mon impartialité. Il
ne m'appartient pas de prononcer. Je ne vois qu'un moyen : quand
il y a division dans la chambre, c'est de la consulter.

M. MARTIN LAFFITTE. Le réglement est précis.....

M. LE PRÉSIDENT. Vous n'avez pas la parole.

M. MARTIN LAFFITTE. Lorsqu'il s'agit d'une loi, on va au scrutin
secret ; mais lorsqu'il s'agit d'une simple proposition, on ne peut
y aller que si on la demandé avant de délibérer.

M. le président. Je vais mettre aux voix…

M. de Grammont. Quand il n'y a qu'un seul article dans une loi , on vote d'abord par assis et levé, et ensuite par scrutin secret.

M. Jacques Lefebvre reproduit exactement dans les mêmes termes l'observation que vient de faire M. de Grammont.

Il ajoute : « Nous ne sommes plus au temps où l'on craignait de voir se manifester la véritable opinion de cette chambre. S'il était possible que le bureau se fût trompé en annonçant que la proposition était adoptée par assis et levé, il serait heureux que cette erreur fût rectifiée par le scrutin secret. Je demande, et je crois qu'on ne peut le refuser, que M. le président mette aux voix une demande faite par un grand nombre de membres de cette chambre, c'est-à-dire, la question de savoir si on passera oui ou non au scrutin secret.

Plusieurs voix à gauche. Vous ne le pouvez pas.

M. Madier de Montjau. Je ne parlerai pas du réglement; mais je dirai que la longue discussion qui vient d'avoir lieu à son sujet ne peut avoir un terme que par une décision de la chambre.

M. de Laborde. J'ai entendu qu'on proposait la question préalable sur le scrutin secret, elle est appuyée. (Appuyé, appuyé.)

M. le président. Je vais alors la mettre aux voix.
(Elle est rejetée.)

La chambre consultée immédiatement sur le scrutin secret en adopte la proposition.

M. Labbey de Pompières. Je demande qu'on refasse l'épreuve ; plusieurs membres n'ont pas entendu.

(M. le président remet aux voix le scrutin secret ; il est de nouveau adopté.)

Le résultat du scrutin est :

Nombre de votans. 279
Majorité absolue. 140
Boules blanches. 186
Boules noires. 93

En conséquence, la résolution de la commission est adoptée.

CHAPITRE IV.

ARRESTATION DES DERNIERS MINISTRES.—INTERROGATOIRE DE M. DE POLIGNAC.—LETTRE DE M. DE POLIGNAC A LA CHAMBRE DES PAIRS. — DISCUSSION ET DÉCISION.

Lettre de Tours du 6 *août* : L'arrestation de MM. Peyronnet, Chantelauze et Guernon-Ranville est due à l'activité, au zèle infatigable de la Garde-Nationale et d'une réunion de citoyens qui s'était établie en permanence à l'hôtel de ville, pour questionner les voyageurs suspects et vérifier leurs passe-ports.

On écrit de St.-Lô, 16 *Août.*

M. Polignac a été arrêté hier soir, à neuf heures, sur le port, à Granville, et vient d'être amené à Saint-Lô. Il se disposait à s'embarquer pour Jersey, à la suite d'une dame, la marquise Lepelletier de St-Fargeau, native de Paris, et demeurant à Montereau, qui avait pris un passe-port à Caen, le 10 août, pour elle et un domestique. Ce domestique était M. de Polignac. — Il est calme et a une figure riante. C'est un homme de 5 pieds, 4 ou 5 pouces, cheveux gris, yeux bleus, nez aquilain et légèrement busqué.

Pendant que le greffier écrit l'intitulé du procès-verbal, M. de Polignac parcourt la nouvelle charte, qui se trouve sur le bureau. Comme personne ici ne le connaît, on a fait venir un de ses portraits, afin de le comparer avec l'original. Il a demandé lui-même à le voir, et, le tenant à la main, *c'est*, a-t-il dit, *un de mes anciens portraits.*

Je vous écris de la préfecture où j'assiste à l'interrogatoire comme officier de la garde nationale. Voici cet interrogatoire.

D. Quels sont vos noms, prénoms, âge, qualité, lieu de naissance?

R. Auguste-Jules-Armand-Marie Prince de Polignac, Pair de France, âgé de 50 ans, né à Paris, domicilié à Paris.

D. Vous avez été arrêté à Grandville, qu'y alliez vous faire?

R. J'allais passer à Jersey.

D. N'est-ce pas vous qui êtes l'ancien président du conseil des ministres, et comme tel, signataire du rapport au Roi et des ordon-nances du 25 juillet?

R. Oui.

CHAMBRE DES PAIRS.

Présidence de M. le baron PASQUIER.

(Séance du 21 août.)

M. LE PRÉSIDENT. Voici une lettre d'une haute importance, elle m'a été transmise par M. le ministre de l'intérieur; sous l'enveloppe de cette lettre il s'en trouvait une autre adressée à Sa Seigneurie le baron Pasquier, le prince de Polignac.

Saint-Lô, le 17 août 1830.

Monsieur le baron,

Arrêté à Granville au moment où fuyant les tristes et déplorables évènemens qui viennent d'avoir lieu, je cherchais à passer à l'île de Jersey, je me suis constitué prisonnier entre les mains de la com-mission provisoire de la préfecture de la Manche, le procureur du Roi de l'arrondissement de Saint-Lô, ni le juge d'instruction, n'ayant pu, d'après les termes de la Charte, décerner un mandat contre moi, dans le cas, ce que j'ignore, où le Gouvernement ait donné des ordres pour m'arrêter. Ce n'est que de *l'autorité de la cham-bre des pairs,* dit l'article 29 de la Charte actuelle, conforme en cela à l'ancienne Charte, qu'un membre de la chambre des pairs peut être arrêté; je ne sais ce que fera la chambre à ce sujet, et si elle mettra sur mon compte les tristes évènemens de deux jours que je déplore plus que qui que ce soit, qui sont arrivés avec la rapidité de la foudre au sein de la tempête, et qu'aucune force, aucune pru-dence humaine ne pouvaient arrêter, puisqu'on ne savait, dans ces terribles momens, à qui entendre, ni à qui s'adresser, et qu'on ne pouvait, tout au plus, que défendre ses jours.

Mon desir, M. le baron, serait qu'on me permît de me retirer chez moi, pour y reprendre les habitudes d'une vie paisible, les seules qui soient conformes à mes goûts, et auxquelles j'ai été arraché malgré moi, comme le savent ceux qui me connaissent. Assez de vicissitudes ont rempli mes jours, assez de revers ont blanchi ma tête dans le cours de la vie orageuse que j'ai parcourue. Au moins ne peut-on me reprocher, dans les momens de ma prospérité, d'avoir jamais conservé aucun souvenir d'aigreur contre ceux qui avaient peut-être abusé de leur force à mon égard, dans les temps de mon adversité; et, en effet, M. le baron, où en serions-nous, tous tant que nous sommes, au milieu de ces changemens continuels que présente le siècle où nous vivons, si les opinions politiques de ceux qui sont frappés par la tempête, devenaient des délits ou des crimes aux yeux de ceux qui embrassent des opinions politiques plus heureuses.

Si je ne pouvais obtenir la permission de me retirer tranquillement dans mes foyers, je désirerais qu'il me fût permis de me retirer à l'étranger, avec ma femme et mes enfans. Si enfin la chambre des pairs voulait prononcer mon arrestation, je désirerais qu'elle fixât le lieu où je serais retenu, au fort de Ham, en Picardie, où j'ai long-temps été détenu, dans la longue captivité que j'ai éprouvée dans ma jeunesse, ou dans quelque citadelle commode et spacieuse à-la-fois. Ce lieu (Ham) conviendrait mieux que tout autre à l'état de ma santé, affaiblie depuis quelque temps, et altérée surtout depuis les derniers évènemens qui se sont passés. Les malheurs de l'honnête homme doivent mériter quelques égards en France; mais, dans tous les cas, M. le baron, il y aurait, j'oserais presque dire, quelque chose de barbare à me faire amener dans la capitale, en un moment où tant de préventions ont été soulevées contre moi, préventions que ma seule voix ne peut apaiser, que le temps seul peut calmer. Depuis long-temps je ne suis que trop accoutumé à voir toutes mes intentions représentées sous le jour le plus odieux.

Je vous ai soumis tous mes désirs, M. le baron; je vous prie, ignorant à qui m'adresser, de vouloir bien les soumettre également à qui de droit, et d'agréer ici l'assurance de ma haute considération.

Le prince de POLIGNAC.

P. S. Je vous prie également de vouloir bien me faire accuser réception de cette lettre.

M. LE PRÉSIDENT. Sur ce dernier point, j'ai satisfait au désir de M. le prince de Polignac ; j'ai accusé réception de sa lettre, lui faisant connaître que dès aujourd'hui j'en donnerais communication à la chambre. Comme il s'agit de l'arrestation d'un de ses membres, cet objet rentre tout-à-fait dans ses attributions. C'est une matière des plus graves, sur laquelle j'appelle les délibérations de la chambre. Au lieu de s'en occuper elle-même, peut-être préférera-t-elle nommer une commission qui examinerait ce qu'il y aurait à faire, et qui en rendrait compte lundi à la chambre.

Plusieurs voix. Oui, oui, une commission.

M. LE DUC DE CHOISEUL. Je ne sais pas ce qu'une commission pourrait proposer. C'est à la chambre qu'il appartient de prononcer sur l'arrestation d'un de ses membres. Sommes-nous constitués en cour judiciaire ? car il me semble que, comme pouvoir politique, nous ne pouvons pas faire des actes qui n'appartiennent qu'au pouvoir judiciaire.

M. LE DUC DECAZE. La Charte dit que la chambre des pairs connaît des crimes de haute trahison, des accusations portées contre des ministres, et des crimes dont peuvent se rendre coupables des pairs de France. Aucun pair ne peut être arrêté que de l'autorité de la chambre. C'est donc à la chambre des pairs à statuer sur l'arrestation d'un de ses membres, c'est un droit qui lui appartient comme pouvoir politique aussi bien que comme pouvoir judiciaire. Il me paraît difficile que la chambre prenne un parti sur une question aussi grave sans avoir connu les faits. Le noble pair qui annonce à la chambre son arrestation, ne dit pas dans quelle circonstance elle a eu lieu, ni par quelle autorité il a été arrêté. Il paraîtrait, au contraire, qu'il se serait lui-même constitué prisonnier ; au moins ne se plaint-il pas de son arrestation ; seulement nous savons par la voie des journaux qu'il a été arrêté, au milieu des clameurs publiques, et soustrait au danger qui le menaçait. Avant que la chambre se prononce sur une question aussi grave, il importe qu'elle sache les faits en détail, le lieu de la détention, et qu'elle ait du gouvernement des renseignemens à ce sujet. Or, ces documens ne peuvent être recueillis que par une commission, et j'appuie la proposition qui a été faite.

M. DE PONTECOULANT. On vient de considérer la question sous deux points de vue. Je crois qu'elle doit être aussi envisagée sous un troisième point de vue. Mais permettez-moi d'abord de faire quelques observations sur ce qui a été dit.

La Charte ne parle que de la chambre des pairs, lorsqu'il s'agit de l'arrestation d'un de ses membres; elle ne distingue pas si elle est ou non constituée en cour de justice. La raison en est simple ; c'est que la Charte a été faite en 1814; et ce n'est que depuis que des évènemens ont nécessité sa formation en cour judiciaire. Une fois constituée en cour judiciaire, c'est en cette qualité qu'ont été faits les actes préparatoires du jugement qu'elle était appelée à rendre. Il a été reconnu que, comme telle, elle ne pouvait agir dans l'absence du ministère public, c'est-à-dire un procureur-général portant la parole au nom du Roi, afin que l'on pût prendre toutes les réquisitions nécessaires à l'accusation.

Dans les articles qui ont été annexés à la Charte, il n'a été fait aucun changement littéral à ces dispositions. Il est aisé de voir, par l'esprit qui a dicté les articles supplémentaires à la Charte, que la chambre des pairs ne peut, en l'absence de la chambre des députés, agir comme pouvoir politique, mais seulement comme pouvoir judiciaire. Quelques bons esprits avaient cru que la chambre des pairs ne pourrait jamais être convoquée comme cour judiciaire dans l'intervalle des sessions. Mais ce cas a été prévu, et alors elle ne peut s'occuper que de matières judiciaires.

Si l'auteur de la lettre n'était pas revêtu d'un autre caractère que celui de pair, la première chose que nous aurions à faire serait de prier notre président de s'adresser au Roi, à l'effet de convoquer la chambre des pairs en cour judiciaire, afin de pouvoir faire ensuite des actes judiciaires (des murmures s'élèvent). Pardon, Messieurs, ceci est très-grave : le fonds est de politique; mais il y a un autre point de vue sous lequel l'affaire doit être considérée.

Je ne pense pas que l'auteur de la lettre doive être considéré seulement comme pair, il est aussi ministre, et, sous cette qualité, l'affaire doit être examinée sous une autre face Sans doute, il n'est pas pour cela dépouillé de son privilége de pair. Mais ne fût-il pas pair, il serait encore justiciable de la chambre des pairs, dans le cas d'une accusation portée par la chambre des députés. Quoique nous ne soyons pas saisis judiciairement, nous ne pouvons ignorer ce qui se passe dans l'autre chambre. Cette chambre est saisie d'une proposition d'accusation contre le Ministère dont faisait partie l'auteur de la lettre. Il est vrai qu'elle n'a pas encore statué sur l'accusation ; mais suffisamment avertis, nous devons prendre garde d'élever un conflit d'autorité. Il est certain que la chambre des députés ayant le droit d'accuser un ministre, le pair qui est ministre se trouve justiciable de cette chambre pour la mise en accusation.

Je ne puis m'empêcher de témoigner quelque regret de ce que nous soyons ainsi arrêté par l'observation trop minutieuse des formes, et de ce que, depuis quinze ans que nous sommes dans l'exercice des formes du Gouvernement représentatif, on n'ait pas encore établi des communications officieuses entre les deux chambres. Ces communications officieuses existent de temps immémorial en Angleterre, et elles empêchent qu'il ne s'élève des conflits d'autorité entre la chambre des communes et la chambre des lords.

N'étant pas aidé par ce secours, nous devons marcher avec circonspection, et prendre des précautions pour qu'il ne s'élève point de conflit d'autorité, dans une question toute nouvelle qui se complique de la qualité de pair et de celle de ministre.

Je n'ai pas de conclusions à prendre. Les observations que je viens de présenter ont eu pour objet de faire voir la nécessité d'une commission, et j'appuie la proposition qui en a été faite.

M. LE PRÉSIDENT. Je dois donner connaissance à la chambre d'une lettre qui se rapporte à l'affaire dont elle s'occupe en ce moment.

« M. le président,

» J'ai appris non par des rapports officiels; mais par des bruits divers, que plusieurs des derniers ministres, notamment M. le prince de Polignac et M. le comte de Peyronnet étaient arrêtés et détenus à Saint-Lô et à Tours. Dans les circonstances actuelles et en présence de l'accusation pendante à la chambre des députés, je crois qu'il est indispensable d'informer la chambre des pairs qu'ils sont détenus à Saint-Lô et à Tours, afin que dans sa sagesse elle décide ce qu'elle jugera convenable. »

Plusieurs voix. De qui est la lettre?

M. LE PRESIDENT. Elle est signée : *Dupont* (de l'Eure), garde-des-sceaux.

M. DE MONVILLE. Je ne pense pas que la chambre doive se constituer en cour judiciaire pour décider s'il y a lieu à autoriser l'arrestation d'un de ses membres. Il me semble qu'une simple permission du président doit suffire. Nous ne sommes pas dans des circonstances ordinaires. Déjà la proposition d'accuser le dernier ministère est soumise à la chambre des députés, et la clameur publique est telle qu'on peut la considérer comme une plainte universelle.

La chambre des pairs ne doit être constituée en cour judiciaire que lorsqu'elle est saisie de l'accusation. Si elle agissait auparavant comme cour judiciaire, il faudrait prendre garde qu'elle ne fît aucune information ni aucun acte du domaine de l'accusation, car ce serait confondre des pouvoirs dont il importe de maintenir la séparation. Le pouvoir qui informe n'est pas celui qui juge. Cette séparation est dans l'intérêt de l'accusé, et nous devons la respecter. Je sais bien qu'à une autre époque l'information et le jugement eurent lieu à la fois dans cette chambre; mais il est à désirer que pareille chose ne se reproduise plus.

Je ne pense donc pas que la chambre ait besoin de renvoyer à une commission pour déclarer qu'elle ne s'oppose pas à l'arrestation d'un de ses membres qui se trouve dans le cas d'une accusation pendante à la chambre des députés.

M. LE PRESIDENT. La discussion qui vient de s'élever a démontré la nécessité de la formation d'une commission à laquelle seraient renvoyées les lettres de M. de Polignac et du ministre de la justice. Je mets cette proposition aux voix.

(La chambre décide qu'il sera nommé une commission.)

Est-il dans l'intention de la chambre de nommer elle-même cette commission?

Voix diverses. Non, non! Que M. le président la désigne.

Voici les membres désignés par M. le président :
MM. le comte Siméon,
    Marquis de Malleville,
    Baron Séguier,
    Comte Portalis,
    Comte de Pontécoulant,
    Baron de Barante,
    Comte Bastard.

(Séance du 23 août.)

M. LE PRESIDENT. L'ordre du jour appelle le rapport de la commission spéciale, à laquelle a donné lieu la lettre de M. le prince de Polignac.

M. le comte Siméon rapporteur de cette commission a la parole.

Messieurs, le grand et terrible évènement qui vient de renouveler la face de la France, a donné lieu à l'arrestation de plusieurs ministres du dernier Gouvernement. Membres de la chambre des pairs, ou de celle des députés, ils ont une garantie dans les articles 29 et 44 de la Charte. Le premier déclare qu'*aucun pair ne peut être arrêté que de l'autorité de la chambre ;* le second, qu'*aucun membre de la chambre des députés ne peut, pendant la session, être poursuivi ni arrêté en matière criminelle, sauf le cas du flagrant délit, qu'après que la chambre a permis la poursuite.*

Le Code pénal punit la violation de cette disposition constitutionnelle par son article 121, ainsi conçu :

» Seront, comme coupables de forfaiture, punis de la dégradation civique, tous officiers de police judiciaire, tous procureurs-généraux ou du Roi, tous substituts, tous juges qui auront provoqué, donné ou signé un jugement, une ordonnance ou un mandat tendant à la poursuite personnelle ou accusation, soit d'un ministre, soit d'un membre de la chambre des pairs, de la chambre des députés ou du conseil-d'état, sans les autorisations prescrites par les lois de l'Etat, ou qui, hors le cas de flagrant délit, ou de clameur publique, auront sans les mêmes autorisations, donné ou signé l'ordre de saisir ou arrêter un ou plusieurs ministres ou membres de la chambre des pairs, de la chambre des députés ou du conseil-d'état. »

Cette garantie qui sans doute a empêché les autorités locales d'aller au-delà de l'arrestation et de la détention qu'autorisait et commandait la clameur publique, M. le prince de Polignac la réclame par la lettre qu'il a écrite de Saint-Lô, le 17 de ce mois, à M. le président de la chambre.

D'un autre côté, M. le garde-des-sceaux, ministre de la justice, a jugé indispensable d'informer la chambre de l'arrestation et de la détention de M. le prince de Polignac à Saint-Lô, et de M. le comte de Peyronnet à Tours, afin qu'en présence de l'accusation proposée contre eux à la chambre des députés, la chambre des pairs prenne dans sa sagesse les mesures qui lui paraîtront convenables. La lettre de M. le garde-des-sceaux à M. le président, en date du 21 de ce mois, a été mise sous vos yeux dans la dernière séance, ainsi que celle de M. le prince de Polignac, et vous avez chargé une commission dont j'ai l'honneur d'être l'organe, de vous en faire un rapport.

La commission s'est proposé deux questions : La garantie peut-elle être réclamée par la chambre? Si elle peut l'être, que doit faire la chambre?

Sur la première question, nous ne pensons pas que la responsabilité qui est attachée aux fonctions de ministre prive les ministres, pairs ou députés, de la garantie que leur donne la Charte. Tout ministre qu'on est, on peut avoir à prendre part, comme pair ou député, aux délibérations de la chambre dont on est membre. Il ne faut pas qu'on en soit détourné par des arrestations que des officiers judiciaires pourraient se permettre, quelquefois dans un égarement de zèle; d'autres fois, dans la vue coupable d'écarter le pair ou le député, qu'il soit ministre ou non, d'une discussion où l'on redouterait sa présence. Cette garantie est bien moins donnée à la personne qu'à la chose publique, à la liberté des délibérations et à l'exercice du pouvoir législatif. Il suffit aux nécessités de la justice, qui sont de pouvoir atteindre quiconque est prévenu d'un crime ou d'un délit, que les pairs et les députés puissent être arrêtés sans autorisation préalable, en cas de flagrant délit ou à la clameur publique. En ce cas, l'arrestation est urgente, juste, nécessaire, sauf les explications qui la feront cesser ou la maintiendront après la décision de la chambre à laquelle appartient le détenu.

Il y a d'autant moins de doute, ce nous semble, à ce que la qualité ne prive pas un pair ou un député de la garantie qui lui appartient comme tel, que, d'après l'article 121 du Code pénal déjà cité, cette garantie existe aussi pour les ministres qui ne sont ni pairs, ni députés.

Cela étant, que doit faire la chambre?

Si un pair était arrêté et détenu pour des causes peu graves, ou sur des indices faibles et indignes de confiance, nous réclamerions sans doute la garantie qui est accordée, ainsi que je l'ai dit, aux membres des deux chambres pour le libre exercice du pouvoir législatif dont elles font essentiellement partie. Mais M. le prince de Polignac est arrêté et détenu à la clameur publique qui le poursuit, à raison d'actes d'où peut résulter une immense responsabilité. Nous sommes instruits officiellement que la chambre des députés prépare son accusation. Qui aurait la pensée que dans de telles circonstances nous puissions les dérober à un si grand accusateur!

Il paraît que M. le prince de Polignac ne se regarde point comme coupable, puisqu'il demande de se retirer à l'étranger. Ce n'est point par une mise en liberté intempestive qui serait une sorte d'évasion, qu'il doit en avoir la faculté. Il a le droit et le devoir de plaider son innocence. Il en aura tous les moyens et ne trouvera que des juges intègres et impartiaux. Mais lui rendre la liberté, ce serait le plus grand et en même temps le plus incroyable déni de justice que l'on puisse concevoir. Puisqu'il est arrêté, il est impossible qu'il ne soit pas prononcé contradictoirement avec lui sur sa culpabilité ou sur son innocence.

Nous n'avons pas besoin, comme quelques-uns l'ont pensé, d'être en cour de justice pour prendre une décision sur la demande de M. le prince de Polignac. Nous ne ferons point un acte judiciaire : nous nous abstiendrons de réclamer en sa faveur la garantie constitutionnelle. Nous ne donnerons aucun mandat contre lui. Seulement nous autoriserons une détention qui n'est pas de notre fait. Nous reconnaîtrons qu'elle a été valable parce qu'elle a eu lieu à la clameur publique, pour imputation d'actes et de faits graves et récens. Nous l'autoriserons, non comme juges, car il n'y a encore aucune forme de procès, mais comme membres de l'une des deux chambres, qui ont l'une et l'autre le droit d'empêcher qu'on ne détienne un de leurs membres sans son attache.

Je n'ai parlé que de l'autorisation à donner pour l'arrestation de M. le prince de Polignac, parce que nous n'avons pas à nous occuper de celle de M. le comte de Peyronnet. Il a perdu, par l'article 68 de la Charte, titre des *dispositions particulières*, les garanties attachées à l'exercice actuel de la pairie. L'accusation dont il est menacé n'en sera pas moins jugée dans cette chambre par la double raison que les délits qui lui sont imputés ont été commis lorsqu'il était pair, et parce que l'accusation portée par la chambre des députés contre des ministres ne peut être jugée que par la chambre des pairs. Mais l'autorisation de son arrestation faite à Tours ne nous appartient pas depuis qu'il a cessé d'être pair. Lui-même semble l'avoir reconnu puisqu'il n'a pas réclamé, ainsi que le prince de Polignac. Nous n'avons donc qu'à nous occuper de l'arrestation de celui-ci, et à cet égard j'ai l'honneur de vous proposer la décision suivante :

« Vu une lettre signée *prince de Polignac*, écrite de Saint-Lô, en date du 17 août, et adressée au président de la chambre des pairs, par laquelle, en annonçant qu'il est détenu, il réclame le bénéfice de l'art. 29 de la Charte constitutionnelle promulguée le 14 août présent mois.

» Vu la lettre du garde-des-sceaux ministre de la justice, en date du 21 de ce mois, par laquelle il informe la chambre que le prince de Polignac a été arrêté à Saint-Lô, et le comte de Peyronnet à Tours, sur la clameur publique, comme auteurs d'actes qui forment la matière d'une accusation proposée en ce moment à la chambre des députés, et par laquelle il invite la chambre à prendre les déterminations convenables,

» La chambre prend la décision suivante :

» Conformément à l'art. 29 de la Charte constitutionnelle, la chambre des pairs autorise l'arrestation du prince de Polignac faite à Saint-Lô.

» Quant à l'arrestation du comte de Peyronnet, faite à Tours, vu l'art. 78. de la Charte, titre *des dispositions particulières*, la chambre des pairs déclare qu'il n'y a pas lieu pour elle à en délibérer.

» La chambre des pairs charge son président de transmettre cette décision au garde-des-sceaux ministre de la justice. »

M. LE PRÉSIDENT. Vous venez d'entendre les conclusions du rapport de la commission, si personne ne demande la parole, je vais les mettre aux voix.

Je vais successivement mettre aux voix les trois paragraphes dont dont se composent les conclusions de la commission.

(Les deux premiers paragraphes sont adoptés sans réclamation.)

Sur le troisième paragraphe, M. le duc de Fitz-James fait l'observation suivante : Le mot *flagrant délit* était le mot véritable, et devrait être substitué à celui de *clameur publique*. Quel malheur, en effet, si l'on en faisait motif suffisant d'arrestation !

Un pair. Le mot *clameur publique* est énoncé dans la loi, à côté de celui de flagrant délit, ainsi l'expression est légale.

M. LE DUC DE BROGLIE. Le mot flagrant délit s'applique à la saisie du prévenu, dans le moment immédiat où il vient de commettre le crime, tandis que celui de clameur publique s'applique au prévenu que l'on poursuit à raison d'un crime.

M. le président met aux voix le troisième paragraphe. — Adopté.

M. LE PRÉSIDENT. Quoique je ne pense pas qu'il y ait lieu, comme pour une loi, de voter sur l'ensemble, je recevrai à cet égard les ordres de la chambre.

(L'ensemble est mis aux voix et adopté.)

~~~~~~

CHAPITRE V.

RAPPORT, A LA CHAMBRE DES DÉPUTÉS, DE LA COMMISSION CHARGÉE
DE L'EXAMEN DE LA PROPOSITION D'ACCUSATION CONTRE LES EX-
MINISTRES.

Présidence de M. LAFFITE.

(Séance du 23 septembre.)

M. BÉRENGER, rapporteur, est appelé à la tribune. Il commence
en ces termes au milieu de plus profond silence.

Messieurs, la commission que vous avez chargée de l'examen de
la proposition d'accusation contre les ex-ministres signataires des
ordonnances du 25 juillet dernier, a mis à cet examen toute l'attention que réclamait un sujet sur lequel tant de regards sont fixés.

Au moment d'entrer dans la voie que la Charte vous ouvre pour
obtenir la répression des faits qui ont si gravement compromis notre
ordre social, vous avez dû désirer qu'une religieuse observation
des analogies judiciaires s'unît aux vues élevées de la politique, dans
l'exercice d'un droit qui découle de nos institutions.

Ce vœu imposait à votre commission des devoirs dont elle a
compris toute l'étendue. Elle a senti que vous l'investissiez d'une
magistrature dont l'impartialité doit être le principal caractère.

C'est pour répondre à votre confiance que dès les premiers jours
elle s'est déterminée à vous demander de lui déléguer une partie
de vos pouvoirs : ils lui étaient nécessaires autant peut-être pour
régulariser la détention de ceux des ex-ministres qui avaient été
arrêtés sur la clameur publique, que pour fixer par le concours de
leurs déclarations et des témoignages, le véritable point de vue sous
lequel cette accusation doit être envisagée.

6

Une instruction a donc été commencée; quatre des ex-ministres, détenus à Tours et à Saint-Lô, ont été transférés à Vincennes, en vertu des mandats d'amener décernés par la commission; ils ont été interrogés aussitôt, et sur-le-champ les mandats ont été convertis en mandats de dépôt. Les témoins ont été entendus; les pièces qui pouvaient servir d'élémens à l'accusation ont été demandées aux divers ministères et examinées avec un soin scrupuleux. Partout les ordres et les mandats de la commission, exécutés par les huissiers de la chambre, ont trouvé obéissance.

Cette première instruction, qui établit et consacre vos droits, a également eu pour objet le besoin de vous éclairer et celui d'offrir à la défense toute la latitude qu'elle a le droit de réclamer.

Néanmoins, les documens obtenus des divers ministères sont peu complets. Il est certain qu'au moment de la catastrophe les plus importans ont été détruits; de sorte qu'un voile couvre encore la plupart des projets, dont le développement devait assurer l'exécution des fatales ordonnances.

Mais, envisageant ces ordonnances dans leur ensemble, votre commission n'a pu se résoudre à les considérer comme un simple accident, c'est-à-dire comme un fait isolé, né des circonstances du moment et sans lien avec le passé.

Elle a donc jeté un coup-d'œil sur les temps antérieurs, et elle a acquis la déplorable certitude que les ordonnances du 25 juillet étaient le complément d'un plan que la couronne méditait depuis plusieurs années; il lui en couterait cependant de faire remonter au prince, auteur de la charte, la conception de ce plan, mais à peine rétabli sur le trône de ses pères, Louis XVIII avait pu apprécier les projets des courtisans et ceux des membres de sa famille. Tels ils étaient lorsqu'au commencement de notre révolution ils avaient quitté le sol de la France, tels ils se montrèrent lorsqu'il revint avec eux de l'émigration.

Ce long exil sur une terre étrangère, ces jours d'adversité qui, pour tant d'autres, auraient pu devenir la matière de fructueuses leçons, avaient été stériles pour eux. Louis XVIII lutta péniblement contre leurs exigences; il le fit quelquefois avec bonheur, et souvent sans succès.

En dehors de son gouvernement, il se formait d'autres conseils dont l'action se faisait insensiblement sentir sur toutes les branches de l'administration et en paralysait le mouvement. Déjà on apercevait deux gouvernemens dans l'état.

La vieillesse de Louis XVIII subit la triste influence de ces conseils; sous lui commença ce ministère de six années dont la mission parut être d'accomplir la contre-révolution; sous lui, et peut-être malgré lui, l'Espagne vit une armée française étouffer ses élans de liberté, et la célèbre ordonnance d'Andujar annulée de fait au moment de sa publication.

A la mort de ce monarque, les projets ébauchés sous son règne commencèrent à recevoir leur exécution. Le nouveau roi se hâte de donner satisfaction au clergé par la loi sur le sacrilége, aux émigrés par celle sur l'indemnité; il tente d'abolir la liberté de la presse par ce projet de loi qui éleva contre le ministère, qui en fut l'auteur, de si justes ressentimens. Il tenta d'asservir la profession la plus utile à l'humanité par un autre projet sur les jurys médicaux et les écoles de médecine.

Il essaya de préparer les esprits à la suppression du jury, en proposant cette suppression pour les crimes de baraterie et de piraterie. Enfin la contre-révolution fut hautement avouée, et l'avenir qu'on réservait à la France ne fut plus un mystère. Tous les intérêts furent menacés à la fois.

Toutefois, dans cette chambre, où le ministère s'était fait tant de partisans, il se formait une opposition qui, vivement secondée par l'opinion publique, commençait à se rendre redoutable.

Menacé de perdre la majorité dans les chambres, le gouvernement prit la résolution hardie de convoquer de nouveaux colléges; il espéra, à force de menaces, de fraudes et de corruptions, obtenir des choix favorables, et c'est par là qu'il acheva de révolter tout ce qui dans la nation avait un cœur droit et le sentiment du bien.

En même temps, et afin de s'assurer la chambre des pairs, il la remplit de ses créatures, et s'efforça d'en changer la majorité par la plus nombreuse et la plus impopulaire des promotions.

Heureusement les élections ne répondirent pas à ses espérances, et devant une chambre nouvelle on comprit qu'il fallait ajourner les desseins qu'on méditait.

Nulle nation n'est plus confiante que la nôtre; lorsqu'à l'ouverture de la session de 1828, elle entendit de la bouche de son Roi la promesse d'un meilleur avenir, elle y crut; elle oublia le passé; trompée tant de fois, elle se livra encore à l'espérance.

Il y aurait de l'ingratitude à ne pas reconnaître le service que le nouveau ministère rendit au pays dans le cours de la première session. La loi destinée à réprimer les fraudes électorales, celle sur la presse, quoiqu'on eut à y regretter l'absence du jury, sont des monumens qui attestent son désir de donner au pays quelques-unes des garanties depuis si long-temps attendues.

Mais ce désir même était un sujet de défiance pour une cour soupçonneuse et peu sincère. Le ministre de cette époque se soutenait péniblement; il laissa s'écouler la seconde session sans résultat utile pour le développement de nos institutions.

Les chambres se séparèrent; de tristes pressentimens occupaient le public; ils ne furent, hélas! que trop justifiés.

La création du ministère du 8 août frappa la France de stupeur. Après tant de gloire, après avoir vu tous les peuples de l'Europe rendre hommage à notre courage dans les combats, à notre résignation dans le malheur, à notre fidélité à remplir des engagemens et à acquitter des charges que la famille qui occupait le trône avait concouru à nous imposer. Il était donc réservé à notre héroïque nation de recevoir de son roi plus d'outrages en un seul jour que l'étranger n'eût jamais osé lui en faire.

Ainsi on redoutait qu'une armée pleine de valeur ne partageât les sentimens du pays! on l'humilie en lui donnant pour chef l'homme dont le nom lui rappelait tant d'amers souvenirs. Les excès commis en 1815 avait révolté la nation! On confie le ministère de l'intérieur à celui que de cruelles catégories rendirent alors si fameux. Enfin la France réclamait à grands cris l'exécution de la Charte, et on met à la tête de notre diplomatie l'homme qui si long-temps refusa de la reconnaître.

Quels étaient donc ceux qui dans cette paix profonde où nous vivions, poussaient le roi à de telles mesures? Quels étaient les conseillers secrets qui lui suggéraient de se mettre ainsi en guerre avec tout un peuple? Hélas! leurs noms échappent à nos investigations;

l'accusation d'ailleurs trouve déjà assez de coupables sans qu'il soit utile de chercher à en augmenter le nombre.

Disons toutefois que M. le prince de Polignac paraît être le confident le plus intime des projets de Charles X; disons que dans l'opinion de la France il représente à lui seul toute la faction contre-révolutionnaire, et que chaque fois que cette faction avait menacé de saisir le pouvoir; c'était lui, et toujours lui qu'elle offrait aux espérances des ennemis de l'ordre et des lois.

La composition d'un tel cabinet était significative, la France ne put se méprendre sur son objet; l'eût-elle fait les journaux organes de la cour, le lui auraient assez révélé; jamais contre-révolution ne fut plus audacieusement ni plus imprudemment annoncée.

Une lutte sur la prééminence dans le conseil ne tarda pas à s'élever entre le ministre favori et le plus fougueux de ses collègues. Pour le remplacer, on fit venir des départements un homme qu'aucune célébrité parlementaire ou politique ne semblait recommander. La France s'en étonnait; elle demandait ce qui pouvait justifier un tel choix; elle recherchait avec inquiétude quelle avait été la vie de ce nouveau ministre? Une présidence de collége électoral, suivie d'un avancement rapide et inusité dans la magistrature; un discours récent à l'occasion de son installation auprès d'un grand corps judiciaire, étaient tout ce qu'on en savait. On put supposer qu'il avait donné des gages secrets de ses sentiments et de sa coopération.

Néanmoins, l'impartialité de votre commission ne lui permet pas de taire un mémoire que M. de Guernon-Ranville a fait joindre à l'instruction, et qu'il remit au prince de Polignac le 15 décembre 1829, c'est-à-dire moins d'un mois après son élévation au ministère, et qui selon lui fait connaître dans quels sentimens il y entrait. « La chambre des pairs, y dit-il, ne peut avoir pour nous ni confiance, ni affection : toutefois cette chambre ne nous sera pas hostile. Il n'en sera pas de même de la chambre des députés. Là, mille haines, mille ambitions se ligueront contre nous : à la veille d'une lutte aussi inégale, plusieurs partis peuvent être pris, mais celui que l'opposition croit être dans les vues du ministère, et que font pressentir les bruits de coup d'état, celui enfin auquel quelques royalistes imprudens voudraient pousser le gouvernement, consisterait à dissoudre la chambre, et en convoquer une nouvelle après avoir modifié par ordonnance la loi électorale, et suspendu la liberté de la presse, en rétablissant la censure. Je ne sais si cette marche sauverait la monarchie; mais ce serait un coup d'état de la plus extrême violence, ce serait la violation la plus manifeste de l'article 35 de la charte, ce serait la violation de la foi jurée. Un tel projet ne peut convenir ni au roi, ni à des ministres consciencieux. »

C'est ainsi que dès lors M. de Ranville jugeait des mesures auxquelles plus tard il eut la faiblesse de concourir.

Le prince Polignac devint président du conseil; c'est lui qui communiquait avec le roi, et, soit qu'il ne fût qu'un instrument entre les mains de ce prince et de ses familliers, soit qu'il fût réellement l'âme de la faction, il paraît démontré qu'il préparait et provoquait tout le travail du cabinet.

Mais, de toutes parts, les citoyens se disposaient à la défense de leurs droits; dans l'attente des coups d'état, on s'unissait pour y résister; les associations pour le refus de l'impôt se propageaient; la conservation des libertés publiques était un besoin dont l'appréciation pénétrait dans toutes les classes de la société. Vainement traduisit-on devant les tribunaux ces associations patriotiques, la magistrature, tout en les condamnant, prononçait des arrêts qui consacraient la légalité de la résistance, et la sanction judiciaire donnée à ce principe ne fut pas l'un des moindres services qu'elle rendit au pays.

Le gouvernement fut obligé de s'arrêter, de nier même les intentions qu'on lui prêtait; l'hypocrisie vint au secours de l'impuissance; mais il s'assurait toutes les positions, il peuplait les emplois de ses créatures, il en expulsait tout ce qui avait un cœur pour la patrie et un sentiment pour les institutions libérales, dont quarante ans d'un laborieux combat nous avait dotés.

Huit mois s'écoulèrent; on ne pouvait tarder plus long-temps d'assembler les chambres. La crise approchait, le grand jour arriva où la royauté et son déplorable cortége parurent en présence de la nation. Qu'ils furent coupables les ministres qui mirent dans la bouche du prince la plus imprudente des menaces!

Rappelez-vous, messieurs, comme à la suite de cette séance royale les cœurs furent contristés; rappelez-vous combien les hommes les plus dévoués à la monarchie souffraient de voir la royauté ainsi compromise; et comme si quelque chose eût manqué à d'aussi dures paroles, à un dessein si marqué d'irriter les esprits, le journal confident habituel du cabinet et des pensées de la faction contre-révolutionnaire en publia au même instant la paraphrase la plus insultante pour la chambre et pour le pays qu'elle représentait.

La chambre devait au roi la vérité; elle se prépara à la lui dire dans le comité secret où elle discuta son adresse; elle ne fut pas surprise de l'imprévoyance des conseillers de la couronne, objets de tant de faveur. Ils dédaignèrent d'exposer un plan de conduite, un système d'administration. C'est que probablement ils n'osaient avouer leurs projets. Tant d'aveuglement et d'ignorance de leur position fut tout ce qui de leur part resta de cette mémorable séance.

Une notable majorité sanctionna les termes de l'adresse au roi.

« L'intervention du pays, disait la Chambre, fait du concours permanent des vues politiques de votre gouvernement avec les vœux de votre peuple la condition indispensable de la marche régulière des affaires publiques. Sire, notre loyauté, notre dévoûment, nous condamnent à vous dire que ce concours n'existe pas. »

» Entre ceux qui méconnaissent une nation si calme, si fidèle, et nous qui, avec une conviction profonde, venons déposer dans votre sein les douleurs de tout un peuple, que la haute sagesse de Votre Majesté prononce! »

Ces nobles paroles ne sont pas entendues, et la chambre est aussi surprise que blessée de la réponse qui lui est faite. « J'avais droit, dit le roi, de compter sur le concours des deux chambres; mon cœur s'afflige de voir les députés déclarer que *de leur part* ce concours n'existe pas! »

Perfide insinuation! à laquelle les conseillers de la couronne ne craignirent pas d'ajouter que les résolutions annoncées dans le discours du trône étaient immuables.

La chambre fut ajournée; et cet ajournement était le prélude du sort qu'on lui réservait. Sa dissolution ne fut pas prononcée sur-le-champ, le ministère voulait avoir le temps de préparer de nouvelles élections; et, comme on le verra bientôt, d'exercer sur elles la plus coupable influence.

On comptait d'ailleurs, chez une nation enthousiate de la gloire, frapper les esprits par l'éclat d'une grande entreprise militaire : l'injure faite à notre pavillon en devint le prétexte. On ne néglige rien pour son succès : les trésors de l'état furent prodigués ; les troupes d'élite furent dirigées sur nos côtes, et un armement immense destiné à leur transport ; ces dépenses, faites sans l'intervention des chambres, suffiraient seules pour motiver une accusation, si elle ne s'effaçait devant celle qui nous occupe.

Mais le succès qu'on se promettait eût été incomplet ou sans valeur si on l'eût obtenu par l'un de ces guerriers, orgueil de la France, qui avaient si souvent conduit nos soldats à la victoire.

Le commandement de l'expédition fut donné au même général dont l'apparition au ministère avait si fort soulevé l'honneur français. On comptait sur son triomphe pour anéantir nos libertés. La nation ne s'y méprit pas ; et, si elle accompagna de ses vœux la flotte qui portait tant de français, il fut facile d'apercevoir combien cette expédition était peu populaire, et déjà depuis quelques mois la France était épouvantée du spectacle qu'offraient quelques-uns des départemens de l'ancienne Normandie. Les flammes dévoraient sans distinction la cabane du pauvre et la maison du riche : d'affreux incendies, dont les véritables auteurs échappaient aux recherches de la justice, forçaient les citoyens à s'armer pour veiller eux-mêmes sur leurs propriétés, et livraient les esprits à la plus vive exaspération.

Il était peu naturel d'attribuer ces crimes à une malveillance particulière ; on en chercha la cause dans une combinaison politique et les soupçons s'élevèrent jusqu'aux ministres.

Votre commission s'est fait communiquer les extraits des nombreuses procédures instruites sur ces crimes. Elle a parcouru les volumineuses correspondances à laquelle elles ont donné lieu, et elle a trouvé tant d'obscurité, qu'il lui serait difficile d'asseoir à cet égard un jugement de quelque poids.

Il est certain cependant que les incendies de la Normandie ne sont pas des crimes privés ni qu'on puisse attribuer à des individus isolés et sans rapport entre eux ; il est certain qu'un genre de fanatisme y joue un rôle ; divers faits, et notamment le silence opiniâtre des individus surpris au moment du crime et mis en jugement, semblerait le prouver.

Des condamnations capitales ont été prononcées; les coupables ont entendu leur arrêt de sang-froid, et ont montré la plus incompréhensible obstination, comme si un serment les eût liés au secret, et leur eût donné le courage d'affronter la mort.

Les magistrats continuent leurs recherches; il faut attendre du temps la révélation de ces horribles trames.

Cependant une nouvelle division se manifestait dans le cabinet; il est rare de rencontrer sept hommes également disposés à braver la haine publique pour renverser les lois et les institutions. Deux ministres reculaient devant les projets de leurs collègues, et paraissaient en redouter la terrible responsabilité.

Il fallut songer à les remplacer, et comme on avait besoin d'hommes d'action, on chercha parmi nos célébrités politiques, celles qui avaient donné le plus de gages à la contre-révolution, et dont, par conséquent, le caractère devait être le plus antipathique au pays.

M. le compte de Peyronnet, dont le nom rappelait si tristement le souvenir de l'administration flétrie par la dernière chambre; M. de Peyronnet sur lequel, outre une accusation générale non encore purgée, pesait de tout son poids celle relative aux cruautés et au déni de justice envers les hommes de couleur de la Martinique, reçut le portefeuille de l'intérieur, son caractère entreprenant le fit juger propre à diriger l'accélération du mouvement qu'allait recevoir cette branche de l'administration publique. Un démembrement du même ministère fut donné à M. le baron Capelle; il s'était montré habile dans l'art de conduire les élections : ce fut son titre de faveur.

Enfin, M. Chantelauze avait fixé sur lui l'attention de la couronne par le vœu exprimé dans la précédente session de voir s'opérer un 5 septembre monarchique. Les sceaux lui furent confiés; disons toutefois qu'il fallut lui faire violence. Son interrogatoire renferme à cet égard des détails qu'il est du devoir de l'instruction de reproduire. Nommé une première fois ministre de l'instruction publique, il refusa.

Nommé plus récemment au département de la justice, il exprima le même refus ; mais de nouvelles circonstances, dit-il, ne le laissèrent pas libre de persister dans cette résolution. Effectivement, on a trouvé dans les pièces saisies aux Tuileries, la lettre originale que lui écrivit M. de Polignac. Elle est datée du 30 avril. On y a également trouvé copie de la réponse que fit M. de Chantelauze à cette lettre : elle est datée de Grenoble du 9 mai suivant : il y exprime une grande défiance de lui-même ; il croit peu convenable à la veille de la convocation des colléges, de modifier le ministère ; dans tous les cas, il regarde comme une nécessité de rappeler M. de Peyronnet au pouvoir. « Sa présence au conseil lèverait, ajoute-t-il, quelques objections qui me sont personnelles, car un engagement que je ne puis rompre me lie en quelque sorte à ses destinées politiques. Il m'en coûte d'avouer que, même en ce cas, j'aurais encore une peine très-grande à me déterminer au sacrifice qu'on me demande. Au reste, je suis prêt à partir pour Paris lorsque l'ordre m'en sera donné. Ce n'est que là que je pourrai juger si mes avis et mon concours seraient utiles au service du roi. »

Cette lettre, il le paraît, fut immédiatement mise sous les yeux de Charles X, et le refus qu'elle exprimait fâcheusement interprété par le monarque, car une lettre du roi à M. de Polignac, encore saisie aux Tuileries, et datée de Saint-Cloud du 14 mai, disait : « Je vous renvoie, mon cher Jules, la longue lettre de M. de Chantelauze : celle de mon fils disait tout (ce prince arrivait de Grenoble, où il semblait qu'il avait été attiré à son retour de Provence par le dessein d'une entrevue avec M. de Chantelauze) , excepté le fin mot de la chose ; c'est qu'il a peur de perdre une place agréable et inamovible, pour en prendre une malheureusement trop amovible. (On rit.) Au surplus, je ne change rien à mes projets, et, s'il nous convient toujours, comme je le crois, nous le ferons presser par Peyronnet. (Nouvelle hilarité.)

M. de Chantelauze reçut donc l'ordre de se rendre à Paris, et on parvint à triompher de sa répugnance. La commission doit encore mentionner une pièce qu'il a fait joindre au procès ; c'est une lettre adressée le 18 mai à son frère, conseiller à Montbrisson, dans laquelle il lui disait : « Nous avons l'un envers l'autre gardé un long silence ; je viens le rompre le premier, car je ne veux pas que tu apprennes par le *Moniteur*, et avec le public ; l'événement le plus important et je crois le plus malheureux de ma vie, c'est ma nomination comme garde - des - sceaux. Voilà deux mois que j'oppose une résistence continue à mon entrée au conseil. On ne me laisse plus même aujourd'hui mon libre arbitre, et les ordres qui me sont donnés ne me permettent plus que l'obéissance. Je me résigne à ce rôle de victime. Veille sur les élections , car y échouer serait maintenant pour moi chose honteuse.

MM. de Courvoisier et Chabrol sortirent du conseil. M. de Montbel, après avoir successivement occupé les ministères de l'instruction publique et de l'intérieur, passa aux finances. Ainsi se trouva modifié le cabinet.

Une chose frappe dans cette modification, elle ne fut point délibérée en conseil et elle se fit sans le concours des ministres conservés. M. de Ranville l'a déclaré dans son interrogatoire. La preuve en est d'ailleurs écrite dans la lettre déjà citée du prince de Polignac à M. de Chantelauze. Je n'ai pas besoin de vous dire que le plus grand secret dût être gardé sur le contenu de cette lettre qui n'est connue que des deux augustes personnages qui s'y trouvent nommés.

Ainsi, c'était une pensée en dehors du cabinet, c'était une influence étrangère à ses membres qui dictaient les nouveaux choix. Il paraît que les ministres maintenus ne les connurent que par le *Moniteur.*

Cette pensée, cette influence étrangère, M. de Polignac en avait seul le secret ; il réunissait autour de Charles X les ministres qu'il jugeait les plus propres et les plus ardens à seconder ses vues.

M. de Peyronnet, interrogé s'il croyait que son entrée au ministère eût été motivée sur le dessein de modifier le système dans lequel avait paru être formé le ministère du 8 août, s'est borné à répondre que les intentions du roi ne lui avaient paru avoir été que de rendre le ministère du 8 août plus propre aux discussions de la tribune. La chambre appréciera le mérite de cette réponse.

Avant la modification du cabinet, le ministère s'occupait déjà d'obtenir des élections favorables. Ce mouvement ministériel accompli, il se livra tout entier à ce soin.

Chaque ministre fit sa circulaire, chaque directeur-général la répéta à ses subordonnés; chaque agent secondaire la transmit aux employés inférieurs; et cette succession de menaces, de promesses, d'injonctions, pénétrait dans tous les rangs de l'administration, y portait avec la corruption, l'effroi, le trouble, et ne laissait d'autre alternative aux fonctionnaires que de perdre leurs emplois, les moyens d'existence de leur famille, ou de manquer à leurs devoirs envers la patrie, en secondant un ministère qui la trahissait.

M. de Montbel, dans sa circulaire adressée aux agens des finances, disait : (Attention marquée.)

« En retour de la confiance que le gouvernement du roi lui témoigne, si un fonctionnaire public refusait d'unir ses efforts aux siens, et se mettait en opposition avec lui , il briserait lui-même les liens qui l'attachent à l'administration, et ne devrait plus attendre qu'une sévère justice. »

M. de Peyronnet ajoutait à ces paroles menaçantes, un système organisé de délations : « Vous me donnerez sur leur conduite (disait-il à ses préfets) des renseignemens confidentiels : je ne les ferai connaître qu'à leurs ministres respectifs, qui prendront à leur égard les mesures que leur dictera leur prudence. »

Et effectivement M. de Peyronnet s'empare de la direction des élections; sa correspondance devient d'une effrayante activité; il excite, il aiguillonne les autres ministres ses collègues; il leur dénonce les fonctionnaires timides afin qu'ils soient encouragés ; les tièdes, afin qu'ils soient admonestés et changés de résidence, et enfin ceux qui paraissent peu disposés à voter dans le sens ministériel pour que justice en soit promptement faite.

La commission a parcouru cette correspondance de la haute administration avec ses agens et des agens avec l'administration; le sentiment qu'elle a éprouvé est celui d'un dégoût profond, lorsqu'elle a vu le degré de perversité du ministère, et le degré d'avilissement dans lequel un grand nombre de fonctionnaires de tous les ordres sont tombés; elle n'hésite pas à le reconnaître : c'en était fait de la morale publique parmi nous, si cet odieux système se fût prolongé. Qu'il en reste au moins cette grande leçon que tôt ou tard tous les faits sont connus, tous les actes sont jugés, et que celui qui a manqué à sa conscience et à ses devoirs finit toujours par recevoir la punition de sa faiblesse. (Trés-bien.)

Le ministère trouve tous les moyens légitimes pour obtenir des suffrages : 1° une place d'inspecteur de l'académie est vacante, dit M. de Peyronnet au ministre de l'instruction publique ; elle est demandée par le fils d'un procureur du roi, homme très-influent ; il faut, si on ne croit pas devoir accueillir sa demande, ajourner la nomination jusqu'après l'élection.

Deux bourses, écrit le même ministre, sont demandées par le préfet de... pour deux fils de deux électeurs influens ; il faut se hâter de les donner avant l'élection.

Tantôt, c'est en flattant la vanité et lui donnant l'espérance d'être satisfaite, qu'on s'efforce de vaincre les scrupules de la conscience. « Il a de l'amour-propre, écrit encore M. de Peyronnet au ministre des finances, en parlant d'un directeur des domaines, électeur, et cet amour-propre, pourrait être stimulé par l'espoir de devenir chevalier de la Légion-d'Honneur, distinction qu'il n'a pas, quoique très-ancien directeur. »

Une autre fois, ce ministre signale à son même collègue un sous-inspecteur des domaines comme électeur douteux, et aussitôt il lui est répondu : « J'écris aujourd'hui à son conservateur pour qu'il lui communique les intentions de l'administration, c'est-à-dire, pour qu'il ait à voter pour les candidats royalistes ou à donner sa démission. ».

Il n'est pas, Messieurs, jusqu'aux villes entières, c'est-à-dire aux localités, qu'on ne soumît à cette action honteuse de la menace ou des promesses.

« La ville de ***, écrit M. de Peyronnet au ministre des finances, a adressé à Votre Excellence des réclamations au sujet de l'établissement d'une nouvelle communication de postes par***. Sans préjuger le fond de la question, il convient, dans les circonstances actuelles, qu'en admettant une réponse négative, *elle n'arrive pas avant l'élection* ; et, s'il doit y avoir faveur, qu'elle ne soit due qu'à la sollicitation de députés royalistes. »

En même temps, le ministre des affaires ecclésiastiques ne craignait pas de compromettre ce qu'il y a de plus sacré dans l'état, la

religion, en appelant le clergé dans l'arrène des factions. (Ecoutez !)
Combien il a été douloureux de voir des prélats répondre à cet appel par les mandemens les plus contraires à l'esprit du christia-
nisme, et dans des lettres confidentielles à leurs curés, s'oublier
au point de faire du vote électoral en faveur du ministère *un devoir
de conscience très-positif !* Disons toutefois que si la religion a à
déplorer de tels égaremens, il est d'autres évêques qui ont conservé
pur l'honneur de l'épiscopat, et qui, véritables apôtres de l'Evan-
gile, ont mieux compris leur ministère de paix et de charité ; la vénération, la reconnaissance des fidèles est la digne récompense de
leurs vertus.

La veille, le jour même de la première assemblée des colléges,
et comme pour donner un avertissement aux électeurs, le *Moniteur* apprend avec éclat qu'un ministre d'état, un maître des requêtes, des lieutenans-généraux, membres de la précédente chambre, sont ou destitués de leurs fonctions, ou mis à la retraite.

C'est ainsi que par un système de terreur largement organisé on espère
intimider tout ce qui tient au gouvernement par quelque lien. Mais
plus le ministère multipliait ses moyens de succès, plus l'opinion
constitutionnelle se montrait forte et redoutable ; il était facile de
voir que la lutte serait laborieuse. On appréhende de succomber :
alors, oh ! déplorable aveuglement, on recourt à l'expédient de
faire intervenir le monarque et de mêler son nom à ces infâmes in-
trigues ; on dégrade la royauté, on la fait descendre de ces hau-
teurs où le respect des peuples l'avait placée, on met dans sa bouche
le langage le plus propre à s'aliéner l'amour de la nation.

Dans cette funeste proclamation aux électeurs, Charles X se
déclare offensé ; et de quoi ? de ce qu'une chambre fidèle lui a dit
la vérité sur des ministres coupables. Le cabinet offre ainsi à la
France le spectacle d'un monarque qui se plaint de ce qu'on lui a
révélé cette vérité, que les bons rois ont tant d'intérêt à connaître..

La proclamation fut délibérée en conseil ; M. de Polignac fut
assez hardi pour la contresigner.

Enfin une dernière mesure, inouie jusque là, vient surpren-
dre la France au moment où les concitoyens quittent leurs foyers
pour se rendre à leurs colléges respectifs. Vingt départemens

s'étaient plus particulièrement signalés par l'indépendance de leurs choix antérieurs ; ils sont momentanément frappés d'interdit ; une ordonnance, transmise par le télégraphe, annonce l'ajournement de leurs élections. Cette ordonnance donnait pour motifs le retard mis dans les ressorts de sept cours royales, au jugement des contestations relatives aux droits politiques des électeurs, et le désir que rien ne fût négligé pour apporter la plus grande régularité dans les listes. Ce désir était mensonger. Le conseil ne l'eut pas pour la cour royale de Grenoble, par exemple, où un grand nombre de contestations de même nature étaient pendantes : c'est que l'un des ministres, M. d'Haussez, croyait avoir quelques chances d'être élu dans le département de l'Isère, qu'il avait administré : cet espoir ne se réalisa pas plus là qu'ailleurs ; mais il eut au moins l'effet de préserver de l'ajournement les trois départemens qui ressortissent de cette cour.

Vous voyez avec quel peu de respect pour la bonne foi le ministère se jouait de la France.

Alors, et entre les deux élections, est répandue comme moyen décisif la nouvelle de la prise d'Alger.

Pour faire connaître tout l'effet qu'on attendait de cet événement, il faudrait peut-être rappeler certains mandemens publiés à ce sujet. Il suffira de rapporter une lettre écrite le 10 juillet à M. le Garde-des-Sceaux par un chef de magistrature, qu'on pouvait croire initié aux secrets de la faction.

« Le roi, dit-il, est vainqueur d'Alger. Dans ce repaire de pirates n'étaient pas ses plus implacables ennemis. Les élections les ont mis à découvert : nous venons de les voir. Dans leurs rangs sont des pairs de France, des officiers généraux, des colonels en activité de service, des magistrats, des membres de la haute administration.

« Si ces hommes de trahison sont ménagés....c'en est fait de la légitimité et de la monarchie. Les momens sont chers, la chambre des députés va être envahie ; il faut que le gouvernement se décide ; demain on va rabaisser, annuler le triomphe d'Alger : dans huit jours il n'en restera rien, et le libéralisme, relevant sa bannière, marchera en masse contre la France et son roi. »

Non, messieurs, le triomphe d'Alger ne sera pas sans fruit, il restera quelque chose ; sans parler de ses autres résultats, qu'il ne nous appartient pas de préjuger, il restera de la gloire pour la France ; il en restera pour notre jeune armée qui a fait preuve de tant de discipline et de courage, et qui par sa noble conduite a si bien mérité de la patrie.

Vous savez comment les Préfets se conformaient à leurs instructions. Vous connaissez les scènes d'Angers antérieures à la réunion des colléges ; vous connaissez aussi les désordres et les violences de Montauban, pendant les élections de cette ville ; vous avez gémi avec tous les hommes de bien de la faiblesse des magistrats : la procédure qui s'instruit sur ces désordres n'est point parvenue à la chancellerie, ni conséquemment à votre commission ; elle jettera sans doute un grand jour sur la conduite des autorités locales. MM. de Peyronnet et Chantelauze en ont, dans leurs interrogatoires, repoussé toute la responsabilité ; ils ont affirmé avoir donné des ordres pour que tous les auteurs de ces désordres fussent sévèrement punis.

A mesure que les élections d'un département s'accomplissaient, des rapports étaient faits à la haute administration sur la part plus ou moins active que les fonctionnaires y avaient prise, et c'est ici que la délation se montre sous son aspect le plus odieux. Heureuse votre commission, si elle n'avait à signaler que les rapports des agens de l'administration, salariés, amovibles, la crainte pouvait jusqu'à un certain point expliquer la conduite de la plupart d'entre eux ; mais combien n'a-t-elle pas eu à déplorer de voir descendre à un rôle si vile des hommes auxquels l'inamovibilité et la dignité de leurs fonctions élevées semblaient imposer le devoir de se respecter le plus ? Sans doute, il n'était réservé qu'à un tel ministère d'autoriser de telles délations par son encouragement !

Alors sont distribuées les peines et les récompenses ; les pièces de la procédure apprennent avec quelle brutalité les premières furent infligées, et quelle prodigalité on mit à décerner les autres.

Ici, Messieurs, finit un ordre de faits. Les élections sont accomplies ; le ministère a attenté aux droits civiques des citoyens ; il a employé l'autorité qui lui était confiée à violenter les suffrages, c'est-à-dire à détruire le gouvernement représentatif dans son principe. Quelque gravité qu'aient les autres chefs d'accusation, celui-là ne peut être abandonné, car si une moindre peine l'atteint, il ne le cède à aucun par ses résultats. Le blâme contre de tels actes ne suffirait pas; la chambre doit les flétrir à jamais.

Une autre série de faits commence : ces élections si tourmentées n'ont pas eu le résultat qu'on attendait; le pays a fait des choix nationaux, il a nommé des députés qui seront fidèles à leurs devoirs et qui défendront ses libertés.

Devant un vœu public si généralement, si manifestement exprimé, un autre ministère n'eût pas balancé sur le parti qu'il avait à prendre; sa retraite eût été l'accomplissement de l'une des conditions les plus nécessaires du gouvernement représentatif ; il s'y fut soumis. Mais cette retraite eût, comme en 1827, fait ajourner encore des projets qu'on était impatient de réaliser. Il fut donc arrêté qu'on ferait tête à l'orage, qu'on braverait la nation, qu'on violerait les lois et qu'on jetterait le pays dans la perturbation, plutôt que de céder.

Nous approchons du moment où les plus funestes résolutions vont être prises, ce pouvoir occulte et mystérieux, dont les plans paraissent avoir toujours précédé les délibérations du conseil , avait invariablement arrêté ses moyens d'exécution.

MM. de Peyronnet, de Ranville et Chantelauze semblent s'accorder à dire que ce fut dans un conseil tenu vers la première quinzaine de juillet que le projet des fatales ordonnances fut jeté pour la première fois au milieu de la discussion , et que ce jour-là il n'y fut pas donné suite.

Mais on voit dans une note remise à M. de Polignac par l'un de ses familiers, le jour où parurent les ordonnances que ce coup d'état entrait dans le système qui avait présidé à la création du conseil. « Le 26 juillet, y est-il dit, est le développement de la pensée du 8 août; c'est un coup d'état sans retour; le roi, en tirant l'épée, a jeté le fourreau au loin. »

Cette funeste pensée, Messieurs, allait donc recevoir son développement; selon MM. Peyronnet, Guernon-Ranville et Chantelauze, elle ne fut qu'ébauchée dans une première réunion spéciale pour cet objet; elle fut approfondie et longuement discutée dans un second conseil qui eut lieu quelques jours après sous la présidence du roi. Elle trouva d'abord deux opposans, MM. Peyronnet et de Guernon-Ranville; c'est ce qui résulte de leurs interrogatoires; et toutefois, M. de Peyronnet craignant que l'aveu de son opposition aux ordonnances ne nuisît à ceux de ses collègues qui en avaient pleinement adopté le principe, a laissé plutôt deviner qu'il n'a avoué les avoir personnellement combattues.

La même opposition se manifesta au conseil présidé par le roi, plus faiblement peut-être de la part de M. de Peyronnet, mais avec toute la vivacité de son caractère; de la part de M. Guernon-Ranville, qui même avait écrit à M. de Courvoisier pour lui faire connaître son opinion, c'est encore ce qu'on peut induire des réponses de cet ex-ministre, quoiqu'en ce qui le concerne, M. de Peyronnet continue à s'exprimer avec la même réserve.

Ces détails, Messieurs, vous étaient dus, non qu'ils diminuent la responsabilité des deux ministres opposans; dès l'instant où ils ont signé ces fatales ordonnances, ils l'ont acceptée tout entière, mais parce que, si le fait de leur opposition est vrai, ils ont le droit de le voir consigner dans ce rapport.

Vous savez de quelles dispositions se complète le système. Une ordonnance prononça la dissolution de la chambre avant qu'elle eût été réunie : genre d'attentat qui, dirigé contre la représentation nationale, tendait à la détruire; la couronne s'attribuait par là un droit que la charte ne lui donnait pas, celui de casser les opérations des colléges.

Ce premier pas fait, on conçoit que si le ministère eût convoqué les mêmes colléges, il n'eût pas obtenu des choix plus favorables. Une autre ordonnance annulle donc nos lois électorales et leur substitue un autre système, monument de déception, et on pourrait dire de folie, car il y avait folie à espérer qu'une nation intelligente et éclairée consentirait à s'y soumettre.

Par ce système le nombre des députés était réduit de 430 à 258. Les colléges d'arrondissement se bornaient à présenter des candidats; Les colléges de département n'étaient tenus de choisir que la moitié des députés parmi ces candidats; la violation du secret des votes était consacrée; enfin la formation des listes, privée de l'intervention salutaire des cours royales, était entièrement confiée à l'arbitraire de l'administration. Tel était le système que le ministère avait la téméraire prétention d'imposer à la France.

Second attentat non moins caractérisé que le premier; autre violation de la charte qui prohibait d'organiser les colléges électoraux autrement que par des lois, et qui ne permettait pas à la couronne de révoquer par ordonnance une loi décrétée par les trois pouvoirs de l'état.

Une troisième ordonnance convoque les nouveaux colléges pour les 6 et 18 septembre, et les chambres pour le 28 du même mois.

Mais, comme toutes ces mesures auraient été sans effet, si la presse périodique eût pu les discuter; une quatrième ordonnance révoque les lois qui consacraient sa liberté. On fait revivre les dispositions de celle du 21 octobre 1814, c'est-à-dire qu'on impose à tout journal périodique la condition de ne paraître qu'avec autorisation, et on ajoute à cette rigueur le principe de la plus odieuse des spoliations; on déclare que les presses et les caractères des journaux surpris en contravention seront saisis *ou mis hors de service.*

M. de Peyronnet a avoué que, si la conception de l'ordonnance électorale appartenait au conseil, la rédaction était en grande partie son ouvrage. Ni lui ni les autres ministres détenus n'ont fait connaître quel était le rédacteur des ordonnances relatives à la dissolution de la chambre et à la suspension de la liberté de la presse périodique.

On assure que l'établissement des cours prévôtales devait compléter ce système de contre-révolution; on prétend même que des ordres étaient déjà donnés dans divers départemens pour les organiser; on va jusqu'à nommer les hommes qui devaient en faire partie. Votre commission, à cet égard, n'a recueilli que des indices; à la chancellerie tout a été détruit; dans les départemens, divers procureurs-généraux auxquels on s'est adressé, ont déclaré que leurs prédécesseurs, en abandonnant leurs parquets, avaient anéanti tout ce qui pouvait compromettre, soit eux-mêmes, soit la précédente administration.

Le cabinet jugea convenable de faire précéder ces extraordinaires mesures, par une sorte d'exposé de motifs dans la forme d'un rapport au roi : les ex-ministres détenus s'accordent à dire que l'idée de ce rapport ne vint au conseil qu'après que le principe et peut-être même la rédaction des ordonnances eurent été arrêtés. M. de Chantelauze fut chargé de le rédiger. Il n'a pas hésité à en faire l'aveu.

Ce document est un manifeste contre la presse périodique, à laquelle, avec tant d'autres prétendus écarts, son auteur reproche particulièrement d'avoir provoqué une adresse attentatoires aux prérogatives du trône, d'avoir érigé en principe la réélection des 221 députés dont elle était devenue l'ouvrage, et d'avoir aggravé l'offense que ces députés avaient faite au roi par leur prétendu refus de concourir. Le rapport finissait par ces terribles paroles : « D'impérieuses nécessités ne permettent plus de différer l'exercice de ce pouvoir suprême, (celui supposé résultant de l'article 14 de la charte.) Le moment est venu de recourir à des mesures qui rentrent dans l'esprit de la Charte, mais qui sont en dehors de l'ordre légal dont toutes les ressources ont été inutilement épuisées!!! »

L'ordonnance relative au nouveau système électoral, celle suspensive de la liberté de la presse périodique et le rapport au roi furent signés par tous les ex-ministres présens à Paris. Les deux ordonnances portant dissolution de la chambre et convocation des nouveaux colléges et de la nouvelle chambre, le furent par M. de Peyronnet seul.

Mais, par l'effet d'une inconcevable préoccupation, en même temps qu'on bouleversait notre ordre représentatif et qu'on nous frappait d'incapacité, électeurs et députés, les lettres closes qu'on est dans l'usage d'adresser à ceux-ci s'expédiaient, se notifiaient à domicile, et les élus de la nation en marche de toutes parts pour se rendre au poste où le devoir les appelle, ne connaissent qu'en route les ordonnances qui les atteignent.

Il était naturel que la coïncidence de l'expédition de ces lettres avec la dissolution de la chambre fît naître des soupçons ; on dut croire que l'intention du cabinet avait été de faire sortir les députés de leurs départemens et de les appeler à Paris, afin de pouvoir plus facilement se saisir d'eux.

Les ex-ministres détenus, interrogés sur ce point, ont répondu que la signature donnée par le roi aux originaux des lettres closes avait précédé l'adoption du projet de dissolution, et que l'expédi' tion qui s'en fit selon l'usage eut lieu dans les bureaux pendant que ce projet était encore en délibération.

Admirons toutefois les desseins de la Providence ; c'est à un tel oubli, si toutefois c'en est un, que la France a dû la prompte réunion du pouvoir tutélaire qui seul, dans ces momens de crise, pouvait si utilement concourir à son salut.

Le 25 juillet, jour à jamais mémorable dans les fastes de notre histoire, fut tout à la fois celui de la date et de la signature des ordonnances.

Ne croyez pas, néanmoins, que ce fut sans effroi que ces ministres imprudens consommaient leur attentat. La déposition de l'homme qui depuis longues années est le témoin officiel de toutes nos révolutions et souvent de nos erreurs, peint trop le trouble de leur âme pour qu'il soit possible de la passer sous silence.

M. Sauvo, rédacteur en chef du *Moniteur*, reçut le 25 l'ordre inusité pour lui de se rendre chez M. le Garde-des-Sceaux à onze heures du soir. Introduit dans son cabinet, il trouva ce chef de la magistrature en compagnie de M. de Montbel, l'un et l'autre la tête tristement appuyée sur leurs mains. Le Garde-des-Sceaux remit les ordonnances à M. Sauvo, lui dit de les reconnaître et d'en donner un reçu. En les feuilletant et parcourant, quoique très-rapidement, ce qu'elles renfermaient, il fut difficile à M. Sauvo de cacher son émotion. M. de Montbel la remarqua, et lui dit, avec inquiétude : *Eh bien !*

Le digne rédacteur répondit peu de mots; mais ils étaient expressifs : « Monseigneur, *Dieu sauve le Roi! Dieu sauve la France !* » Un long silence succéda, après lequel M. de Montbel, voulant le forcer à s'expliquer, dit encore : « *Eh bien !* » M. Sauvo répéta les mêmes paroles. Il se retirait, lorsque M. de Montbel, se levant précipitamment, le retint, et le provoquant avec anxiété : « *Parlez !* » « Messieurs, dit M. Sauvo en se retournant, j'ai 57 ans, j'ai vu toutes les journées de la révolution, et je me retire avec une profonde terreur de nouvelles commotions.

La porte se referma sur lui; il emporta pour les publier au *Moniteur* du lendemain, ces terribles manifestes qui devaient ébranler la monarchie, engloutir les ministres, le roi, et cependant par la plus prompte et la plus miraculeuse des révolutions, régénérer notre ordre social.

Le secret avait été profondément gardé, rien n'avait transpiré. Le 26, les habitans de Paris apprirent à leur réveil cette conspiration du trône contre les libertés publiques; l'indignation s'empare aussitôt de toutes les âmes, et la courageuse détermination de résister se répand comme un feu électrique.

Mais des précautions militaires étaient prises, on avait préparé les plus énergiques mesures pour assurer par les armes l'éxécution des ordonnances, et il paraît que pour les prendre, le président du conseil s'était passé de la participation de ses collègues.

Le maréchal duc de Raguse, dont le nom malheureusement célèbre ne pouvait inspirer confiance autre part qu'à la cour, était de service comme major-général de la garde-royale.

Dès le 20 juillet il transmet un ordre confidentiel aux divers chefs de corps, tel qu'on n'en donne guère qu'en présence de l'ennemi, ou que dans les circonstances les plus critiques : cet ordre indique les divers lieux où en cas d'alerte les troupes doivent se rendre; il explique ce que c'est que le cas d'alerte ; il s'entend par la générale ou par une révolte quelconque d'attroupemens armés : dans ces deux cas, les troupes se rendront de suite, avec armes et bagages et les munitions nécessaires, aux lieux indiqués, et sans attendre d'ordres..... Les troupes, dans ces mêmes cas, sont en capotes, le sac sur le dos, afin de déjouer le dessein que pourraient avoir formé les séditieux de nous tromper en se présentant avec l'habit de la garde.

Défense est faite aux officiers, sous-officiers et soldats de quitter leur poste : défense de communiquer avec les habitans.

Si le roi est à St-Cloud, les corps casernés à l'Ecole militaire, infanterie, cavalerie et artillerie s'établiront au Champ-de-Mars; l'artillerie détachera une batterie qui se rendra aux Champ-Elysées par l'allée des Veuves, et restera en colonne dans l'avenue de Neuilly.

Enfin il est dit que le lieutenant-général d'infanterie de service fera remettre une copie *cachetée* de cet ordre confidentiel au chef de bataillon qui commande les troupes casernées à la rue Verte, et que cet officier ne devra l'ouvrir qu'en cas d'alerte.

Ainsi, Messieurs, cinq jours avant la signature des ordonnances, conséquemment avant que le plan en eût été définitivement arrêté, le duc de Raguse, mis dans la confidence du prince de Polignac, veillait déjà à contenir le peuple de Paris, et à étouffer par la force des armes toute tentative de résistance.

Ainsi la pensée de ces fatales ordonnances commençait à recevoir son exécution avant même que M. de Polignac en eût obtenu l'adoption de ses collègues.

Cet ex-président du conseil a prétendu, dans son interrogatoire, que *l'ordre confidentiel* du maréchal n'a rien de surprenant, et que les majors-généraux de la garde en donnent souvent de semblables. Il faudrait alors déplorer l'espèce de fatalité qui s'attache aux actes de ce maréchal, et qui les fait si parfaitement coïncider avec les plans du chef du cabinet.

Mais voici qui achève de démontrer que c'était par les voies militaires, c'est-à-dire par la force des armes, que le président du conseil avait dessein d'assurer l'exécution des ordonnances; le même jour qu'elles furent signées, le 25 juillet, une autre ordonnance contresignée par le prince de Polignac seul, confère au duc de Raguse le commandement supérieur des troupes de la première division militaire, les autres ministres n'ont encore aucune connaissance de cette mesure si importante dans l'occurence et par son objet et par le nom si impopulaire de celui qui allait prendre ce commandement. M. de Polignac assure, dans l'un de ses interrogatoires, que le projet d'en investir le duc de Raguse était ancien et causé parce que le général Coutard était parti pour les élections et devait ensuite se rendre aux eaux pour quelques mois. Mais les colléges ayant été convoqués pour les 23 juin et 3 juillet, et le général Coutard ayant dû quitter Paris avant cette époque, comment se fait-il qu'on ait attendu le 25, et que ce soit précisément ce jour-là qu'on ait choisi pour investir le maréchal de ce commandement supérieur?

C'est que la résolution était prise d'intimider les Parisiens par la terreur; aussi, dès le lendemain, 26, le prince de Polignac écrit au maréchal : Votre Excellence a connaissance des *mesures extraordinaires* que le Roi, dans sa sagesse et dans ses sentimens d'amour pour son peuple a jugé nécessaire de prendre pour le maintien des droits de sa couronne et de l'ordre public. Dans ces importantes circonstances, S. M. compte sur votre zèle pour assurer l'ordre et la tranquillité dans toute l'étendue de votre commandement »

La journée du 26 se passa en vives agitations de la part du peuple de Paris et en mesures actives de la part de l'autorité.

Dès ce moment, c'est directement avec le président du conseil que le Préfet de police et toutes les autorités se mettent en communication. A dater du 26, l'action des autres ministres disparaît entièrement.

Le 27, plusieurs journaux continuent à paraître et publient une énergique protestation : la force armée se transporte dans leurs ateliers d'imprimerie.

Un rapport du préfet de police à M. de Polignac est ainsi conçu :
Presses libérales. On les saisit, et quoiqu'on fasse j'en serai maître; la gendarmerie et la ligne tiendront la main à l'exécution.

Peu d'heures après il lui annonce comme une victoire qu'il tient en sa possession les presses des journaux *le Figaro , le commerce,* et *le National* ; les presses du *Temps* furent également mises sous le scellé.

Cependant la saisie de ces presses ne se fait pas sans opposition ; la résistance à des ordonnances violatrices de la Charte devenait un devoir; le peuple s'assemble, le tumulte s'accroit en même temps que toute la troupe est sous les armes; mais de la part du peuple on n'entend encore que le cri de *vive la Charte !* la place du Palais-Royal, la rue Saint-Honoré et autres rues adjacentes sont les lieux où les rassemblemens deviennent les plus nombreux. Il paraît qu'ils deviennent aussi le premier théâtre des scènes sanglantes que cette journée a à déplorer.

La force armée sur ce point était nombreuse et sans agression réelle, sans provocation de la part du peuple, sans sommation de la part de l'autorité, la troupe fait usage de ses armes; une charge de gendarmerie à cheval a lieu, sabrant tout ce qui se présente devant elle, et plusieurs feux de pelotons d'infanterie de la garde sont dirigés sur une multitude désarmée. Ces faits résultent de l'enquête; il en résulte aussi que l'autorité civile au lieu de protéger les citoyens, paraissait animer les soldats contre eux : un commissaire de police a été vu circulant sans cesse sur le front des détachemens et paraissant donner des ordres à la troupe.

Il paraît résulter encore de l'enquête que les chefs de corps étaient porteurs de l'ordre écrit de tirer sans ménagement sur le peuple. Un témoin affirme un fait qui le prouverait et qui s'est passé sous ses fenêtres : il a entendu un chef d'escadron de gendarmerie faire, à un jeune officier d'un régiment de ligne, l'injonction de commander le feu; ce digne militaire dit qu'il n'avait pas d'instructions. Un papier lui fut alors exhibé, mais l'officier répondit par un signe négatif en inclinant la pointe de son épée vers la terre. En même temps on voyait les officiers et sous-officiers distribuer de l'argent aux soldats pour les encourager et soutenir leur ardeur. C'est ici le cas de dire que les sommes qui furent distribuées à la troupe dans ces journées de deuil, s'élèvent, selon l'état que nous en a remis M. le ministre des finances, à la somme de 974,271 fr. 88 c., dont 553,271 fr. 88 c. furent délivrés par la liste civile, et 421,100 fr. par le Trésor. M. le ministre de la guerre, maréchal Gérard, dans une note par lui remise à la commission, a judicieusement fait remarquer l'irrégularité de la forme employée par l'ex-ministre des finances pour la délivrance de cette dernière somme : il a déclaré qu'il ne pouvait ni la reconnaître, ni la mettre à la charge de l'administration de la guerre, et il a rejeté sur M. de Montbel toute la responsabilité de cette dépense illégale.

De la partie de l'enquête que nous analysons, il est difficile de ne pas induire que les ordres militaires étaient précis; qu'ils avaient le massacre du peuple pour objet, et que pour l'intimider, on était résolu à l'écraser avant toute provocation.

C'était donc une sorte de guet-à-pens concerté entre l'autorité civile et l'autorité militaire, guet-à-pens constaté dès le 20 juillet, par l'ordre du jour confidentiel du duc de Raguse ; le 25, par la nomination de ce duc, contresigné Polignac, au commandement supérieur de la 1re division militaire ; le 26, par la lettre que lui écrivit le président du conseil ; et, le 27, par la terrible exécution qu'il reçut ·

Votre commission, Messieurs, n'a pas dû porter ses investigations sur les scènes de carnage qui eurent lieu dans les autres quartiers, depuis ce jour et les suivans, ni dans les autres communes et villes de France ; il lui a suffi de constater quel avait été l'agresseur ou du peuple ou de l'autorité.

Mais en même temps que des citoyens sans défense étaient frappés, un autre genre d'attentat se préparait. L'autorité judiciaire, inapperçue jusqu'ici, allait agir, et il est douloureux d'avoir à dire que ce ne fut pas dans l'intérêt de la loi, mais pour seconder la tyrannie; elle va se livrer à l'arbitraire, violer la liberté individuelle, et porter atteinte à tous les droits. Un réquisitoire est dressé; un juge d'instruction y obtempère : quarante-cinq mandats sont décernés. Le magistrat qui les a requis prétend qu'il ne doit frapper que les journalistes signataires de la protestation publiée dans plusieurs journaux du 27, et que c'était un simple délit de la presse qu'on voulait réprimer. Il y a sur ce point de l'obscurité, car le nombre des signataires n'était que 38, et on ignore de quels noms se complétait le nombre de 45.

Les mandats sont remis au préfet de police pour assurer leur exécution ; celui-ci les confie à la vigilance de l'un de ses agens, qui heureusement recule devant la difficulté de cette exécution. Les réquisitoires, les mandats ont été anéantis ; votre commission n'a pu éclaircir le doute qui naît de leur nombre.

L'auteur des réquisitoires, le magistrat qui y fit droit, le préfet de police qui consentit à faire exécuter les mandats, agissaient-ils de leur propre mouvement? On le croira difficilement. Il est bien plus naturel de chercher le principe de ces actes cruellement imprudent dans des ordres plus élevés.

Ainsi finit la journée du 27.

Dès lors on dut apprécier quel caractère prendrait la résistance ; on dut sentir que le sang versé ajouterait à l'énergie des citoyens. Désormais c'était un combat à mort qui allait se livrer, et le drapeau noir, arboré sur divers points, annonçait assez la nature de la lutte qui allait s'engager.

De grands malheurs pouvaient être évités; aucune tentative n'est faite pour éclairer la cour, les ministres, que dis-je, le prince de Polignac, car lui seul apparaît dans ces tristes momens, ne cherchent point à faire connaître la vérité à Charles X, à lui dire que le sang coule par torrens, que peut-être il est temps encore de prononcer des paroles de paix et de réconciliation. MM. de Peyronnet, Guernon Ranville et Chantelauze déclarent que s'il y avait encore des ministres, il n'y avait plus de ministère, et que M. de Polignac correspondait seul avec la cour.

La journée du 28 offre le spectacle d'un roi de France traitant sa capitale en ville ennemie ; Paris est mis en état de siége ; ce centre des beaux-arts et de la civilisation, respecté deux fois par les armées étrangères, va subir le sort qu'elle n'eût probablement pas eu à redouter d'une troisième invasion. Un maréchal de France est chargé de cette horrible mission ; c'est encore le duc de Raguse !.... Singulière destinée que celle de ce guerrier, qui après avoir été long-temps associé à la gloire de nos armes, apparaît à chacun de nos déchiremens politiques comme un génie malfaiteur pour sa patrie ?

L'ordonnance qui consacre cette terrible mesure n'est contresignée que par le prince de Polignac : les trois ex-ministres détenus avec lui ont affirmé n'en avoir eu aucune connaissance, elle ne fut donc pas délibérée en conseil.

En même temps le président du conseil écrit au maréchal : « Vous feriez bien de faire dire à N..... que le roi donnera de l'argent aux ouvriers qui ont faim, s'ils quittent les révoltés, et qu'il le fasse crier partout ; et que d'un autre côté, un conseil de guerre doit juger les coupables. »

Effectivement on s'occupa le même jour d'organiser ce puissant moyen de terreur. Le chef et le sous-chef du bureau de la justice militaire furent appelés chez le sous-secrétaire-détat faisant les fonctions de ministre de la guerre, où ils trouvèrent réunis plusieurs officiers chargés de la formation d'un tribunal militaire ; mais les événemens s'accéléraient, le sous-secrétaire-d'état fut mandé aux Tuileries, et on se sépara.

Cependant des ordres furent donnés pour dissoudre les camps de Saint-Omer et de Lunéville, et pour en faire marcher les troupes sur Paris. Le prince de Polignac avoue ces ordres : mais il dit que les troupes étaient dirigées sur St.-Cloud. (On rit)

Ce jour on se bat dans presque tous les quartiers de Paris ; la garde nationale se forme, des citoyens généreux régularisent les mouvemens, la troupe est souvent vaincue et tout annonce quelle sera l'issue de cette lutte.

. Vers les deux heures, d'honorables députés, dans le dessein de faire cesser le carnage, se rendent auprès du maréchal; ils demandent le rapport des ordonnances, le renvoi des ministres, la réunion immédiate des chambres, et offrent à ce prix de se rendre médiateurs entre le peuple et l'armée; le maréchal n'ose prendre sur lui de suspendre les opérations militaires, mais il promet de faire part de cette démarche à Charles X. Le président du conseil qui se trouvait chez ce maréchal, paraît d'abord désirer d'entretenir ces généreux mandataires, mais il hésite, et on lit dans le rapport de la commission municipale de Paris, que sans vouloir les entendre, il finit par leur faire dire que les ordonnances ne seront pas retirées.

M. le prince de Polignac assure qu'il écrivit au roi, et que le maréchal écrivit de son côté ; il ajoute que le maréchal ne lui fit point connaître la réponse de Charles X, et que sur ce point d'ailleurs toutes les fois qu'il sera interrogé sur ce que le roi aura pu lui avoir dit ou écrit un sentiment de respect et d'honneur lui imposera un silence absolu.

Hélas ! Messieurs, le sang continue de couler, et son effusion apprend assez qu'elle fut la réponse du monarque.

Ici on ne peut s'empêcher de se livrer ou à de bien tristes réflexions sur la cour, ou à de graves soupçons sur la conduite du prince de Polignac et du duc de Raguse.

Dissimulèrent-ils au roi la vérité ? lui laissèrent-ils ignorer le danger des conjectures? lui conseillèrent-ils de continuer cette lutte sanglante? ou ce prince, insouciant du malheur du peuple et aveuglé sur sa propre position, voulut-il exposer sa couronne aux chances d'un résultat désormais trop prévu ?

L'histoire dira à quelles frivoles occupations étaient livrés le monarque et sa cour dans ces momens si décisifs : la postérité refusera d'y croire.

Cependant une commission municipale s'était organisée, et siégeait à l'Hôtel-de-Ville; les citoyens de Paris commençaient à ressentir les effets de cette autorité tutélaire. Forts de son appui, ils redoublèrent de courage et d'énergie, et, comme cette commission le dit elle-même, le *lendemain* 29 *la guerre avait prononcé.*

Il n'entre pas dans le plan de votre commission de suivre les événemens ultérieurs. L'attentat dont la chambre a voulu connaître
toute l'étendue, est suffisamment exposé; la victoire a empêché
qu'il ne fut consommé; et la plus glorieuse, la plus heureuse des
révolutions a enfin délivré la France du gouvernement qui depuis
seize ans pesait sur elle. Qu'importe d'ailleurs qu'une tardive résolution, arrachée par la peur ou par les supplications de ceux qui
entouraient Charles X, ait fait retirer les ordonnances et dissout le
cabinet, une telle mesure est impuissante, *la guerre a prononcé ;*
il n'y a plus de ministres, il n'y a plus de monarque; la France est
rentrée dans tous ses droits.

Trois jours ont suffi pour renverser ce trône que la seule apparition d'un homme en 1815 avait également fait disparaître : rien ne
démontre mieux qu'il n'avait aucune racine dans la nation.

Pour la troisième fois, les membres de cette branche des Bourbons
quittent la France. Repoussés toujours, puissent-ils comprendre
enfin, comme toute l'Europe l'a compris, qu'ils sont désormais im-
puissans pour nous nuire.

Ainsi, Messieurs, il résulte du long examen auquel votre commission s'est livrée.

Que le projet de contre-révolution qui a reçu son exécution dans
les journées de juillet était médité depuis long-temps, et notamment
depuis l'avènement de Charles X au trône; que depuis lors, ce
projet fut successivement repris ou suspendu suivant que l'état de
l'opinion publique en France donnait de la crainte ou faisait naître
de l'espoir; que le ministère du 8 août fut spécialement formé dans
le but d'accomplir les desseins qu'on se proposait; que ce ministère,
dont le prince de Polignac était l'âme, s'occupa dès-lors de remplir
sa mission; qu'après avoir éprouvé une première modification en
novembre 1829, et une seconde au mois de mai suivant, il concerta
un plan de violences et de menaces pour obtenir des élections favorables à ses vues; que cette tentative coupable n'ayant pas eu le
résultat qu'il en attendait, il se détermina à faire prononcer par le
roi la dissolution de la chambre avant qu'elle fût assemblée, ce qui
était casser inconstitutionnellement les opérations des colléges; que
par des ordonnances royales, il changea le système électoral établi

par des lois, et la législation sur la presse périodique; qu'il viola ainsi la charte constitutionnelle, troubla la paix intérieure du pays et provoqua les citoyens à la guerre civile et répandit des sommes considérables pour animer les soldats contre le peuple; que le président du conseil surtout se rendit provocateur de cette guerre intérieure par la nomination du duc de Raguse au commandement de la première division militaire, par la mise de Paris en état de siége, et par des mesures prises pour l'emploi de la force armée contre le peuple, avant toute provocation.

Tous ces faits, messieurs, constituent le crime de haute trahison, tel qu'il est prévu par l'article 56 de l'ancienne Charte.

La France a fait preuve de longanimité. Elle avait besoin d'exposer à la face du monde le tableau de ses griefs contre un gouvernement qui n'est plus.

Un grand acte national est maintenant attendu.

C'est pour la première fois que vous allez exercer ce droit inhérent à votre nature d'accuser et de traduire devant la chambre des pairs des ministres coupables.

Le pays, par votre intervention, va demander justice des hommes qui ont violé les lois et troublé la paix dont il jouissait.

Mais la France n'est pas seule attentive. Tous les peuples de l'Europe, les yeux fixés sur notre révolution, attendent à leur tour pour nous juger de connaître l'usage que nous allons faire d'une liberté si heureusement recouvrée; ils s'affligeraient, car ils nous admirent, si nous manquions de sagesse et de fermeté.

Justice et non vengeance! tel est le cri qui part de tous les cœurs; la vengeance, indigne d'une grande nation, appartient aux temps des ténèbres et de barbarie; la justice triomphe du droit sur ce qui est usurpé, de la raison sur le crime, atteste, lorsqu'elle est circonscrite dans une juste mesure, les progrès des lumières et le perfectionnement des mœurs.

Et quel autre que ce peuple de Paris, l'élite de la France, a prouvé une civilisation plus avancée, quel autre a montré qu'il savait mieux discerner la justice de la vengeance, respectant tous les droits, secourant au milieu du carnage ses ennemis vaincus, évitant tout excès, et, après la victoire, retournant à son travail, sans attendre d'autre prix que la satisfaction d'avoir sauvé la patrie.

Ah! ce peuple doué de tant de vertus s'offenserait qu'on pût supposer qu'il veut rien de plus qne la justice! La France l'attend avec calme, confiance et dignité! Vous la demanderez pour lui, et la chambre des Pairs, dont l'indépendance est une condition de son existence, accomplira sa haute mission.

Votre commission vous propose d'adopter la résolution suivante :

RÉSOLUTION.

La chambre des députés accuse de trahison MM. de Polignac, de Peyronnet, Chantelauze, de Guernon-Ranville, d'Haussez, Capelle, et de Montbel, ex-ministres, signataires des ordonnances du 25 juillet:

Pour avoir abusé de leur pouvoir, afin de fausser les élections et de priver les citoyens du libre exercice de leurs droits civiques;

Pour avoir changé arbitrairement et violemment les institutions du royaume;

Pour s'être rendus coupables d'un complot attentatoire à la sûreté extérieure de l'état;

Pour avoir excité la guerre civile, en armant ou portant les citoyens à s'armer les uns contre les autres, et porté la dévastation et le massacre dans la capitale et dans plusieurs autres communes;

Crimes prévus par l'art. 56 de la Charte de 1814, et par les articles 91, 109, 110, 123 et 125 du Code pénal.

En conséquence, la Chambre des Députés traduit MM. de Polignac, de Peyronnet, de Chantelauze, de Guernon-Ranville, d'Haussez, Capelle et de Montbel devant la Chambre des Pairs.

Trois commissaires pris dans le sein de la Chambre des Députés seront nommés par elles, au scrutin secret et à la majorité absolue des suffrages, pour, en son nom, faire toutes les réquisitions nécessaires, suivre, soutenir et mettre à fin l'accusation devant la Chambre des Pairs, à qui la présente résolution et toutes les pièces de la procédure seront immédiatement adressées.

CHAPITRE VI.

DISCUSSION A LA CHAMBRE DES DÉPUTÉS, SUR LE RAPPORT DE LA
COMMISSION CHARGÉE DE L'EXAMEN DE LA PROPOSITION D'ACCUSATION
CONTRE LES EX-MINISTRES.

Présidence de M. LAFFITTE.

(Séance du 18 septembre.)

M. *le Président.* Je crois inutile de rappeler à la chambre que
la discussion qui va nous occuper la constitue en quelque sorte en
tribunal. Il faut donc écouter avec la plus grande attention et le plus
grand silence.

M. DE MARTIGNAC. Je demande la parole avant la discussion à
laquelle la chambre va se livrer, pour lui donner quelque explication sur un fait qui s'y rattache, quoiqu'il me soit personnel ; mais il
est de mon devoir d'en rendre compte.

Au mois d'août 1829, M. le prince de Polignac est venu renverser
le ministère dont je faisais partie. Séparé de lui par un dissentiment
politique ; blessé du langage des écrivains qui paraissent être l'organe
de ses opinions, je n'ai eu depuis cette époque aucune espèce de
rapport ni de communication avec lui. Au moment où il va être
frappé par une accusation capitale, M. de Polignac s'est ressouvenu
de moi, il a eu la pensée de m'appeler à le défendre. Hier il a fait
réclamer mes conseils et mon secours, auprès de la chambre devant
laquelle il va peut-être être renvoyé. J'ai été, Messieurs, ému
autant que surpris des témoignages d'une confiance à laquelle je ne
m'attendais pas. Toutes fois, je ne puis voir que le danger et ses
alarmes. J'ai consulté mon cœur, et j'ai reconnu que le refus ne
m'était pas permis. J'ai donc promis de faire ce qui dépendrait de
moi et de prêter au malheur l'appui de ma parole.

Dans une pareille situation, Messieurs, je dois demeurer étranger aux délibérations dont la chambre va s'occuper, et l'explication que j'ai l'honneur de vous donner, n'a pour objet que de lui faire connaître que je m'abstiens d'y prendre part.

M. GAËTAN DE LA ROCHEFOUCAULD a la parole.

M. Gaëtan de la Rochefoucauld. Messieurs, il me faut, je vous l'avoue, un profond sentiment de mes devoirs, pour oser paraître à cette tribune. Ce n'est pas ici une discussion ordinaire, c'est une accusation; c'est-à-dire une mise en jugement d'hommes que vous allez accuser de crimes emportant la peine capitale. Je vois des coupables, j'ai horreur des crimes qu'ils ont commis, et j'ai médité long-temps avec ma conscience la décision que je devais prendre.

Qu'il me soit donc permis de réclamer votre indulgence, et de vous exposer le résultat de mes réflexions.

Le rapport qui vous a été présenté conclut à ce que la chambre des députés accuse de trahison les anciens ministres, pour avoir commis des crimes prévus par les articles 91, 109, 110, 123 et 125 du Code pénal.

Après avoir examiné consciencieusement et les faits et les lois, je suis convaincu qu'ils doivent être accusés des crimes prévus par les articles 109, 110 et 123, mais qu'ils ne peuvent pas l'être de ceux prévus par les articles 91 et 125.

Permettez-moi de vous en déduire les motifs.

Votre rapporteur vous a rappelé que pour fausser les élections, chaque ministre fit sa circulaire, et que chaque ministre employa l'autorité qui lui était confiée à violenter les suffrages, c'est-à-dire à détruire le gouvernement représentatif dans son principe.

Il conclut que quelque graves que soient les autres chefs d'accusation, celui-là ne peut plus être abandonné, parce qu'il ne le cède à aucun par ses résultats. Je partage entièrement son opinion, et je crois que nous devons adopter sa conclusion.

En effet, ces élections si tourmentées, dit encore votre rapporteur, n'avaient pas eu le résultat qu'on en attendait. Le ministère avait été coupable inutilement; les députés élus étaient disposés à l'accuser, et la loi était prête, car la Charte consacrait, auprès du roi inviolable, la responsabilité des ministres.

8

Ainsi, Messieurs, je me reporte aux jours qui se sont écoulés depuis le 8 août 1829, jusqu'au 19 juillet 1830.

La France avait subi avec résignation les insultes, les menaces, les destitutions et les fausses élections, dont vingt annullations ont fait justice dans cette chambre, et elle était restée patiente. Ces crimes n'ont donc pas été jugés; ils n'ont pas été punis. Ils appartiennent encore à cette chambre en vertu de l'article 56 de la charte, et il est de notre devoir d'en poursuivre la répression.

Je suis donc d'avis d'accuser les anciens ministres des crimes prévus par les articles 109, 110 et 123 du code pénal.

Mais au 20 juillet, c'est votre rapporteur qui vous l'a dit, au 20 juillet commence une autre série de faits, et j'ajoute une autre série de crimes.

Le 20 juillet, le duc de Raguse donna les ordres préparatoires des massacres.

Le 24, M. de Chantelauze écrit qu'il espère que force restera à justice.

Le 25, les ministres signent les ordonnances.

Le 26, le moniteur les publie.

Le 27, les combats commencent.

Le 29, la guerre a prononcé.

Le 30, un Lieutenant-Général est proclamé, Charles X n'est plus roi.

Voilà, Messieurs, ainsi que l'a dit votre rapporteur, une série de faits qui s'enchaînent, et qui, entièrement distincts de ceux commis depuis le 8 août jusqu'au 19 juillet, se lient seuls ensemble, et emportent avec justice la peine capitale.

Mais, Messieurs, pour condamner, et il en est de même sans doute pour mettre en accusation, il ne suffit pas que les prévenus paraissent ou même qu'ils soient coupables, il faut encore qu'il y ait des lois applicables; il faut aussi qu'un premier jugement n'ait pas été rendu pour les mêmes faits, à l'égard des mêmes accusés. Ce sont deux règles de jurisprudence qui ne peuvent pas être contestées.

Or, je vous le demande : pourquoi Charles X a-t-il été chassé du trône et banni de son pays? Est-ce parce que ses ministres ont

tourmenté les élections, parce qu'ils nous ont menacés et destitués ?
Non, sans doute, Charles X a été chassé du trône et banni de son
pays, parce que ses ministres ont signé les ordonnances attentatoires
aux institutions du royaume, et qui ont amené les massacres et la
guerre civile.

Ainsi ce procès a été fait; la guerre, nous a dit votre rapporteur,
la guerre a prononcé, le jugement a donc été rendu. Remarquez,
Messieurs, que la charte disait :

« Le roi est inviolable, les ministres sont responsables. »

Mais vous avez pensé avec raison que la responsabilité des ministres ne suffisait pas cette fois. Vous avez senti que si vous res-
pectiez cette responsabilité, vous absolviez Charles X. C'est lui que
vous avez rendu responsable, cette fois, des crimes de ses ministres.
Ce sont eux qui ont signé les ordonnances; ce sont eux qui ont
donné les ordres des massacres, et c'est lui que vous avez détrôné.
Vous avez donc brisé l'exception que la charte avait posée; vous
avez repris les principes ordinaires de la législation.

« Soldats, vous n'êtes pas responsables des ordres qui vous ont
» été donnés. » Tels ont été les premiers mots du général Lafayette
à ceux qui avaient attenté à la vie des citoyens; et lorsque vous
avez remonté ces degrès de la responsabilité jusqu'à sa sommité,
c'est-à-dire jusqu'au roi lui-même, que vous avez justement frappé,
le jugement a donc été rendu, le crime a été atteint et puni, et
vous avez absous de fait, alors tous les coupables intermédiaires.

Et avec quelles lois encore prétendriez-vous les atteindre ? Avec
les articles 55 et 56 de la charte de 1814, qui déclare que le roi
était inviolable ! Ainsi vous les mettriez en accusation en vertu des
articles que vous avez violés vous-mêmes et que vous avez anéantis
au sujet des mêmes faits, pour lesquels vous voulez les faire revivre
aujourd'hui. Vous ne prétendez pas sans doute rétablir l'inviolabilité
de l'ancien roi, dont la responsabilité des ministres est la conséquence indivisible, et vous prétendez pourtant les faire revivre
fictivement l'une et l'autre un moment pour condamner des ministres que vous avez réellement déjà jugés et punis une fois par la
destruction d'un trône qui devait subsister tant qu'ils étaient responsables.

Oui, Messieurs, la conséquence évidente d'un nouveau jugement rendu contre eux sur ces mêmes faits, et en vertu des articles
de la Charte, serait de rétablir de nouveau et reconnaître réellement
comme existante encore, l'inviolabilité de l'ancien roi, et je ne concevrais leur condamnation possible, et par suite leur juste supplice,
que si, par une conséquence nécessaire, le gouvernement était
conservé tel qu'il était à l'époque des crimes qui ont été si justement
punis; tandis que, si vous regardez ces crimes comme jugés, si vous
regardez les mandataires comme devant être hors de cause, parce
que le commettant a été atteint, vous ratifiez et confirmez de nouveau le jugement porté contre Charles X. Je m'oppose donc de
toute la force de ma conscience à ce que l'accusation comprenne les
crimes prévus par les articles 91 et 125 du Code, pénal.

Ah! je dois espérer, Messieurs, que ce résultat soit conforme à
vos vœux. Souvenez-vous des paroles prononcées à cette tribune
par l'homme illustre qui a sauvé la France dans la crise que nous
venons d'éprouver.

« Notre révolution actuelle, a-t-il dit, a un tout autre caractère que
les révolutions précédentes; on y a vu réuni au patriotisme et au
courage la plus grande générosité. Il est digne, ajouta-t-il, il est
digne de cette révolution de se marquer, dès les premiers jours, par
de grands actes d'humanité. »

Voilà, Messieurs, un de ces grands actes d'humanité qui s'offre à
vous; et, après ces paroles, après que vous avez adopté vous-mêmes
la généreuse proposition de notre honorable collègue M. de Tracy,
irez-vous prononcer une accusation à mort?

Dois-je répondre enfin à ceux qui ont osé nous menacer, en disant que le peuple exige cette accusation. Ah! s'il l'exigeait, je serais certain alors que vous la refuseriez; mais il a démenti lui-même
cette injurieuse assertion. Vous savez que ces jeunes gens, un peu
ardens sans doute, mais qui sont pleins d'âme, de patriotisme et de
généreux sentimens, ont jugé qu'ils ne pouvaient rendre un plus
digne hommage à la mémoire de leurs malheureux amis, morts
pour la Liberté et pour la Patrie, qu'en signant sur la place même
où leur échafaud a été élevé, une pétition en faveur de l'abolition
de la peine de mort.

Tel est, Messieurs, le peuple français, telle est la jeunesse de notre patrie ! Soyez justes, vous obtiendrez sans doute son estime ; mais soyez généreux, vous serez assurés de tout son assentiment.

Je propose d'accuser les anciens ministres :

1°. D'avoir abusé de leur pouvoir, afin de fausser les élections et de priver les citoyens du libre exercice de leurs droits civiques.

Mais comme M. le rapporteur, en citant l'article 110 du Code pénal, a sans doute eu l'intention d'exprimer que ce crime a été commis par suite d'un plan concerté, et qu'il ne l'a pas énoncé dans les motifs de l'accusation, je propose d'ajouter, en me servant des propres termes de l'article 110 :

2°. D'avoir menacé et destitué des fonctionnaires en raison de leurs opinions, et par suite d'un plan concerté dans plusieurs départemens du royaume. Et je propose la suppression des articles suivans.

M. DE BRIQUEVILLE : Messieurs, les crimes d'incendies qui ont désolé la Normandie ont eu trop d'éclat et ont occasionné trop de malheurs pour qu'il soit permis de les laisser couvert du silence. On doit à ceux qui en ont été les victimes, d'en rechercher les auteurs et d'appeler sur eux la sévérité des lois.

Député de l'un des départemens qui ont le plus souffert, je manquerais à mon devoir si je n'employais tous mes efforts et mon zèle pour provoquer sur les crimes et sur leurs auteurs la plus scrupuleuse investigation. Il n'est personne dans ces contrées qui ne les considère comme le résultat de manœuvres conseillées et dirigées par le parti, qui heureusement a succombé dans les mémorables journées de juillet dernier.

Diverses circonstances ont dû accréditer cette pensée.

Les départemens incendiés ont été parcourus en tous sens par des réunions de gens inconnus et tout-à-fait étrangers au pays, qui, sous ce rapport, présentaient des caractères de suspicion d'autant plus frappans, qu'on les trouvait en relation avec les personnes les plus mal famées ; des enfans, des aliénés mêmes, incapables d'apprécier le mal dont ils devenaient les instrumens.

Dans l'exaspération où étaient jetés les esprits par le mystère dont les criminels étaient enveloppés , par l'inaction des autorités

chargées spécialement de veiller à la sûreté publique, et par la facilité avec laquelle étaient relachés des individus arrêtés, a porté
plusieurs personnes à se faire justice elles-mêmes.

Les auteurs de ces meurtres commis dans la pensée d'une défense
légitime, n'ont point dissimulé leurs actions. Cependant nulle démarche, nulle poursuite, soit pour apprécier la légitimité de la
défense, soit pour connaître ceux qui avaient succombés, et par
suite découvrir les vrais coupables, ou se mettre sur leurs traces,
n'ont eu lieu.

Une telle incurie a dû confirmer l'opinion jetée sur les mains
invisibles qui poussaient aux attentats. Il faut, en effet, s'étonner
du silence des agens de l'autorité, si une influence puissante ne les
a pas dirigés.

Je n'entends me rendre accusateur de personne, qu'ils soient en
dedans ou en dehors de ce Ministère déjà si responsable, mais je
dois désirer, et je ne suis en cela que l'organe du vœu de tous mes
concitoyens, que les auteurs des crimes nombreux qui ont été
commis soient découverts et punis ; c'est le seul moyen de venger
la société, de créer la sécurité pour l'avenir.

Je me permettrai de poser quelques questions : elles pourront
aider à la recherche de la vérité.

Les départemens qui sont du ressort de la Cour royale de Caen
ont été plus particulièrement le théâtre des incendies; cette cour
n'a-t-elle pas évoqué toutes les affaires qui y avaient trait ?...Quels
hommes a-t-elle délégués, envoyés sur les lieux, pour poursuivre
et procéder à l'instruction première des affaires ?

Depuis notre heureuse régénération, les a-t-on interrogés, leur
a-t-on fait rendre un compte scrupuleux de leur mission ?

N'est-ce pas dans le sein même de cette Cour que le Ier. Président
a fait entendre la proposition d'évoquer toutes les affaires d'incendie,
en insinuant que l'action des magistrats ordinaires était insufisante?

Que faisait le Procureur-Général présent ?...Pourrait-il dire qu'il
a combattu cette proposition?...Mais dans cette Cour placée si haut
dans l'opinion, il est des magistrats, dignes de ce nom, qui ont eu
ce courage !... honneur leur soit rendu !

Si en maintenant certains hommes dans des fonctions ou dans des
places, on s'est privé de documens, qu'ils ont eu soin de faire

disparaître, pour ne laisser à votre commission qu'un fatras de papiers qui ne pouvaient lui offrir que de l'obscurité; n'est-il pas indispensable d'interroger les hommes auteurs de la proposition, et les magistrats qui l'ont repoussée avec énergie ?

Les biens des auteurs et des complices, quels qu'ils soient, de ces horribles drames, ne seront-ils pas passibles des dommages qu'ils ont occasionnés aux habitans de nos malheureuses contrées.

La guerre à Paris a été franche, nos ennemis dans leur délire se croyaient sûrs de la victoire. C'est dans l'ombre, c'est couverts d'un voile qui fait horreur à déchirer, que les incendiaires se sont cachés. Les Normands ont été les premières victimes de la conspiration ourdie contre les libertés nationales.

Quelle analogie entre les crimes! quelles présomptions ne fait-elle pas naître ?

Je regrette que le rapport qui vous a été présenté ne donne aucune lumière sur des faits affligeans, dont les investigations semblaient devoir entrer dans les recherches de la commission; et j'exprime ici le vœu que la Chambre charge spécialement la commission à laquelle nous devons un rapport si lumineux et surtout si consciencieux, ou une commission nouvelle, si celle-ci ne pouvait s'en occuper, de faire toutes les recherches pour arriver à la découverte des grands coupables, et quelle soit, à cet effet, investie de tous les pouvoirs nécessaires.

Cette commission sera puissamment aidée dans ses recherches par le ministère; loin de lui déclarer la guerre, je l'appuie de mes faibles moyens, sans pour cela partager les doctrines de quelques-uns de ses membres.

M. BERRIER : MM., l'imposant silence avec lequel a été écouté le rapport de votre commission, sembla manifester dans la Chambre un tel mouvement d'adhésion, qu'aux yeux de la plupart d'entre vous, il doit y avoir une sorte de témérité à monter à cette tribune pour combattre la résolution proposée : mais, c'est surtout lorsque, dans de si graves circonstances, les esprits paraissent conduits avec entraînement vers une même pensée, que le devoir d'un homme de cœur est plus impérieux, et qu'il doit exprimer plus hautement les opinions contraires que sa conscience lui inspire et dont sa raison est convaincue.

Je ne me dissimule pas que cette position toujours pleine de difficulté, en présente plus pour moi que pour tout autre. Ma voix
doit vous être suspecte en ce moment. L'amitié qui, depuis longues
années, m'unissait à plusieurs membres de l'ancien Ministère, est
connue de chacun de vous, et peut-être ne serais-je écouté que
comme le défenseur obligé ou convenu de ceux que l'on accuse.
Certes, ce n'est pas au jour de leur infortune que j'abjurerai des
sentimens conçus en d'autres temps, mais leur défense est confiée
à un organe et plus habile et plus grave. Veuillez donc croire que,
dans cette solennelle délibération, fidèle à la pensée qui m'a fait
demeurer au milieu de vous, je saurai m'élever au-dessus de mes
affections particulières, et remplir loyalement le devoir d'un député,
et la haute fonction de justice qui nous est imposée aujourd'hui.

Je ne me propose point de discuter le rapport de votre commission dans ses détails. L'examen d'une grande partie de ce travail
réclamera et les lumières et les méditations impartiales de la postérité; je ne veux que vous présenter quelques réflexions générales
sur la résolution relative aux derniers ministres.

« La France, a dit votre rapporteur, avait besoin d'exposer à la
face du Monde le tableau de ses griefs contre un gouvernement qui
n'est plus... Tous les peuples de l'Europe ont les yeux fixés sur
nous...»

Demeurons, Messieurs, sur ce terrain élevé et en présence de
cet immense auditoire; législateurs et juges, sachons comprimer
des émotions d'autant plus vives qu'elles sont plus récentes, faire
taire en nous tout ressentiment, tout regret, toute souffrance, et
garder une conduite et tenir un langage qui soient approuvés dans
tous les temps, dans tous les lieux; c'est d'ailleurs une condition de
la justice dont les règles sont éternelles et invariables.

Une lutte violente s'est élevée entre la France et son Roi. *La
guerre a prononcé*, vous a-t-on dit? Ce prince à qui les députés
disaient, il y a peu de mois, que *les droits sacrés de sa couronne étaient la plus sûre garantie de nos libertés; que les
siècles avaient, pour le bonheur de la France, placé son trône
dans une région inaccessible aux orages*, ce prince a perdu en
peu d'heures et son sceptre et sa patrie! Avec sa royale postérité,

il a été conduit aux terres de l'exil. *La guerre a prononcée!* Et l'on propose aujourd'hui aux vainqueurs d'accuser et de juger les ministres vaincus de ce gouvernement aboli. Chez plus d'un peuple, et plus d'une fois dans le long et triste cours des dissentions humaines, un semblable spectacle a été offert au Monde; mais toujours l'équitable histoire a condamné et condamnera cet appareil judiciaire déployé, en de telles circonstances, par le parti victorieux.

J'exprime ici, Messieurs, une pensée profondément gravée en mon cœur, et pardonnez-moi de le dire, j'ai quelque droit de l'exprimer avec confiance. En 1815, déjà pénétré de sentimens qui ne s'éteindront qu'avec ma vie, alors que les passions politiques étaient partout ardentes et plus excitées en moi par les chaleurs d'une extrême jeunesse, je me disais : un empoisonneur, un voleur public, un parricide, sont toujours criminels, et doivent être condamnés en tout temps, en tout pays. Il n'en est point de même des criminels d'Etat, donnez-leur seulement d'autres juges ; que le temps calme les intérêts, modifie les passions, leur vie sera en sûreté et peut-être en honneur !

C'est dans cette pensée que je m'assis près de mon père pour la défense du maréchal Ney, et que je parvint à sauver du moins les jours des généraux Debelle et Cambronne !

Aujourd'hui, Messieurs, une nouvelle et complète révolution s'est opérée au milieu de nous ; le peuple en combattant a tiré une éclatante vengeance de ceux qui régnaient sur lui ; tous les pouvoirs de la société sont passés aux mains du parti contraire, les opinions attaquées triomphent, les intérêts blessés dominent, et vous penseriez qu'il y aurait dignité, mesure, liberté, garantie de justice dans les rigueurs exercées désormais contre les auteurs des actes politiques qui ont précédé cet immense changement !

On veut que vous accusiez les ex-ministres de haute trahison ? Envers qui ? Envers le Roi qui a été précipité du trône, ou envers celui que vous venez d'y appeler ? contre l'ordre de choses que le peuple a détruit, ou contre celui que vous venez de créer! contre la Charte dont vous-même avez renversé le principe fondamental, changé le caractère et modifié les dispositions !

Non, Messieurs, lorsque le 7 août vous avez écrit en tête de votre déclaration que *par suite de la violation de la Charte, le trône* de Charles X était *vacant en fait et en droit*, le jour où des commissaires choisis au milieu de vous ont conduit ce prince et sa famille jusqu'au-delà des rivages français, vous avez abandonné le droit d'accuser les ministres de Charles X pour ces mêmes faits, pour ces mêmes violations de la Charte? Ici permettez-moi de rappeler à mon tour la loi constitutionnelle dont les conséquences ont frappé tous les esprits. La Charte dit que *la personne du Roi est inviolable et sacrée, que ses ministres seuls sont responsables.* Ces deux principes son corrélatifs, dépendans l'un de l'autre, inséparables l'un de l'autre. La responsabilité des ministres est la garantie de l'inviolabilité du roi, cette inviolabilité est le fondement de la responsabilité des agens de leur pouvoir. Sans la responsabilité des ministres, l'inviolabilité du prince deviendrait un commode prétexte et un moyen facile de tyrannie; sans l'inviolabilité royale, la responsabilité des ministres ouvrirait une carière de perpétuels désordres et d'anarchie sans cesse renaissante.

L'exercice du droit d'accusation, en vertu de la responsabilité des ministres, est légitime et nécessaire dans le cours naturel d'un gouvernement constitutionnel, dans le cercle du mouvement régulier des lois politiques. Il est injuste, exorbitant, après ces commotions violentes où l'ordre de l'État a été changé, où les lois ont péri, où le sceptre est tombé des mains qui le portaient. En déclarant la vacance du trône, en frappant le Roi lui-même par la perte de ses droits, en le frappant jusque dans sa postérité, vous avez réputé qu'il avait voulu, commandé, exigé, et vous ne pouvez désormais punir ses ministres de leur obéissance!

La révolution que vous avez consommée a anéanti l'ordre politique, que l'accusation des ministres n'aurait eu pour but que de maintenir et de venger.

Aussi ne m'arrêterais-je pas à examiner quelles pouvaient être quand à l'étendue des droits du gouvernement qui n'est plus, les conséquences légales des principes exprimés dans ce préambule de la Charte que vous avez supprimé, dans cet article 14 que vous avez modifié, dans ces dispositions, encore existantes de nos lois;

qui qualifient de délit toute attaque contre les droits que le Roi tient de sa naissance.

J'aurais bien moins encore la pensée de regarder les ministres comme exempts de tout reproche. Ah! les plaintes trop légitimes qui s'élèvent contre eux ne sont pas celles seulement de ceux qui demandent qu'on les condamne! La plus belle couronne de l'Univers tombée du front de l'héritier de tant de rois! le caractère d'un prince loyal et humain si douloureusement compromis, livré à de si vives accusations! la longue paix et l'immense prospérité d'un grand peuple menacées de si désolans désastres! Oui, ils sont coupables! mais vous ne pouvez pas vous faire leurs accusateurs, et je ne leur vois plus de juges sur la terre de France.

En effet, Messieurs, à qui soumettrez-vous l'accusation? Qui devra prononcer sur leur sort? La cour des pairs? Mais ce tribunal, fondé pour les causes de la haute justice politique, est-il le même qu'au jour où les ministres seraient devenus justiciables de ses arrêts? Est-il le même qu'au jour où l'accusation vous a été présentée? Depuis que la proposition que nous examinons aujourd'hui a été soumise à la chambre, 93 pairs de France ont été par vous dépouillés des droits de la pairie! Déjà, saisis de l'accusation, vous avez réformé le tribunal et fait descendre de leur siège, un si grand nombre de juges! Je ne viens pas combattre de nouveau ce que vous avez décidé; c'est un évènement emporté, commandé peut-être dans le cours de la révolution que vous avez accomplie; mais ce fait ne suffit-il pas pour démontrer qu'après cette révolution, si vaste dans ses résultats, vous ne pouvez, sans blesser toute justice, toute morale, prononcer l'accusation pour des actes antérieurs, et la déférer à des juges que vous avez réservés?

Il est impossible, Messieurs, que ces réflexions n'aient pas déjà préoccupé vos esprits. Si cette délibération, où s'agitent des questions de vie et de mort, est pénible pour vous; ce n'est pas seulement par un sentiment d'humanité, de graves pensées ont pénétré vos âmes. Des considérations de toute nature et de tout ordre doivent arrêter votre examen, dans la haute sphère où vous êtes placé. Votre habile rapporteur les a sagement indiquées avant de descendre de cette tribune. *Justice et non vengeance,*

tel est, a-t-il dit, *le cri qui part de tous les cœurs.* Dédaignant
en ce moment les calculs de la politique, ses menaces, ses passions,
ses intérêts si passagers, j'invoque ici au nom de la justice, ces
lois morales éternelles, toujours puissantes, toujours vengées tôt ou
tard sur la terre. Excité par le seul sentiment de mon honneur
personnel, de l'honneur de la chambre, de l'honneur de mon pays,
je repousse la proposition d'accusation avec conviction comme avec
liberté, sans affection comme sans crainte.

M. DE PODENAS : Messieurs, on a vu plus d'une fois des agens du
pouvoir, aveuglés par le délire de l'ambition ou par le prestige de
la faveur du prince, violer les lois, opprimer les peuples ; mais du
moins un sentiment de terreur, un reste de déférence pour l'objet
le plus saint de la vénération publique, les engageaient à recourir à
des voies détournées. C'est en gagnant par de honteuses largesses
un parlement avide, que Valpoole porta les coups les plus funestes
à la constitution de son pays, et l'on sait assez si ce modèle des ministres corrompus et corrupteurs a trouvé parmi nous un digne
émule. Ces hommes coupables, en employant contre les lois les
armes mêmes qu'elles leur prêtaient, se flattaient du moins que,
sous le fantôme d'une apparente légalité, ils écarteraient de leurs
têtes les coups qui devaient les frapper. Mais dans le grave événement qui nous préoccupe, point de détours, point de subterfuges.
Les hommes du 8 août apparaissent, et leurs antécédens seuls an-
noncent une révolte ouverte contre l'esprit de notre pacte fondamental. L'audace fait un moment place à la crainte, et des modifications s'opèrent parmi eux. La crainte à son tour disparaît devant la violence ; des noms sinistres viennent grossir cet épouvant-
table cortége, et déjà l'étendard de la mort est déployé sur la patrie, un grand parjure s'accomplit ; la Charte est brisée. Les citoyens la défendent : ils sont égorgés. Les actes subversifs de tous
nos droits sont là, revêtus des signatures des derniers ministres de
Charles X.

Près du palais des rois, la terre couvre le corps des victimes de
leurs ordres sanguinaires : que faut-il de plus à l'accusation ? Car
vous n'attendez pas de moi sans doute que je mette en question l'illégalité des ordonnances et le droit des Français armés spontané-

ment pour défendre la constitution qu'elles renversaient. L'élan unanime d'un peuple indigné a trop bien répondu aux sophismes de la mauvaise foi, et il y aurait par trop de simplicité à renouveler une discussion que la colère publique, d'accord avec la raison nationale, a si glorieusement tranchée. Un peuple éclairé a depuis long-temps fait justice de cet article de la Charte, si perfidement interprété, si audacieusement invoqué; comme si la loi fondamentale eut été destinée à fournir des armes au parjure, et à laisser au pouvoir les moyens de la détruire; comme si sous un gouvernement constitutionnel les Chambres à leur tour n'étaient pas les juges de l'opportunité et de l'utilité des mesures adoptées par un ministère dans un intérêt quelconque. Il serait trop ridicule de vouloir chercher à prouver sérieusement aujourd'hui que la sûreté de l'Etat, qui n'était point compromise, n'a jamais pu autoriser la violation de la loi suprême, et que cette loi, au contraire, était violée par le rétablissement de la censure abolie, par la confiscation et le brisement des presses, par la dissolution de la Chambre avant sa réunion, par la création d'un régime électoral frauduleux, au mépris des lois et dans l'isolement de tout pouvoir législatif, sans le concours duquel rien ne pouvait être ni rétabli ni détruit. Ou les signataires du 25 juillet sont coupables, ou l'héroïque résistance des habitans de la capitale n'est plus qu'une rébellion. Qui oserait proférer un tel blasphème en présence des tombes de tant de nobles victimes? La France unanime, l'Europe entière, qui ont admiré leur courage et applaudi à notre triomphe, repoussent cette injure avec horreur.

Invoquerait-on, contre l'accusation, le prétendu silence de la Charte de 1814, qui s'était réservé le soin de définir le crime de trahison? Mais ce silence, œuvre d'un gouvernement hostile à nos institutions, peut-il servir d'égide à ses agens? est-ce à dire que le refus de faire statuer sur ces lois doivent leur assurer l'impunité. A défaut d'une législation sans cesse ajournée dans des vues criminelles, le texte même de cette Charte, éclairé au besoin par les dispositions des lois du 27 avril 1791, du 5 fructidor de l'an III, du 10 vendémiaire an IV, du 22 frimaire an VIII, et par notre Code pénal, ne donne-t-il pas de la trahison une idée suffisante? et n'est-il pas clair pour le simple bon sens que la violation et le renversement de la loi fondamentale sont des crimes de trahison au premier chef? Briser les droits d'un peuple, le faire mitrailler quand il se défend, n'est-ce pas trahir le pays dans ses intérêts les plus chers, n'est-ce pas compromettre la sûreté de l'Etat? La législation antérieure à la Charte n'ayant point été abrogée, elle doit être exécutée dans toutes les matières qui n'ont pas été réglées par elle. Elle n'a pas pu avoir pour but, autant dans l'intérêt du trône que dans celui du pays, de protéger un ministère coupable, et la définition dont elle a parlé était au contraire destinée à annoncer des mesures plus sévères et plus étendues contre les dépositaires de la confiance du monarque, qui, à raison même de leurs fonctions, devaient avoir plus de moyens de trahir. Ici, Messieurs, la trahison a été continuelle. Depuis leur avénement au pouvoir, les ministres sur lesquels vous avez à prononcer ont suivi un vaste complot dès long-temps organisé. La protection accordée à des congrégations réprouvées, à une Société tristement célèbre, ses largesses sans mesure à des fondations inutiles, ses encouragemens à l'intolérance religieuse, le gouvernement occulte, ses délations, le but caché et les dilapidations de la guerre d'Alger, les destitutions arbitraires, la corruption et l'asservissement des élections, les vexations de tout genre, tels étaient les moyens par lesquels ils préludaient aux ordonnances qui, dans leur pensée, ne devaient anéantir que la Charte, et qui ont emporté le trône.

Voudrait-on chercher à pallier ces crimes en les rejetant sur la volonté personnelle du roi déchu? Prétendrait-on qu'après l'avoir frappé par sa déchéance et celle de sa famille, il y aurait excès de rigueur à poursuivre les instrumens de ses volontés arbitraires? Si le pays a repoussé de son sein Charles X et sa dynastie, si la terre de France s'est à jamais fermée pour eux, c'est que la violation continuelle des lois fondamentales, le mépris de la foi jurée manifesté surtout par les fatales ordonnances, avaient prouvé à tous que rien n'était sacré pour eux, et qu'un aveugle délire les avait égarés pour toujours. Le trône n'était plus protecteur : il déchaîna les tempêtes, il disparut au milieu d'elles. Mais en quoi cette épouvantable catastrophe pourrait-elle atténuer la culpabilité des hommes, conseillers du parjure royal, et qui, gardiens de l'inviolabilité de la couronne, se sont constitués librement ses fauteurs et ses complices? Les premiers, n'ont-ils pas abjuré leurs sermens? Ne savaient-ils pas l'immense responsabilité qui pesait sur eux? Leur devoir comme leur véritable intérêt leur commandait d'éclairer un prince dominé par ses préjugés, et, s'il se montrait sourd à leurs réprésentations, de lui refuser leurs concours, il aurait une présomption trop révoltante celui qui, après s'être joué de tout ce qu'il y a de plus saint parmi les hommes, les sermens, les libertés publiques, les constitutions de l'Etat, après avoir de sang-froid fait massacrer des milliers de citoyens, se croirait affranchi de toute responsabilité en disant : Le Roi l'a voulu.

Et que nous importe, pour votre justification, sa volonté? Ignorez-vous que la loi n'en tenait aucun compte dès qu'elle s'écartait des conditions et des obligations de la royauté? Ignorez-vous qu'elle ne reconnaîtrait que la vôtre, et que seuls vous lui en deviez raison? Etaient-elles déchirées pour vous ces pages de la loi du 27 avril 1791, qui ont consacré que l'ordre du Roi, verbal ou par écrit, non plus que les délibérations du conseil, ne pouvaient excuser un ministre? Aux yeux de la Charte, aux yeux de la France, aux yeux du Roi que vous serviez, les ordonnances sont votre ouvrage. Quoi! vous espériez, à l'aide de ces actes criminels, vous perpétuer dans un pouvoir sans limites, à l'ombre d'un trône absolu, en courbant votre pays sous un joug ignominieux! déjà vous vous partagiez nos dépouilles. Vous trompiez la bonne foi des mandataires de la nation en les appelant autour du trône au moment même où vous vouliez les briser.

Vous anéantissiez la presse; dans vos prohibitions vos satellites avaient reçu l'ordre d'écraser les citoyens par le feu des boulets et de la mitraille; les cours martiales devaient immoler ceux que les balles auraient épargnés. Votre froide inhumanité a refusé d'écouter les paroles de paix quand il en était encore temps; vous avez continué les massacres; et maintenant que l'héroïsme du peuple de cette capitale a mis un terme à vos fureurs calculées; qu'il a rompu le glaive dans vos mains, vous demanderiez où est votre crime, et vous vous croiriez affranchis de toute responsabilité en disant : le Roi l'a voulu !

Non, Messieurs, au souvenir encore récent de tant de scènes de deuil, de tant de sanglans sacrifices, devant des principes d'ordre et des lois positives, les auteurs de tant de maux ne sauraient échapper à l'accusation qu'ils ont encourue.

Je vais plus loin, Messieurs; et alors même que les derniers ministres auraient agi dans le cercle légal de leurs attributions, la chambre des députés n'en aurait pas moins le droit d'apprécier leurs intentions, et de les renvoyer ou non en jugement, selon le caractère qu'elles présenteraient, pourvu toutefois qu'aux termes de l'ancienne Charte, ces intentions fissent présumer en eux la trahison ou la concussion. C'est un principe de tout gouvernement représentatif, et sans lequel il ne pourrait se soutenir, que la responsabilité est attachée à tous les actes ministériels quelconques. C'est ainsi qu'en Angleterre, sous la reine Anne, s'éleva le procès du comte d'Oxfort et de ses collègues, pour la création de douze pairs qu'on les accusait d'avoir faits dans des vues anti-constitutionnelles, quoiqu'on ne contestât nullement à la reine son droit de les nommer.

Dans cette même Angleterre, terre classique des constitutions, c'est par des exemples sévères que les agens du pouvoir, frappés d'un salutaires effroi, ont vu restreindre leur autorité dans les limites légales. C'est ainsi que ce pays, en les accoutumant à un respect religieux pour sa loi fondamentale, a su en affermir l'empire et consolider sa liberté. La punition des Strafford, des Laud, dont la justice long-temps contestée par l'esprit de parti est aujourd'hui bien reconnue; les poursuites dirigées avec persévérance contre Warren, Hastings, l'oppresseur de l'Inde, acquitté sans doute en considération de ses grands services, mais condamné par l'opinion; le procès de lord Melville, et tant d'autres dont les archives de la chambre des communes conservent le précieux dépôt, attestent assez la fermeté du parlement anglais. Ces actes de vigueur arrêtèrent plus d'un ministre au bord du précipice. Le temps n'est pas éloigné de nous où l'un d'eux, contre lequel s'élevaient de graves soupçons, échappa par une mort volontaire à l'accusation qu'il redoutait.

Vous imiterez, Messieurs, les nobles exemples de nos voisins.

En présence de tant de faits, vous sentirez toute l'étendue de la tâche qui vous est imposée. La voix du pays, celle de vos consciences s'élèveront ensemble pour vous demander l'accomplissement d'un grand devoir. Vous serez justes et sévères à-la-fois. Lorsque sous le règne d'un Prince-citoyen la Charte est devenue une vérité, il faut apprendre aux ministres qui seraient tentés de fouler aux pieds les lois de leur pays, s'il pouvait s'en rencontrer encore, qu'il n'échapperont pas à sa justice. On ne saurait assez le dire, dans un moment surtout où la direction politique imprimée aux affaires, direction que je crois pure sans doute, mais inhabile de la part de la majorité du Ministère, serait de nature à le conduire facilement à commettre des fautes. Puisse-t-il s'en preserver !

Je vote pour le projet de la commission.

M. LARDEMELLE : Messieurs, la question d'un profond intérêt qui vous est soumise a été envisagée par mes honorables amis, ainsi qu'elle m'avait apparue.

En montant à cette tribune, mon intention n'est pas de la traiter dans toutes ses parties ; je laisse à des hommes plus exercés cette tâche qui est au-dessus de mes prétentions, mais j'ai pensé que dans des circonstances de cette gravité, il convenait de motiver son vote.

Je m'abstiendrai d'exprimer les sentimens qu'a fait naître en moi la lecture du rapport de la commission, les suppositions et les inductions qu'il renferme ont été justement appréciées par les esprits généreux, elles ne peuvent être considérées comme des chefs d'accusation ; je me bornerai à la seule question capitale sur laquelle un vote puisse être établi ; celle des ordonnances.

S'il ne s'agissait que de se laisser aller aux impressions douloureuses que les derniers événemens ont fait naître, on serait sans doute peu disposé à défendre des ministres qui ont laissé périr entre leurs mains une monarchie qui offrait tant de principes de stabilité, et que, par cette raison même, il est permis de regretter pour le bonheur de la France.

Mais les Ministres sont-ils coupables pour avoir signé les ordonnances qui fournissent matière à l'accusation ? Se sont-ils, aux termes de la Charte octroyée par le Roi législateur, rendus coupables de trahison ?

9

Je n'hésite point à dire, Messieurs, que ma conscience se refuse à penser que les conseillers de la couronne aient eu l'intention de trahir le Roi et le pays : peut-être même ont-ils cru marcher à la défense de l'un et de l'autre, par suite de l'interprétation qu'ils donnaient à l'article 14.

Tout en déplorant les funestes événemens qui en ont été la suite, je ne saurais adhérer à la proposition d'accusation qui vous est soumise. Je le puis d'autant moins, que les jugemens à intervenir seront rendus par des chambres qui ont cessé d'être elles-mêmes.

Il manque à divers titres sur les bancs où je siége, 80 députés, et sur les bancs opposés, 50 membres sont sujets à la réélection. La haute chambre est réduite à un tiers, et sur les deux autres tiers, 93 pairs ont été récusés par la chambre des députés, postérieurement à la prise en considération de l'acte d'accusation. D'ailleurs, on vous l'a dit, la révolution, en foulant aux pieds l'article 13 de la Charte, qui déclarait en même temps l'inviolabilité du Roi et la responsabilité des ministres, a frappé en sens inverse de celui qu'indiquait cet article, et a détruit, en quelque sorte, la légalité de son application.

Par ces motifs, je vote contre la mise en accusation.

M. ENOUF. Messieurs, une chose nous a frappés en écoutant le rapport sur l'accusation du dernier Ministère, et nous n'avons point changé de sentiment en le lisant, c'est une sorte de faiblesse dans les investigations, peu de portée dans les recherches; nuls faits, nuls noms nouveaux.... On savait d'avance tout ce qu'il contient. Il nous a paru en outre comme dominé par un secret redoutable, au-delà duquel votre commission n'a pas porté ses regards; j'aurais presque dit: n'a pas osé! si le courage et la haute probité politique de ses membres ne devait nous rassurer entièrement. Une sorte de fatalité inexplicable semble dérober encore à tous les yeux les premiers auteurs, les investigateurs invisibles de ses terribles mesures qui devaient river nos fers et consommer cette contre-révolution préparée de si longue main avec tant d'hypocrisie, et tentée enfin avec d'aussi épouvantables moyens.

Entre le ministre Polignac et Charles X, il ne paraît point d'intermédiaire; mais après eux, autour d'eux les fils de leur trame odieuse paraissent ou insaisissables ou rompus par une main bien perfidement exercée! il faut l'avouer, Messieurs, cette obscurité qui couvre encore aujourd'hui, au moins en partie, l'intrigue détestable qui a failli nous perdre; cette fatale adresse avec laquelle ses plus iniques auteurs échappent à nos recherches, ont quelque chose de bien sérieusemeut inquiétant. Ici l'on doit dire avec effroi « *caveant consules.* » C'est l'épée de Damoclès qui menace toujours la France et son roi. On vous dit : « Cette pensée, cette influence étrangère, M. de Polignac en avait seul le secret. Il réunissait autour de Charles X les ministres qu'il jugeait les plns propres à seconder ses vues. Le 27 juillet, M. de Polignac correspondait seul avec la cour. » Charles X et son ministre favori ne faisaient donc pas à eux seuls ce funeste gouvernement occulte qui depuis seize années pèse sur la France et l'a couverte de deuil et de proscriptions. D'autres artisans de fraude et de despotisme, d'autres violateurs de nos saintes lois, à l'ombre de ce voile impénétrable qu'ils ont su fabriquer se rient peut-être de nos vains efforts et chargés de nos propres couleurs, méditent en ce moment même, de nouveaux attentats. Non, je le répète, sous ce rapport le travail de votre commission n'est pas suffisant, on n'a point battu, on n'a point assez fouillé le pays, et je ne crains pas de le dire, nos plus dangereux ennemis ne sont ni vaincus ni saisis. Ne comptez point sur la chambre des pairs pour arriver à des découvertes qui ont échappé à votre commission. C'est d'un supplément d'enquête qu'il s'agit et que je demande formellemeut.

Des crimes nombreux, sur lesquels cette enquête est insuffisante, je n'en signalerai qu'un seul, d'autres feront le reste : je signalerai les innombrables incendies qui ont désolé pendant deux mois mon pays, l'ancienne Normandie. J'en parle ici, Messieurs, non-seulement comme d'un crime odieux, inoui, mais encore parce que cet attentat infernal à la sûreté publique tenait évidemment à la politique de ce terrible gouvernement occulte, et devait servir à ses fins lors des dernières élections; car il a commencé vers le temps de la dernière modification du ministère Polignac, et n'a cessé ses ravages que lorsque le résultat des grandes journées a été généralement connu dans ces malheureuses contrées.

J'observerai en passant, qu'il n'est pas exact de dire avec votre rapporteur, que le fléau n'a épargné ni la propriété du riche, ni la cabane du pauvre. On a remarqué qu'il était particulièrement dirigé sur des toits inhabités, et de manière que l'incendie éclatât en plein jour, comme si l'on eût daigné établir ce système de terreur à moins de frais et de crime possible. Au reste, nul château, aucune maison considérable n'ont été atteints ; quelques essais seulement ont sauvé les apparences ; aussi, le peuple disait, dans son désespoir : « En 1790 on brûlait les châteaux, en 1830, c'est le tour de nos chaumières !....

Une observation, Messieurs, qui ne laissera aucun doute dans vos esprits sur la réalité de ce système de terreur exercé par le feu, c'est que, du point où le fléau a envahi le pays, une succession effrayante d'incendies, une ligne de flamme et de fumée semblait tracer comme la marche funeste d'un être malfaisant, invisible, insaisissable. Ici rien n'égale l'anxiété et la terreur dont les malheureux habitans étaient frappés à l'approche de ce pouvoir destructeur, ambulant, auquel on ne pouvait rien opposer. Un tiers de la population veillait chaque nuit et était sous les armes. Inutiles veilles, vaines précautions ! le feu se déclarait souvent où la garde était la plus active ; on ne respirait que lorsque l'on se sentait en arrière de ces redoutables voyageurs.... On disait : « Reposons-nous, ils sont passés. »

Enfin, Messieurs, trois cents incendies et plus ont dévasté la province. Le mal était si général ; une volonté, une direction était si manifeste, les malfaiteurs enfin étaient si visiblement protégés qu'on accusa bientôt ce pouvoir caché ennemi de nos institutions, qui, évidemment, voulait par la crainte du feu retenir chez eux nos électeurs de campagne dont il redoutait le vote indépendant ; pour cette fois encore, il n'a point recueilli le détestable salaire de ses crimes et de sa perfidie, ces hommes généreux ont rempli leur devoir, et la France leur doit quelque reconnaissance pour avoir laissé pendant plusieurs jours une partie de leur fortune, leurs femmes et leurs enfans exposés aux atteintes de gens qu'ils pouvaient regarder comme leurs ennemis.

Mais ce n'est pas tout : les auteurs de cet horrible drame restérent tellement insaisissables, les tribunaux eux-mêmes parurent faire si peu leur devoir, ils en vinrent à un tel état de discrédit, ils perdirent si bien toute confiance, qu'en plusieurs endroits les habitans se sont fait justice eux-mêmes, et ce fut un très-grand mal sans doute; mais que le sang de l'innocent, s'il s'en est trouvé qui ait péri, retombe sur les premiers coupables! C'était là sans doute que l'on nous attendait pour le rétablissement de ces cours prévotales si vivement désirées. On nous en menaçait déjà ouvertement.

On lit quelque part encore dans le timide rapport de votre commission : « Ce pouvoir occulte et mystérieux, dont les plans pa- » raissent avoir précédé les délibérations du conseil, avait invaria- » blement arrêté les plans d'exécution. » Ce pouvoir odieux existait donc? qui l'a détruit? Les hommes qui le composaient sont-ils dans l'impuissance de mal faire? Si votre commission n'a pu ou n'a pas cru devoir soulever le voile qui les cache et vous les faire connaître, qui s'en chargera? Devons-nous aussi borner là nos efforts? Le salut du roi et de la France n'exige-t-il rien de plus de vous? Ne compromettriez-vous point ces graves et chers intérêts en négligeant de sonder cet inquiétant mystère? Pour ma part, il me préoccupe plus que tous les clubs présens et à venir.

Au reste, Messieurs, voici ce que, dans leur désespoir, mes compatriotes disaient à la lueur des flammes qui dévoraient leurs maisons. « Ce n'est pas le Roi qui nous fait brûler, c'est cet autre gouvernement qu'on ne voit pas. » Or, cela s'entend de reste ' Messieurs, mais on n'avait pas encore oublié la machine infernale, ni Cadoudal, ni son complice; on accusait ouvertement ce dernier d'être pour quelque chose dans l'emploi de l'horrible mesure dont nous étions les victimes.

Je n'ai pas une idée bien nette de la responsabilité en ce qui regarde les agens secondaires des ministres, et, sur ce grave sujet, nous n'avons encore ni précédens ni lois; mais ici, comme en tout autre cas, le bon sens et le droit commun doivent y suppléer. Encore bien que des ministres coupables ne puissent guère le devenir sans complice, on conçoit qu'un militaire qui obéit dans l'ordre de ses devoirs ne peut être responsable; il en est de même d'un comptable qui solde et paie sur l'ordre de son supérieur.

Mais je vous le demande, Messieurs, quand il s'agit du plus horrible des crimes, de l'incendie d'une province, non ennemie, non étrangère, mais française et des plus paisibles; forfait abhorré, digne de mort chez tous les peuples, la responsabilité peut-elle avoir des bornes? Un seul des agens employés à ces actes diaboliques cessera-t-il d'être condamnable en montrant l'ordre d'un supérieur plus méchant que lui? Et lorsque nous voyons punir du dernier supplice quelques malheureuses victimes d'un fanatisme aussi hideux que nouveau, la punition du ministre, du premier instigateur, sauvera-t-elle, pourra-t-elle mettre à couvert les lâches agens secondaires dont il s'est servi? Non, certes, ce serait un scandale funeste et dangereux.

Cependant ce moyen horrible de fausser les élections était bien plus criminel que ceux dont votre commission s'est si longuement occupée, et servait bien plus puissamment à l'accusation du ministre assez inhumain pour y recourir.

En conséquence, les incendies des departemens de l'Ouest ayant été évidemment dirigés et ordonnés dans un but politique, celui d'empêcher les électeurs de se rendre à leurs colléges; et, par suite, d'exciter des désordres qui devaient servir de prétexte au rétablissement des cours prévôtales; ces faits pouvant être imputés au dernier ministère, et concourir à son accusation, je propose à la chambre des députés d'adopter la résolution suivante.

« Il sera fait un supplément d'enquête sur les incendies qui ont eu lieu pendant les mois de mai, juin et juillet 1830 dans les département composant l'ancienne province de Normandie. »

Plusieurs voix à gauche. Appuyé !

M. ARTHUR DE LA BOURDONNAYE : Messieurs, en prenant la parole, mon intention n'est pas de chercher à justifier ceux dont les actes ont amené de si grandes infortunes; mais appelé à discuter l'accusation proposée contre eux, et ne pouvant adopter les conclusions de votre commission, je crois devoir exprimer les motifs de mon refus.

Si la coupable atteinte portée à nos institutions par les fatales ordonnances du 25 juillet eût produit des résultats différens de ceux dont nous avons été témoins; si la même dynastie occupait encore le trône, je ne balancerais pas à invoquer toute la rigueur des lois contre les auteurs d'une violation trop manifeste de notre pacte fondamental, j'userais sans hésiter de mon droit constitutionnel d'accusation, laissant à la chambre des pairs à décider si l'aveuglement où la perfidie avaient engagé les conseillers de la couronne. dans des voies si funestes.

Mais ce pacte fondamental n'existe plus ; une dynastie dont les destinées avaient été pendant plus de huit siècles unies à celles de la France, a disparu en trois jours. Une autre Charte a remplacé celle qui avait été destinée à servir d'heureuse transaction entre le passé et le présent, et qui mieux comprise aurait pu garantir le pays du malheur de nouvelles révolutions.

Sur quelle loi donc pourrait-on s'appuyer aujourd'hui pour réclamer l'application de la responsabilité ministérielle? Cette responsabilité, première garantie du maintien de notre constitution, était consacrée par la Charte, mais sous la condition de l'inviolabilité royale, et les ministres n'étaient responsables que parce que le Roi ne pouvait pas l'être.

La chambre des députés cédant à des nécessités que je ne veux ici ni examiner ni débattre, a elle-même changé ce pacte dont on vient aujourd'hui vous proposer de rechercher l'infraction. Elle a cru devoir s'élever plus haut et frapper non-seulement la personne du Roi, mais toute une branche de sa famille; dès-lors la responsabilité ministérielle a disparu ; aux ministres a été substituée la couronne elle-même!

Tout est donc épuisé; vos propres actes, Messieurs, vous interdisent de faire revivre les conditions d'un pacté effacé; vous n'avez plus le droit de considérer comme conseillers constitutionnels d'un trône brisé les ministres d'un Roi que vous n'avez pu atteindre qu'en le traitant en souverain absolu. Vous avez transformé ces ministres en instrumens passifs, et de criminels qu'ils pouvaient être, ils sont devenus des vaincus faits prisonniers dans le combat.

La magnanimité dont les vainqueurs vous ont donné le noble exemple, ne vous permet pas d'invoquer la vengeance; elle déshonorerait la victoire. La loi ne m'offre plus le moyen de réclamer la justice. Cependant la société, ébranlée dans ses fondemens, demande satisfaction.

Pourquoi, dans une situation si étrange, la chambre ne croirait-elle pas devoir encore une fois sortir des voies communes et recourir à une de ces mesures extraordinaires que réclame la gravité des circonstances ? Ne pourrait-elle pas frapper les prévenus par une loi politique et particulière, pareille à ces bills d'*atteinder* dont l'Angleterre offre des exemples dans les cas où des grands coupables ne peuvent être atteints par la loi ?

Que les ex-ministres quittent le sol de la France qui a même de si justes reproches à leur faire ; et que leur présence cesse au plutôt d'être pour le pays un malheur de plus en provoquant des discussions, peut-être des actes dont la dignité publique et la générosité nationale auraient trop à souffrir.

M. MERCIER: Messieurs, si le voile affreux qui couvre encore les incendies dont les départemens du Calvados et de la Manche, et par contre-coup celui de l'Orne, ont été le théâtre, n'a pu être déchiré, du moins il restera démontré à celui qui pourra parcourir les pièces sur lesquelles l'accusation des ex-ministres a été établie, que l'instruction de ces affaires a été conduite avec une arrière-pensée, celle d'appliquer ces horribles machinations au parti constitutionnel et de provoquer ainsi des mesures extraordinaires.

Le choix des commissaires envoyés sur les lieux dès le principe, par la cour royale, pour procéder à l'instruction, la nature de leurs opinions politiques bien connues, les divers paragraphes des lettres qu'ils écrivaient au procureur-général, les insinuations auxquelles elles tendaient, la convocation de toutes les chambres par M. le président et la provocation qui s'en suivit, ainsi que le réquisitoire du procureur-général, tendant à ordonner devant la cour l'évocation de toutes les affaires d'incendie, ne permettront pas de douter qu'on ne voulût s'abuser sur les véritables auteurs de ces trames infernales.

L'intervention des commissaires pris dans le sein de la cour et dans le parquet, et qui furent envoyés sur les lieux incendiés, n'avait rien produit. Il fallait intervertir le cours ordinaire de la justice, et c'est pour ce motif que l'évocation fut proposée ; elle éprouva quelque résistance, parce qu'on pressentit qu'elle tendait à préparer des tribunaux d'exception ou des commissions spéciales. Pourrait-on en douter, lorsque le 24 mai, dans une lettre au garde-des-sceaux, le procureur-général l'informait que le président du tribunal de Falaise demandait l'*établissement des cours prévotales ;* lorsque dans une lettre précédente, à la date du 8 mai, ce même procureur-général écrivait qu'un des commissaires délégués par la cour (le fils de ce même président de Falaise), pensait « qu'il n'était pas douteux que la malveillance eût seule contribué aux désordres et ajoutait que l'opinion des hommes les plus recommandables du pays attribuait ces incendies à une cause politique, enfin que l'intention des coupables avait été plutôt de jeter le trouble et l'effroi dans les esprits, que de commettre des dévastations? »

Le 11 mai, le procureur-général écrivit encore que le premier président de la Cour « voyait dans ces incendies une tentative révo-» lutionnaire, et craignait que l'esprit de la révolte ne pénétrât » dans les esprits remuans et indociles des paysans de ses contrées.»

Egalement, le procureur-général annonçait qu'un autre commis-saire de la cour lui mandait « qu'on ne pouvait se faire une idée de » l'état d'exaspération des campagnes, et qu'il n'était pas douteux » que ces crimes ne fussent le résultat d'une trame ourdie pour ex-» citer le désordre. »

Ces insinuations avaient-elles pour but de détourner l'attention de dessus les vrais coupables? un procureur du Roi, animé du même esprit, écrivait, dès le 23 avril « qu'il persistait à croire que » ces crimes multipliés étaient l'œuvre d'un parti politique qui » cherchait à soulever le peuple. »

Dès la même époque, le 27 avril, un des conseillers délégués par la cour écrivait au premier président : « Si la politique n'a pas » donné naissance aux incendies, elles les a du moins adoptés. Le » parti révolutionnaire prétend s'en faire un moyen propre à ré-» pandre l'alarme et peut-être à exciter le trouble. Le journal *le* » *Constitutionnel* trouve dans les villes des échos qui répètent en » les développant ces perfides insinuations.

Enfin, on trouve dans une lettre du procureur-général au garde-des-sceaux, à la date du 24 mai, qu'un de ses substituts, qui avait accompagné les conseillers envoyés sur les lieux d'incendie, lui annonçait « que partout des gardes nationales s'organisaient sous

» la direction de l'homme le plus zélé de l'endroit, qui est toujours
» un jacobin; qu'on reconnaît le zèle patriotique du commencement
» de la révolution ; que les citoyens déclarent vouloir se garder
» eux-mêmes, et qu'on parle déjà d'impôts illégaux ! »

Un substitut, qui l'est encore, s'indignait qu'on osât parler d'impôts illégaux !

Telles sont les circonstances qui ont préludé à la proposition du
premier président devant les quatre chambres assemblées, et au réquisitoire du procureur-général, pour évoquer toutes les affaires
d'incendie. Le 30 juin, le premier président en rendait compte au
garde-des-sceaux, et le 3 juillet le ministre lui répondait qu'il ap-
prouvait entièrement le *mode de poursuite* qui avait été adopté.

Cependant quelles pouvaient être les conséquences de cette évocation vis-à-vis des magistrats locaux? A qui pouvait-on faire croire
que des membres de la cour, lorsque déjà plusieurs avaient été délégués dès le principe pour la première instruction de ces affaires,
se trouveraient tout-à-coup doués d'une sagacité supérieure à celle
des juges d'instruction, et obtiendraient plus de succès que ceux
qui habitaient le théâtre des crimes; en neutralisant le zèle des
juges du pays, n'était-ce pas encore les blesser et les accuser en
quelque sorte de tiédeur ou d'incapacité, si ce n'est même d'une
connivence indirecte, et comme si elle pouvait se présumer entre
quinze juges d'instruction et autant d'officiers du ministère public !
Le prétexte avoué était le besoin d'*unité* dans les poursuites, l'u-
nité que j'y aperçois, mais elle était d'un autre genre, c'était de
pouvoir rejeter sur le parti constitutionnel l'horreur qu'inspiraient
les auteurs et les instigateurs de ces incendies.

Quelle responsabilité la cour n'a-t-elle pas ainsi assumée! C'est
sans doute pour en diminuer le poids, en ce qui le concernait, que
M. le procureur-général, qui, avant les événemens de juillet, avait
paru si disposé à partager l'opinion des commissaires délégués, et
de ses substituts qui y avaient été adjoints, écrivit le 10 août (dix
jours après le dénouement) à M. le garde-des-sceaux pour lui faire
une espèce de révélation qui, quoiqu'indirecte et tardive, n'est pas
sans quelqu'importance aujourd'hui ; peut-être a-t-il voulu s'en faire
un mérite, dans l'espoir d'obtenir ainsi sa conservation dans la
magistrature.

Rapprochez ces faits, Messieurs, des circonstances de votre adresse au Roi, de la prorogation des chambres qui s'en suivit, de certains mandemens qui précédèrent les élections de juin, dans quelques-uns desquels on désignait, comme les véritables moteurs des incendies, les hommes qui avaient refusé leur concours au Roi.

Si les documens que je viens de mettre sous les yeux de la chambre ne peuvent éclaircir suffisamment cet horrible mystère, il est permis de croire qu'ils pourront servir à soulever un coin du voile, et à prouver qu'il y a eu beaucoup d'imprudence de la part de quelques hommes à vouloir trouver les incendiaires parmi les hommes qu'on se plaisait à en accuser.

Le rôle de votre commission, Messieurs, ne lui permettait pas d'entrer dans ces détails ; elle s'est acquittée avec zèle et modération de la tâche pénible qui lui était imposée, et la chambre doit en adresser des remercimens à son estimable rapporteur ; mais mon devoir, comme l'un des députés de la Normandie, était d'appeler votre attention sur un point digne de fixer vos méditations et celles de toute la France. Espérons que la vérité pourra jaillir dans les débats qui s'ouvriront devant la chambre des pairs !

Je vote pour les conclusions de votre commission.

M. DE FRANCHEVILLE : Messieurs, je ne viens point à cette tribune défendre les actes et la conduite des ministres inculpés, il me serait difficile de penser que, dans cette enceinte, ils pussent trouver quelques apologistes ; mais, détestant l'arbitraire, opposé à tout ce qui ne me semble pas juste et légal, strict et consciencieux observateur des lois, ne voulant que ce qu'elles commandent, ne demandant que ce qu'elles exigent, c'est à la fois dans l'intérêt de la vérité, de la légalité et de la justice, que je crois devoir soumettre à la chambre quelques observations qui me semblent dominer la question qui nous occupe.

La Charte, en consacrant ce principe que le Roi ne pouvait mal faire, que ses ministres seuls étaient responsables, avait évidemment voulu préserver la royauté de toute déconsidération, de tout blâme, de toute atteinte.

Mais, dans ces jours de perturbation et de désordres où tant et de si graves intérêts furent compromis, on n'eut pas égard à cette disposition conservatrice ; le pouvoir lui-même fut frappé ; un vieillard septuagénaire contraint d'aller sur une terre étrangère porter ses royales infortunes, et le trône, déclaré vacant, fut occupé par une dynastie nouvelle. Une branche toute entière de la famille de nos rois disparut ainsi dans ce grand naufrage, et la violence de la tempête n'en laissa pas même surnager le dernier débris.

Ce n'est donc pas les ministres qui furent accusés, qui furent condamnés, ce fut la royauté elle-même. Or, comment concevoir qu'on ait pu lui faire supporter le poids de cette responsabilité sans renoncer à l'invoquer contre les ministres?

Le principe étant détruit, on ne peut donc admettre ses conséquences.

Remonter jusqu'au pouvoir, pour le blâmer, le punir, le briser enfin, et vouloir que les ministres restent responsables de ses actes, me paraît un contre-sens auquel ma raison se refuse et que je ne puis adopter.

Permettez-moi, Messieurs, une dernière observation.

Certes, il est loin de ma pensée de prêter aux ministres inculpés des intentions qui ne furent pas les leurs, d'ajouter enfin à leur position déjà si pénible; mais qui pourrait contester que la manière dont ils ont exercé le pouvoir n'ait eu l'influence la plus décisive sur les résultats de cette grande crise et que dans ces circonstances si graves et si difficiles ils ne soient devenus par le fait les plus utiles auxiliaires de la cause qui a triomphé?

Est-ce à la chambre, qui a profité de leurs fautes et des succès de la population pour agrandir le domaine des libertés publiques, à leur en faire un crime? et lui convient-il d'établir, de soutenir une accusation qui paraît réellement ne pouvoir appartenir qu'à cette famille déchue de tant de grandeurs et si cruellement victime de tant d'incapacité et d'imprévoyance?

Messieurs, la France est attentive à ce grand débat; mais, comme vous l'a dit votre honorable rapporteur, elle n'est animée d'aucun sentiment de vengeance; la juger autrement serait la calomnier.

Sa haine contre les ex-ministres né survécut point à leur chute; elle cessa d'exister du moment où elle n'avait plus à leur supposer le pouvoir de lui nuire. Elle sait qu'il y a peu d'honneur à s'acharner sur un ennemi vaincu, et qu'il y a de la grandeur dans le sentiment contraire.

Elle applaudira donc au rejet de l'accusation, si telle est votre décision, parce qu'elle a confiance dans votre impartialité, dans votre justice.

Quant à moi, repoussant toutes les préventions que pouvaient me laisser de récens souvenirs, bien convaincu qu'on ne peut faire supporter aux ministres une responsabilité qui a été épuisée par la royauté. Je votre contre l'accusation.

M. LABBEY DE POMPIÈRES : Messieurs, je ne prendrais point la parole, si je n'avais entendu, il y a quelques jours, un célèbre jurisconsulte prétendre que les ministres n'étaient point accusables parce qu'aucune loi n'avait expliqué ce que l'on entendait par les mots trahison et concussion ; et si le premier orateur qui a traité la matière n'avait pas laissé penser qu'il était de la même opinion.

On reconnaît que la chambre a le droit d'accuser les ministres ; on ne nie point leur responsabilité ; mais on dit : c'est un principe déposé dans la Charte, principe stérile et inapplicable tant que le mode d'action n'est pas réglé.

Ainsi l'on ose dire que l'État est sans défense contre la trahison et la concussion des ministres ! Ainsi l'autorité royale serait exercée par des agens que le Roi lui-même ne pourrait faire juger faute de tribunal compétent !

Mais des exemples multipliés pris dans notre histoire attestent le contraire.

Le sort des Marigny, des Laguette, des Remi de Montigny, des Semblençai, des Poyet, prouvent assez l'ancienne juridiction à cet égard, et trois jugemens de la cour des pairs établissent suffissamment la nouvelle.

Le nier serait accuser la chambre héréditaire d'usurpation, et ses arrêts d'illégalité.

Aucune loi, il est vrai, n'a énuméré les chefs de trahison et de concussion qui se multiplient et se déguisent avec tant d'adresse ; peut-être ils ne le seront jamais. N'avons-nous pas entendu, en 1827, un ministre le déclarer à cette tribune, et affirmer que la responsabilité ministérielle était d'autant plus pesante et incertaine qu'elle était moins définie ?

C'est dans ce sens vraisemblablement que le 17 juin 1829, un

pair (M. de Broglie), disait : « Il est dans la nature des choses que
« la chambre des députés, lorsqu'elle accuse, qualifie le fait qu'elle
« dénonce, en même temps qu'elle le défère à la chambre des
« pairs : il est dans la nature des choses que la chambre des pairs,
« lorsqu'elle condamne, qualifie le fait incriminé en le frappant du
« glaive que la Charte a placé dans ses mains. Il est dans la nature
« des choses, en un mot, que les hauts pouvoirs de la société,
« lorsqu'ils s'ébranlent pour exercer la vindicte sociale, agissent
« tout ensemble dans la double capacité de législateurs et de juges,
« et promulguent en quelque sorte la loi au moment même où ils
« en font l'application. »

Le partisan le plus prononcé des doctrines absolues, accusant
M. Decazes, n'a-t-il pas affirmé, sans être contredit, que la chambre
peut accuser les ministres, non-seulement pour un crime positif,
mais encore pour un crime moral , (M. Clausel de Couzsergues.)
Il est donc reconnu que la chambre, accusant les ministres, en
vertu des art. 13 et 55 de la Charte, n'est tenue qu'à qualifier le fait
en le déférant à la chambre des pairs , qui juge de la qualification ,
absout ou condamne s'il y a lieu, et alors son jugement devient la
promulgation de la loi.

La cour des pairs n'avait ni formules ni définitions lorsqu'elle fut
simultanément appelée à prononcer sur le sort de cet illustre guerrier que les lauriers, moissonnés dans cent batailles, et une poitrine
sillonée de cicatrices, ne purent soustraire à l'exigence de *vain-*
queurs peu familiarisés avec la victoire , et oublieux de ce
noble respect dont il est si doux d'honorer le malheur (1); et ici
qu'il me soit permis de demander si c'est sur cet exemple que se
fondait le troisième orateur (M. Berryer) lorsqu'il a invoqué la
clémence de la révolution de 1815.

Cependant alors cette cour prit sur elle et la forme et le fond. La
Charte l'instituait juge comme elle institue accusatrice la chambre des
députés. A quel titre viendrait-on aujourd'hui paralyser celle-ci au moment d'exercer un droit qui lui est dévolu par la constitution du pays?

Mais que dis-je, un droit ! c'est un devoir imposé à la chambre ,
ainsi que l'a proclamé mon honorable ami M. Salverte dans son élo-

(1) Fragmens historiques.

quènt discours; devoir d'autant plus impérieusement imposé, que le salut du peuple est soumis à son exécution.

Et c'est lorsqu'après quinze ans de conspiration contre la liberté, après dix ans de dilapidation de la fortune publique, de mépris pour le pacte social, d'attentat contre la sûreté et la vie des citoyens par un Ministère encore sous le poids d'une accusation !

C'est lorsqu'un autre Ministère, à la tête de phalanges destinées à protéger le citoyen qui les solde, s'est rué sur l'habitant paisible, a inondé de sang nos rues et nos demeures; c'est sur la tombe de tant de braves morts en défendant la liberté, c'est au milieu de dix mille familles en pleurs qu'on ose demander la définition de la trahison !

C'est lorsque ce Ministère a puisé dans le Trésor public les sommes distribuées à ses sicaires qu'on feint d'ignorer ce qui constitue une concussion !

Messieurs, le sang des citoyens a imprimé ces définitions en caractères indélébiles sur les murs du Louvre.

Je vote l'accusation.

M. LE COMTE DE LAMEZAN. Messieurs, mon dessein n'était pas de monter aujourd'hui à cette tribune, et je ne viens pas y défendre les ordonnances de juillet. Je n'ai pas non plus la prétention de rentrer dans les considérations si graves que plusieurs de nos collègues vous ont développées avec une supériorité remarquable, mais toute cette discussion m'a rempli d'une émotion que je ne puis plus comprimer. Permettez qu'elle se fasse jour pour ainsi dire malgré moi; je ne fatiguerai pas long-temps votre attention.

J'ai eu des relations de vive amitié avec l'un des ministres signa-taires des ordonnances; je ne parlerai que de lui. Ce ministre Messieurs, est M. de Montbel, et ce nom vous met en présence de l'intérêt universel qu'il inspire et que justifient la droiture de cet homme de bien, ses vertus antiques, sa bonté, peut-être trop fa-cile, mais toujours empreinte du courage et du dévouement qu'il déploya parmi nous dès son début dans la carrière parlementaire. Depuis long-tems je recueillais ses plus intimes pensées, et j'ai pu juger, avant les événemens, combien les motifs qui l'empêchèrent de se retirer de la direction des affaires étaient nobles et touchans.

Vous savez tous, Messieurs, s'il y arriva par ambition ou par obéissance. Nous devons avoir la conviction qu'un tel homme ne pouvait ordonner d'horribles incendies : qu'il n'eût jamais signé les ordonnances s'il n'y avait pas vu un danger personnel, et par suite un fatal principe d'honneur; il est surtout inutile d'ajouter qu'il n'aurait pas signé s'il avait pu penser qu'il exposait son pays, et que son dévouement ne sauverait pas son Roi. Songeons-y bien, Messieurs, les meilleures intentions et les plus hautes vertus, peuvent conduire en politique, et dans les tems difficiles, aux résultats les plus funestes, et Dieu veuille que notre chère France en soit désormais préservée! On a dit depuis bien long-tems : *væ victis*, malheur aux vaincus! Moi, Messieurs, j'ai toujours dit et je dirai toujours, dans quelques rangs qu'ils soient : modération et générosité pour les vaincus! Tels sont mes sentimens; telle est ma politique. Pardonnez-moi, Messieurs, de n'avoir pas su résister à la consolation d'honorer le malheur.

M. DE TRACY : Je ne m'étais pas fait inscrire pour prendre la parole dans cette circonstance. Je croyais inutile de venir exprimer mon vœu. Les faits qui sont tous connus de vous, qui sont consignés dans le rapport de la commission, me semblaient tellement graves, tellement propres à constituer le plus grand crime politique qui ait jamais été commis chez les nations modernes, qu'il me paraissait superflu d'ajouter quelque considération à l'appui des motifs qui peuvent déterminer l'accusation Le rapport est empreint d'une modération remarquable. Un grand nombre de chefs d'accusation graves y sont passés sous silence. Je suis loin de vouloir reprocher ce silence à la commission, car ce qu'elle a dit est plus que suffisant pour motiver l'accusation. Je me serais donc tû. La discussion m'a prouvé que j'aurais eu raison. Les motifs que plusieurs orateurs d'un certain côté de la chambre sont venus développer à la tribune ont fait voir la faiblesse de leurs moyens pour repousser cette accusation.

En effet, dans le dessein de sauver les ministres, ces orateurs ont, ce me semble, commis une faute grave. Si la générosité de cette grande, de cette noble nation française, de cette population de Paris, n'était pas vraiment inépuisable, ces orateurs ont-ils bien songé à quoi ils s'exposaient ? Les crimes sont avérés, personne ne les conteste; seulement, on dit que les ministres n'en sont pas coupables. Eh qui donc en est coupable ? Voudriez-vous faire repentir cette nation généreuse de n'avoir pas eu l'idée de faire remonter plus haut la cause de ces crimes ? Si les ministres n'étaient pas responsables, je vous le demande ; que devrait donc faire la nation ! Eh bien, cette idée n'est pas venue seulement dans l'esprit de cette nation sur laquelle on semble passer avec une sorte de dédain. On n'est occupé que d'une chûte illustre, que d'un grand malheur. Mais ces milliers d'hommes immolés quand ils étaient dans leurs droits, lorsque le plus effroyable complot était tramé depuis long-temps contre eux n'ont-ils aucuns droits à notre sympathie ? (Adhésion à gauche.)

Messieurs, pensez-y bien, le dilemme que je viens de poser, il est impossible de l'éluder. Je n'en dirai pas davantage. Je suis compris de tout le monde. Si la conscience de ces orateurs est libre, leurs moyens doivent l'être aussi. Dans des circonstances moins graves, je n'ai pas réclamé de restriction à la discussion. Ce n'est donc pas moi qui en mettrai dans celle-ci. Mais, je ne puis m'empêcher de faire remarquer que les moyens employés par eux, servent très-mal leur cause.

Je me serais donc abstenu de monter à la tribune, soit au commencement, soit à la fin de la discussion, sans le premier orateur qui a rapporté la question que vous agitez en ce moment, à une proposition faite par moi, et qui, à vrai dire, n'est que le renouvellement d'une proposition qu'une opposition, qui m'a fort étonné, m'a fait ajourner l'année dernière.

Oui, je désire, je souhaite ardemment, depuis long-temps, qu'une discussion solennelle s'ouvre sur cette grande question, qui est pour moi un article de foi, une vraie religion.

Personne moins que moi ne recule devant les conséquences de cette proposition. Ce n'est pas moi qui écarterai la rétroactivité en faveur des accusés. Quoi ! cette généreuse nation française, en adoptant, avec enthousiasme, cette belle, cette fondamentale proposition, ne pourrait voir échapper à la justice des lois les vrais coupables! Je la crois digne de ce sacrifice, moi qui donnerais ma vie pour voir ce grand principe proclamé par l'assemblée, par la nation française.

Si je n'eusse pas craint de venir porter le trouble dans la solennelle discussion où fut adopté l'acte fondamental qui place un Roi-citoyen sur le trône, ce jour-là même, je vous aurais adjuré d'inscrire en tête de cet acte : *La nation française reconnaît l'inviolabilité de la vie de l'homme.* J'appelle donc cette discussion de tous mes vœux, sans être détourné de ce grand objet par la discussion solennelle qui nous occupe en ce moment.

(*Voix nombreuses* : Très-bien, très-bien.)

M. le Président. La discussion générale est épuisée. M. le rapporteur a la parole.

M. Bérenger, rapporteur. Dans une discussion dont les effets peuvent devenir si funestes pour ceux qui en sont l'objet, la chambre comprendra le peu de convenance qu'il y aurait de la part du rapporteur de la commission à justifier les termes de son rapport. L'instruction est-elle incomplète sur quelques points, comme un orateur l'a dit ? La discussion, Messieurs, vous a mis en état d'en juger.

Etes-vous compétens ? La chambre des pairs le sera-t-elle ? les ex-ministres sont-ils responsables, lorsque l'inviolabilité n'a pas garanti le monarque qui est descendu du trône ? Ce sont des questions qui trouveront leur solution dans vos consciences. Il n'appartient pas à la commission de les examiner ; ses devoirs sont accomplis ; le ministère de son rapporteur a été trop pénible pour qu'il ait le désir de le prolonger davantage.

Mais ce qui devient une obligation sévère pour lui, c'est de signaler les erreurs dans lesquelles il est tombé lui-même ; ne pas se hâter de le faire, ce serait un crime juridique.

La première de ces erreurs est relative au nombre de mandats décernés dans la journée du 27 juillet. Il a été dit, dans cette enquête, que ce nombre était de quarante-cinq, c'est-à-dire quarante-quatre contre les signataires de la protestation des rédacteurs de journaux, et un contre l'imprimeur. La commission avait sous les yeux un exemplaire de cette protestation ; elle n'y compta que trente-huit noms ; elle dut l'exprimer ; mais depuis il lui a été communiqué un numéro du *National*, qui, dit-on, fut imprimé sur l'original de la protestation, et il s'y trouve réellement quarante-quatre signatures.

Une seconde erreur n'est essentielle à relever que dans l'intérêt de la vérité historique. On pourrait induire des termes du rapport que la commission municipale s'était installée à l'Hôtel-de-Ville le 28; la vérité est qu'elle ne l'a été que le 29.

Une troisième erreur serait plus grave : le rapport indiquerait que l'ordonnance qui a mis la ville de Paris en état de siège, n'aurait pas été délibérée en conseil. L'un des ex-ministres a effectivement dit qu'il n'avait pris part à aucune délibération sur cet objet. Mais les autres ont déclaré y avoir participé. Il y aurait donc eu délibération, du moins de la part de quelques-uns. Le rapporteur n'hésite point à reconnaître que sur ce point important il avait été trompé par ses souvenirs.

Enfin, une lettre de l'ancien intendant de la liste civile, remise à l'instant même, indique que les 553 mille francs payés par la liste civile, l'ont été à Saint-Cloud, dans les journées du 30 juillet au 3 août.

La chambre appréciera les motifs qui font un devoir au rapporteur de votre commission, de donner toute publicité à la rectification de ces erreurs.

Là, finit sa mission.

Votre commission a été attaquée de faiblesse par les uns et d'exagération par les autres : ce serait la preuve qu'elle est restée dans un juste milieu, et qu'elle ne s'est point écartée de cette modération qu'un si grave sujet lui imposait. Puisse la France, puissent les hommes généreux de tous les pays lui rendre cette justice !

M. BERRYER. La noblesse avec laquelle M. le rapporteur, après une discussion aussi grave, s'est renfermé dans des devoirs rigoureux, en venant à la tribune pour rectifier quelques erreurs qui lui seraient échappées dans son rapport, me déterminent à y monter une seconde fois, et uniquement à mon tour pour relever une erreur de fait, ou plutôt, à mon avis, l'interprétation erronée d'une pièce. Il vous a signalé comme un fait indiquant une préméditation cruelle et le pressentiment des événements terribles des 27, 28 et 29 juillet, l'ordre du jour de M. le maréchal de Raguse du 20 du même mois, qui traçait aux troupes de Paris la marche qu'elles devaient suivre et les postes qu'elles devaient occuper.

Il m'a été remis entre les mains des copies de divers ordres du jour adressés à la garde royale dans les années 1820 et 1821 ; ils sont conçus, à chaque renouvellement de la garnison, dans les mêmes termes que celui du 20 juillet dernier ; ils renferment les mêmes prévisions et sur les cas d'alerte et sur les autres événemens qui peuvent se présenter.

M. DEMARÇAY. Cela n'est pas étonnant, les circonstances étaient les mêmes.

M. BÉRENGER. La chambre a dû remarquer que la commission, après avoir signalé l'ordre confidentiel de M. le maréchal de Raguse, a dit : « L'ex-président du conseil, dans son interrogatoire, a pré-» tendu que *l'ordre confidentiel* du maréchal n'avait rien de sur-» prenant, et que les majors de la garde royale en donnaient souvent » de semblables. » Votre commission, à la vérité, a ajouté qu'il faudrait alors déplorer l'espèce de fatalité qui s'attachait aux actes de ce maréchal, et qui les faisait si parfaitement coïncider avec les plans du chef du cabinet.

M. LE PRÉSIDENT. L'ordre de la délibération a été tracé par la commission elle-même. Je pense que la chambre entendra que la discussion soit ouverte sur chacun des chefs d'accusation précisés par la commission, et que chacun de ces chefs sera voté par assis et levé.

Après ce vote par assis et levé sur chacun des chefs d'accusation, la chambre trouvera sans doute qu'il est de toute justice que, quand il s'agira de passer au scrutin secret, il y ait autant de scrutins secrets qu'il y a de prévenus. (C'est juste, c'est juste.)

On procédera ensuite, par scrutin secret encore, au choix des trois commissaires qui devront soutenir l'accusation, si toutefois la chambre adopte cette disposition, ce qui peut donner lieu à une discussion.

M. DE TRACY. Je demande la parole sur la position même de la question:

M. Le Président. Je prie la chambre de remarquer que je n'entends rien décider, et que je me borne à lui soumettre humblement mes doutes.

Quand nous en serons à l'article 1er, nous aurons à examiner l'amendement de M. de Larochefoucauld. Si cet amendement était adopté, tous les chefs de l'accusation, excepté le premier, disparaîtraient naturellement. Il y aurait ensuite à s'occuper de la proposition de M. Enouf, qui tend à une enquête pour éclairer et constater les faits passés dans le mois de juillet.

M. de Tracy : Ce n'est pas pour m'opposer au mode de discussion que vous propose M. le président que je monte à la tribune. seulement j'y viens déclarer que je ne comprends pas comment, sur un projet unique, nous pourrions voter sept fois au scrutin secret.

M. le Président. Je viens de l'expliquer à la Chambre.

M. Demarçay. Tous les ministres, quoiqu'avec des modifications différentes, sont présentés comme coupables des mêmes faits, de la conspiration. Ce sera à la Cour des Pairs à apprécier ces différences. Mais si tous sont compris dans la même accusation, et je pense qu'ils doivent y être compris, la Chambre doit décider par un seul scrutin. Je crois qu'elle ne pourrait s'écarter de cette marche qu'autant qu'il y aurait une proposition formelle pour distraire de l'accusation tel ou tel ministre ; et, dans ce cas, je conçois qu'il y ait un scrutin séparé ; mais si tous sont considérés comme complices dans le même chef d'accusation, je ne vois pas pourquoi il y aurait plusieurs scrutins.

M. de Schonen : Messieurs, vous avez à la fois porté une loi et une accusation contre sept individus. Cette accusation présente une question qui n'est pas collective, mais individuelle, celle de savoir s'il y a charge suffisante contre chacun d'eux. L'accusation étant essentiellement individuelle, on ne peut naturellement procéder qu'à un scrutin individuel. (*Voix diverses*, c'est juste.)

Je réponds maintenant au préopinant qui vous a dit que c'était à la chambre des pairs, cour de justice, à faire la part de la culpabilité de chacun des prévenus. Certainement la chambre des pairs, dans sa haute sagesse, devra agir ainsi : elle est cour de justice ; elle

connaîtra les faits ; on plaidera devant elle ; les accusés seront entendus, et elle distribuera à chacun la justice qui lui appartient. Mais
vous aussi, Messieurs, vous êtes une espèce de cour de justice,
relativement aux charges qui motivent l'accusation. Eh bien! ces
charges peuvent exister à l'égard des uns et non à l'égard des autres.
Il faut nécessairement, en une telle occurence, que vous distribuiez
aussi à chacun la justice qui vous est départie. Cette justice consiste
à prononcer s'il y a charge suffisante contre un tel, et s'il n'y a pas
charge suffisante contre tel autre, et par conséquent à faire, dans la
sphère de votre juridiction, la part de chaque accusé.

M. GAETAN DE LAROCHEFOUCAULD. Comme auteur d'un amendement sur le premier article, je demande la parole.

M. LE PRÉSIDENT : Vous l'aurez, Monsieur, quand on discutera
l'article 1er; elle appartient maintenant à M. Daunant.

M. DAUNANT : C'est sur l'ordre de la délibération que je demande
la parole. Comme divers crimes pèsent sur chacun des sept ministres
accusés, je crois que la chambre doit voter non-seulement individuellement sur chacun des prévenus, mais par rapport à chacun
d'eux successivement sur chacun des crimes qui leur sont imputés.
(Appuyé, appuyé.)

M. DE SAUNAC. Il me semble que plusieurs de mes collègues se
trouvent comme moi dans l'impossibilité de voter séparément sur
les différens chefs d'accusation adressés à chacun des ministres en
particulier. Le rapport de la commission m'a appris que tel acte
portait sur le Ministère en général ; mais elle m'a laissé ignorer la
part plus ou moins grande que tel ou tel ministre avait prise individuellement à tel ou tel acte formant aujourd'hui un des chefs
d'accusation. Il me serait impossible par exemple de dire si M. de
Polignac a abusé de son autorité pour fausser les élections. Chacun
de nous doit avoir formé son opinion sur l'ensemble ; mais il faut
savoir si quelqu'un des ministres doit être distrait de l'accusation, et
en ce sens je m'en rapporterai à l'observation faite par M. Demarçay.

M. DEMARÇAY : La marche tracée par M. Daunant est celle que
nous devons suivre. La chambre prononcera sur chacun des ministres, relativement à chaque chef d'accusation.

M. DE LABORDE : La division a été regardée comme de droit dans
des discussions d'une moins grande importance ; à plus forte raison

dans une circonstance aussi grave que celle-ci. J'appuie la division.

M. DE CLARAC : Le rapport de la commission est collectif. A moins qu'on ne nous soumette les pièces de l'instruction pour nous mettre à même d'apprécier la culpabilité de chacun des ministres, il m'est impossible d'admettre la division.

M. LE PRÉSIDENT. On est généralement d'accord sur la division. (*Plusieurs voix.* Non, non.) S'oppose-t-on à la division ? (Oui, oui.)

M. PERSIL. Vous n'êtes pas, comme on l'a dit tout-à-l'heure, une espèce de cour judiciaire : vous êtes, d'après le système dans lequel vous êtes entré au moment où l'accusation a commencé, vous êtes une véritable chambre d'accusation. Je ne dirai pas que la loi le veut ainsi, mais c'est la raison et la justice qui le réclament pour chacun des accusés.

Si donc vous faisiez partie d'une chambre d'accusation et qu'on amenât devant vous sept prévenus, et qu'il s'agit de savoir s'ils sont coupables de plusieurs chefs d'accusation, que feriez-vous? Pourriez-vous les prendre en masse et dire : sont-ils tous solidairement accusables? Cela n'est pas possible; parce qu'il est absolument impossible que tous les prévenus se trouvent dans la même position. N'est-il pas des circonstances qui puissent faire que des prévenus coupables du même fait soient cependant considérés comme non coupables? Ainsi la moralité d'un fait peut varier à l'égard de celui qui l'a commis et des circonstances qui l'ont accompagné. La division ne peut donc être refusée. La chambre des députés doit successivement parcourir chaque chef d'accusation pour chaque ministre.

M de Saunac vous a dit : je ne vois qu'un ensemble, qu'un être composé de sept parties un être qu'on appelle ce Ministère; j'accuse l'être entier, le Ministère. Je connais l'ensemble de la conduite du Ministère ; mais je ne sais qu'elle est la conduite de chacun de ses membres. Quand vous me demanderez si M. de Polignac est coupable de tel ou de tel fait, je répondrai que je n'en sais rien, ou plutôt je dirai que c'est le Ministère.

La question est extrêmement grave; il faut convenir que vous ne parviendrez à la résoudre qu'en ayant toujours sous les yeux cette pensée que, quoi que vous vous occupiez d'individus, il y a cependant sur chacun des ministres une partie de responsabilité résultant de la solidarité qui lie l'ensemble d'un Ministère.

Ainsi, quand vous prendrez le premier chef d'accusation et que vous direz : M. de Polignac est accusé du crime de trahison pour avoir abusé de son pouvoir, afin de fausser les élections et de priver les citoyens du libre exercice de leurs droits civiques, etc., etc., savez-vous si M. de Polignac a fait personnellement quelque chose pour fausser les élections? vous n'avez de lui aucune circulaire. C'est dans l'absence de preuve que vous devez surtout vous rappeler la solidarité des membres d'un Ministère, et voir si elle suffit pour vous faire résoudre affirmativement cette partie de l'accusation dénuée de preuves.

Voilà donc, Messieurs, selon moi, la manière de résoudre la première question; mais vous n'êtes pas encore au bout; il y en a une autre à vous signaler, et qui semble avoir été laissée de côté; c'est celle de savoir si vous voterez par scrutin secret ou par assis et levé sur chaque ministre en particulier? Ma première pensée était qu'il fallait voter par assis et levé, et une seule fois, à la fin, au scrutin sur l'ensemble. Mais en y réfléchissant, je trouve que cela est impraticable. Je vais vous le démoutrer.

Vous avez décidé, je suppose, par rapport à M. de Polignac, qu'il doit être accusé pour tous les chefs d'accusation. Vient ensuite le second, M. de Peyronnet. Je suppose que l'on pense qu'il ne doive pas être mis en accusation. Eh bien! en venant voter sur l'ensemble, comment ferai-je? La boule qui condamne l'un condamne nécessairement l'autre, et cependant je voudrais que l'un des deux fût absous. Ainsi vous voyez qu'il est impossible de ne pas voter sur chacun au scrutin secret. C'est ainsi que les questions pourront être résolues, s'il y a lieu, dans différens sens.

M. VILLEMAIN. Les difficultés très-réelles soulevées par les honorables préopinans, tiennent à une haute question sur laquelle je vous demande de fixer un moment votre attention; c'est au système adopté par la commission, système qui, suivant moi, peut avoir de graves inconvéniens pour l'établissement même de l'accusation, de cette accusation juste et nécessaire, de cette accusation dont les ministres ne sont pas absous par la chûte d'un trône.

Ainsi cette violente convulsion qui a fait disparaître le prince, laisse subsister la responsabilité, la criminalité des conseillers. Si l'on demande envers qui ils sont coupables de trahison, je dirai, c'est envers le pays.

Mais cela posé, reste cette question : Comment établirez-vous leur criminalité? L'établirez-vous par l'article même de la Charte qui a déclaré que, pour crime de trahison et de concussion, les ministres sont accusables, et seulement dans ce cas, par la chambre des députés; ou bien l'établirez-vous en développant, en analysant l'expression *trahison*, et en la traduisant par des articles du Code pénal?

Alors les questions reparaissent avec toutes leurs difficultés, toutes les épines; alors vous êtes obligés de faire une enquête personnelle relative à chacun des individus accusables; alors vous êtes obligés d'établir des nuances, des distinctions, des degrés entre eux; alors arrive ce qui en ce moment, embarasse la conscience de la chambre et provoque les difficultés qui viennent d'être soulevées par un habile jurisconsulte.

Au contraire, si vous vous enfermez dans le sens de la Charte, si vous ne reconnaissez d'éminemment poursuivable par la chambre des députés devant la chambre des pairs, que le crime de trahison, vous le réduirez à un acte unique, au crime de trahison résultant de la signature des ordonnances qui ont provoqué à la destruction de la loi fondamentale et par suite au massacre des citoyens. Voilà un grand fait sur lequel votre attention peut se fixer, pour ainsi dire, d'un seul regard, et qui embrasse à-la-fois les sept responsables, c'est-à-dire les sept signataires des ordonnances.

Ainsi, comme moyen de clarté et de justice pour l'établissement de l'accusation, je demanderais que l'accusation se bornât au crime de trahison.

Maintenant, si j'avais besoin de fournir des raisons subsidiaires pour appuyer cette pensée principale, ces raisons ne me manqueraient pas. Je dirais que dans cette haute criminalité politique établie par la Charte, on a compris que le jury national, la chambre des pairs qui doit connaître de ce fait, ne devait pas être entravée par des définitions spéciales; qu'au contraire elle devait embrasser, dans son examen et sa conviction, tous les faits quelconques qui peuvent lui présenter le caractère de trahison. Ainsi, ces délits électoraux si faibles, si naturellement anéantis par comparaison devant ce grand délit de la tentative de renverser par les armes la constitution d'un peuple, ces délits peuvent aussi figurer dans le délit de trahison. Je n'ai pas besoin pour cela d'aller ramasser un article du Code pénal pour le rattacher avec plus ou moins de raison à l'accusation, je verrai ce délit sortir aux yeux des juges, de la position des accusés, comme une conséquence de leur grande action.

Aussi l'appréciation des autres délits peut être renfermé dans le mot de *trahison*, seul mot que la Charte ait reconnu, seul mot qui ait créé votre compétence.

Cela établi, je crois qu'avant d'aller plus loin, qu'avant d'examiner si vous devez, à l'égard de chacun des accusés, instituer pour ainsi dire une enquête spéciale, il importe de déterminer si vous ne voulez pas vous arrêter à cette simple résolution, que la chambre des députés met en accusation des hommes comme coupables de trahison; et alors, il devient facile de procéder à la déclaration à chacun des accusés, puisque chacun d'eux a également participé à ce grand fait, d'avoir contresigné des ordonnances qui ont bouleversé l'empire.

M. MONTIGNY. La matière est trop grave pour que nous puissions nous écarter des formes et des garanties que doit réclamer chacun des accusés. Il est certain que la manière de procéder serait plus simple, si l'on pouvait y voter collectivement sur tous les membres qui ont appartenu à l'ancien Ministère; mais ce n'est pas ici d'une accusation collective qu'il s'agit, c'est d'une accusation individuelle de chacun des ministres; sur le sort desquels nous avons à prononcer. Nous pouvons nous être formé une opinion particulière sur la responsabilité de chacun d'eux. Il peut arriver, sans doute, que la discussion n'ait pas divisé les chefs, il est possible que beaucoup ne puissent être divisés, mais ici l'accusation n'embrasse que des faits de nature différente. On vous a parlé d'incendies, de violation de droits électoraux, des ordonnances du 25 juillet; personne ne pourrait dire, dans ce moment, qu'il croit chaque ministre également coupable sur chacun de ces faits. Il est possible qu'une partie de nous croye que l'un ou l'autre des ministres n'est pas accusable ; et si vous ne divisez pas pour la mise aux voix par assis et levé, ne sera-ce pas pousser l'inconséquence jusqu'à l'extrémité?

Il est possible qu'il existe, pour plusieurs, des circonstances qui fassent considérer un ministre comme non coupable, en le montrant, par exemple, obligé d'obéir à une violence exercée sur lui : je n'établis pas le fait comme existant, je le suppose seulement ; je suppose, en un mot, des circonstances qui sont déterminantes dans les cours judiciaires, où souvent six ou sept individus, accusés d'un même fait, dont ils ont tous été complices en apparence, ne sont pas tous mis en accusation. Il est de toute justice que vous n'embrassiez pas, dans une seule et même délibération, les sept individus dénoncés dans l'acte d'accusation. . .

Ainsi je crois qu'il est impossible que M. le président ne mette pas aux voix chacun des chefs d'accusation qui pèsent sur chacun des ministres, séparément, et qu'il ne soit pas opiné, seulement sur chacun d'eux, successivement.

M. DE SCHONEN. La difficulté qui nous occupe me semble tenir à une cause simple, et qui cependant n'a pas été relevée dans cette enceinte ; il s'agit de savoir ce que nous sommes, et comment nous procéderons. Si nous sommes chambre d'accusation, comme on l'a dit, il y a une autre forme de procéder que celle que nous avons suivie ; et en effet, à la chambre d'accusation, tous les délits sont déterminés, et le rapport qui est fait, est accompagné de la lecture de toutes les pièces du procès ; de manière que les prévenus sont mis en demeure, et doivent connaître les pièces du procès. L'article 222 du Code d'instruction criminelle, ordonne au greffier de leur lire les pièces du procès, en présence du procureur-général. Il n'en a pas été ainsi. On n'a pas fait lecture des pièces du procès. On n'a pas appelé les prévenus pour être entendus contradictoirement dans leur défense, et nous n'avons pas procédé comme chambre d'accusation, mais seulement comme une espèce de cour judiciaire.

Maintenant, il faut savoir comment nous allons délibérer. Délibérera-t-on, comme le propose M. Villemain ? Dans ce cas, c'est une accusation collective qui incrimine tous les membres du Ministère. Si, au contraire, vous délibérez dans le sens que paraît annoncer et nécessiter la division de la résolution qui vous est soumise, il faut nécessairement s'attacher à statuer isolément sur chaque chef et sur chaque individu ; alors, je reviendrai à l'opinion proposée par M. Daunant, et je répondrai à M. Persil, qu'il n'y a pas lieu dans ce cas à la supposition qu'il a faite de l'impossibilité d'obtenir un véritable scrutin. Mais si ce cas se présentait, il faudrait alors ouvrir un scrutin secret sur chacun des accusés.

M. Thouvenel a parfaitement démontré que la pièce d'accusation, la signature des ordonnances, peut être appréciée par la conscience de chacun de nous, que ce fait constitue la trahison. Il est clair qu'en s'arrêtant à ce seul fait que les ministres ont tous commis, nous n'avons plus à nous occuper des difficultés qui peuvent résulter des autres faits accessoires. Je suis donc de l'avis de M. Villemain.

M. Villemain : Pour me résumer, je propose de poser ainsi successivement la question : « un tel, signataire des ordonnances du 25 juillet, est-il coupable de trahison, aux termes de l'article 56 de la Charte de 1814. »

M. de Laborde : Si l'on avait suivi cette marche, nous n'aurions pas besoin d'instruction.

Voix diverses : Sans doute, c'est ce qu'il fallait faire.

M. de Lameth : Je crois devoir, dans cette circonstance grave, rappeler à la chambre un principe adopté dans tous les gouvernemens libres. Ce principe consiste à voter par scrutin secret sur les personnes, et par assis et levé sur les choses. C'est avec regret que j'ai vu le vote par scrutin secret sur des lois, établi dans la Charte. J'aurais voulu qu'on ne vôtat sur les lois que par assis et levé. Mais pour les individus, le scrutin secret est nécessaire ; c'est ainsi que vous votez dans les élections. D'après ces considérations, il me semble que vous devez voter par scrutin secret ser les questions individuelles. (Appuyé, appuyé.)

M. Persil : Messieurs, c'est à regret que je monte une seconde fois à la tribune, mais je le crois nécessaire.

M. Villemain a approché de la question, mais il en a substitué une autre. La question n'est pas de savoir s'il y a un ou plusieurs chefs d'accusation. Quand on les votera successivement, libre à M. Villemain, à ceux qui pensent comme lui, de rejeter tous ceux qui ne sont pas relatifs à la signature des ordonnances.

La question à juger par la chambre est celle de savoir comment l'on votera, et si l'on prendra individuellement chacun des prévenus.

La seconde question est ensuite de savoir si, quand on aura voté sur chacun des chefs imputés à un des prévenus, on votera au scrutin ou par assis et levé. Sur la première question M. Villemain veut-il que les chefs d'accusation soient réduits à un seul ? Il n'en faudra pas moins examiner chacun des accusés séparément.

La division est la seule question qui nous occupe maintenant. Quand on votera sur le premier chef d'accusation : *pour avoir abusé de son pouvoir, afin de fausser les élections et de priver les citoyens du libre exercice de leurs droits civiques*, M. Vilmain, qui veut réduire l'accusation à une seule question, dira non. Quand on arrivera au second chef : *pour avoir changé arbitrairement et violemment les institutions du royaume* (c'est là précisément la signature des ordonnances), M. Villemain dira oui; mais, comme vous le remarquerez, c'est sans influence sur la question que nous jugeons.

M. le Président a consulté la chambre sur le mode de délibération. Deux partis se sont élevés. Votera-t-on en masse, je veux dire sur l'ensemble du Ministère, ou individuellement?

Je ne comprends pas, quand il s'agit d'une accusation capitale, qu'on puisse renvoyer en masse devant une cour de justice. Le même fait peut avoir à l'égard de chaque prévenu, une moralité différente. Ainsi, le fait de la signature des ordonnances, pourrait n'être pas le même pour tous les individus. Si l'on venait vous dire que l'un des ministres n'a signé que forcément (Mouvement en sens divers), ce n'est qu'une supposition, porteriez-vous contre lui l'accusation ?

Je veux prouver par là que sur ce fait unique il peut y avoir divergence d'opinion. J'ai dit, et je le répète, qu'il est impossible de renvoyer en masse sept individus en accusation. Cela ne s'est jamais vu ; la raison, la justice, la conscience le repoussent également. (*Plusieurs voix.* Nous sommes d'accord.) Si vous êtes d'accord, la question est déjà décidée. Vous n'en êtes pas encore à la question de savoir si vous aurez plusieurs chefs d'accusation, ou si vous n'en aurez qu'un seul. Il faut qu'il soit arrêté en principe qu'on votera individuellement sur chacun.

Maintenant je dois répondre à une observation de M. de Schonen. Sera-ce par assis et levé, ou au scrutin, que vous délibérerez. J'ai dit qu'il était impossible que ce ne fût pas par un scrutin individuel. Je l'avais prouvé en disant que celui qui partagerait des opinions différentes sur les divers prévenus, serait cependant réduit à une seule boule. M. de Schonen vous a dit que non, que cela était bon s'il y avait des décisions différentes à l'égard de chacun des ministres. M. de Schonen s'est trompé. Son raisonnement serait bon s'il y avait unanimité dans la chambre; mais il suffit qu'il y ait une seule voix qui en renvoyant en accusation M. Schonen (on rit), je veux dire M. de Polignac, veuille ne pas en user de même à l'égard de M. de Peyronnet. Comme il n'y a pas unanimité, ce qui résulte de la discussion qui vient d'avoir lieu, il est impossible qu'une seule boule puisse s'exprimer à l'égard de tous les individus; et de là j'en conclus la nécessité d'en venir-à un scrutin individuel sur chaque accusé.

M. Villemain. Malgré l'inconvénient de répondre à un logicien aussi habile et aussi pressant que M. Persil, voici la simple explication que je lui donnerai :

La difficulté qu'il a élevée relativement à la nécessité de faire une enquête à l'égard de chaque individu, afin de graduer et de déterminer ceux des articles qui lui étaient personnellement applicables, cette difficulté a fait descendre le débat et a fait empiéter sur les articles qui devaient suivre. Quand M. Persil s'est armé de cette difficulté, on a dû lui répondre : elle tient surtout à l'énumération détaillée de délits divers qui sont successivement ajoutés à ce grand et prédominant délit de trahison. Si vous voulez vous borner à la déclaration de ce délit de trahison, en laissant le débat et l'accusation à la conscience du juge, enfermée sous ce délit, la difficulté que vous craignez, et que vous ne pouvez surmonter, n'existera pas. Vous n'aurez pas besoin de répondre au scrupule des membres qui vous disent : Nous n'avons pas le dossier. Toutes ces difficultés disparaissant, un fait unique fixe votre attention, le crime de trahison. Ce crime est prouvé, pour vous, examinateurs préalables, par le fait de la signature des ordonnances. Puis le tribunal qui statuera étant saisi de ce fait, pourra y rattacher mille circonstances, qui, réunies, composeront un crime de trahison plus ou moins patent, plus ou moins incontestable. Ainsi, la difficulté que vous craignez disparaît; vous avez un examen complet. Mais vous n'avez pas besoin de faire ici cet examen ni de graduer avec un soin impossible à garder la différence de position.

M. Persil répond, il est possible qu'un des signataires dise : j'ai signé comme forcé. N'importe, Messieurs, c'est devant les juges qu'il arguera de ce fait, et non par-devant nous ; il sera jugé à la cour des pairs.

Je me résume, je pense avec M. Persil qu'il doit y avoir pour la dignité, pour la véracité de votre décision préalable, un scrutin individuel sur chacun des ministres! Mais la question doit être la même ; elle se rattache uniquement au crime de trahison, et il est bien entendu que sous ce crime pourront être compris tous les crimes contenus dans les articles invoqués du Code pénal.

M. DE LABORDE. Je demande qu'on mette aux voix la proposition de M. Villemain.

M. LE PRÉSIDENT. La parole est à M. le général Demarçai.

M. DEMARÇAI. Je dois d'abord déclarer à la chambre que j'ai déjà pris deux fois la parole dans cette discussion, et que j'ai besoin de la permission de la chambre.... (Parlez, parlez.)

Il a été élevé deux objections principales, l'une par M. Villemain, relativement à l'ensemble de l'accusation présentée par la commission, et une autre par M. Persil, relativement à l'impossibilité de voter par un seul scrutin sur l'ensemble des individus compris dans l'accusation.

Je tâcherai de lever toutes les difficultés; et pour y parvenir, je vais suivre pas à pas la marche qu'on a suivie. (Oh, oh, nous n'en finirons pas.)

Il paraît que j'ai eu la maladresse de faire croire à la chambre que je serais long (on rit). Au contraire, je ne resterai à la tribune que deux ou trois minutes et peut-être moins.

On votera par assis et levé sur chacun des individus compris dans l'accusation, et sur chacun des chefs de l'accusation. Quelques-uns des ex-ministres seront compris ou dans tous ou dans quelques-uns des chefs. S'il arrivait qu'un des ministres ne fût compris dans aucun des chefs d'accusation, il est évident que par ce résultat il serait hors de l'accusation, alors, on voterait par scrutin, en sûreté de conscience, sur cet accusé; ou il serait compris dans une partie des chefs d'accusation, et dans ce cas vous voteriez encore par un seul scrutin, attendu qu'il serait compris, pour une partie plus faible, il est vrai, dans cette accusation; ou enfin, il sera compris dans tous les chefs, et encore alors vous voterez en sureté de conscience par un seul scrutin.

Voilà les trois cas possibles qui pourraient se présenter; car si un des ministres n'était compris dans aucun chef d'accusation, évidemment il serait renvoyé de l'accusation.

Je vais à présent dire un mot sur ce qu'a dit M. Villemain. Il serait beaucoup plus simple de dire : nous considérons les ministres comme coupables de trahison; nous ne voulons les accuser que de ce seul méfait. Je conviens que ce serait simplifier extrêmement la question. Mais pouvons-nous procéder ainsi? Non.

Quand un individu s'est rendu coupable de divers délits, quoique d'un degré de criminalité différent, il n'en doit pas moins être compris dans l'accusation. Ainsi votre commission a dû procéder comme elle a fait, et je crois que son travail doit être approuvé.

On vous a dit : cette chambre n'est pas une espèce de chambre d'accusation; c'en est une véritable. Oui, c'est une véritable chambre d'accusation, et quel est son devoir? C'est de dire en conscience : les charges qui nous sont présentées commandent la mise en accusation de tel ou tel ministre.

Je crois que vous devez, en conscience, voter par assis et levé, et ensuite par un seul scrutin secret sur chaque accusé.

M. BERRYER. Je crois qu'à la marche que suit la discussion nous n'arriverons à aucun résultat; il n'y a pas de résolution proposée et mise en délibération.

La proposition de M. Villemain n'a pas seulement pour objet de simplifier ou de déterminer le mode suivant lequel la chambre doit émettre son vote; c'est un véritable amendement à la proposition de la résolution de la commission. Je demanderai, pour nous donner un texte de délibération, que M. Villemain rédige son amendement qu'il soit déposé et discuté.

Quand nous aurons résolu ce point, nous n'aurons qu'une seule question, celle de l'accusation. Je demande que la délibération commence par l'amendement de M. Villemain.

M. Mestadier . Je trouve que la commission ne pouvait procéder autrement.

La proposition de M. de Villemain est simple, celle de la commission est multiple. La chambre doit délibérer sur la priorité à accorder à l'une des deux propositions. Si vous délibérez sur la proposition de la commission en rejetant celle de M. Villemain, il faudra délibérer sur chacun des ministre individuellement, et pour chacun des chefs d'accusation (car la commission propose d'accuser de trahison chacun des ministres), ainsi que sur les autres chefs.

Il faudrait donc que la chambre délibérât sur chacun des faits et si la chambre délibérait ainsi, il serait impossible, comme l'a dit M. Persil, qu'il n'y eût pas un scrutin secret sur chaque ministre individuellement. Au contraire, si on délibère sur chacun des ministres, si la délibération est homogène, si tout est considéré de la même manière, un scrutin individuel est inutile. Si la délibération préalable n'est pas la même à l'égard de chaque ministre, que tel paraisse coupable d'un chef d'accusation qui ne sera pas imputé à un autre ministre: dans ce cas, il est impossible d'éviter le scrutin individuel sur chacun des ministres; mais si la délibération est défavorable à tous les ministres, un seul scrutin est nécessaire.

Si la proposition de M. Villemain est rejetée, il faut que la chambre délibère sur chacun des faits pour chacun des ministres. Commençons par délibérer sur la proposition de M. Villemain, la question du scrutin est prématurée.

M. Bérenger. La discussion a donné lieu à deux questions ; l'une est celle soulevée par l'amendement de M. Villemain, l'autre est celle relative au mode de voter.

Quelle est celle de ces deux questions qui doit avoir la priorité ?

En matière d'accusation, avant de s'occuper des prévenus, il faut déterminer de quoi on les accuse. La position des questions doit donc précéder le vote sur les personnes.

Ainsi, l'amendement de M. Villemain mérite la priorité.

La commission avait été divisée sur ce qui fait l'objet de cet amendement. Quatre de ses membres pensèrent qu'il suffisait simplement d'accuser les ministres de trahison, sans ajouter les divers chefs de la résolution, et surtout sans mentionner les articles du Code pénal. Les cinq autres crurent indispensables d'exprimer ces divers chefs et de citer les articles. Je ne vous dirai pas les motifs qu'on fit valoir de part et d'autre; ce serait vous répéter les opinions diverses auxquelles cette discussion a donné lieu devant vous. La commission qui vient de se réunir à l'instant a été également ment divisée; le même nombre de voix a soutenu l'une et l'autre des rédactions. La chambre est, je crois, en état de prononcer sur celle qui lui paraîtra la meilleure.

Reste maintenant la question du vote. Messieurs, si lisant l'histoire on trouvait un tribunal qui eût prononcé, soit une mise en accusation, soit une condamnation contre des individus en masse, à coup sûr tous les cœurs généreux réprouveraient un tel jugement, et ce tribunal serait sévèrement blâmé.

Je pense donc que si la chambre prononçait autrement que par un vote individuel sur chacun de ex-ministres prévenus, elle s'écarterait des principes d'équité qui la distinguent.

M. LE PRÉSIDENT. Je vais lire à la chambre la résolution de la commission afin de rendre plus clairs les amendemens proposés.

(M. le Président donne lecture de la résolution.)

M. Villemain propose de mettre immédiatement après ces mots : «La chambre des députés accuse de trahison MM. de Polignac, etc., signataires des ordonnances du 25 juillet. » Ceux-ci : « En conséquence, la chambre des députés traduit MM. de Polignac, etc., devant la chambre des pairs. »

Vous voyez que, par l'adoption de l'amendement de M. Villemain, se trouveront supprimés les quatre chefs d'accusation qui sont présentés par la commission.

Je vais mettre cet amendement aux voix, puisqu'il est appuyé.

M. HIS. Je ne m'attendais pas à prendre la parole dans cette affaire. Ce n'est que par rapport à l'amendement de M. Villemain que je suis monté à la tribune. Si cet amendement était adopté, il faut voir si la trahison peut constituer un délit ou un crime. La trahison est déclarée par la Charte un crime qui sera spécifié par des lois particulières. Ces lois ne sont pas intervenues; restent alors les lois générales, le Code pénal. Vous ne trouverez dans le Code pénal aucune loi, aucun article qui punisse la trahison. En vertu de qu'elle loi la chambre des pairs appliquera-t-elle une peine au crime dont vous allez accuser les ministres? aucune; et dès-lors l'accusation sera illusoire. Il faut donc nécessairement que vous spécifiez le délit et que vous adoptiez la résolution de la commission, dans laquelle sont compris des crimes prévus dans notre Code pénal. Sans cela, vous n'auriez jamais l'application de la peine, et absoudriez ainsi les ministres que vous voulez accuser. Il faut donc que l'amendement de M. Villemain soit rejeté, et adopter la résolution de la commission si on ne veut rendre illusoire l'accusation portée contre les ministres.

M. Villemain. Je répondrai à l'honorable préopinant que si ma proposition fort accidentelle, qui m'a été dictée immédiatement par ma conscience, avait l'inconvénient de préparer, d'assurer une absolution complète, que j'appelerai scandaleuse, cette proposition n'aurait pas divisé les membres de la commission qui vous a présenté un travail à la fois impartial et sévère. Rappelez-vous que M. Bérenger a déclaré que quatre membres ont été d'avis de faire porter l'accusation sur le fait unique de trahison.

J'écarte cet argument préjudiciel, il faut d'abord que la justice soit assurée. Eh bien! que dit la justice? Elle dit que la chambre des députés n'est compétente, pour saisir la chambre des pairs, que pour autant que l'accusation porte sur un fait de trahison ou de concussion. Ainsi, il faut que ce chef d'accusation, la trahison, soit inscrit sur votre bannière, quand vous irez à la chambre des pairs.

Quand vous aurez saisi la Chambre des Pairs par ce mot puissant et si juste dans cette occasion, elle ne sera pas pour cela enfermée dans cette expression, elle pourra porter partout une investigation sévère; non-seulement elle le pourra, mais elle le devra. Par le fait même de l'examen détaillé et de la procédure qui aura lieu devant elle, elle pourra pénétrer partout et graduer la pénalité entre les accusés, et invoquer les articles du Code pénal, que vous n'avez nul besoin de citer à l'appui de votre accusation.

J'ajouterai que la chambre des pairs, comme grand jury national, peut appliquer la peine sans la lire dans la loi. (Mouvement en sens divers.)

Tels sont les précédens de tous les pays organisés sous une constitution libre. Croyez-vous, par exemple, que tous les crimes d'Hastings fûssent énumérés dans les lois anglaises? Non; sa culpabilité était énoncée sous des termes vagues, généraux, collectifs. Et cette culpabilité, c'est le jury national qui devait la déclarer et appliquer la peine.

Remarquez bien que cette manière de raisonner n'est point restrictive, qu'elle est au contraire largement extensive d'un pouvoir politique statuant sur la demande d'un autre pouvoir politique. Voilà ce qu'il ne faut pas perdre de vue dans la discussion judiciaire dont j'apprécie l'éloquent interprète, mais qu'il ne faut pas toujours transporter dans les grands débats de l'ordre politique.

M. MAUGUIN. Pour bien apprécier les conclusions que la commission vous soumet, il faut que vous veuillez bien entrer pour ainsi dire dans son sein, assister à ses discussions, et voir quelles sont les raisons qui l'ont décidée.

Vous êtes obligés d'appliquer aux membres maintenant prévenus la Charte de 1814. Notre Charte nouvelle est impuissante pour régir la question, si ce n'est en ce qui concerne la juridiction. La Charte de 1814 prévoyait seule les crimes ou délits dont les ministres peuvent être responsables; ils ne sont soumis qu'à cette loi.

Mais la Charte de 1814 est extrêmement incomplète. D'une part, elle ne frappe les ministres que de l'accusation possible de trahison et de concussion; et de l'autre, elle décide que des lois subséquentes détermineront la nature de ces délits. Notre Charte nouvelle a introduit d'autres droits que vous pourrez invoquer; mais il n'en est pas moins vrai que la Charte de 1814, qui seule régit le fonds de la question, qui seule spécifie la nature des délits, qui seule les caractérise, annonçait que des lois subséquentes détermineraient cette nature de délits.

Ainsi lorsque les ministres prévenus paraîtront devant la chambre des pairs, ils auront un moyen puissant d'argumentation; ils vous diront : Nous pouvons être, d'après la Charte de 1814, accusés de trahison et de concussion; mais pour que l'accusation soit possible, il faut que les lois subséquentes soient venues, qu'elles disent en quoi consistent les crimes de trahison et de concussion. Aucune loi n'est arrivée; donc, il n'est aucun fait qui puisse constituer ces crimes.... (Signes négatifs.)

Messieurs, je vous parle comme un homme habitué à prévoir la défense comme à calculer l'attaque. Soyez sûrs que ces considérations seront présentées à la chambre des pairs. On leur répondra en droit que le Code pénal a été promulgué après la Charte de 1814, qu'ainsi le Code pénal.... (*Une voix*. Le Code pénal est antérieur à la Charte.) Tous les Codes ont été revus et promulgués à la restauration, pour effacer des titres, des mots, les modifier ; en un mot, il y a eu une promulgation nouvelle....

De sorte, dirai-je, que l'on pourra argumenter contre les anciens ministres, du Code pénal qui aura reçu sanction nouvelle.

Ensuite viendra le principe politique : c'est que les ministres accusés de trahison et de concussion sont justiciables des corps politiques, pour être condamnés politiquement, et qu'on n'est pas tenu de s'astreindre au texte des lois ordinaires.

Voilà, Messieurs, le principe véritable. Mais la chambre des pairs admettra-t-elle ce principe? je vois que l'on pense que oui ; mais nous, nous ne le saurons que lorsqu'il y aura eu des précédens. Comme il n'y en a pas eu, nous ne pouvons que le présumer.

En conséquence, l'accusation a dû s'attacher à toutes ces armes. Pour conserver le principe politique, elle a dit d'abord : la chambre des députés accuse les ministres de trahison. Elle les accuse de trahison pour avoir violemment et arbitrairement changé les institutions de l'Etat, et ce fait n'est constitué crime que par la Charte de 1814. Voilà donc le principe politique. Puis, pour parer à ce que la chambre des pairs pourra juger, ce que nous ignorons, puisque c'est à venir, la commission a placé au-dessous de ce chef principal les chefs légaux, si je puis parler ainsi; elle a alors appliqué les articles du Code pénal.

Maintenant, retranchez les articles du Code pénal, bornez-vous au mot de trahison, et vous vous livrez à la pensée de la chambre des pairs, qui pourra croire que la trahison n'est pas un crime. (Non, non !) Qui' pourra le croire, vous dis-je. Je concevrais votre assurance, si vous n'aviez pas entendu à cette tribune l'année dernière un ministre du Roi émettre ce système, le même ministre qui vous a déclaré aujourd'hui être chargé de la défense de l'un des prévenus. Ces doctrines, qu'il fallait des lois subséquentes, ont été souvent professées à cette tribune; elles le seront ailleurs. La commission a donc voulu ne négliger aucune arme dont elle pouvait disposer. Retrancher l'accusation judiciaire, c'est livrer les prévenus à la chambre des pairs, qui pourra penser en conscience, parce que c'est une opinion de droit, de législation, que la concussion, la trahison n'étant pas spécifiées dans une loi, il n'y a pas lieu à suivre. Voilà ce qui a déterminé la commission dans la rédaction de sa résolution. (Aux voix, aux voix !)

M. LE PRÉSIDENT. L'amendement de M. Villemain n'est autre chose que le premier paragraphe de la résolution proposée par la commission. Ainsi, il aurait pour effet d'écarter les quatre chefs d'accusation proposés par la commission.

Je vais mettre aux voix l'amendement de M. Villemain.

M. BERRYER. Il faut qu'il soit bien entendu qu'il s'agit ici d'une rédaction sans application aux personnes; de sorte qu'on délibérera plus tard sur les personnes.

M. LE PRÉSIDENT. C'est parfaitement entendu.

(L'amendement de M. Villemain est mis aux voix et rejeté à une assez faible majorité.)

M. LE PRÉSIDENT. Vient ensuite l'amendement proposé par M. de Larochefoucauld. Est-il appuyé ?

Voix diverses. Non ! Non !

M. GAETAN DE LAROCHEFOUCAULD. Permettez-moi de vous en faire connaître le but.

Si la chambre avait adopté l'amendement de M. Villemain, le mien tombait avec les articles de la commission.

De la résolution de la commission résulte la peine de mort pour le chef d'accusation, et pour les autres, l'interdiction des droits civiques et un simple emprisonnement de quelques années. De sorte qu'il n'y a pas d'intermédiaire entre ces deux peines , l'une terrible et l'autre légère, en comparaison de l'accusation. L'amendement

que je propose porte sur des faits que nul ne contestera. Les ministres peuvent assurément être accusés d'avoir menacé et destitué
des fonctionnaires publics en raison de leurs opinions politiques et
de leurs votes dans les élections, par suite d'un plan concerté dans
plusieurs départemens du royaume. La peine à appliquer à ce chef
d'accusation serait le bannissement; de cette manière vous éviteriez
l'alternatif que je viens de signaler.

M. LE PRÉSIDENT. L'amendement étant appuyé, je vais le mettre
aux voix.

M. DUVERGIER DE HAURANNE. Je demande la parole pour le
combattre.

De toutes parts. C'est inutile.

(L'amendement est mis aux voix et rejeté.)

M. LE PRÉSIDENT. D'après les explications qui ont été données par
M. le Rapporteur, je pense que la chambre doit aller nécessairement aux voix sur chacun des chefs d'accusation s'appliquant à
chaque ministre en particulier. Ainsi, nous devons commencer par
en faire l'application à M. de Polignac.

Le premier chef est ainsi conçu :

« La chambre des députés accuse de trahison M. de Polignac,
ex-ministre, signataire des ordonnances du 25 juillet.

« Pour avoir abusé de son pouvoir afin de fausser les élections
et de priver les citoyens du libre exercice de leurs droits civiques. »

(Ce premier chef d'accusation est mis aux voix.)

Quelques membres à droite. Nous ne comprenons pas cette
accusation; on n'a pas fait un rapport particulier sur chaque fait.

Voix à gauche. Eh bien alors, vous ne voterez pas.

(Une partie des membres de la droite ne prend point part à la
délibération. Les autres votent contre l'accusation.)

Le premier chef d'accusation est adopté.

Deuxième chef : Pour avoir changé arbitrairement, violemment
les lois du royaume.

Ce second chef est mis aux voix.

Deux membres de la droite se lèvent contre l'accusation.

Le second chef est adopté.

Troisième chef : Pour s'être rendu coupable d'un complot attentatoire à la sûreté de l'Etat.

Ce troisième chef est mis aux voix et adopté, sans que personne se lève contre.

Le quatrième chef est également adopté. Il est ainsi conçu : «Pour avoir excité la guerre civile en armant ou portant les citoyens à s'armer les uns contre les autres; et porter la dévastation dans la capitale et plusieurs autres communes. »

M. LE PRÉSIDENT. Maintenant, on va procéder au scrutin secret uniquement pour M. de Polignac. Ensuite, la discussion s'ouvrira pour M. de Peyronnet.

Plusieurs voix. A demain, après le scrutin.

M. LE PRÉSIDENT. Lorsque le scrutin aura été dépouillé, la séance sera renvoyée à demain.

M. E. SALVERTE. Je demande que la chambre soit consultée pour savoir; si la chambre ne restera pas en séance, afin de continuer son travail.

M. LE PRÉSIDENT. Je dois donner des explications sur une observation qui vient de m'être faite au bureau.

On croit que je dois consulter la chambre sur un article additionnel proposé par M. Enouf. Cet article exprime un vœu qui n'a rien de commun avec la proposition de la commission ; il s'agirait de savoir si, après avoir prononcé sur l'accusation ; vous ordonnerez une enquête nouvelle. Ainsi, c'est une proposition en-dehors celle-ci.

Maintenant, M. Salverte demande que la chambre soit consultée pour savoir si, après le scrutin, elle continuera sa délibération.

M. GAETAN DE LAROCHEFOUCAULD. Je demande à répondre à la proposition.

De toute part. C'est inutile.

M. LE PRÉSIDENT. Il me semble que la réponse à cette proposition, se fait en se levant ou en restant assis.

(La chambre consultée décide que la séance sera levée immédiatement après le scrutin.)

M. MERCIER. Je demande la parole.

M. LE PRÉSIDENT. La délibération a été fermée et le scrutin est ouvert; personne ne peut avoir la parole.

Un de MM. les Secrétaires va faire l'appel nominal.

MM. les députés ayant repris tous leurs places, et dans un grand silence, viennent à mesure déposer leur boule dans l'urne.

Voici le résultat du scrutin :

Nombre de votans. 291
Boules blanches. 244
Boules noires 47

La chambre ordonne que M. de Polignac, président de l'ancien conseil des ministres, sera traduit devant la chambre des pairs.

———◆◆◆———

(Séance du 28 septembre.)

M. LE PRÉSIDENT. L'ordre du jour appelle la suite de la délibération sur le rapport de la commission d'accusation.

La chambre est maintenant plus qu'en nombre suffisant pour délibérer. Les membres qui font actuellement partie de la chambre sont au nombre de 341 : 89 députés ont cessé de faire partie de la chambre par suite de démissions, d'annulation d'élections ou de non prestation de serment. La majorité est de 172; comme les membres présens dépassent ce nombre, la délibération va s'ouvrir.

« La chambre des députés accuse de trahison M. de Peyronnet,
» ex-ministre, signataire des ordonnances du 25 juillet : pour avoir
» abusé de son pouvoir, afin de fausser les élections et de priver
» les citoyens du libre exercice de leurs droits civiques. »

M. de Boisbertrand demande la parole.

M. DE BOISBERTRAND. Messieurs, vous avez accordé quelque attention aux paroles que l'un de mes honorables amis est venu prononcer devant vous en faveur de l'un des anciens ministres. Ce qu'il a fait je me proposais de le faire; car moi aussi j'avais à remplir un devoir de conscience et d'amitié envers un homme qu'il est impossible de ne pas honorer quand on l'a bien connu.

Une autre obligation, Messieurs, m'appelle en ce moment à cette tribune : je n'ai pas la présomption de croire que, dans les circonstances présentes, mon témoignage puisse être d'un grand poids. Je sais combien de fatales préventions s'attachent au nom du dernier ministre de l'intérieur , et en m'efforçant de les combattre , je dois, bien plus encore que mon honorable collègue , M. Berrier, craindre que ma voix ne vous paraisse suspecte. Mais ma conscience me presse, et je me reprocherais toute ma vie de ne vous avoir pas déclaré, dans ce moment extrême, que lorsque M. de Peyronnet rentra dans le Ministère , il m'exprima l'intention formelle de gouverner selon les lois, et de respecter, de conserver toutes les libertés publiques. (Murmures.)

Jusqu'au jour fatal son langage a été le même, et je ne puis expliquer sa funeste adhésion aux actes du 25 juillet que par la généreuse fermeté d'une ame forte qui se résigne à tout, plutôt qu'à paraître subjuguée par la crainte.

Parmi les griefs énoncés dans le rapport de votre commission , il en est trois qui pèsent particulièrement sur M. de Peyronnet, Permettez-moi, Messieurs , d'y répondre en peu de mots.

L'honorable rapporteur vous fait remarquer la coïncidence qui existe entre l'envoi des lettres closes et la dissolution de la chambre, coïncidence d'où résulterait , par induction du moins, l'odieuse conception d'un véritable piége tendu aux députés de la France. Messieurs, je n'examinerai pas même la question de savoir si l'on peut tenir compte des inductions ; mais je vous supplie de vous demander à vous-mêmes s'il n'eût pas été beaucoup plus facile et moins dangereux surtout de se saisir d'un député chez lui, dans une résidence éloignée, qu'au milieu de la capitale, en présence d'une population redoutable, et sous les yeux d'un corps souverain tout prêt à se réunir pour lancer l'anathême contre l'imprudent qui violerait ainsi le premier de ses priviléges.

Le second grief porte sur les projets de loi présentés aux chambres par M. de Peyronnet. Messieurs, un projet de loi, tant qu'il n'a pas reçu la sanction législative, n'est pas un fait, et la justice humaine ne s'attache qu'aux faits accomplis, non aux pensées, c'est à-dire aux projets. Si donc un projet de loi n'est pas adopté, il n'en reste rien, du moins pour la justice ; s'il reçoit la sanction législative, il devient l'œuvre des chambres, et n'appartient plus aux ministres. Vous trouveriez étrange qu'une chambre prétendît un jour accuser légalement les ministres qui siégent parmi vous, pour vous avoir présenté des lois que vous auriez sanctionnées. . . .

Quant aux distinctions prononcées à l'époque des élections, il se pourra qu'un jour on ait le droit de juger de pareils actes avec sévérité. Tout, en pareille matière, dépend des lois écrites ou des opinions reçues. L'indépendance totale des fonctionnaires peut devenir un dogme politique : mais il ne paraît pas que se dogme soit encore bien respecté parmi nous, et le gouvernement actuel serait mal avisé, ce me semble, s'il considérait la faculté de destituer comme abusive et comme attentatoire à nos droits constitutionnels. Messieurs, il y a quelque chose d'assez délicat au fond, je le comprends. Il est telle circonstance où un homme d'honneur, alors même qu'il occupe un emploi, peut se croire consciencieusement obligé à rejeter le candidat du gouvernement; mais si, dans ce cas, il se voit remplacé, c'est de la fortune qu'il peut se plaindre ét non pas de la justice politique.

(On demande à aller aux voix.)

M. le président relit le premier article et le met ensuite aux voix. Il est adopté.

« 2. Pour avoir changé arbitrairement et violemment les institutions du royaume. »

« 3. Pour s'être rendu coupable d'un complot attentatoire à la sûreté intérieure de l'Etat. »

« 4. Pour avoir excité la guerre civile, en armant ou portant les citoyens à s'armer les uns contre les autres, et porté la dévastation et le massacre dans la capitale et dans plusieurs autres communes. »

Ces articles sont successivement mis aux voix et adoptés.

M. LE PRÉSIDENT. La chambre va maintenant passer à un scrutin sur l'ensemble des chefs d'accusation relatifs à M. de Peyronnet.

Un de MM. les secrétaires fait l'appel nominal.

M. le président invite MM. les députés à prendre leur place et à ne la quitter que pour venir déposer leur vote.

On procéde au scrutin secret dans un grand silence.

En voici le résultat :

$$\text{Nombre des votans} \ldots \ldots 286.$$
$$\text{Boules blanches} \ldots \ldots 232.$$
$$\text{Boules noires} \ldots \ldots 54.$$

La chambre des députés accuse de trahison M. de Peyronnet, et le traduit devant la chambre des pairs.

M. LE PRÉSIDENT. Le prévenu sur le sort duquelle la chambre est maintenant appelée à délibérer, est M. de Chantelauze.

Je vais lire le premier article.

M. Tardy demande la parole.

M. TARDY. Messieurs, en arrêtant qu'il serait décidé, par un scrutin spécial sur chacun des ex-ministres, vous avez manifesté par là que les charges de l'accusation pouvaient ne pas être les mêmes pour tous les prévenus, et que vos résolutions pourraient différer à leur égard selon votre conviction.

Vous avez accueilli avec intérêt un de vos collègues qui n'a pu renfermer dans son sein la vive émotion qui l'agitait, et qui a élevé la voix en faveur d'un ami dont il ne vous aura pas rappelé en vain, je le désire vivement, le noble caractère, et les honorables antécédens.

Permettez-donc que je vienne dire quelques mots pour celui des ex-ministres qui vous occupe en ce moment fatal, et que, nommé comme lui par les électeurs du même département, je remplisse le devoir que ma conscience me prescrit, et qui découle aussi des rapports de bienveillance qui doivent exister entre des députés qui ont à défendre ensemble les mêmes intérêts de localités. Permettez que je tienne à l'honneur du département qui nous a nommés, et que je recule devant l'idée qu'il a pu envoyer dans cette enceinte un traître à son pays. Vous le savez, Messieurs, l'intention fait le crime, l'intention seule. Mais cette intention a beau se cacher dans le fond du cœur, lorsqu'elle est coupable, la Providence a toujours soin qu'elle se trahisse elle-même, et la justice divine laisse rarement la justice des hommes, sans les indices nécessaires à son jugement.

L'ambition, voilà la source ordinaire des crimes politiques. Mais l'homme qui, à la fois, bon époux et tendre père, bornait ses désirs à l'avancement légitime et régulier que lui permettaient son éducation, ses études et ses succès; l'homme dont les goûts ont toujours paru simples et modérés, avait par là même assez convaincu ses concitoyens qu'il était exempt de cette fièvre ardente qui fait tout entreprendre pour parvenir aux premières dignités; de cette maladie du cœur, qui n'admet d'autre culte que celui des grandeurs, et qui tourmente du besoin de les conserver à tout prix lorsqu'on y est parvenu.

Votre honorable rapporteur vous a dit que le ministère de l'instruction publique avait été proposé à M. Chantelauze, et qu'il avait refusé. Les sceaux lui ont été offerts quelque tems après. Même répugnance, même refus; et les circonstances de son acceptation prouvent toutes qu'il a été entraîné au ministère malgré lui, et par une fatalité qu'il n'a pu vaincre. Un tel homme, Messieurs, a pu commettre de grandes fautes politiques : de grands désastres publics ont pu être la suite des mesures auxquelles il a concouru, mais la trahison est-elle dans son cœur ? Je ne puis le croire.

Je sais que mon infortuné collègue a rédigé le rapport au Roi, qui devait expliquer à la nation l'intention et le but des fatales ordonnances. Mais comme nous l'a dit M. Bérenger, ce rapport n'a été fait qu'après l'adoption des ordonnances dans le conseil. Mais ce rapport était fondé sur l'interprétation d'un article de l'ancienne Charte ; aucune explication n'avait été donnée ; et d'après le texte, cette interprétation sans antécédens pouvait malheureusement n'être qu'une interprétation arbitraire et dangéreuse pour l'Etat.

Vous avez reconnu, Messieurs, le danger de cet article, puisque vous l'avez modifié dans la Charte nouvelle, et vous avez sagement exprimé que, dans un gouvernement représentatif, c'était un contre-sens de laisser, d'autoriser implicitement une dictature quelconque, ne fût-elle que d'un jour, d'une heure. Vous avez senti que les trois pouvoirs avaient par leur essence et leur action tout ce qu'il fallait pour faire marcher et même réformer le gouvernement si l'expérience le faisait juger nécessaire.

Plût à Dieu que cet article ainsi rédigé eût été l'article 14 de la Charte ancienne, nous n'aurions pas eu de grands malheurs à déplorer, et je n'aurais pas à vous entretenir d'un ex-ministre qui ne se serait point abusé, et qui dans la lettre de la Charte aurait alors saisi son véritable esprit. L'interprétation qui a été faite, Messieurs, a été bien funeste ; mais c'est la main sur la conscience qu'il faut juger si l'erreur est une trahison.

On vous a parlé de ministres qui sous différens règnes ont subi des accusations capitales. Mais vous savez aussi, Messieurs, que l'impartiale histoire a réformé un grand nombre de ces jugemens et flétri les juges. La gloire même du grand Colbert s'est ressentie de la chaleur qu'il mit à l'accusation du surintendant Fouquet, et la postérité applaudira toujours les efforts de Pélisson pour le défendre, et la douleur du bon Lafontaine, qui entreprit de lui concilier l'opinion publique et de désarmer Louis XIV.

Ce n'est point par leur éloquence, Messieurs: qu'il m'est donné d'imiter l'homme d'état et le poète inimitable qui défendirent un ministre malheureux, déchu; mais comme eux, Messieurs, je n'ai pu voir, sans être touché, le sort d'un accusé qui a des droits à mon faible secours, comme collègue et comme compatriote. Je ne puis prendre aucune conclusion; mais ma voix n'aura pas vainement retenti dans cette enceinte, si un seul d'entre vous, bien convaincu que la trahison n'existe pas sans intention de trahir, se recueille en soi-même, et apporte ici un suffrage favorable à un infortuné déjà bien puni, Messieurs, par l'éclat de sa chute, les alarmes de sa fuite, les terreurs de son arrestation, les angoisses de sa captivité et l'idée déchirante que sa condescendance a pu causer des malheurs publics qu'il n'avait pas prévus, et qu'il déplorera jusqu'à la fin de ses jours.

M. F. DE LEYVAL. Je crois devoir donner à la chambre quelques renseignemens sur M. de Chantelauze.

Il a été procureur-général dans mon département. Je ne l'avais jamais vu avant l'époque de ma nomination comme député, en 1828; les affaires de mon pays me donnèrent alors quelques rapports avec lui. Je dois déclarer que loin de l'avoir vu disposé à desservir les hommes qui n'avaient pas la même opinion que lui, il cherchait à leur rendre service, lorsqu'il était à même de le faire. Je déclare que je lui ai souvent entendu exprimer les meilleurs sentimens sur la Charte et sur nos institutions constitutionnelles; je lui ai entendu dire qu'elles étaient nécessaires, et que dès le jour où on y toucherait une révolution éclaterait. Je dis plus, je me rappelle lui avoir entendu dire, à cette tribune, dans l'ancienne salle des députés, que le plus grand mal qui pût lui arriver, serait d'entrer au ministère.

Il est impossible de ne pas voir avec intérêt cet hommes refusant deux ministères, se refusant même aux sollicitations du Dauphin;

il est impossible, dis-je, de ne pas voir cet homme luttant en quelque sorte contre une fatale destinée, se cramponant sur la pente qui devait l'entraîner dans l'abîme, et ne cédant enfin qu'à une volonté funeste et puissante.

Voilà ce que j'avais à dire, c'est la vérité : j'ai cru devoir la dire dans cette circonstance.

M. DE TRACY. Je respecte infiniment les honorables sentimens qui viennent de dicter les paroles que vous venez d'entendre. Cependant il n'est pas possible de ne pas rappeler ce que le prévenu sur le sort duquel vous avez à délibérer a dit dans cette enceinte. Vous vous souviendrez, Messieurs, qu'il a annoncé l'indispensable nécessité d'un 5 septembre monarchique. Je n'ai pas autre chose à dire.

Voix de droite. Un 5 septembre monarchique, ce n'est pas la même chose qu'un 26 juillet.

M. le président met aux voix les articles qui sont successivement adoptés par assis et levé.

La chambre passe ensuite au scrutin.

Voici le résultat du dépouillement du scrutin :

Nombre des votans 297
Pour l'accusation. 222
Contre. 75

En conséquence la chambre des députés accuse de trahison M. de Chantelauze et le renvoie devant la chambre des pairs.

M. LE PRÉSIDENT. La délibération qui va s'ouvrir concernera M. de Guernon-Ranville.

Je viens de recevoir à l'instant une lettre dont je crois devoir donner connaissance à la chambre.

« Monsieur le président,

» J'ai écrit à la hâte, ce matin même, quelques observations pour M. de Guernon-Ranville. J'aurais voulu les remettre imprimées à chacun de MM. les députés, mais à l'instant je reçois seulement 20 exemplaires; je me hâte de vous en faire parvenir deux, j'en adresse neuf pour la commission à M. Bérenger. Maintenant, la chambre jugera-t-elle à propos d'ordonner que lecture de ces observations soit faite à la tribune par M. le rapporteur? Il me semble que ce moyen est le plus simple, pour ne pas retarder la décision définitive sur l'accusation ; Grâce pour le style ; j'écris rapidement et sans pouvoir réfléchir sur les expressions quelle qu'elles soient ; je désire que vous y trouviez, M. le président, le témoignage du profond respect avec lequel je suis, etc. ,

» CREMIEUX, *avocat aux conseils du Roi, à la cour de cassation.* »

M. LE PRÉSIDENT. Le Mémoire envoyé par le défenseur de M. de Guernou-Ranville se compose de huit pages. La chambre entend-elle qu'il lui en soit donné lecture par M. le rapporteur de la commission ?

Voix à gauche. Non, non, cela ne se peut pas.

M. BERRIER. Par une précédente décision, vous avez attribué à votre commission le pouvoir des juges d'instruction et des chambres du conseil. Par la décision que vous avez prise hier, sur la manière dont serait exprimé votre vote quant à l'accusation des ministres, vous vous êtes renfermés dans les devoirs que notre législation impose aux juges délibérant dans les chambres du conseil ou dans les chambres d'accusation. Il est d'usage, il est même écrit dans nos lois, qu'en matière de prévention, quand l'instruction est terminée et lorsque le rapport doit être fait par les juges d'instruction, les prévenus qui ne peuvent se faire défendre par leur conseil ont du moins la faculté d'envoyer des notes, et il n'y a pas de juge d'instruction qui ne donne connaissance à la chambre du conseil des notes transmises par les avocats, bien que ceux-ci ne soient pas initiés aux délibérations. Dans tous les cas, lorsque les parties envoient des notes, bien que l'instruction soit secrète, les notes sont connues des juges.

Je pense donc, en ce moment, d'après le pouvoir que la chambre s'est attribué, et les formes d'après lesquelles elle procède, qu'il lui est impossible de refuser qu'il lui soit donné connaissance du Mémoire envoyé au nom d'un des prévenus.

(La chambre consultée décide que le Mémoire sera lu.)

M. MERCIER. Il aurait été plus convenable que la commission eût pris connaissance du Mémoire.

M. LE PRÉSIDENT. Vous prenez la parole après la délibération. La chambre a décidé, il n'y a plus à revenir sur sa détermination.

M. le rapporteur a la parole.

M. de Bérenger. La chambre saura que je n'ai pris aucune connaissance préalable du Mémoire dont je vais lui donner lecture.

A la chambre des députés.

« Messieurs les députés,

» En déclarant que vous décideriez par un scrutin secret et individuel pour chaque ministre, si chacun d'eux doit être renvoyé devant la chambre des pairs, comme présumé coupable de trahison,
pour avoir commis les divers crimes ou délits dont ils sont tous inculpés, vous avez pris la seule résolution qui fut digne de la chambre. Comment en effet concevoir une accusation en masse ?

» Mais en appelant ainsi la discussion sur les actes de chaque
ministre, vous vous êtes, ce me semble, imposé de nouveaux devoirs; et quand, par une délibération solennelle, vous avez dit à
chaque ministre : *Je vais prononcer séparément sur ton sort*,
vous ne voudrez pas, sans doute, laisser votre œuvre incomplète et
juger sans examen.

» Je m'explique : La trahison imputée aux ex-ministres se compose de quatre crimes ou délits. Vous votez d'abord par assis et levé
sur chaque crime ou délit imputé à l'un des ministres, puis au
scrutin secret sur le renvoi de ce même ministre devant la chambre
des pairs.

» Par cela même vous reconnaissez qu'il est possible que tel
ministre soit renvoyé devant la chambre des pairs, que tel autre ne
soit pas soumis à une procédure ultérieure.

» En d'autres termes, il me semble que votre résolution doit se
traduire ainsi : nous allons examiner avec le plus grand soin, en
jury consciencieux, si chacun des faits imputés est prouvé contre
chaque ministre, ou du moins s'il y a contre chaque ministre
charge suffisante.

» Vous ne voudrez donc pas traduire devant la chambre des pairs
tous les ex-ministres ou quelques-uns d'entr'eux, *si déjà la prévention ne vous paraît suffisamment établie* (1), *si déjà vous ne*

(1) Art. 133 *du Code d'instruction criminelle* : Si sur ce rapport... les
juges... estiment que le fait est de nature à être puni de peines afflictives

I2

trouvez des charges suffisantes (2). Je ne demande pas de privilége pour le rang qu'occupaient naguère les ministres déchus ; je veux l'égalité devant la loi ; mais cette égalité, je ja réclame avec force, c'est mon droit.

» Or, Messieurs, cette prévention contre chacun des ministres, comment l'établirez-vous?

» Le rapport de votre commission serait-il, passez-moi l'expression, un article de foi? mais déjà plus d'une erreur a été loyalement reconnue à la tribune.

» Dira-t-on qu'il suffit à cet égard de la clameur publique? Mais alors pourquoi délibérer? pourquoi des formes solennelles? pourquoi ce scrutin?

» Dira-t-on enfin que la signature aux ordonnances prouve le crime?

» La décision prise dans la séance d'hier repousse une pareille objection.

» Elle est injuste d'ailleurs; la raison la réprouve.

» Chez tous les peuples policés, ce n'est pas le fait matériel qui constitue le crime, c'est l'intention, la volonté de le commettre. Une chambre de députés français rejeterait avec horreur un système qui placerait la culpabilité dans le fait.

» Ces réflexions me paraissent dignes de vos méditations; elles sont d'un haut intérêt pour M. de Guernon-Ranville, dont la défense m'est confiée.

» Ici, Messieurs, c'est le défenseur qui écrit, le temps me manque pour consulter celui qui m'a remis le soin de le protéger. Mais le devoir parle, sa voix ne sera jamais étouffée dans le cœur d'un avocat; et s'il était possible que dans les rangs de notre barreau français, le devoir fût plus impérieux encore pour quelques-uns d'entre nous, ce serait sans doute pour ceux qui, comme moi, j'ose le dire, sont dévoués de cœur et d'âme au culte de la liberté.

---

ou infâmantes, *et que la prévention contre l'inculpé est suffisamment établie,* les pièces seront transmises au procureur-général, etc.

(2) ART. 231 : Si le fait est qualifié crime par la loi, *et que la cour trouve des charges suffisantes pour motiver la mise en accusation,* etc.

» Je demande donc, Messieurs, un examen sur chaque fait, qui constitue, d'après le rapport, le crime de trahison. Je le demande grave, attentif, digne de la cause.

» Ce n'est pas, sans doute, que vous ayez à prononcer sur la culpabilité : accusateurs, vous n'êtes pas juges : mais une nation qui accuse ne doit pas faillir.

» Je ne m'occuperai pas de savoir s'il y a crime de trahison dans les faits relevés par le rapport; mais si je pouvais prouver que ce crime, tel que la commission l'a conçu, tel qu'elle a cru le lire dans la Charte de 1814, ne peut en aucune manière être imputé à l'un des ministres; si enfin M. Guernon de Ranville devait sortir, sans accusation possible, de cette première épreuve; pourquoi resterais-je sans voix pour réclamer sa liberté, pourquoi resteriez-vous sans force pour l'ordonner?

» J'ai écouté avec la plus grande attention, j'ai relu avec le plus grand soin le rapport qui vous fut présenté dans la séance de jeudi dernier.

» Tant de faits demeuraient étrangers à M. Guernon de Ranville, que son nom se perdit, en quelque sorte, dans l'histoire de la politique astucieuse du dernier règne.

» Il me fallut la réflexion, le silence du cabinet pour saisir, dans cette *multitude innombrable*, trois faits spécialement applicables au ministre de l'instruction publique et des cultes : 1° son entrée au ministère; 2° sa circulaire aux évêques; 3° sa signature apposée aux ordonnances du 25 juillet.

» Qu'on examine dans tous ses détails le monument dont votre honorable rapporteur vient d'enrichir notre histoire, et l'on ne trouvera pas *d'autres motifs d'accusation* contre M. Guernon de Ranville.

» Pour bien se fixer sur la gravité de ces faits discutons-les successivement :

» 1°. Entrée au ministère.

» Je sais tout ce que des hommes honorables de toutes les opinions voyaient de dangers pour la France, dans la conservation du ministère que les trois jours ont précipité dans l'abîme ouvert devant la nation; se retirer était, dans leurs idées un devoir nécessaire : mais on n'ira pas jusqu'à prétendre que penser autrement fut un crime. Au moment où le ministère était offert à M. Ranville, les noms avaient jeté l'épouvante; mais les actes n'avaient pas suivi la brusque apparition dans le conseil de ces hommes qui nous semblaient des menaces Un homme qui voyait dans la Charte une ancre de salut pouvait opérer quelque bien, il pouvait le croire, du moins.

» Disons d'ailleurs que ce ne fut pas sans résistance que M. Guernon-Ranville accepta le pouvoir; ajoutons que sur l'esprit de ces royalistes, pour qui le prince était un objet d'amour et de culte, la volonté du Roi commandait l'obéissance. Disons enfin que s'il est beau de refuser un portefeuille, c'est, qu'en général on ne le refuse pas.

» M. de Ranville était peu connu, dit-on; *l'on dut croire qu'il avait donné des gages secrets.*

« Je ne m'arrête pas sur ces derniers mots; la défense ne répond pas à des suppositions sans appui.

« M. Guernon-Ranville avait suivi le Roi à Gand; il avait exercé, non sans distinction, cette belle profession d'avocat, dans laquelle le malheur trouva toujours un soutien; il avait occupé devant trois cours royales le siége de procureur-général; il avait présidé deux colléges électoraux· Aux élections de 1827, il n'avait pas atteint l'âge de l'éligibilité; il arriva bientôt à la députation, et l'on ne dira pas sans doute qu'il suffisait d'être ministre pour être élu : M. d'Haussez...

» On parle d'un avancement *rapide et inusité* dans la magistrature. Une foule d'avocats, appelés tout-à-coup au poste éminent de procureur-général, répondent à ce reproche. La France applaudit à cette heureuse pensée qui prend, dans les avocats de la nation, les avocats du Roi.

» Enfin, on a rappelé le discours prononcé devant la cour royale de Lyon. La chambre le lira tel que M. Guernon l'avoua, tel qu'il fut prononcé : il ne renferme aucune pensée inconstitutionnelle.

» 2°. Circulaire aux évêques.

» D'après les idées reçues, du moins sous les derniers règnes, les évêques sont à la fois pasteurs et fonctionnaires. Les meilleurs, sans doute, sont ceux qui sont fonctionnaires le moins possible, et pasteurs toujours.

» On dit que le ministre des affaires ecclésiastiques ne craignit pas de compromettre la religion, en l'appelant dans l'arène. M. de Guernon-Ranville affirme qu'il se bornait, dans sa circulaire, à inviter les prélats à mettre en usage toute leur influence, pour engager les électeurs royalistes à se rendre aux colléges et à nommer des députés *amis du Roi et de nos institutions.*

» Il est probable qu'à l'avenir on demandera aux évêques des prières et non des démarches; mais d'une inconvenance à un crime la distance est grande. C'est pourtant là un chef d'accusation.

» *Comment l'admettre contre M. Guernon-Ranville, en présence de sa circulaire?*

» 3°. Apposition de la signature aux ordonnances du 25 juillet. »

» Lorsque les passions éteintes auront fait place au calme et à la réflexion, lorsque l'histoire inexorable, mais juste, retracera pour la postérité ces grands événemens dont l'éclat nous éblouit encore, elle pèsera les actions de chacun. Elle dira peut-être : Au sein d'un ministère qui voulait décréter des mesures d'une haute gravité, se trouva un homme, jeune encore, d'un caractère ardent, plein de feu; il vit le danger, il le signala. Sa fermeté rappela vivement la foi jurée, la constitution garantie. Il ne fut pas compris. Soit qu'un esprit d'erreur se fût emparé du prince et des conseillers, soit qu'une conviction fatale leur fît trouver dans un article même du pacte social les moyens de le suspendre ou de l'anéantir, soit enfin que ce droit fût en effet écrit dans la loi souveraine, ainsi soumise au caprice et à l'arbitraire, il ne fut pas compris. Lorsque les ordonnances furent présentées à la signature, cet homme eut encore le courage d'élever la voix; il était loin sans doute de prévoir un trône miraculeusement renversé, un trône miraculeusement établi; mais lié par la constitution, il voulait qu'elle fût respectée. Puis, lorsque le conseil eut décidé, lorsque le prince eut parlé comme son ministère, un double motif enchaîna sa résistance. D'une part, il pensa que la majorité faisait loi; de l'autre, il ne crut pas devoir quitter le Roi et jeter le gouvernement dans le danger d'une dissension qui lui paraissait funeste. Et puis, en France, on met de l'honneur à ne pas se retirer devant les périls. Il signa, voilà son crime.

» Et tout-à-coup un peuple de héros se leva comme un seul

homme ; trône, ministère, dynastie, tout fut emporté comme par un tourbillon ; le sang coula, et celui qui avait tout fait pour empê- cher la violation du pacte fut enveloppé dans une procédure de haute-trahison ! Il avait signé les ordonnaces.

« Mais quoi, dira peut-être l'histoire, la volonté n'est elle rien dans l'appréciation d'un crime, ou bien ce qu'on appelle un crime d'état serait-il un crime *privilégié*, qu'il faudrait punir sans examen.

» La vie publique de M. Guernon-Ranville se passa dans le bar- reau, dans la magistrature, au Ministère. Un écrit assez remarquable sur le jury, dans lequel les opinions les plus généreuses sont développées, avec du talent et de la bonne foi ; une ordonnance sur l'instruction primaire, qui fait une espèce de contre-sens avec toutes les mesures adoptées, lorsqu'il la publia ; une autre ordonnance qui assure des secours aux veuves des professeurs ; encouragement nouveau, donné à cette classe d'hommes laborieux et modestes, qui élèvent nos enfans, et meurent le plus souvent sans fortune ; une résistance opiniâtre à toutes les mesures contraires à la Charte, et surtout à celles qui donnent lieu à l'accusation, voilà ce qu'il présente de vrai, de positif ; voilà sa défense.

» L'accusation quelle est-elle ? Il a signé les ordonnances du 25 juillet. . . . . . . Parcourons, en effet, les quatre crimes ou délits qui constitueraient la trahison.

» 1°. Abus de pouvoir, afin de fausser les élections et de priver les citoyens du libre exercice de leurs droits civiques ;

» Pour lui où donc est ce crime ? Non pas, sans doute, dans ses actes, dans, ses circulaires ?

» 2°. Changement arbitraire et violent dans les institutions du royaume ;

» Pour lui où donc est ce crime ? avait-il la volonté de le commettre celui qui lutta de tout son pouvoir contre le coup-d'état. . . . . . . ? Il a signé les ordonnances.

» 3°. Complot attentatoire à la sûreté intérieure de l'état ;

» Pour lui où donc est ce crime ? Complotait-il, lorsqu'il réclamait la conservation de la loi, lorsqu'il la demandait comme règle invariable. . . . . . ? Il a signé les ordonnances.

» 4°. Enfin, excitation à la guerre civile, en armant ou portant les citoyens à s'armer les uns contre les autres, et portant la dévastation et le massacre dans la capitale et dans plusieurs communes ;

» Pour lui où donc est ce crime épouvantable ? Voulait-il faire couler le sang des parisiens ; celui qui ne cessa de rappeler à l'exécution franche, loyale de la Charte, signe de ralliement du peuple de Paris ?..... Il a signé les ordonnances.

» Disons-le donc hautement, c'est la vérité tout entière, incontestable : M. Guernon de Ranville ne peut être poursuivi comme coupable du crime de trahison, que pour avoir signé ! Vainement il a parlé, il a reclamé, il a protesté. Il fallait abdiquer le ministère : la signature est le crime. Ah ! sans doute, à nos yeux, du moins, une grande gloire eût entouré celui qui, après avoir montré le danger, signalé l'écueil, aurait refusé de se prêter à la manœuvre ; si, au jour même de sa retraite, l'estime publique ne l'eût pas entouré, parce que les partis étaient alors aux prises, le jour de la justice aurait lui plus tard. Mais, de grâce, un mot encore. Il y a en politique une religion comme il y a une religion pour la conscience. Voilà quarante ans que les partis triomphent ou disparaissent. La famille déchue avait autour d'elle des partisans de bonne foi, qui l'entouraient d'un culte de respect et d'amour.

» On ne renonce pas à cette religion. L'important pour l'histoire c'est de rechercher, de reconnaître la bonne foi au milieu de l'adulation des courtisans.

» Ce que l'histoire fera, vous devez le faire. Ce n'est pas un procès ordinaire que nous agitons, ce n'est pas un plaidoyer que j'écris : c'est de l'histoire que vous faites, c'est de l'histoire que je prépare.

» Or, portez vous à cinquante années plus loin, montez aux tribunal de l'histoire, voici la question posée : *La prévention du crime de trahison est-elle suffisamment établie contre M. Guernon de Ranville ?*

» Au nom de M. Guernon de Ranville, je sollicite de la chambre des députés une résolution ainsi conçue :

« Attendu que la prévention du crime n'est pas suffisamment
» établie contre ledit M. Guernon de Ranville, la chambre
» déclare qu'il n'y a lieu a suivre contre lui. «

> « Ad. Crémieux, *avocat aux conseils du
> Roi et à la cour de cassation, défen-
> seur de M. Guernon-Ranville.* «

Personne ne demandant plus la parole, M. le président met aux voix les trois premiers articles, qui sont successivement adoptés.

M. Duvergier de Hauranne demande la parole avant la mise aux voix du 4ᵉ. article.

M. Duvergier de Hauranne. Je demande la parole parce que je voudrais que le rapporteur levât quelques doutes qui existent dans mon esprit. Ce dernier chef me paraît immense, mais il paraît se rapporter particulièrement à ceux des ministres qui ont assisté au conseil, quand il a été décidé que Paris serait mis en état de siége; car c'est cette décision qui a amené la guerre civile.... (*Une voix à gauche.* On s'était battu auparavant.) Je ne connais pas M. de Guernon-Ranville, et même, il faut le dire, j'avais plutôt des préventions contre lui. Dans le premier rapport, on disait que tous les ministres avaient contribué à mettre Paris en etat de siége; dans le résumé, il y a une exception, on avoue que c'est par erreur qu'on a dit que tous les ministres avaient assisté au conseil, que l'un d'eux n'y était pas présent. On a dit que c'était M. de Guernon-Ranville. Je demande donc un éclaircissement sur ce point; car s'il n'avait pas assisté au conseil, je ne voterais pas sur ce quatrième chef. J'ai voté les trois premiers articles; mais je ne pourrais en faire autant pour celui-ci. Je n'ai trouvé même dans la défense que vous venez d'entendre, rien qui se rapportât à ce dernier chef.

M. Bérenger. La vérité est que M. de Guernon-Ranville, dans son interrogatoire, a déclaré n'avoir pas assisté au conseil dans lequel a été décidée la mise en état de siége de Paris.

Voix à gauche. La guerre était commencée, ce n'était qu'une mesure militaire.

M. Marchal. On a objecté que la déclaration du prévenu lui-même donne la difficulté qui s'élève. D'un autre côté, lors même qu'il serait prouvé que M. de Guernon-Ranville n'a pas assisté à la délibération dont le résultat était de mettre Paris en état de siége, il n'en résulterait pas encore, et il s'en faut beaucoup, que M. de Guernon-Ranville serait par-là, à mes yeux au moins, affranchi de toute prévention relativement au chef d'accusation, d'avoir contribué à exciter la guerre civile, en armant les citoyens; car dans la journée du 27, le sang a coulé : on tirait sur les citoyens; la guerre était organisée. La mesure de mettre Paris en état de siége, n'a été qu'une mesure militaire, et ce n'est pas là qu'était la provocation à la guerre civile. Cette circonstance est donc indifférente relativement au chef d'accusation sur lequel la chambre est appelée à voter.

(L'article 4 est mis aux voix et adopté.

La chambre procède au scrutin secret.

En voici le résultat :

Nombre des votans.	289
Pour l'accusation.	215
Contre.	74

La chambre accuse de trahison M. Guernon-Ranville, et le traduit devant la chambre des pairs.

La délibération continue relativement à M. d'Haussez.

M. le général Lamarque demande la parole sur le premier article.

M. LE GÉNÉRAL LAMARQUE. J'ai pu déclarer en conscience que MM. de Polignac, Peyronnet, Chantelauze et Guernon-Ranville avaient abusé de leur pouvoir pour fausser les élections; parce que j'ai vu et lu les circulaires de ces ministres, où la séduction et la menace étaient employées tour à tour pour corrompre ou intimider les électeurs. Mais n'ayant vu aucune pièce semblable de M. d'Haussez, qui d'ailleurs, étant ministre de la marine, n'avait pas beaucoup d'électeurs sous ses ordres, je ne puis voter de la même manière. M. d'Haussez a été mon concurrent dans le département de l'Indre, il a fait bonne et franche guerre, et je n'ai vu de lui aucune lettre qui eût pour but de fausser les élections.

Je demande donc que M. le rapporteur veuille nous déclarer si M. d'Haussez s'est personnellement associé au système de corruption adopté par ses collègues.

M. LE PRÉSIDENT. M. le rapporteur a-t-il quelques explications à donner à la chambre?

M. DE BÉRENGER. Je dois dire qu'il y a eu des circulaires adressées par M. le Baron d'Haussez aux électeurs; mais il est de la justice de dire aussi que ces circulaires sont beaucoup moins répréhensibles que celles de la plupart des autres ministres.

M. AUGUSTIN PÉRIER. Je puis faire la même déclaration que mon honorable collègue M. de Larmarque au sujet de M. d'Haussez, attendu que dans le département de l'Isère où il était candidat pour deux arrondissemens, il n'est pas à ma connaissance qu'on ait employé des manœuvres illégales. Malheureusement c'est là un des chefs d'accusation les moins graves, et sur lequel je ne me suis pas senti assez éclairé pour voter dans les délibérations précédentes. Je voudrais pouvoir témoigner d'une manière plus efficace l'intérêt que m'inspire la position de l'accusé.

(Le premier chef d'accusation est mis aux voix.)

Plusieurs membres de la gauche votent contre.

Il est néanmoins adopté à une grande majorité.

Les autres chefs d'accusation sont successivement mis aux voix et adoptés.

La chambre passe au scrutin sur l'ensemble.

Le dépouillement donne pour résultat :

        Nombre des votans . . . . 279.
        Pour l'accusation . . . . 213.
        Contre . . . . 66.

En conséquence, la chambre des députés accuse de trahison M. d'Haussez, et le traduit devant la chambre des pairs.

La chambre passe à la délibération sur M. Capelle.

Tous les articles de la résolution sont successivement adoptés par la chambre, qui vote ensuite au scrutin secret.

Avant de faire le dépouillement du scrutin, M. le président consulte la chambre pour savoir si, à cause de l'heure avancée, elle entend que le dernier scrutin soit ajourné à demain.

La chambre décide que ce scrutin aura lieu séance tenante.

Le scrutin relatif à M. Capelle, donne pour résultat :

        Nombre des votans . . . . 263.
        Pour l'accusation . . . . 202.
        Contre . . . . 61.

La chambre accuse de trahison M. Capelle, et le traduit devant la chambre des pairs.

La délibération est ouverte sur le dernier des ministres accusés, M. de Montbel.

Les divers articles sont mis aux voix et adoptés.

Le vote par assis et levé est suivi du scrutin qui présente le résultat suivant :

Nombre des votans . . . . 256.

Pour. . . . . 187.

Contre. . . . . 69.

La chambre accuse de trahison M. de Montbel, et le renvoie devant la chambre des pairs.

M. LE PRÉSIDENT. En conséquence du résultat des 7 scrutins individuels, la chambre des députés prend la résolution suivante :

» La chambre des députés accuse de trahison MM. de Polignac, de Peyronnet, Chantelauze, de Guernon-Ranville, d'Haussez, Capelle et de Montbel, ex-ministres, signataires des ordonnances du 25 juillet,

» Pour avoir abusé de leur pouvoir, afin de fausser les élections et de priver les citoyens du libre exercice de leurs droits civiques;

» Pour avoir changé arbitrairement et violemment les institutions du royaume ;

» Pour s'être rendus coupables d'un complot attentatoire à la sûreté intérieure de l'Etat;

» Pour avoir excité la guerre civile, en armant ou portant les citoyens à s'armer les uns contre les autres, et porté la dévastation et le massacre dans la capitale et dans plusieurs autres communes;

» Crimes prévus par l'article 56 de la Charte de 1814, et par les articles 91, 109, 110, 123 et 125 du Code pénal (1).

---

(1) ART. 56 *de la Charte de* 1814 : *Les Ministres* ne peuvent être accusés que pour fait de trahison ou de concussion. Des lois particulières spécifieront cette nature de délits, et en détermineront la poursuite.

ART. 91 *du Code Pénal* : L'attentat ou le complot dont le but sera, soit d'exciter la guerre civile en armant ou en portant les citoyens ou habitans à s'armer les uns contre les autres;

» En conséquence, la chambre des députés traduit MM. de Polignac, de Peyronnet, Chantelauze, de Guernon-Ranville, d'Haussez, Capelle et Montbel, devant la chambre des pairs. »

Soit de porter la dévastation, le massacre et le pillage dans une ou plusieurs communes ;

Seront punis de la peine de mort, et les biens des coupables seront confisqués.

ART. 109, *Code Pénal* : Lorsque, par attroupement, voies de fait ou menaces, on aura empêché un ou plusieurs citoyens d'exercer leurs droits civiques, chacun des coupables sera puni d'un emprisonnementt de six mois au moins, et de deux ans au plus, et de l'interdiction du droit de voter et d'être éligible pendant cinq ans au moins, et dix ans au plus.

ART. 110, *Code Pénal* : Si ce crime a été commis par suite d'un plan concerté pour être exécuté soit dans tout le royaume, soit dans un ou plusieurs départemens, soit dans un ou plusieurs arrondissemens communaux, la peine sera le banissement.

ART. 123, *Code Pénal* : Tout concert de mesures contraires aux lois, pratiqué soit par la réunion d'individus ou de corps dépositaires de quelque partie de l'autorité publique, soit par députation ou correspondance entre eux, sera puni d'un emprisonnement de deux mois au moins, et de six mois au plus contre chaque coupable, qui pourra de plus être condamné à l'interdiction des droits civiques, et de tout emploi public pendant dix ans au plus.

ART. 125, *Code Pénal* : Dans le cas où ce concert aurait pour objet ou résultat un complot attentatoire à la sûreté intérieure de l'état, les coupables seront punis de mort et leurs biens seront confisqués.

⁓⁓⁓

CHAPITRE VII.

NOMINATION DE TROIS COMMISSAIRES CHARGÉS DE SUIVRE ET DE
SOUTENIR L'ACCUSATION DES ANCIENS MINISTRES DEVANT LA CHAMBRE
DES PAIRS.

Présidence de M. LAFFITTE.

(Séance du 29 septembre.)

M. LE PRÉSIDENT. Votre commission vous a proposé l'article
suivant :

« Trois commissaires pris dans le sein de la chambre des députés,
seront nommés par elle au scrutin secret , et à la majorité absolue
des suffrages pour, en son nom , faire toutes les requisitions nécessaires, suivre, soutenir et mettre à fin l'accusation devant la
chambre des pairs, à qui la résolution et toutes les pièces de la procédure seront immédiatement adressées. »

M Gaëtan de Larochcfoucault demande la parole.

M. GAËTAN DE LAROCHÉFOUCAULD. Je crois que M. le Président a
passé un paragraphe qui n'a pas été voté par la chambre. Il y a,
après les quatre articles que nous avons adoptés au scrutin : « Crimes prévus par l'art. 56 de la Charte de 1814, et par les art. 91 ,
109, 110, 123 et 125 du Code pénal.

Ce paragraphe est l'indication des lois ou articles qui sont applicables aux quatre chefs d'accusation que vous avez adoptés. C'est
sur la question de savoir si ces articles sont véritablement applicables aux quatre chefs, que je prie la chambre de m'accorder la
parole.

Voix diverses. C'est inutile.

M. le Président. L'orateur qui est maintenant à la tribune me reproche de n'avoir pas lu un paragraphe de la résolution. Je dois compte à la chambre des faits.

Il y a eu discussion sur l'ensemble des chefs d'accusation. Lors de cette discussion, M. Gaëtan de Larochefoucauld a pris la parole et proposé des modifications précisement à ces articles du Code. La chambre a rejeté l'amendement de M. de Larochefoucauld. Elle a ordonné elle-même la marche qu'il fallait suivre. La délibération a porté sur chacun des prévenus et sur chacun des chefs d'accusation. Mais lorsqu'après les sept scrutins individuels, la chambre a eu prononcé la mise en accusation de chacun des ministres, le président a lu, comme il devait le faire, la proposition touet entière de la commission, et il a lu non-seulement le paragraphe, « crime prévu, etc. . . . . . », mais encore le paragraphe suivant : « En conséquence, la chambre des députés traduit, etc. »

La chambre a délibéré sur chacun de ces paragraphes. Cependant, si elle croit devoir rouvrir la discussion pour savoir si ces articles seront tous cités, le Président est à ses ordres.

M. E. Salverte. Je ferai observer qu'il ne peut plus y avoir de délibération, car elle a eu lieu sur l'amendement de M. de Larochefoucauld, qui voulait qu'on ne citât point les articles du Code pénal. La question a été décidée, et je pense qu'il ne peut y avoir deux délibérations.

M. Gaetan de Larochefoucauld. La question dont je veux m'occuper est nouvelle. Ce n'est pas sur mon amendement que je demande la parole ; c'est pour indiquer à la chambre ce qu'elle a à décider. La commission vous a proposé quatre chefs d'accusation : vous avez rejeté l'amendement de M. Villemain, qui tendait à ne pas spécifier les chefs de trahison ; vous avez rejeté le mien, qui tendait à supprimer quelques-uns des chefs d'accusation, et vous avez adopté les quatre chefs présentés par la commission : mais vous n'avez pas encore résolu la question de l'indication des lois applicables aux crimes des ministres que vous traduisez devant la chambre des pairs, et, ce qui est encore plus grave, vous n'avez pas examiné si ces articles que vous adjoignez aux chefs d'accusation, leur sont véritablement applicables.

La première fois, j'avais proposé de supprimer trois chefs de l'accusation, mais aujourd'hui, c'est au contraire sur les articles du Code pénal applicables aux chefs, que je demande la parole.

M. LE PRÉSIDENT. J'ai l'honneur de répéter à la chambre, qu'hier à la fin de la séance, j'ai rappelé toute les délibérations qu'elle avait prises, et proclamé à hautes et intelligible voix l'accusation individuelle de chacun des anciens ministres, que j'ai relu les chefs d'accusation, les articles de la Charte et du Code pénal, cités par votre commission; en un mot l'accusation en masse, telle qu'elle est présentée dans la résolution. Il n'y a eu aucune réclamation, j'ai levé la séance, et j'ai cru que tout était décidé hors la nomination des trois commissaires.

Si je me suis trompé, je le répète, je suis aux ordres de la chambre.

Voix nombreuses. La chose a été décidée.

M. MARTIN LAFFITTE. La question qui doit nous occuper est celle de la nomination des commissaires, pris dans le sein de la chambre et du nombre de ces commissaires.

M. DE CORCELLE. Je demande qu'il soit nommé cinq commissaires, au lieu de trois. (Appuyé.)

M. LE PRÉSIDENT. La proposition de cinq commissaires étant appuyée, je vais la mettre aux voix.

(La proposition est mise aux voix et rejetée.)

Le paragraphe de la commission est adopté.

La chambre procède à la nomination des trois commissaires.

M. le Président tire au sort les noms des 24 scrutateurs qui doivent faire le dépouillement du scrutin.

Après cette opération, un de MM. les Secrétaires fait l'appel nominal.

Voici le résultat du scrutin :

Nombre des votans. 254
Majorité absolue. 128
M. Bérenger a obtenu. 226
M. Persil. 122
M. Madier de Montjau. 115
M. de Schonen. 75
M. Daunant. 68

M. Bernard 55

M. Villemain. 24

M. Marchal. 15

M. Podenas. 6

M Mauguin. 4

M. Dupin aîné. 4

M. Salverte 3

voix perdues. 19

M. Béranger, ayant réuni 226 voix, est proclamé l'un des trois commissaires.

La chambre passe à un second scrutin pour la nomination des deux autres commissaires.

Le deuxième scrutin donne le résultat suivant :

Nombre des votans. 260

Majorité. 131

M. Persil a obtenu. . . . . 201 suffrages

M. Madier de Montjau. 156

M. de Schonen 144

M. Bernard. 20

M. Daunant. 17

M. LE PRÉSIDENT. MM. Persil et Madier de Montjau, ayant réuni la majorité des suffrages, je les proclame commissaires, au nom de la chambre.

~~~~~~

CHAPITRE VIII.

La chambre des pairs se constitue en cour de justice.

CHAMBRE DES PAIRS.

Présidence de M. le Baron PASQUIER.

(Séance du 1 octobre.)

M. le président. Je prie MM les pairs de vouloir bien m'acccorder un moment de silence. J'ai reçu un message de la chambre des députés, dont j'ai sur le champ accusé réception à son président.

« La chambre des députés a adopté, dans sa séance du 28 de ce mois, une résolution en vertu de laquelle MM. de Polignac, de Peyronnet, Chantelauze, de Guernon-Ranville, d'Haussez, Capelle et de Montbel, ex-ministres, signataires des ordonnances du 25 juillet, sont accusés de trahison et traduits devant la chambre des pairs. Elle a arrêté qu'il en serait donné connaissance à la chambre des pairs par un message. J'ai l'honneur de vous l'adresser avec un extrait du procès-verbal de la séance du 29, qui constate la nomination des trois commissaires chargés de suivre et soutenir l'accusation, et je vous prie de vouloir bien donner communication de ce message à la chambre des pairs.

» Je m'empresserai de vous adresser les pièces de la procédure dès que le classement dont on s'occupe sera terminé.

» Agréez, etc.   Laffitte, *président.* «

13

J'ai accueilli cette communication, et j'en ai de suite accusé réception. Je pense qu'il est nécessaire que je donne connaissance à la chambre de la situation particulière dans laquelle la place ce message. Jusqu'ici la chambre des pairs n'avait été saisie de ces affaires que par le Roi ; c'était le Roi qui avait traduit devant elle les prévenus, et par suite c'est le Roi qui avait prononcé que la chambre des pairs était constituée en cour judiciaire.

La même situation ne se présente pas aujourd'hui. L'affaire qui va vous occuper est née dans la chambre des députés, d'après le droit que lui donne l'article 55 de la Charte. Cet article est ainsi conçu.

« La chambre des députés a le droit d'accuser les ministres et de » les traduire devant la chambre des pairs, qui seule a le droit de » les juger. »

En vertu de cet article, la chambre des députés accuse dans ce moment-ci les ex-ministres, et la chambre des pairs doit se constituer en cour de justice. Ainsi cette constitution en cour de justice, qui jusqu'ici était émanée du Roi, doit, ce me semble, émaner aujourd'hui de la chambre des pairs elle-même. Mais cela ne peut avoir lieu que par un acte constatant ce fait d'une manière manifeste, pour qu'il puisse être connu de la chambre des députés. Il ne s'agit pas ici d'une simple délibération, comme lorsque la chambre fixe un ajournement de séance, ou fait d'autres actes ordinaires ; il faut qu'il y ait un acte formel qui constate que la chambre se constitue en cour de justice. C'est cet acte que je crois devoir soumettre à la chambre et à sa délibération. Je l'ai rédigé d'une manière simple ; je vais vous en donner lecture :

» La chambre,

» Vu le message à elle adressé sous la date du 30 septembre dernier, portant communication de la résolution prise par la chambre des députés dans sa séance du 28 du même mois, et de la nomination des commissaires chargés de suivre et soutenir l'accusation portée par ladite résolution,

» Arrête qu'à l'effet de procéder ainsi qu'il appartiendra sur ladite résolution, elle se réunira en cour de justice, lundi prochain, 4 du présent mois, à midi.

» Elle arrête également que le président se retirera par devers le Roi pour donner connaissance à Sa Majesté du présent arrêté, et que la chambre des députés en sera informée par un message. »

Si personne ne demande la parole sur la rédaction de cet acte, je le mettrai aux voix, et la chambre se constituera lundi en cour de justice.

M. le comte Boissy-d'Anglas. Un article de la Charte dit que toute justice émane du Roi; il faut donc que la chambre des pairs soit saisie par le Roi, et non par un acte de la chambre des députés.

Je ferai ensuite observer que l'article de la Charte, dont M. le président vient de donner lecture, dit que la chambre des députés accuse; mais il ne dit pas que la chambre des députés doit poursuivre les accusés. C'est sous ce rapport de la poursuite que nous rentrons tout-à-fait dans le droit ordinaire. Il me semble donc que la résolution qui a été prise par la chambre des députés est tout-à-fait hors de la légalité.

M. le comte de Pontécoulant. Je suis fâché qu'il s'établisse des débats judiciaires dans la chambre avant qu'elle soit cour de justice. Mais puisqu'il en est ainsi, il est impossible de ne pas répondre à ce que vient de dire l'honorable préopinant. Toute justice, sans doute, émane du Roi; mais il est de fait que la chambre des pairs, constituée en cour judiciaire, sans jamais méconnaître cette autorité souveraine royale dont elle est une émanation, trouve son droit écrit dans la constitution elle-même.

D'après la Charte, dès que la chambre des pairs est instituée comme cour de justice souveraine, elle est indépendante de toute autre autorité; ses jugemens ne sont pas rendus au nom du Roi, comme le prouvent ceux portés par elle depuis son institution, qui ne sont pas accompagnés de la formule qui est en tête de tous les autres jugemens : *Louis, par la grace de Dieu*, etc. Tous les jugemens rendus par elle dans ce cas sont rendus en son propre et simple nom, en vertu du droit que la Charte lui a conféré, de juger les crimes d'attentat à la sûreté de l'Etat. Ainsi donc, il faut mettre de côté cet argument, que toute justice émane du Roi.

Le préopinant a paru croire, et c'est ce qui m'avait fait demander la parole, qu'il y avait de l'illégalité dans la manière dont a procédé la chambre des députés. Cette manière me paraît, au contraire, la plus légale, la plus juste et la plus nécessaire.

Les pouvoirs de la chambre des pairs et de la chambre des députés, en ce qui concerne la justice politique appliquée aux ministres, comme en ce qui concerne les lois, sont en corrélation et partagés par la Charte. Ces droits sont établis par notre constitution, et par conséquent la légalité de cette manière de procéder est irrécusable.

Le même article de la Charte qui dit que les ministres seront jugés par la chambre des pairs, ajoute qu'ils doivent être accusés et traduits devant la chambre des pairs par la chambre des députés. Or, d'après cet article, la chambre des députés n'a fait que remplir la rigueur de son devoir en exerçant toutes les fonctions préliminaires au jugement; c'est-à-dire l'examen des faits, les recherches propres à les constater, enfin, ce qu'on appelle l'instruction et ensuite la délibération, par analogie avec ce qui se pratique, dans l'ordre ordinaire des choses, par la chambre du conseil.

C'est cette portion d'autorité dont est investie la chambre du conseil, que la chambre des députés a attribuée à sa commission, qui l'a dignement exercée. Toujours dans l'esprit de cet article, qui est tellement formel qu'il ne semble admettre de commentaire, encore moins d'interprétation, la chambre des députés a cru devoir se réserver, dans cette grande affaire, les fonctions qui, dans l'ordre commun des procès criminels, appartiennent à la chambre des mises en accusation. Jusques-là, tout est dans la légalité la plus absolue. J'aurais peine à croire que ce soit sous ce point de vue que l'honorable préopinant a cru voir de l'illégalité; cependant la nouveauté de cette discussion, pourrait jusqu'à un certain point m'expliquer l'objection.

Si c'est au sujet des commissaires nommés par la chambre des députés pour suivre l'accusation, je dirai, non plus que c'est dans la légalité écrite, mais que certainement ce n'est pas un acte d'illégalité, car il ressortit nécessairement, évidemment, des dispositions de la Charte, qu'il s'agit maintenant d'exécuter.

La chambre des députés qui, lorsque sa conscience lui en fait la loi, est autorisée à accuser et à traduire devant la chambre des pairs les ministres, c'est-à-dire à apporter les faits à la connaissance de

cette dernière chambre, juge souverain, et à lui transmettre aussi
les individus, afin qu'elle en dispose d'après les résultats de l'examen, des débats publics et du jugement à intervenir; la chambre
des députés, disais-je, a pensé que, dans cette occasion, le ministère
public ne pouvait pas être rempli par des gens du Roi, que l'intervention du Roi dans une affaire de cette nature, dans quelque
hypothèse qu'on puisse le placer, quelque supposition qu'on puisse
faire, non pas seulement pour le cas particulier actuel, serait inadmissible; que dans l'ordre général des choses, les fonctions de ministère public devant la chambre des pairs, devaient être remplies
par des commissaires de la chambre des députés. — J'approuve ces
opinions; elles ressortissent, si ce n'est de la lettre, du moins de
l'esprit de la Charte.

C'est ainsi, d'ailleurs, que cela se pratique en Angleterre. La
chambre des communes suit, par des commissaires, les accusations
de ce genre, devant la chambre des pairs, jusqu'à ce que ce haut
tribunal ait prononcé.

En effet, remontant au principe, qu'est-ce que le ministère public? Ce ministère est l'organe de la loi et de la société. Les gens du
Roi sont des magistrats commis par le prince, qui est le représentant
de la société, qui est la société elle-même personnifiée, en quelque
sorte, et qui vient, au nom de l'intérêt public, demander le redres-
sement des griefs et la punition des coupables devant les juges
compétens.

Dans cette occasion, que fait la chambre des députés? Elle représente la société; elle est en quelque sorte la France personnifiée,
qui, au nom de l'intérêt public, du maintien des lois, de l'avenir,
de nos destinées futures, croyant que de grands griefs sont à déduire
dans la chambre des pairs, porte des accusations contre les anciens
agens de l'autorité.

En cela, elle parle au nom de la France, de la société; elle remplit
en grand, en politique, les pouvoirs qui, dans l'ordre ordinaire de
criminalité, sont remplis par le ministère public au nom du Roi,
c'est-à-dire au nom de la société. Dans ce cas non plus, je ne crois
pas qu'il y ait illégalité, et la mesure suivie me paraît parfaitement
légale; je dirai même qu'il y avait impossibilité absolue que toute
autre fut suivie.

Je crois avoir répondu à toutes les objections, mais je m'aperçois que j'en ai omis une. On a parlé de convocation royale, la convocation royale n'a jamais été considérée comme nécessaire par la cour des pairs; il y a toujours eu des réserves de notre part à ce sujet, car la Charte nous établissant tribunal politique, la convocation du Roi n'est nullement nécessaire. Et prenez garde, Messieurs, que cette restriction, mise à nos fonctions, pourrait les anéantir de plein droit, et nous mettre dans l'impossibilité de remplir nos devoirs, parce que, faute de convocation, les crimes les plus flagrants pourraient rester impunis.

Je crois donc que, sous tous les rapports, sous celui de la marche suivie par la chambre des députés, sous celui de la nomination des commissaires, et sous celui de la convocation, il n'y a rien que de très-légal et de très-rationel. Ainsi je pense qu'il faut passer outre; seulement, je prierai M. le président de vouloir bien nous donner une seconde lecture de l'acte.

M. LE PRÉSIDENT. Avant de donner une seconde lecture, je dois faire une observation. On ne croira pas que je veuille induire la chambre à méconnaître les droits et les prérogatives royales, je dois cependant faire remarquer que la rédaction de l'acte, non-seulement me paraît régulière, mais que je ne crois pas possible qu'il en soit autrement. Dans la situation présente, aucun inconvénient sans doute ne se rencontrerait à laisser au Roi le droit de convocation; mais, plus tard, vous mettriez par là le Roi dans la nécessité de convoquer la chambre des pairs pour juger ses propres ministres. Le Roi le ferait ou ne le ferait pas; s'il ne le faisait pas, il faudrait que la chambre passât sur cette formalité pour accomplir les devoirs qui lui sont imposés par la Charte. Il ne faut pas que le Roi puisse être maître de refuser une chose que la chambre serait obligée de faire de son plein droit, malgré ce refus; il est plus raisonnable et plus utile que la chambre procède comme je l'ai proposé.

M. LE BARON DE BARANTE. J'ai écouté avec attention les principes développés par M. le président et par un des préopinans, dont je respecte et le caractère et les lumières; je crois cependant qu'on pourrait faire une légère modification à la résolution présentée à la chambre, par M. le président.

Il y est dit qu'il sera donné connaissance à la chambre des députés, par un message, que la chambre des pairs se constitue en cour judiciaire. Je crois qu'il est de notre devoir d'en donner aussi une connaissance officielle à l'autorité royale, sans pour cela, qu'en aucune façon, je pense que l'autorité royale puisse intervenir dans cette procédure, ni qu'on ait besoin d'un ministère public pour soutenir l'accusation. Je crois qu'il convient d'en agir ainsi; je demande donc qu'on ajoute à cette résolution que le Roi sera informé par M. le président, de la constitution de la chambre en cour de justice.

M. LE PRÉSIDENT. Je n'ai aucune objection à faire.

M. LE MARQUIS DE BARBÉ-MARBOIS. Si une pareille communication avait été faite avant le Roi qui règne aujourd'hui, et qu'on eût transmis au Roi l'accusation portée par l'autre chambre, il aurait été possible qu'il ne l'approuvât pas et qu'il la rejetât. Il aurait mis par là les deux chambres dans une position très-difficile. Je crois que la rédaction de M. le président doit rester intacte.

M. LE PRÉSIDENT. Si j'ai bien compris, ce n'est pas l'accusation que le président serait chargé de porter devant le Roi; il devrait seulement lui faire connaître que la chambre se constitue en cour de justice.

M. LE COMTE DE PONTÉCOULANT. Je suis loin de m'opposer à cette addition; je l'approuve au contraire.

(M. le président donne une seconde lecture de sa proposition.)

M. LE MARQUIS DE CATELAN. D'après ce que vient de dire M. le président, ce serait lundi que la chambre se réunirait en cour criminelle, et que nous en donnerions connaissance à la chambre des députés. Je ne vois pas pourquoi il a fixé un jour aussi rapproché. J'ai rencontré un des commissaires chargés de suivre l'accusation; je suis loin de savoir à quelle époque nous pourrons être nantis des pièces de la procédure; mais d'après ce qu'il m'a dit il ne semblerait pas que ce fût de sitôt.

M. LE PRÉSIDENT. Lundi prochain vous n'aurez pas à recevoir les commissaires; vous aurez à rendre l'arrêt qui vous autorise à suivre l'instruction selon les formes accoutumées. Ces formalités entraîneront un certain temps, pendant lequel les commissaires de la chambre des députés seront mis en état de coordonner les pièces qui doivent vous être remises. Cela n'empêche pas la chambre des pairs de se constituer en cour de justice, sauf à n'agir que lorsqu'elle aura reçu les pièces.

M. LE COMTE DE BASTARD. Ce n'est que quand nous serons constitués en cour de justice que nous pourrons nommer des pairs commissaires chargés d'un supplément d'instruction, s'il est jugé nécessaire. Il faudra avant cette nomination avoir entendu MM. les commisssaires de la chambre des députés. Ceux-ci devront porter toutes les pièces et les remettre sur le bureau de la chambre.

Si donc, au jour marqué, ils n'étaient pas prêts, ils se présenteraient pour demander qu'on remît à un autre jour, ou ils se contenteraient de donner quelques explications très-sommaires. Ce ne sera que lorsque la chambre des pairs aura nommé ses commissaires qu'elle pourra entendre ceux de la chambre des députés.

M. LE PRÉSIDENT. C'est quand la chambre des pairs sera constituée en cour des pairs qu'elle pourra décider le jour où elle entendra les commissaires de la chambre des députés, et dans quelle situation elle se trouve vis-à-vis d'eux. Je crois que jusque-là la chambre doit seulement annoncer et établir qu'elle se constitue en cour judiciaire, et faire connaître cette vérité à tout le monde.

M. LE COMTE CORNET. Je demanderais qu'on nommât une commission, demain, pour faire un rapport et nous indiquer la marche que la chambre des pairs pourra suivre. La situation est grave ; on ne saurait s'entourer de trop de conseils. Je dois dire que je ne partage pas tout-à-fait l'opinion qui paraît dominer.

D'après le principe que toute justice émane du Roi, je pense que la marche de la chambre des députés n'est pas régulière, et que c'était à Sa Majesté que devait être adressé le message. En vertu de ce message, le Roi aurait, par une ordonnance, constitué la chambre des pairs en cour de justice.

Je demande que les magistrats et les jurisconsultes distingués qui siégent dans cette chambre se réunissent en commission pour nous faire un rapport sur la marche que nous devons suivre.

M. LE MARQUIS D'ARAMON. Je vois dans une ordonnance royale que les pairs absens de Paris devront se rendre immédiatement à leur poste, à moins qu'ils ne justifient d'un empêchement légitime.

Il me semble que la circonstance est tellement grave, qu'il faut constater la légitimité de l'absence de ceux qui ne peuvent se rendre à la chambre, et que le délai d'ici à lundi serait bien court.

UN PAIR. Nons n'en sommes pas encore là.

M. LE PRÉSIDENT. Dans un cas aussi nouveau, il faut s'éclairer autant que possible. Le fait articulé par M. d'Aramon est incontestable; mais je m'étais imposé des réserves jusqu'à ce que la chambre fût constituée en cour de justice; c'est alors seulement que je voulais lui faire part des démarches que je ferai auprès de MM. les pairs absens. Nous ne pouvons anticiper, dans une séance publique, sur une séance de la cour des pairs, qui doit être secrète, aux termes de nos lois et de nos Codes, qui, dans toutes les matières criminelles, n'ouvrent la publicité que pour les débats et le jugement. Je dois donc me renfermer, pour le moment, dans ce que j'ai dit.

M. Cornet a proposé de nommer une commission, sa proposition est-elle appuyée?

M. LE DUC DECAZES. La proposition de M. le comte Cornet ne saurait être admise; dans mon opinion, nous sommes saisis par le message de la chambre des députés; la chambre des députés a usé du droit que la Charte lui confère en accusant et traduisant devant vous les ministres que nous avons à juger. Dès ce jour vous avez à statuer sur les actes de la chambre des députés.

Délibérerez-vous aujourd'hui même, ou renverrez-vous la délibération à lundi? telle est toute la question.

M. le président vous propose de renvoyer à lundi : cette proposition me semble juste. Ce n'est pas aujourd'hui; l'ordre du jour n'appelant pas cette délibération, MM. les pairs n'étant pas par conséquent avertis, que l'on peut s'en occuper. M. le président, sans doute, les en avertira d'ici à lundi.

Dès aujourd'ui vous êtes saisis par la chambre des députés; dès aujourd'hui les ministres accusés sont traduits devant vous. Vous n'avez pas besoin d'ordonnance royale pour être saisis; vous l'êtes par la Charte, en même temps que par la chambre des députés.

Le dernier tribunal du royaume pourrait se saisir par lui-même, si le ministère public ne le saisissait pas. Il me semble que la chambre des pairs a bien le droit qu'aurait ce dernier tribunal.

Il ne s'agit donc, comme je l'ai dit, que de savoir si nous délibé-rerons aujourd'hui ou seulement lundi; et j'appuie le renvoi à lundi.

(M. le président donne une troisième lecture de l'acte proposé, en y ajoutant ces mots : « Le président de la chambre des pairs don-nera connaissance au Roi que cette chambre s'est constituée en cour de justice. »

La chambre adopte l'acte.

CHAMBRE DES DÉPUTÉS.

Présidence de M. LAFFITTE.

(Séance du 1 octobre.)

M. LE PRÉSIDENT. Je vais donner connaissance à la chambre d'un message qui lui est adressé par la chambre des pairs :

« Monsieur le président,

» J'ai l'honneur de vous adresser l'expédition officielle de l'arrêté pris par la chambre des pairs, dans sa séance de ce jour; je vous prie d'en vouloir bien donner connaissance à la chambre des députés.

» Baron PASQUIER. »

Voici le message :

CHAMBRE DES PAIRS DE FRANCE.
Séance du vendredi 1er *octobre* 1830.
(Extrait du procès-verbal.)

La chambre,

Vu le message à elle adressé sous la date du 30 septembre dernier, portant communication de la résolution prise par la chambre des députés dans sa séance du 28 du même mois, et de la nomination des commissaires chargés de suivre et soutenir l'accusation portée par ladite résolution,

Arrête qu'à l'effet de procéder ainsi qu'il appartiendra sur ladite résolution, elle se réunira en cour de justice lundi prochain, 4 du présent mois, à midi.

Elle arrête également que le président se retirera par devers le Roi pour donner connaissance à S. M. du présent arrêté, et que la chambre des députés en sera informée par un message.

Pour extrait conforme :
Les président et secrétaires,
Pasquier,
Vu :   Marquis de Mortemart,
Le grand référendaire,   Duc de Plaisance,
Sémonville.   Comte Lanjuinais.

M. le président. La pièce sera déposée dans les archives, et j'aurai l'honneur d'en accuser réception au nom de la chambre.

~~~~~~

CHAPITRE IX.

Arrêt de la cour des pairs sur l'examen des pièces dé l'accusation et sur l'état de l'instruction et de la procédure nécessaires.

COUR DES PAIRS.

(Arrêt do lundi 4 octobre, 1830)

La cour des pairs,

Vu la résolution prise par la chambre des députés dans sa séance du 28 septembre dernier, portant accusation de trahison contre MM. de Polignac, de Peyronnet, Chantelauze, de Guernon-Ranville, d'Haussez, Capelle et de Montbel, ex-ministres, signataires des ordonnances du 25 juillet;

Vu le message du 30 septembre portant communication de ladite résolution à la chambre des pairs; ensemble l'extrait du procès verbal de la chambre des députés joint audit message et constatant la nomination de MM. Bérenger, Persil et Madier de Montjau, en qualité de commissaires chargés de suivre, soutenir et mettre à fin devant la chambre des pairs ladite accusation;

Vu pareillement la délibération de la chambre des pairs en date du 1er de ce mois, portant que la chambre se réunirait aujourd'hui en cour de justice à l'effet de procéder ainsi qu'il appartiendra sur la résolution sus-énoncée;

Après en avoir délibéré,

Considérant qu'aux termes des articles 55 et 56 de la Charte de 1814 et 47 de la Charte de 1830,(1) la chambre des pairs a seule le droit de juger les ministres accusés et traduits devant elle par la chambre des députés pour fait de trahison ;

Considérant d'une autre part, qu'avant de passer outre au jugement de l'accusation portée par la chambre des députés le 28 septembre dernier, il est nécessaire de vérifier et régler l'état de l'instruction et de la procédure, tant à l'égard des accusés détenus, qu'à l'égard de ceux qui ne sont point arrêtés.

Ordonne que par M. le président de la chambre et par tels de MM. les pairs qu'il jugera convenable de commettre pour l'assister et le remplacer, s'il y a lieu, il sera procédé à l'examen des pièces transmises par la chambre des députés, ensemble à tous actes d'instruction qui pourraient être nécessaires pour l'éclaircissement et la qualification des faits, ainsi que pour la mise en état de la procédure; lesquels actes d'instruction seront communiqués aux commissaires de la chambre des députés, pour être par eux fait telles réquisitions qu'ils jugeraient convenables.

Pour après lesdits examens et complément d'instruction terminés et la procédure communiquée aux commissaires de la chambre des députés, être fait du tout rapport à la cour et être par elle statué ce qu'il appartiendra, les commissaires de la chambre des députés appelés et entendus s'ils le requièrent.

Ordonne pareillement que lors desdits examen et complément d'instruction, les fonctions de greffier, seront remplies par le garde des registres de la chambre, lequel pourra s'adjoindre un commis assermenté pour le remplacer, s'il y a lieu, et que les citations ou

(1) ART. 55 de la Charte de 1814. — La chambre des députés a le droit d'accuser les ministres et de les traduire devant la chambre des pairs, qui, seule, a celui de les juger.

ART. 56 de la Charte de 1814. — Ils ne peuvent être accusés que pour fait de trahison ou de concussion. Des lois particulières spécifieront cette nature de délits et en détermineront la poursuite.

ART. 47 de la Charte de 1830. — Le même que l'art. 55 ci-dessus.

autres actes du ministère des huissiers seront faits par les huissiers de la chambre.

Délibération prise par la cour le 4 octobre.

La cour charge son président de rappeler par écrit à chacun de MM. les pairs la stricte obligation qui leur est imposée de se rendre aux audiences lors du jugement de l'accusation portée par la chambre des députés, et de leur annoncer que la cour soumettra à l'examen le plus rigoureux les motifs qui pourraient être allégués pour se dispenser de ce devoir, que toute absence non suffisamment justifiée sera vue par elle avec un vif déplaisir, et qu'il en sera fait mention au procès-verbal.

La cour arrête, en outre, que la présente délibération sera publiée par la voie du *Moniteur*.

La prison que l'on prépare aux anciens ministres, dans le palais du Petit-Luxembourg, occupe les appartemens de M de Barentin. Tout y est disposé de manière à empêcher les tentatives d'évasion ou d'attaque; on a pris les plus graves précautions pour la surveillance des prisonniers, et le local a permis d'en agir ainsi sans manquer en rien aux égards ordinairement observés vis à vis des prisonniers d'Etat. Quatre chambres sont destinées aux quatre détenus; une salle à manger donnant sur le jardin du Petit-Luxembourg, et un parloir traversé par une double grille en bois, séparée de manière à ce que les deux interlocuteurs ne puissent pas même se donner la main, complètent l'habitation destinée aux ex-ministres. Des postes nombreux, des cheminées murées, des portes condamnées, des abat-jours très-élevés et fortement garnis de tôle épaisse, doivent ôter tout espoir de fuite. La porte principale du Petit-Luxembourg restera toujours fermée : du côté du jardin on n'approchera du palais de la chambre qu'au de-là du bassin; une balustrade de fer sera placée, de manière à ne pas entraver la circulation et à ne pas priver du plaisir de la promenade. Les accusés se rendront à la salle d'audience en suivant une galerie fermée par une double enceinte de palissades; ils ne pourront, d'aucune manière, être vus du dehors, et leurs personnes seront en même temps parfaitement en sûreté. Cette galerie est construite pour servir de chemin de ronde. Ils monteront le grand escalier gardé par deux haies de soldats.

Dans la salle, la barre sera établie devant le bureau actuel, à la place de la tribune, qui sera enlevée, et dans l'espace occupé maintenant par les secrétaires-archivistes, entre les deux petits escaliers qui conduisent au bureau. Le siége du président sera mis sur l'un des côtés de l'estrade, sur laquelle il est actuellement situé, les conseils des accusés seront auprès d'eux. La barre fera face à l'assemblée de la manière la plus favorable à l'instruction et à la défense.

~~~~~~

CHAPITRE X.

RÉVÉLATION DE BERRYÉ, DÉTENU A TOULOUSE. — LETTRE DE M. DE POLIGNAC. — INSTRUCTION DU PROCÈS.

Maison d'arrêt de Toulouse, ce 1ᵉʳ octobre 1830.

A Monsieur BÉRENGER, membre de la Chambre des Députés.

Monsieur,

Des malheurs inouis me forcèrent à devenir l'instrument d'un parti dont j'étais un principal agent dans les incendies qui désolaient la Normandie, et qui devaient s'étendre sur la France entière, si j'avais rempli les instructions données à ce sujet.

Mais le cri d'alarme des journaux, le tableau qu'ils présentaient du déplorable état de ces victimes, et, si j'ose le dire, mes propres sentimens m'inspirèrent une horreur de moi-même : je suspendis mon infâme mission; je pris la fuite pour me soustraire à la rage de ceux qui comptaient sur moi, et arrêter ainsi le cours des dévastations que je devais organiser dans le Languedoc, la Provence et le Dauphiné.

Cette existence fugitive me réduisit à la plus extrême misère : n'osant plus me montrer, je cédai à la nécessité et à l'égarement de mon esprit; et pour ne plus être coupable d'une manière aussi horrible, je le devins dans un autre genre, et fus arrêté à Toulouse.

C'est du fond de ma prison que je prends la liberté de vous écrire, pour vous faire connaitre que j'ai fait des révélations sur les instigateurs et les auteurs de ces mêmes incendies. Non, ces attentats ne sont pas, comme vous le dites fort bien, étrangers à la politique du ministère : on ne peut pas les attribuer à des individus isolés et sans rapport entre eux ; une main puissante les dirigeait.

Si on eut voulu écouter mes révélations un peu plus tôt, vous

n'eussiez pas été obligé de dire qu'il fallait attendre du temps la révélation de ces horribles mystères ; je vous eusse fourni des documens irrécusables qui sont à ma disposition. J'en ai fait le détail dans
mes révélations ; ordonnez qu'elles vous soient communiquées.
Puissent-elles me mériter un peu d'indulgence, ne serait-ce que
par les moyens que je donnerai d'empêcher le retour de semblables
calamités, car les torches brûlent encore...

Il existe des réticences dans mes déclarations : vous en devinerez
aisément le motif, quand vous saurez que certains acteurs du drame
horrible dont cette province devait être le théâtre, sont en cette
ville : riches et puissans, j'ai tout à craindre de leur influence.

Je n'ai pas jugé à propos de livrer la majeure partie des pièces à
l'appui de ma déclaration ; une seule lettre qui prouve mon affiliation
avec la congrégation de Montrouge, qui me transmettait les ordres
qu'elle recevait du prince de Polignac, m'a été saisie.

Ma volumineuse correspondance, les instructions écrites, les listes
qui désignaient les propriétés à incendier et le nom des personnages
qui devaient me donner de plus amples renseignemens, ainsi qu'une
espèce de sauf-conduit, interprétatif il est vrai, mais dont il est facile de deviner le but par l'ensemble de toutes ces pièces, et signé
Prince de Polignac, toutes ces preuves authentiques sont à ma
disposition ; mais je ne les livrerai entre vos mains qu'alors qu'un
homme d'entre vous, Messieurs, m'aura donné sa parole qu'il ne
sera rien fait à la personne qui en est la dépositaire, et que j'obtiendrai quelque adoucissement aux peines qui pourront être prononcées contre moi. Je demande cette assurance de votre part, car vous
aurez *le pouvoir* de la tenir.

Je ne ferai point d'autre déclaration dans cette ville ; ni les promesses ni les menaces ne sauraient m'y contraindre. Je ne veux
point être ingrat en livrant celle qui ne m'a fait que du bien.

Je suis bien malheureux, Monsieur, d'avoir joué un rôle semblable ; j'éprouve cependant une consolation, c'est d'avoir empêché
des malheurs plus grands encore, par mon refus d'obéir plus long-tems.

Recevez, Monsieur, l'assurance de mon repentir et du profond
respect avec lequel j'ai l'honneur d'être

Votre très-humble et très-obéissant serviteur,

BERRYÉ.

Monsieur,

Divers journaux ayant publié une lettre écrite par un détenu de la maison d'arrêt de Toulouse, à M. Bérenger, rapporteur de la commission d'accusation devant la chambre des députés; M. de Polignac a cru devoir faire à cette lettre la réponse ci-après, qu'il a adressée à MM. les membres de la commission devant la chambre des pairs.

Les défenseurs de M. de Polignac viennent réclamer de votre impartialité que vous veuillez bien accorder à cette réponse la publicité qu'on a accordée à la lettre du détenu.

Ils ont l'honneur d'être, etc.

Signé DE MARTIGNAC, MANDAROUX-VERTAMY.

Vincennes, 12 *octobre* 1830.

A MM. les Membres de la commission de la chambre des pairs.

Messieurs,

Je viens de lire dans quelques journaux une lettre qui paraît avoir été adressée à M. Bérenger par un homme détenu dans la maison d'arrêt de Toulouse, pour un crime ou un délit dont on ne fait pas connaître la nature. Cet homme prétend avoir à faire des déclarations d'une haute importance sur les incendies qui ont désolé quelques unes de nos provinces. Il se proclame coupable, il me signale personnellement comme l'instigateur des crimes qu'il avoue, et affirme qu'il est en son pouvoir d'appuyer sur des preuves positives cette affreuse révélation.

Dans une situation ordinaire, je laisserais à la raison publique le soin de faire justice de cette absurde et odieuse tentative; mais placé sous le poids d'une accusation qui ouvre à tous les soupçons un accès trop facile, je ne puis dédaigner une attaque aussi directe et aussi personnelle; et mon devoir est de saisir toutes les occasions de faire éclater la vérité.

Les révélations faites à Toulouse, qui se rapportent à un infâme complot, doivent être éclaircies. Quelque soit l'homme qui les fait, quelque soit la cause de son arrestation, quelque défiance qu'il inspire, ses offres ne peuvent être rejettées; et dans tous les cas on ne peut me coutester à moi le droit de les accepter.

Je puis sans doute attendre avec calme le moment où il me sera permis d'examiner, en présence de mes pairs, et aux yeux de la France, les actes de ma vie politique : mais je ne puis être condamné à subir en silence cette publique et formelle imputation du crime le plus lâche et le plus odieux.

Je demande que le prisonnier de Toulouse soit transféré immédiatement à Paris : qu'il soit interrogé et mis en ma présence ; c'est un acte de justice qui ne saurait m'être refusé.

Il en est un autre que mes collègues et moi nous croyons en droit de réclamer, c'est qu'il soit fait une enquête sévère au sujet des incendies qui ont désolé la Normandie ; que les nombreuses autorités chargées par nous d'en découvrir et poursuivre les auteurs, fauteurs ou complices, soient entendues ; que notre correspondance soit interrogée et mise au grand jour ; et nous affirmons, comme nous l'avons déjà fait, que la fausseté des allégations comme des insinuations hasardées contre nous, deviendra manifeste, même pour les esprits les plus prévenus.

Agréez, etc.

Signé Prince DE POLIGNAC.
Pour copie conforme :
MANDAROUX-VERTAMY, avocat aux conseils du Roi.

—Le 15 octobre, on assurait que la commission d'instruction de la Cour des Pairs, composée de MM. Pasquier, président, Seguier, de Bastard et de Pontécoulant, avait envoyé une commission rogatoire à Toulouse.

—Le 16 octobre, les journaux publient : La commission d'instruction du procès des derniers ministres de Charles X, de la Cour des Pairs, ne s'est point bornée à envoyer une commission rogatoire à Toulouse ; elle a décerné un mandat d'amener contre le nommé Berryé, détenu dans la prison du Sénéchal de cette ville.

— La commission a déjà entendu plusieurs témoins sur les événemens des 26, 27, 28 et 29 juillet, et particulièrement sur la manière dont le feu s'est engagé entre les citoyens d'une part, et de l'autre les gendarmes, la garde royale et les Suisses.

La commission a aussi ordonné une enquête sur les incendies de la Normandie.

~~~~~~

CHAPITRE XI.

CRIS DE MORT AUX EX-MINISTRES. — TENTATIVE SUR VINCENNES. — ARRESTATIONS. — DISCOURS DU ROI AUX GARDES NATIONALES ET A LA LIGNE. — PROCLAMATIONS DES PRÉFETS DE LA SEINE ET DE POLICE.

Le 18 octobre, entre 7 et 8 heures du soir, un rassemblement nombreux s'était porté au palais royal, criant: *Mort aux ministres.* Le poste composé des grenadiers de la 5ᵉ légion a fait son devoir : il a cerné dans les cours du palais, et a fait prisonniers les plus mutins au nombre de 77. D'autres groupes en nombre assez considérables se sont reformés sur la place et les cris ont continué. En même temps quelques individus parcouraient divers quartiers, essayant d'exciter la population à se reunir à eux et à marcher sur le Palais-Royal. Mais ils ont partout échoué, et leurs paroles n'ont été accueillies qu'avec les marques de l'indignation la plus universelle.

Cependant la garde nationale dispersait les attroupemens qui s'étaient reformés sur la place du Palais-Royal. Une troupe de 6 à 800 hommes proférait des cris de mort contre les ex-ministres. Les individus qui formaient ce rassemblement ont voulu enfoncer les portes de l'entreprise des pompes funèbres pour se procurer des torches, et ont cherché à désarmer les gardes nationaux du poste du boulevard Saint-Antoine; mais ils n'ont pas réussi. Arrivés à celui de la rue de Montreuil, qui ne comptait en ce moment que cinq hommes, et où M. Jacquemin, commissaire de police, venait d'annoncer leur marche, ils ont demandé un tambour, et n'en ayant pas trouvé, ils ont continué leur route sur Vincennes, en désarmant un poste de la ligne établi à la barrière. Ce poste était peu nombreux.

Le public sentira combien a été pénible la position de ces braves soldats, et il n'est personne qui ne leur tienne compte de la modération qu'ils ont montrée. Pendant la route, plusieurs des individus qui formaient l'attroupement ont été arrêtés par la garde nationale de Charonne, mais sont parvenus à s'échapper.

A dix heures et demie, le général Daumesnil vit arriver sur la route de Vincennes cet attroupement, qui marchait avec des torches à la main. Arrivés près du château, ils se sont arrêtés un instant pour se rassembler et se ,mettre en marche. Au premier cri de la sentinelle, ils se sont encore arrêtés; et quoiqu'elle fût en dehors, ils ne lui ont rien dit. Ensuite, ils sont venus se mettre en bataille devant la première barrière qu'ils ont voulu escalader. Le général les a fait aussitôt prévenir qu'il allait leur parler. Bientôt le petit pont-levis s'est abaissé, et le général s'est rendu derrière la barrière. Là, il les a invité à se reculer, en leur disant qu'il venait s'expliquer avec eux. Il est sorti en effet, et leur a demandé ce qu'ils voulaient. Tous ont dit qu'ils voulaient les ministres ou leur mort. Le général a répondu qu'il ne pouvait remettre les prisonniers sans les ordres des autorités supérieures, et que tant qu'il n'aurait pas ces ordres, ils ne pourraient rien obtenir. Il leur a fait en outre observer qu'ils ne voudraient pas qu'ils se déshonnorât; que deux fois il avait été entouré par les armées alliées; qu'elles n'étaient point entrées, et que ce serait donc tenter de vains efforts. Enfin, le général leur a déclaré que s'ils parvenaient à entrer dans la place, il les ferait sauter, ainsi que le donjon; qu'alors ils seraient cause d'un désastre effroyable, puisque la moitié du faubourg Saint-Antoine périrait par l'explosion.

Ces paroles, dites avec calme et fermeté, ont produit leur effet; on les a écoutée attentivement : chacun était persuadé que le général était homme à tenir parole. Quand il les a vus plus calmes, il leur a juré sur son honneur que les ministres ne s'échapperaient pas, alors ils se sont mis à crier : *Vive la jambe de bois ! vive notre brave général Daumesnil !* Plusieurs lui ont embrassé les genoux et les mains avec toutes les protestations de respect.

Cependant avant de se retirer, ils ont prié le général de leur accorder un tambour et deux gardes nationaux pour les reconduire jusqu'au château d'eau du boulevard. Le général a accédé à cette demande, et n'a pas eu lieu de s'en repentir, car le tambour et les deux gardes ont été très-bien traités par eux, et sont rentrés le lendemain matin.

M. le marquis de Marmier, colonel de la 1ère légion, averti de ce désordre vers 10 heures par quelques gardes nationaux de sa légion qui sont venus lui en donner avis, a réuni en grande hâte 5o hommes avec lesquels il s'est rendu au palais royal. Il y a trouvé plusieurs détachemens des 2e, 3e et 4e légions qui, comme lui, s'y étaient spontanément rendus. Il a trouvé les portes fermées et tout le palais royal fort troublé de ce qui venait de se passer. Il a, par les ordres du Roi, dirigé de fortes patrouilles dans les environs.

A une heure et demie du matin tout paraissant fort tranquille, on a congédié les détachemens, n'en laissant qu'une faible partie pour fortifier les postes du palais et du château-d'eau.

M. Marmier qui était retourné de là à la mairie du premier arrondissement, et y avait permis aux gardes nationaux de sa légion de rentrer chez eux, allait lui-même se retirer chez lui (il était deux heures du matin) lorsque dans l'éloignement et la direction du palais royal il entendit retentir encore des cris épouvantables. Il ne lui fallut qu'un moment pour remettre sur pied un fort détachement des 1er et 2e bataillon de sa légion avec lequel il retourna au pas de course au palais royal.

Il arriva à temps pour voir s'enfuir dans toutes les directions la même multitude qui, dans l'intervale de 8 à 2 heures avait été à Vincennes, et qui, furieuse de n'avoir pu y pénétrer, revenait au nombre d'environ 1000 à 1200 hommes avec un tambour en tête et sous le commandement d'un officier à cheval, se plaindre et redemander les prisonniers qui avaient été faits précédemment. 200 hommes de la 6e légion et le détachement de la 1ère légion arrivant par les deux côtés de la rue St.-honoré, les refoulant encore par toutes les petites rues adjacentes, leur chef, leur drapeau, leur tambour et 200 des plus mutins armés de pieux de 6 pieds de long tombèrent au pouvoir de la garde nationale.

M. de Marmier (seul colonel présent), fut à l'instant revêtu du commandement supérieur. Tous les postes et tous les recoins du palais étant encombrés de prisonniers dont quelques-uns assez furieux pour se servir de couteaux et cannes à épée, l'essentiel était de s'en débarrasser et de les mettre en lieux de sureté. M. Girod de l'Ain qui était accouru ayant exprimé le désir de les voir transférer à la préfecture de police, M. de Marmier offrit de les y conduire et d'en répondre, malgré la chance de se voir attaqué en route par ceux qui venaient de s'enfuir et pouvaient s'être ralliés plus loin. Il forma donc une escorte de 300 hommes; et, après avoir fait mettre les prisonniers dans une trentaine de fiacres, il les fit accompagner de chacun huit hommes entre deux nombreux détachemens, formant avant-garde et arrière-garde. M. de Marmier se plaça, l'épée à la main, à la tête de la colonne, et les conduisit sans encombre jusqu'à la préfecture de police, où 136 ont été interrogés et écroués pour être mis à la disposition des magistrats.

Sur la place du Palais-Royal, au lieu même de leur arrestation, ont été trouvés des placards qu'ils y avaient jetés et dont plusieurs, qui trahissent ainsi leur origine, contiennent de grossiers outrages à la personne du Roi. Une enquête sévère aura lieu sur les véritables auteurs de ces désordres qui inspirent à la population une si juste antipathie. Les lois et les juges du pays en feront justice. Le repos d'un grand peuple ne saurait être compromis par quelques brouillons qui fomentent des passions coupables, égarent quelques esprits crédules, et servent, directement ou indirectement, les plus mauvais desseins.

Le dix-neuf à neuf heures du matin, le Roi, en uniforme de garde nationale, est descendu dans la cour du Palais-Royal, accompagné de S. A. R. Mgr le duc d'Orléans, du général Lafayette et du maréchal Gérard, ministre de la guerre.

La cour du palais était remplie par l'affluence des spectateurs qui, tous les jours, à cette heure, se plaisent à voir défiler les gardes montante et descendante. Là se trouvaient réunis les détachemens des 5e. et 6e. légions de la garde nationale à pied, de la 5e. compagnie du 3e. escadron de la garde nationale à cheval, et le poste de grenadiers et de voltigeurs du 31e. régiment de ligne.

S. M. voulait leur témoigner sa satisfaction pour la conduite ferme, vigilante et dévouée, qu'ils ont tenue durant le cours de la soirée et de la nuit précédentes.

A peine le Roi a-t-il paru dans la cour, que la foule s'est précipi-
tée au devant de S. M. Les cris de *vive le Roi !* se sont fait entendre,
et les acclamations étaient telles, que S. M. eut quelque peine à
obtenir du silence.

Le Roi a adressé les paroles qui suivent à la garde nationale à
pied :

« Mes chers camarades ,

« Je viens vous remercier du zèle que vous avez déployé cette
» nuit pour maintenir l'ordre public, pour préserver le Palais-Royal
» d'une bande d'agitateurs insensés, dont les ridicules tentatives
» retomberont sur eux-mêmes, par l'effet de votre bon esprit et de
» la promptitude avec laquelle vous les avez réprimés. Ce que je
» veux, ce que nous voulons tous, c'est que l'ordre public cesse d'être
» troublé par les ennemis de cette liberté réelle, de ces institutions
» que la France a conquises, et qui peuvent seules nous préserver
» de l'anarchie et de tous les maux qu'elle entraîne à sa suite. Il est
» tems de faire cesser cette déplorable agitation ; il est temps que
» le maintien de l'ordre public fasse renaître la confiance ; que cette
» confiance rende au commerce son activité et assure à chacun
» le libre exercice de tous les droits que le devoir du gouverne-
» ment est de protéger et de garantir : avec votre concours, avec
» votre patriotisme, avec l'assistance du respectable général et du
» brave maréchal, que je me réjouis toujours de voir auprès de
» moi, nous accomplirons cette noble tâche. Toujours dévoué à
» mon pays, toujours fidèle à la cause de la liberté, mon premier
» devoir est de maintenir le règne des lois, sans lequel il n'y a ni
» liberté, ni sécurité pour personne ; de lui assurer la force né-
» cessaire pour résister aux attaques par lesquelles on cherche à
» l'ébranler. Vous continuerez vos généreux efforts pour seconder
» les miens et vous pouvez compter sur moi, comme je compte sur
» vous. »

S. M. a dit ensuite à la garde nationale à cheval :

« Mes camarades ,

« Je viens vous dire combien j'apprécie vos efforts pour le main-
« tien de la tranquillité publique, pour la défense de nos libertés
« qu'on voudrait nous ravir en nous plongeant dans le désordre. Il

» est tems que ces perturbations finissent, il est temps de nous
» montrer dignes du nom de Français en défendant nos institutions
» contre les attaques de l'anarchie, après avoir si glorieusement
» triomphé de celles du despotisme. C'est ainsi que nous consoli-
» derons nos libertés ; c'est ainsi que sera réalisée cette espérance
» que j'ai proclamée avec tant de joie, que *la Charte serait dé-*
» *sormais une vérité.* »

Enfin, S. M. étant passée dans la première cour, elle y a trouvé
réunis un piquet de la garde nationale et le poste du 31ᵉ régiment
de ligne, auxquels elle a dit :

      « Mes camarades de la garde nationale et de la ligne,

  » J'ai vu avec autant de plaisir que de satisfaction que vous aviez
» cette nuit rivalisé de zèle, et que vous aviez si promptement ré-
» primé le mouvement insensé qui a troublé la paix et le repos de
» la capitale. Toujours dévoué à mon pays, à la défense de ces
» libertés, de ces institutions que j'ai juré de maintenir et auxquelles
» nous serons tous toujours fidèles. (Oui, oui, *bravo !* dans les
» troupes et dans les spectateurs.) Je dois, nous devons tous
» repousser ces indignes attaques, de quelque masque qu'elles se
» couvrent, et répondre à ce que la France a le droit d'attendre de
» nous. Je m'y dévouerai tant que je vivrai, et j'ai la confiance d'y
» réussir. »

PRÉFECTURE DE LA SEINE.

Le Préfet de la Seine à ses concitoyens,

« Vos magistrats sont profondément affligés des desordres qui
viennent encore de troubler la tranquillité publique, au moment où
le commerce et l'industrie, qui ont tant besoin de sécurité, allaient
sortir de cette crise déjà trop prolongée. Ce n'est pas vengeance que
demande ce peuple de Paris, qui est toujours le peuple des trois
grands jours, le peuple le plus brave et le plus généreux de la
terre, mais *Justice.* La justice est en effet le besoin, le droit des
hommes forts et courageux : la vengeance est le plaisir des faibles
et des lâches.

« Une démarche inopportune a pu faire supposer qu'il y avait
concert pour interrompre le cours ordinaire de la justice à l'égard

des anciens ministres : des délais qui ne sont autre chose que l'accomplissement des formes qui donnent à la justice un caractère plus solennel, sont venus accréditer, fortifier cette opinion que nos intraitables ennemis, toujours aux aguets pour nous désunir, exploitent avec empressement : de là, cette émotion populaire qui, pour les hommes de bonne foi, les bons citoyens, n'a d'autre cause qu'un véritable mal entendu.

« Je vous le déclare en toute assurance, mes concitoyens, le cours de la justice n'a été ni suspendu ni interrompu, et il ne le sera pas : l'instruction de l'accusation portée contre les anciens ministres continue ; ils appartiennent à la loi, et c'est la loi seule qui réglera leur destinée.

» Les bons citoyens ne peuvent demander ni désirer autre chose, et cependant ces cris de mort, poussés dans nos murs, nos places publiques, ces provocations, ces placards, que sont-ils, sinon des violences faites à la justice ? Nous voulons pour autrui ce que nous voudrions pour nous-mêmes, des juges calmes et impartiaux. Eh bien ! quelques hommes égarés ou malveillans menacent les juges avant même que le débat soit commencé.

» Peuple de Paris, tu n'avoues pas ces violences ! des accusés sont *chose sacrée* pour toi ; ils sont placés sous la sauvegarde de la loi. Les insulter, gêner leur défense, anticiper sur les arrêts de la justice, c'est violer les lois de toute société civilisée, c'est manquer au premier devoir de la liberté ; c'est plus qu'un crime, c'est une lâcheté. Il n'y a pas un citoyen dans cette noble et glorieuse population qui ne sente qu'il est de son honneur et de son devoir d'empêcher un attentat qui souillerait notre révolution. Que justice se fasse, mais violence n'est pas justice. Tel est le cri de tous les gens de bien ; tel sera le principe de la conduite de vos magistrats. Dans ces graves circonstances, ils comptent sur le concours et l'assistance de tous les vrais patriotes pour assurer force aux mesures prises pour garantir l'ordre public. »

Le conseiller d'Etat préfet de la Seine,

ODILLON-BARROT.

PREFECTURE DE POLICE.

Habitans de Paris ,

« Des rassemblemens tumultueux troublent la paix publique; ils affligent le cœur du Roi , en paralysant l'industrie et le commerce, ils tarissent les sources et la prospérité de la capitale; s'ils ne cessaient immédiatement, ils terniraient l'éclat de cette glorieuse révolution qui a mérité à la France l'admiration du monde. Ce n'est pas aux braves dont la générosité égale le courage qu'on doit les imputer, c'est au petit nombre d'hommes égarés que des agitateurs perfides excitent au désordre, dernière espérance de nos ennemis. Un grand procès suit son cours... On voudrait faire croire au peuple que les accusés seront soustraits à la responsabilité de leurs actes, il saura qu'on l'abuse, que justice sera faite, mais que pour qu'elle le soit, il faut que la majesté des lois et l'indépendance des juges soient respectées. C'est avec calme qu'il attendra ce résultat.

» Habitans de Paris, soyez sans inquiétude : Vos magistrats veillent au maintien de l'ordre : toutes les mesures sont prises pour l'assurer. Ils comptent fermement sur l'esprit qui vous anime, sur votre patriotisme , sur cette garde nationale si digne de la liberté qu'elle a conquise; vous pouvez aussi compter sur eux ils accompliront leurs devoirs. »

Paris, le 19 octobre 1830.

Le conseiller d'état préfet de police ,
GIROD DE L'AIN.

— Paris a été fort tranquille toute la soirée du 19. Les patrouilles de gardes nationales ont été spontanément triplées, du propre mouvement des gardes nationaux, pour faire le service avec la troupe de ligne, qui a rivalisé de zèle avec eux. Ces patrouilles imposantes étaient fort applaudies par le public, qui voyait en elles un gage assuré de paix et de maintien de l'ordre public.

PRISON DU PETIT-LUXEMBOURG.

LES préparatifs, pour transférer les ex-ministres du donjon de Vincennes, dans la prison du Petit-Luxembourg, ont été entièrement terminés avant le 1er. novembre 1830.

En 1795 la commission d'instruction publique, présidée par M. Garat, y tenait ses bureaux et ses séances. Elle occupait les anciens appartemens de l'ex-chancelier de France, M. de Barantin. Un peu plus tard le directoire s'y établit. Une grande et magnifique salle était destinée aux audiences que chaque jour un des citoyens directeurs daignait accorder à la tourbe des solliciteurs, beaucoup moins nombreuse qu'aujourd'hui. Accompagné d'un messager d'état et de deux huissiers le directeur recevait gracieusement les pétitions, et y mettait de sa main l'apostille qui en indiquait le renvoi, et par suite l'enterrement dans les cartons de tel et tel ministère.

En 1814, et années suivantes, M. le chancelier d'Ambray s'installa dans le même local. Ses appartemens qui ont conservé le même ameublement, sont habités par M. le colonel Feisthamel. M. de Barantin, beau-père de M. le chancelier, avait été placé dans le corps de bâtiment situé à gauche, et c'est ce corps de bâtiment qui fut en 1821 et est encore transformé en prison d'Etat.

La grande cour qui sépare les deux bâtimens a pris aujourd'hui le nom de cour *Marengo*. C'est là qu'à son retour d'Egypte, peu de jours avant le 18 brumaire, Bonaparte fut reçu solennellement par le directoire exécutif, et qu'on le laissa longtemps tête nue, exposé aux intempéries d'une journée d'automne, pendant que les directeurs étaient abrités sous une vaste tente qui fut donnée autrefois par le Grand-Seigneur à François Ier.

La porte-cochère qui donne sur la rue de Vaugirard ne sera ouverte que pour les corps militaires de service. Les prisonniers et les

personnes qui viendront les visiter, entreront par une petite porte
et par un guichet pratiqué à côté. Après avoir traversé la cour *Marengo*, on entre sur la droite par la cour d'*Iéna*, puis par la porte
et par l'escalier d'*Arcole* qui aboutissent du côté opposé à l'escalier
et à la porte d'*Austerlitz*, non loin du corridor et de la porte de
Friedland ; car tout ici rappèle les souvenirs de la grande armée.

Après avoir traversé dans le corridor d'Arcole un corps-de-garde
ou l'on voit déjà le lit de camp et les rateliers destinés à recevoir les
armes, on arrive aux chambres destinée aux ex-ministres. La première est celle de M. Chantelauze ; toutes les communications inté-
rieures, ainsi que les armoires et les cheminées elles mêmes, ont été
murées ; au milieu est un poële d'une forme assez élégante et déjà
muni de tous les ustensiles nécessaires; à gauche est un lit d'acajou,
sans alcove, mais surmonté d'un baldaquin propre et simple, auquel
pendent des rideaux blancs ; un secrétaire d'acajou, une commode
en noyer et deux chaises. On y reçoit une lumière si abondante,
grâce à la hauteur des fenêtres, qu'on ne s'aperçoit pas au premier
abord que les croisées sont à moitié masquées, au dehors, par des abat-
jours de bois de chêne doublés en tôle, du côté de la cour; au-dessus de
ces mêmes abat-jours s'élèvent des barreaux de fer très-rapprochés,
et entre lesquels sont des mailles assez serrées de fil d'archal. Cette
disposition a pour but d'empêcher qu'on ne puisse y jeter, du
dehors, des armes ou même de simples lettres. On n'aperçoit, au-
dessus des fenêtres, que la voûte du ciel et le drapeau tricolore qui
flotte sur le dôme du Luxembourg.

Les chambres destinées à M. de Guernon-Ranville, à M. de
Peyronnet et à M. de Polignac, présentent le même arrangement,
mais elles ne communiquent pas entre-elles ; on y arrive par des
corridors différens. Chacune des chambres est fermée d'une porte
en chêne épaisse de quatre pouces, garnie d'énormes serrures et
et de gros verronx. A l'entrée de chaque chambre est une guérite,
dite tambour, de forme carrée, on y placera une sentinelle qui, au
moyen de deux lucarnes fermées d'une vitre, pourra sans cesse
voir tout ce qui se passera dans les diverses parties de la chambre,
dont aucun point n'échapera à son investigation.

Déjà, l'on s'attend à entendre murmurer contre cette disposition,

M. de Peyronnet qui déjà, dit-on, manifeste de temps en temps de l'humeur contre les mesures de surveillance prises à Vincennes. Il se plaint, ajoute-t-on, du fracas que cause pendant la nuit la nécessité de relever les gardes et les sentinelles, et du trouble qui en résulte pour les prisonniers, dont le repos est, dit-il, l'unique consolation.

Nul n'aura la permission d'entrer dans les chambres, mêmes des détenus, si ce n'est leurs femmes, leurs avocats et les ecclésiastiques avec lesquels ils pourraient témoigner le désir de conférer en secret. Les autres visiteurs seront admis dans un parloir commun. La salle destinée à ces visites est partagée en trois compartimens par deux grillages de bois, régnant depuis le parquet jusqu'au plafond. Ces compartimens sont de largeur inégale. Entre les deux grilles, se trouvera un espace libre gardé par un porte-clef et un factionnaire. La partie la plus spacieuse sera réservée aux personnes venant du dehors, et elles seront surveillées par les gardes municipaux de service.

Il est inutile de dire que la garde nationale étant de sa nature étrangère au service intérieur des prisons, n'aura au Luxembourg d'autre partage que la garde extérieure et le service d'honneur. Les prisonniers seront exclusivement confiés à la garde municipale. Vingt-cinq de ces gardes municipaux ont été choisis parmi les ouvriers qui se sont le plus distingués aux journées de juillet, et qui depuis se sont fait remarquer par leur aptitude et leur dévouement. Ils ont pour chef M. Martin, préposé par une étrange vicissitude des choses d'ici bas, à la garde de ce même M. Peyronnet, qui en 1821, fit contre lui des requisitions fulminantes à la cour des pairs. M. Martin que l'on interpellait sur les faits relatifs au capitaine Nantil, l'un des accusés contumaces, s'expliqua d'une manière où l'ombrageux Procureur-Général crut voir des réticences, et peu s'en fallut que M. Peyronnet ne le fit arrêter et juger comme suspect de faux témoignage.

Une cinquième chambre servira de chambre d'attente.

Les prisonniers seront conduits à la cour des pairs, en passant par le jardin, de la même manière que le furent M. de Trogoff, l'infortuné colonel Caron, et les autres personnes impliquées dans la conspiration dite militaire de 1820 et 1821. On peut se faire au dehors une assez juste idée de la disposition du local. On a ajouté au moyen de clôtures en planches, un prolongement aux enclos qui formaient sous la constitution de l'an III, un jardin particulier pour chacun des membres du directoire exécutif. Ce prolongement renferme dans son enceinte la belle et nombreuse école *des Rosiers*, où un amateur s'est plu à rassembler un échantillon de chacune des variétés que présente cette classe des rosacées. Le passage le plus rapproché du palais est assez étroit; la clôture de planches est séparée de la clôture extérieure par un espace très-large, ensorte que les curieux qui voudront épier au dehors la sortie ou la rentrée des détenus, ne pourront guère s'apercevoir du mouvement qu'occasionnera cette translation. Les anciens jardins des directeurs ont été transformés en vastes corps-de-garde pour la garde nationale des différentes légions, et pour un piquet de la garde nationale à cheval.

Ainsi tout est prêt pour recevoir ceux sur lesquels la chambre des députés, par son initiative, a appelé le jugement souverain de la cour des pairs.

Le rapport en audience secrète ne pourra être fait avant le 10 novembre; la nécessité de donner aux commissaires de la chambre des députés et aux conseil des accusés le temps de voir les pièces, et surtout les délais qu'entrainera la régularisation de la procédure, à l'égard des trois accusés contumaces, ne permettent pas de croire que les débats publics puissent s'ouvrir avant le 15 ou le 20 décembre.

~~~~~~

CHAPITRE XII.

MM. PERSIL ET MADIER DE MONJAU, COMMISSAIRES POUR SUIVRE L'ACCUSATION, DOIVENT - ILS ÊTRE NOMMÉS DE NOUVEAU OU REMPLACÉS? DISCUSSION ET DÉCISION.

CHAMBRE DES DÉPUTÉS.

Présidence de M. CASIMIR PERRIER.

(Séance du 15 novembre.)

M. LE PRESIDENT. La chambre aura un objet important à décider. Deux de ses membres, MM. Persil et Madier-Monjau, avaient été nommés commissaires pour poursuivre l'accusation des ex-ministres devant la chambre des pairs. Depuis ils ont cessé d'être députés. Si la chambre pense qu'ils doivent être nommés de nouveau ou remplacés, il y aurait demain lieu à un scrutin.

M. SALVERTE. Je m'oppose à cela. C'est une question *de la plus haute importance*, que celle de savoir si MM. Madier de Monjau et Persil ont cessé d'être députés. Je crois qu'aux termes de la résolution que vous avez prise, et dont ils ont été porteurs auprès de la chambre des pairs, ils n'ont pas cessé d'être vos commissaires; ils sont chargés de mettre *à fin* l'accusation, il ne peut y avoir d'interruption. S'il y en avait, parce qu'ils ont cessé un moment d'être députés, le jour où la chambre serait dissoute, votre accusation tomberait; il faudrait qu'une nouvelle chambre nommât de nouveaux commissaires. Non, Messieurs, le procès est commencé sous les auspices d'une résolution. Vous avez donné un pouvoir durable

17.

aux commissaires. Je ne pense donc pas que parce qu'ils auraient cessé d'être députés, ils doivent être considérés comme ayant aussi cessé d'être commissaires.

M. LE PRÉSIDENT. Je n'ai fait qu'énoncer un fait; c'est à la chambre à décider. Nous ne sommes pas en état de délibérer; je propose de renvoyer à demain la continuation de la discussion. (Oui, oui!)

(Séance du 17 novembre.)

LE PRÉSIDENT. L'ordre du jour est l'examen de la question concernant la nomination de deux des commissaires chargés de suivre et soutenir l'accusation contre les ex-ministres signataires des ordonnances du 25 juillet.

M. Salverte a la parole.

M. EUSÈBE SALVERTE. Messieurs, alors qu'obéissant à l'impulsion de votre conscience et à la voie de l'opinion publique, vous avez résolu de traduire les ministres signataires des ordonnances du 25 juillet, vous êtes entré dans une carrière toute nouvelle. Point de lois qui eûssent ouvert devant vous le chemin, point d'exemples antérieurs pour planter des jalons propres à diriger votre marche : vous avez eu tout à faire; ce sont des précédens qu'il a fallu créer. Le procès et les lois de procédure que vous avez établis serviront d'exemple, vous avez fait que la responsabilité ministérielle n'est plus un mot vide de sens. Vous avez rempli cette tâche toute entière, depuis l'examen des premiers faits jusqu'à l'énonciation des actes susceptibles de former des chefs d'accusation et à l'indication des lois qui les punissent; vous avez enfin nommé des commissaires chargés de suivre et de soutenir cette accusation devant la cour des pairs, juges naturels des procès de ce genre. Tout est consommé de votre part. Le procès, les accusés, les accusateurs et les juges, tout est hors de vous.

Ce n'est pourtant pas ainsi qu'ont pensé deux de mes honorables collègues qui ont réuni vos suffrages, et qui ont été nommés commissaires pour suivre l'accusation. Sujets à réélection en vertu de la loi du 12 septembre, ils ont cessé d'être députés pendant le temps que les colléges électoraux ont été assemblés, jusqu'à ce que ces colléges ont eu prononcés sur leur sort. Ces deux honorables collègues pensent que la cessation momentanée de leurs fonctions de député a dû entraîner celle de vos commissaires, et qu'ils ne peuvent les reprendre sans un nouveau choix solennel.

Je viens examiner cette opinion, et voir qu'elle est la résolution qu'il vous convient de prendre.

Vous avez nommé trois commissaires pour *suivre*, *soutenir et mettre à fin* un grand procès. Ces termes n'admettent aucune équivoque, et certes, l'on ne supposera pas que vous les avez employés sans dessein, que vous n'ayez pas calculé d'avance tous les incidens qui pourraient entraver la marche de vos commissaires. Bien plus, vous avez prévu l'incident qui s'élève aujourd'hui, car la nomination des commissaires MM. Madier de Montjau et Persil est postérieure à la loi du 12 septembre dernier; et vous saviez en les nommant qu'ils se trouvaient dans le cas de réélection prévu par cette loi. C'est donc avec prévision et avec la pensée que leur réélection ne pourrait rien ôter à leurs pouvoirs de commissaires, que vous les leur avez conférés. Supposer le contraire, serait taxer cette chambre d'une légéreté telle, que je regarderais cette supposition comme la plus grande inconvenance envers elle.

J'ajouterai que nos deux honorables collègues eux-mêmes, sachant également lorsqu'ils ont été investis de notre mandat, qu'ils étaient sujets à réélection par le fait seul de leur acceptation, ont prouvé qu'ils pensaient que leur réélection ne pouvait toucher en rien leur qualité de commissaires.

La prérogative attribuée à la chambre des députés, d'accuser les ministres prévaricateurs n'est pas une disposition d'un ordre secondaire de notre Charte, elle est *essentielle* au gouvernement représentatif, et, sans elle, toutes les dispositions imaginables n'offriraient point de garantie. Les ministres signataires des ordonnances n'ignoraient pas qu'ils n'étaient pas à l'abri de la responsabilité de leurs actes : cette doctrine fondamentale avait été assez souvent développée. La chambre en fait aujourd'hui une juste et sévère application.

Certes, vous ne penserez pas qu'un acte de la couronne puisse rendre illusoire ce droit si important. C'est cependant, Messieurs, ce qui résulterait de la décision que l'on sollicite de vous. Supposez en effet une dissolution, avec les conséquences de l'opinion que l'on voudrait vous faire consacrer. Les commissaires chargés de suivre l'accusation, en cessant leurs fonctions de députés perdraient en même temps les titres que leur avait conférés la chambre dissoute. La chambre nouvelle, soit qu'elle n'adoptât pas sur l'accusation commencée la même opinion que la chambre à laquelle elle succéderait, soit même qu'en l'absence de précédens elle pensât que la dissolution n'a pas altéré les pouvoirs des anciens commissaires, la chambre nouvelle, dirai-je, pourrait refuser de nommer de nouveaux commissaires. Que deviendrait alors l'accusation.

Mais admettons même que la nouvelle chambre nomme de nouveaux commissaires, la chambre des pairs les reconnaîtra-t-elle? les accusés seront-ils tenus d'accepter ces nouveaux accusateurs? Je ne le crois pas. Et en l'absence d'accusateurs, les ministres accusés n'auront-ils pas le droit de dire : Nos accusateurs font défaut, nous demandons d'être mis en liberté.

Telles sont les conséquences de l'opinion que je combats. Examinons maintenant celle que je désire faire adopter.

La dissolution a lieu ; la cour des pairs n'en suit pas moins la marche qui lui est tracée par la charte elle-même, qui a prévu le cas où la session des chambres serait terminée, et qui a dit que la cour des pairs continuerait de siéger jusqu'à ce qu'elle ait achevé ses opérations. Les commissaires que vous avez délégués ne cessant pas leurs fonctions, le mandat dont vous les avez investis, de mettre à fin l'accusation, est accompli ; les accusés sont absous ou condamnés. La vindicte nationale aurait enfin été satisfaite.

Les scrupules qui se sont élevés dans l'esprit de nos honorables collègues tendraient à détruire toute espèce de possibilité de suivre l'accusation : en conséquence, j'espère que vous n'accéderez pas à la demande qui vous est faite, et qu'elle sera repoussée par l'ordre du jour.

M. BERRYER. Messieurs, je ne puis, en aucune façon, partager l'opinion du préopinant. Mon avis sur la question, comme vous le pensez, est tout-à-fait indépendant des circonstances présentes et de toute considération particulière. Il ne s'agit aucunement, dans ma

pensée, de la question de savoir si les personnes que vous aviez
nommées pour vos commissaires doivent être nommées de nouveau
ou si vous devez en nommer d'autres, ce n'est pas sur ce point que
j'appelle votre attention. La question est plus grave : il faut songer
que dans votre position actuelle, alors que pour la première fois un
procès de cette nature est engagé par la chambre des députés, chacune de vos décisions est un grave précédent qui doit servir de règle pour l'avenir ; en telle sorte que ce que vous allez juger, prononcer aujourd'hui, fera loi dans les procès de même nature qui pourront naître un jour.

On vous a dit qu'il y avoit impossibilité d'admettre une réélection,
qu'il fallait investir des pouvoirs de commissaires ceux que déjà vous
en aviez revêtus, bien qu'ils aient perdu momentanément le caractère de députés reconquis par une élection nouvelle. Cette opinion,
on l'a appuyée par une considération qu'on a regardée comme fort
grave, que l'on fait résulter du cas où la chambre pourrait être dissoute. On a demandé ce que deviendraient alors les ministres poursuivis par la chambre.

C'est surtout à cette considération grave que je m'attache, je
crois fermement que quand la chambre des députés s'est portée
accusatrice, que quand la chambre des pairs est saisie de son accusation, que lorsque la chambre des députés a nommé des commissaires pour suivre et mener à fin le procès, je crois, dis-je, que
dans une monarchie constitutionnelle il appartient encore à la couronne d'apporter sa balance et de s'opposer à l'accusation en usant
du droit qui lui appartient de dissoudre la chambre. Dans le cas où
la couronne exercerait ce droit (et que l'on remarque bien que ce
n'est pas le cas actuel et que je raisonne dans les hypothèses possibles
dans l'avenir), dans le cas où elle jugerait que l'accusation dirigée
par la chambre est motivée sur des considérations injustes, dans le
cas où elle penserait qu'une chambre a pu se laisser entraîner par
une animosité aveugle (légers murmures), comme il s'agit pour
nous de fonder des principes, qu'il ne s'agit pas seulement de
statuer sur les circonstances présentes, mais de faire des règles pour
l'avenir, dégagé, je le répète, de toute considération sur les faits
présens, je vais chercher à vous exposer mon opinion.

La couronne a le droit de dissoudre la chambre. Une nouvelle chambre est convoquée; à cette chambre il appartient d'examiner si elle entend suivre ou non l'accusation intentée par la chambre qui l'a précédée. Quand une accusation a été portée par une chambre, une dissolution est un appel fait par la couronne au pays au nom duquel la chambre s'est rendue accusatrice; car ce n'est que dans l'intérêt du peuple que ce grand pouvoir peut être exercé par la chambre des députés. (Marques d'improbation. . . . . . . Ecoutez, écoutez.) La chambre nouvelle vient exprimer les intentions et les volontés du pays. Je ne doute pas que dans une telle occasion, l'effet d'une dissolution ne soit de faire suspendre le procès, et d'en remettre la continuation à la nouvelle chambre. C'est le droit de la couronne, c'est la forme qui lui demeure dans un gouvernement constitutionnel pour protéger les ministres accusés par la chambre. (Marques générales d'improbation.)

Mais cette considération générale ne doit pas seule servir de règle dans la circonstance particulière qui nous occupe, il ne s'agit pas en effet de savoir si le procès est suspendu ou non, puisqu'il n'y a pas eu dissolution de la chambre; s'il sera suivi ou non, puisqu'il reste des commissaires. La question qui nous occupe est celle-ci : des députés nommés commissaires ont perdu momentanément leur titée de député, par l'effet de la loi du 12 septembre dernier; l'ayant reconquis par une nouvelle élection, doivent-ils obtenir de nouveau les suffrages de la chambre pour se présenter devant la chambre des pairs?

Ici, je n'ai pas besoin d'examiner qu'elles ont été les considérations qui vous ont déterminés à introduire, dans la Charte, une disposition qui réclamait une loi pour obliger les députés investis de fonctions publiques à se présenter de nouveau aux suffrages de leurs commettans, et à se soumettre à l'épreuve nouvelle de l'élection. Ces considérations seraient faciles à développer ; mais vous concevez que qu'elle qu'en soit l'étendue, les raisons qui vous ont déterminés à soumettre à une nouvelle élection les députés promus à des fonctions, sont très-graves, non pour la question actuelle, mais pour l'intérêt de la chambre, si une accusation à l'avenir était portée contre des ministres, malgré le souverain, s'il y avait lutte dans ce procès entre la couronne et la chambre.

Vous concevez que la position équivoque où se trouve placé le député par sa nomination, est la même vis-à-vis de la chambre qui lui a conféré des pouvoirs, que vis-à-vis des électeurs. Sa promotion doit avoir les mêmes résultats, et de même qu'il est soumis à une réélection, quant au mandat qu'il tient des électeurs, il doit être soumis à une élection nouvelle, quant au mandat qu'il a reçu de la chambre. Sa promotion à des fonctions salariées l'a obligé à recourir à une élection nouvelle; rentré dans votre sein, il se présente de nouveau à vous pour obtenir la confirmation des pouvoirs dont vous l'aviez honoré. Il peut en être digne à tous les titres, mais il faut qu'il passe par cette nouvelle élection, pour aller soutenir l'accusation devant la chambre haute. (Violens murmures. . . . . *Plusieurs voix*. Il n'y a pas de chambre haute en France.)

M. Dupin aîné. J'ai demandé la parole parce que j'ai entendu soutenir une proposition qui me paraît tout-à-fait contraire à la Charte. On soutient que lorsqu'une accusation est portée par la chambre des députés, devant la chambre des pairs, qui en est saisie, l'accusation tomberait si la chambre des députés était dissoute, de telle sorte que la chambre renouvelée pourrait se saisir du droit d'examiner de nouveau si elle entend suivre ou ne pas suivre la précédente accusation.

Je pense au contraire que lorsque une chambre a accusé, elle a accompli un droit; c'est un fait permanent qu'elle n'aurait pas elle-même le pouvoir de rétracter, et qu'une autre chambre des députés ne pourrait pas non plus rétracter. Les juges une fois saisis du droit de juger, ne peuvent être dessaisis; il faut que l'accusation soit vidée par eux. La chambre des pairs peut absoudre ou condamner ceux que vous avez accusés; mais il n'y a pas de puissance dans l'Etat, ni chambre nouvelle, ni intervention de la couronne, qui puisse l'empêcher de juger. C'est surtout pour réfuter cette proposition que je suis monté à cette tribune.

En cas de dissolution de la chambre des députés, les commissaires nommés par elle, conserveraient-ils un droit qui survivrait à l'existence même de la chambre? Conserveraient-ils à titre de commissaires, le droit de poursuivre l'accusation ? Je ne vois pas, Messieurs, la nécessité d'examiner une question, qui n'aurait pour nous qu'un caractère purement théorique; car ce n'est pas le cas dans lequel vous vous trouvez. Au lieu de nous arrêter à ces difficultés, de nous jeter dans des hypothèses, de consumer notre temps à discuter des théories, il est plus simple de traiter la question qui doit nous occuper.

Il s'agit de savoir si la qualité de commissaire se perd de plein droit, s'il ont cessé d'être commissaires en cessant d'être députés, s'il y a nécessité de les réélire par scrutin, ou seulement de déclarer qu'il n'y a pas lieu à réélection.

Je ne voudrais pas préjuger les droits de la chambre au point de soutenir que lorsqu'elle a nommé commissaires des membres qui cessent d'être députés, et qui sont assujétis à une réélection, ils demeurent commissaires alors même qu'ils ne seraient pas réélus députés, voyez à quels inconvéniens cette doctrine pourrait donner lieu; ces commissaires, ayant cessé d'être députés, n'auraient pas l'inviolabilité qui s'attache à ce caractère, ils ne pourraient pas parler avec toute la puissance qui leur appartient; car ils sont les délégués de vos pouvoirs; c'est en quelque sorte la chambre en abrégé, qui se présente pour accuser devant la chambre des pairs.

La chambre des députés se trouve vis-à-vis d'eux dans la même situation que les colléges électoraux vis-à-vis des députés soumis à la réélection. Elle examine s'il lui convient de les confirmer dans les pouvoirs qu'elle leur avait conférés.

Je suppose que les pouvoirs de vos commissaires soient contestés; alors il devrait vous en être référé; vous auriez à délibérer sur l'étendue de la limite de ces mêmes pouvoirs. Dans tout état de choses, votre droit reste le même. C'est à vous à décider si vous persistez dans votre opinion, ou si vous avez des motifs de changer vos commissaires.

Maintenant nous avons à examiner la question de savoir si on doit réélire ou confirmer simplement les mêmes commissaires. Si la chambre pense qu'il n'est pas survenu dans leurs personnes d'accident nouveau, elle peut déclarer par assis et levé qu'il n'y a pas lieu à procéder à la réélection des commissaires, et cette déclaration équivaudrait à la réélection.

M. Landry Gillon. Messieurs, une telle régénération s'est

opérée, qu'en m'apercevant sortir de l'extrême droite pour risquer à la tribune mes premiers essais, vous m'épargnerez une prévention sinistre. (Marques générales d'improbation, rumeurs très-vives du côté droit.)

M. Berryer. Nous siégeons à un côté de la chambre d'où il ne sort pas de propositions qui méritent les qualifications de sinistres; nous ne pouvons accepter une pareille expression.

M. Gillon. On doit comprendre que je n'ai pas voulu parler du temps actuel, mais que mes expressions ont embrassé le seul souvenir.....

M. Berryer. Cette expression ne convient pas plus au présent qu'au passé.

M Gillon. Plus jeunes et nouveaux élus, nous n'avons trouvé place que sur des bancs absolument déserts, et c'est ce que je voulais qui fût connu. Cette explication suffit, et je passe à la simple et courte remarque que je souhaite soumettre à la chambre.

Messieurs, après l'honorable orateur qui descend de cette tribune, je ne discuterai pas long-temps la proposition qui vous est soumise; je vous demanderai pourtant quelques instans d'indulgence.

Il a dit qu'il ne faut pas se jeter dans l'examen de questions purement théoriques; cependant comme la circonstance sur laquelle doit peser l'observation principale peut faire objection dans quelques esprits, je dois essayer de résoudre la difficulté.

La première objection qui se présente dans nos esprits est celle-ci : si l'on admet que les honorables commissaires doivent continuer leurs fonctions sans être soumis à une réélection, il faut en conclure qu'en cas de dissolution de la chambre, les commissaires seraient maintenus dans l'exercice de leurs fonctions, et que dans l'hypothèse inverse, si une réélection est nécessaire, en cas de dissolution les pouvoirs des commissaires cesseront. C'est cette dernière doctrine qui me paraît la seule sage et raisonnable, quelques mots d'explication vont vous amener, je l'espère, à mon sentiment.

Supposez, en effet, que cette responsabilité ministérielle que vous cherchez à fonder soit encourue par un Ministère, et que le Ministère qui lui aura succédé veuille, par un motif quelconque, conseiller à la couronne la dissolution de la chambre; vous conviendrez alors que si la chambre nouvelle refusait de nommer des commissaires, dans l'opinion de ceux qui penseraient que la dissolution de la chambre amène l'anéantissement des pouvoirs qu'elle a conférés, l'accusation serait abandonnée. En effet, le Ministère nouveau redoute l'accusation de ses prédécesseurs; il craint que dans l'arrêt de la chambre des pairs, les Ministères présens et à venir ne reçoivent une leçon sévère. Que ferait-il alors? Par la dissolution, il pourrait obtenir que la chambre nouvellement appelée refusât de nommer de nouveaux commissaires.

Il arriverait que le seul refus de nomination de commissaires serait un abandon de l'accusation; cette simple réflexion me suffit pour résoudre l'objection qui se présentait à ma conscience. J'espère que ma conviction passera dans vos esprits.

L'accusation engagée doit se vider, il n'est pas de pouvoir sur la terre qui puisse arrêter la justice dans son cours. La justice n'est pas seulement le premier besoin, elle est aussi le devoir le plus sacré de la royauté. Or, ce serait chercher à y porter atteinte, ce serait en faciliter autant que possible la violation, que de penser qu'en cas de dissolution de la chambre les commissaires auraient perdu leur pouvoir. Vous arrivez pourtant à cette opinion, si vous admettez le besoin de réélire les commissaires.

Il est dangereux de se jeter dans des hypothèses, comme l'a dit l'éloquent préopinant, et dans les circonstances où se trouve la chambre il est périlleux de perdre le temps dans des discussions difficiles. Mais puisque cette hypothèse se présentait à toutes les consciences, il a fallu l'examiner. Je pense donc qu'il faut admettre que les commissaires n'ont pas besoin d'une réélection, parce que, dans la dissolution de la chambre, les commissaires perdant leurs pouvoirs, la chambre nouvelle refusant de nommer de nouveaux commissaires, l'accusation tomberait d'elle-même, et ce serait un grand scandale, qu'une accusation portée par la chambre des députés devant la chambre des pairs fût frappée de nullité, parce qu'une chambre refuserait de nommer de nouveaux commissaires. Vous avez une règle à faire, un antécédent à créer.

Je sais que l'hypothèse dans laquelle nous raisonnons ne se réalisera pas de long-temps; nous en avons pour garant le patriotisme du Roi et l'éducation libérale qu'il donne à ses enfans, mais l'avenir a aussi ses secrets; et ne fût-ce que pour des temps éloignés établissez une règle qui servira d'épouvantail à tous les ministres; en les avertissant qu'il est une justice qui les poursuivra sans cesse, à laquelle rien ne pourra les dérober.

Cette règle leur apprendra que des commissaires tenant leurs pouvoirs de la souveraineté du peuple, représentée à-la-fois par la royauté, la chambre des députés et la chambre des pairs, puisque ces trois pouvoirs s'étaient réunis pour assurer l'inviolabilité de leur pouvoir, qu'il est des commissaires, disais-je, qui, une fois investis du mandat de soutenir l'accusation, ne peuvent en être dépouillés qu'après l'avoir accompli.

Tout à l'heure on nous a dit qu'il était difficile de penser que jamais de pareilles hypothèses se réalisâssent. Je l'accorde. Mais encore une fois, il est bon que l'opinion, si elle venait à se réaliser, restât nette et précise.

Je n'en dirai pas davantage, c'est perdre le temps dans des discussions hypothétiques et presque de théorie. La France n'entend pas seulement que nous nous livrions à de pareilles discussions, elle veut de nous des faits et des actes. Les lois les plus importantes sont en discussion, le ministère les a présentées, la France les attend, et la chambre les attend aussi avec non moins d'impatience. (Aux voix! aux voix!)

M. DE RAMBUTEAU. L'objet qui occupe la chambre en ce moment peut trouver un précédent en Angleterre, dans le procès suivi au nom de la chambre des communes contre le lord Hasting. Il dura sept ans; il fut traversé par trois dissolutions de la chambre des commune. Il obtint enfin solution. Dans la position où vous vous trouvez, il y a plusieurs points de comparaison à établir.

J'avais pris la parole pour répondre à M. Berryer; mais j'ai réfléchi. Il me semble que la chambre pourrait prendre une résolution, sans rien préjuger sur des questions qui ne sont pas assez approfondies pour en former une théorie absolue. Je vais vous la proposer :

« La chambre déclare que le mandat accordé à MM. Persil et » Madier-Monjau avant la réélection à laquelle ils ont été soumis » subsiste actuellement. »

(Non ; non, ce n'est pas cela.)

Permettez-moi, Messieurs, de rectifier ma proposition : je l'avais presque improvisée. En voici une nouvelle rédaction :

« La chambre déclare que le mandat accordé à MM. Persil et
» Madier-Monjau , avant la réélection à laquelle ils ont été soumis,
» n'est pas périmé. »

(Cette proposition n'est pas appuyée.)

M. E. Salverte. J'ai l'honneur de soumettre à la chambre une nouvelle proposition :

« La chambre déclare qu'aux termes de sa résolution du 27 sep-
» tembre, les pouvoirs qu'elle a conférés à ses commissaires subsis-
» tent et subsisteront jusqu'à la fin du procès , malgré la réélec-
» tion à laquelle deux de ces commissaires ont été soumis. »

(La chambre n'appuie pas cette proposition.)

M. Gaetan Larochefoucault. La question n'a pas été envisagée sous un point de vue très important. (Ah , ah !) Je crois que nous sommes tous d'accord, que lorsqu'un procès est commencé, lorsque des commissaires ont été nommés , lorsque la chambre des pairs est saisie , le procès doit aller à fin , et ne peut pas être interrompu. Mais il me semble aussi que la chambre a le droit, à toute heure , à toute minute, de révoquer les commissaires qu'elle a nommés. Il pourrait arriver qu'une maladie, qu'une absence empêchât un des commissaires de continuer à remplir son mandat. Il est évident que, dans ce cas , la chambre serait appelée à faire une nouvelle nomina- tion. Dès l'instant que vous admettez cette hypothèse , que vous établissez qu'un commissaire, dans des circonstances toutes natu- relles, peut être renommé , il est une circonstance plus respectable encore que les autres, celle de la réélection, qui peut motiver une nouvelle nomination. La chambre peut vouloir révoquer ou confir- mer ses commissaires après une promotion; or, la confirmation , ce me semble, doit être mise aux voix.

Je demande que la rédaction de la décision de la chambre soit ainsi conçue :

« MM. les commissiares près de la cour des pairs sont confirmés. «

Je demande qu'on mette aux voix cette proposition qui rentre dans celle de M. Dupin.

M. Vatimesnil. Je vais proposer une rédaction qui me paraît

propre à concilier les différentes opinions ; parce que je crois qu'elle ne trancherait pas la question dans un sens absolu.

« La chambre, sans qu'il soit besoin de procéder à un nouveau » scrutin, déclare que MM. Persil et Madier-Monjau, continueront » à remplir les fonctions de commissaires près la cour des pairs. »

(Appuyé, appuyé !)

M. Viennet. Je crois que c'est un principe absolu qu'il faut poser. J'étais arrivé à la chambre sans m'être préparé à la discussion, mais M. de Salverte m'a convaincu. Il est certain que toute accusation portée par la chambre deviendrait nulle de fait, si une ordonnance de dissolution pouvait ôter aux commissaires nommés par la chambre accusatrice les pouvoirs que cette chambre leur aurait donnés. Je propose donc la rédaction suivante :

« La chambre déclare que les mandats des commissaires nommés par elle sont indépendans de toute ordonnance de dissolution (Interruption) : je vous demande pardon, attendez la fin.... sont indépendans de toute ordonnance de dissolution, comme de toute réélection, et qu'ils ne peuvent être révoqués que par délibération spéciale de la chambre. »

· M. Duboys. Je demande la parole pour appuyer la proposition de M. Dupin, qui me paraît la seule que l'on puisse adopter. Comme vous l'a dit cet orateur, il ne faut pas abandonner le terrain sur lequel nous sommes placés, nous jeter dans des hypothèses qui peut-être ne se présenteront pas. On a parlé d'un cas de dissolution. Personne ne conteste ce droit à la Couronne. On vous a dit encore, que les commissaires nommés, rééligibles, ne fussent pas réélus. Eh bien! dans ces deux cas vous resteriez dans vos droits, et la chambre délibérerait ainsi que les circonstances l'exigeraient.

Telle est maintenant votre position. Vous avez accusé un Ministère, vous avez nommé dans votre sein des membres pour soutenir l'accusation devant la cour des pairs; il y a eu des faits connus; la position de vos commissaires était certaine; ils avaient accepté des fonctions publiques qui les plaçaient dans le cas de réélection; ainsi vous avez préjugé le cas de réélection, comme celui de non réélection. Les voilà réélus, et l'on vous propose de décider que, par le fait de leur réélection, ils ont perdu leur qualité de commissaires. Ils ne l'auraient perdu que de votre volonté. Vous leur avez donné un mandat; ce mandant est révocable à votre volonté suivant vos intentions. Les commissaires sont encore députés, vous êtes en droit de délibérer pour savoir si vous révoquerez ces pouvoirs.

Personne ici ne songe, sans doute, à les révoquer. Vous n'avez qu'une volonté à manifester : si vous entendez les révoquer, il faut délibérer; dans le cas contraire, il n'y a rien à faire.

Je propose donc, comme M. Dupin, de déclarer qu'il n'y a pas lieu à réélection. Par là, toutes les questions restent indécises, et vous restez dans votre droit pour prononcer suivant les circonstances.

Je demande purement et simplement qu'on rejette les amende-mens proposés.

M. Isambert. Tous les orateurs qui ont monté à la tribune m'ont paru supposer que la question que nous avons à décider serait extrêmement grave, et que si la chambre était dissoute, aucun des commissaires chargés de soutenir l'accusation ne pourrait se présenter à la Chambre des pairs. Je viens protester contre cette opinion. Lorsqu'un acte d'accusation est commencé, il doit être amené à fin.

La Charte n'exige pas qu'il soit nommé des commissaires. Sans doute, c'est une faculté que vous avez de venir suivre l'accusation. Mais si vous n'aviez pas cru devoir nommer des commissaires, l'acte d'accusation n'en subsisterait pas moins. La chambre des pairs n'en serait pas moins saisie de l'accusation, ne serait pas moins obligée de la mettre à fin.

C'est pour ne pas tomber dans l'erreur de croire qu'une accusation, faute de commissaires, pourrait rester impunie, que j'ai pris la parole. Vous voyez que cette question n'a pas des conséquences aussi graves qu'on l'aurait supposé d'abord; je suis d'avis que vous adoptiez la rédaction tendant à *confirmer les pouvoirs des deux commissaires.*

M. Duvergier de Hauranne. La rédaction qui me semble réunir le plus de suffrages, est celle qui au moins ne préjuge pas une question qui, selon moi, pourrait être prise dans le sens tout à fait contraire aux droits de la chambre. C'est même sous ce rapport que je combats ce qui a été dit par M. Dupin, qui voulait laisser cette question indécise. La question dont je parle est celle de la dissolution. Nous ne saurions la laisser indécise. Elle a été soulevée, il faut quelque chose dans nos délibérations qui nous serve au moins de précédent à l'avenir sur ce point : car on vous a dit , je demande pardon si je reviens sur ce fait , on vous a dit que par la dissolution de la chambre, l'accusation tomberait. Cela est contraire aux droits constitutionnels des chambres.Que deviendrait ce droit d'accusation si le ministère pouvait conseiller au Roi de le faire tomber par une dissolution, et d'intervenir dans le jugement. Une fois qu'un tribunal est saisi, il doit juger. Remarquez, vous a-t-on dit, que tout ministère succédant à celui que vous auriez accusé pourrait se servir de ce moyen pour le soustraire à votre accusation; mais, je dis plus , le ministère accusé pourrait s'en servir lui-même ; il pourrait faire dissoudre la chambre et continuer encore pendant deux ou trois mois à gouverner le pays.

Non, Messieurs, vous ne pouvez adopter une pareille théorie, et je soutiens que du moment qu'il y a une accusation portée par la chambre des députés, et qu'elle est déférée à la chambre des pairs, nulle dissolution ne peut la suspendre.

On vous a cité ce qui s'est passé en Angleterre lors du procès de lord Hastings, je puis citer aussi ce qui se passa, dans le même pays, lors du procès de lord Melleville. Le gouvernement le soutenait jusqu'à un certain point. La chambre déclara, par une résolution formelle, qu'aucune dissolution ne pourrait interrompre le cours de son accusation; et la chambre a bien senti les inconvéniens que je pourrais vous faire remarquer.

Nous ne pouvons laisser indécise une pareille question. Elle sera mieux débattue quand nous discuterons une loi sur la responsabilité ministérielle, sur les moyens de poursuivre des ministres prévaricateurs.

Déclarer que le droit subsiste, serait établir un précédent. Si le cas de dissolution se présentait, on pourrait arguer de votre délibération nouvelle pour soutenir une opinion aussi monstrueuse : celle de l'intervention de la Couronne dans les jugemens, du droit de faire tomber l'accusation en dissolvant une chambre.

J'appuie l'opinion de M. Rambuteau.

M. Grillé. Messieurs, j'ai écouté avec beaucoup d'attention ; j'ai cherché à concilier les diverses opinions. Voici la rédaction que je propose à cet effet :

« Les pouvoirs confiés par la chambre à MM. Madier de Montjau et Persil ont-ils cessé, par la promotion de ces députés à des fonctions, qui a mis fin à leur qualité de député; et, dès-lors, est-ce le cas de procéder à la nomination de nouveaux commissaires?

Plusieurs voix. C'est une question que vous avez rédigée et non une proposition.

M. LE PRÉSIDENT. Je demande la permission de donner lecture des deux rédactions qui me paraissent avoir obtenu l'assentiment de la chambre.

Voici la nouvelle rédaction proposée par M. Eusèbe Salverte :

« La chambre, aux termes de la résolution du 27 septembre dernier, déclare que les mandats confiés aux commissaires qu'elle a choisis pour suivre et soutenir l'accusation contre les ministres signataires des ordonnances du 25 juillet, subsistent, nonobstant la réélection à laquelle ont pu être soumis MM. Madier-Monjau et Persil, aux termes de la loi du 12 septembre dernier. »

M. GIROD DE L'AIN. Je propose de supprimer les mots qui suivent *subsistent.*

M. EUSÈBE SALVERTE. Je consens à cette suppression.

M. JACQUINOT-PAMPELUNE. Je demande que M. le président donne lecture de l'autre proposition, pour laquelle je réclame la priorité.

M. LE PRÉSIDENT. La proposition de M. Rambuteau est conçue en ces termes.

« La chambre déclare que les mandats confiés à MM. Madier-Montjau et Persil, chargés par la chambre de soutenir et de mettre à fin l'accusation par elle intentée contre les ministres signataires des ordonnances du 25 juillet, continueront d'avoir leur effet: »

M. Gaëtan de la Rochefoucauld propose la rédaction suivante :

« Les commissaires de la cour des pairs sont confirmés.

(Non, non, ce n'est pas cela.)

M. DUVERGIER DE HAURANNE. Je demande la priorité pour la proposition de M. Salverte.

(La chambre accorde la priorité à cette proposition.)

M. PÉTOU. Je demande le remplacement du mot *subsistent,* par ceux-ci : *n'ont pas cessé d'exister.*

(Ce sous-amendement est rejeté.)

La rédaction proposée par M. Salverte est mise aux voix et adoptée à la presqu'unanimité.

‌‌

CHAPITRE XIII.

Arrêt de la cour des pairs sur la mise en accusation.— Ordonnance du Président fixant l'ouverture des débats.

COUR DES PAIRS.

(Arrêt du lundi 29 novembre, 1830.)

La cour des pairs ,

Vu la résolution adoptée par la chambre des députés le 28 septembre dernier, ladite résolution transmise à la chambre des pairs par un message du 30 du même mois ;

Vu l'arrêt de la cour des pairs, du 4 octobre dernier ;

Vu les requêtes d'intervention à fins civiles, déposées dans le cours de l'instruction par Marie-Elisabeth Gottis, veuve Crussaire et autres ;

Ouï en la séance de ce jour M. le comte de Bastard en son rapport des examen de pièces et complément d'instruction auxquels il a été procédé en vertu dudit arrêt ;

Les commissaires de la chambre des députés entendus ;

Après qu'il a été donné lecture par le greffier des ordonnances du 25 juillet, insérées au *Moniteur* du 26 ;

Et après en avoir délibéré ;

Vu les articles 55 et 56 de la Charte de 1814, lesquels sont ainsi conçus :

« Art. 55. La chambre des députés a le droit d'accuser les minis-

19.

» tres et de les traduire devant la chambre des pairs, qui seule, a
» celui de les juger.

» ART. 56. Ils ne peuvent être accusés que pour fait de trahison
» et de concussion. Des lois particulières spécifieront cette nature
» de délit et en détermineront la poursuite. »

Considérant que par la résolution de la chambre des députés sus-
datée, les sieurs de Polignac, de Peyronnet, Chantelauze, de
Guernon-Ranville, d'Haussez, Capelle et de Montbel, sont accusés
et traduits devant la cour des pairs, pour faits de trahison, comme
ayant conseillé et contresigné lesdites ordonnances du 25 juillet ;

Considérant que tant à cause de la qualité des personnes que de la
nature des faits qui leur sont imputés, la cour des pairs est seule
compétente pour les juger,

Considérant aussi que dans le procès porté devant elle par la résolution de la chambre des députés, la cour des pairs, à raison de la
nature de l'action et des formes dans lesquelles cette action est
poursuivie, ne se trouve pas constituée de manière à statuer sur des
intérêts civils,

La cour ordonne que Auguste-Jules-Armand-Marie, prince de
Polignac, ancien ministre des affaires étrangères, président du conseil, âgé de cinquante ans, né à Paris; Pierre-Denis, comte de
Peyronnet, ancien ministre de l'intérieur, âgé de cinquante-deux
ans, né à Bordeaux ; Jean-Claude-Balthazar-Victor de Chantelauze,
ancien ministre de la justice, âgé de quarante-trois ans, né à Mont-
brison ; Martial-Cosme-Annibal-Perpétue-Magloire, comte Guernon de Ranville, ancien ministre de l'instruction publique, âgé de
quarante-trois ans, né à Caen; d'Haussez, ancien ministre de la
marine; Capelle, ancien ministre des travaux publics, et de Montbel,
ancien ministre des finances, seront pris au corps et traduits dans
la maison du Petit-Luxembourg, que la cour désigne pour servir
de maison de justice près d'elle. Sur les registres de laquelle maison ils seront écroués par tout huissier de la cour sur ce requis ;

Ordonne que la résolution de la chambre des députés du 28 septembre dernier sera annéxée au présent arrêt pour le tout être
notifié tant à chacun des accusés détenus qu'aux accusés absens,
mais sans que l'instruction de la contumace à l'égard de ces derniers
puisse retarder le jugement des détenus ;

Ordonne que les débats s'ouvriront au jour qui sera ultérieurement indiqué par le président de la cour. De laquelle indication il sera donné connaissance au moins dix jours à l'avance tant à MM. les commissaires de la chambre des députés qu'à chacun des accusés présens ;

Déclare que dans lesdits débats ne seront appelés ni reçus aucun intervenant ou parties civiles, tous leurs droits réservés pour se pourvoir, s'il y a lieu, ainsi qu'ils aviseront ;

Ordonne que le présent arrêt sera transmis au garde-des-sceaux, ministre secrétaire-d'état au département de la justice, pour qu'il en procure l'exécution.

Délibéré à Paris, le lundi 29 novembre 1830, au palais de la cour des pairs, en la chambre du conseil où siégeaient Messieurs, etc.

———◆———

Nous Etienne-Denis, baron Pasquier, pair de France, président de la cour des pairs,

Vu l'arrêt de la cour, en date d'hier,

Avons ordonné et ordonnons ce qui suit :

Les débats du procès suivi devant la cour des pairs, en vertu de la résolution de la chambre des députés du 28 septembre dernier, s'ouvriront le mercredi 15 décembre prochain, à dix heures du matin.

Il sera immédiatement donné connaissance de la présente ordonnance à MM. les commissaires de la chambre des députés. Elle sera notifiée aux accusés présens.

Fait au palais de la cour des pairs, le 30 novembre 1830.

Signé PASQUIER.

~~~~~~

CHAPITRE XIV.

INSTRUCTIONS FAITES PAR LA COMMISSION DE LA CHAMBRE DES DÉPUTÉS
ET PAR LA COUR DES PAIRS.

CHAMBRE DES DÉPUTÉS.

(Interrogatoire du 18 août 1830.)

I. *M. le prince de Polignac.*

Demande. — Quels sont vos noms, prénoms, âge et qualités ? —
Réponse. Auguste-Jules-Armand-Marie, prince de Polignac, pair
de France, âgé de 50 ans. — D. Reconnaissez-vous votre signature
au bas du Rapport au Roi, lequel a précédé et provoqué les ordonnances du 25 juillet dernier ? — R. Oui. — D. Reconnaissez-vous
votre signature au bas de l'ordonnance relative à la suppression de
la liberté de la presse ? — R. Oui. — D. Reconnaissez-vous votre
signature au bas de l'ordonnance qui déclare Paris en état de siége ?
— R. Oui. — D. Reconnaissez-vous avoir mis votre signature sur
l'original de l'ordonnance de dissolution de la chambre des députés,
dont voici l'ampliation signée *pour copie conforme*, comte de
Peyronnet ? — R. Je crois pouvoir affirmer que je n'ai pas plus signé
l'original que la copie. — D. Voici une ordonnance dont nous
n'avons que la copie conforme, signée comte de Peyronnet, et
relative à l'introduction d'un nouveau système électoral, reconnaissez-vous en avoir signé l'original ? — R. Je me rappelle avoir signé
l'original. — D. Voici une autre ordonnance qui est celle de la
convocation de nouveaux colléges électoraux, expédiée aussi pour
copie conforme, *Peyronnet*, en avez-vous signé l'original ? — R.

20

Non, je ne l'ai pas signé. — D. Avez-vous participé même aux ordonnances qui ne portaient pas votre signature? — R. J'y ai participé par cela seul que je faisais partie du conseil des ministres. — D. Quel est le rédacteur du Rapport au Roi qui a précédé les ordonnances? — R. Je ne puis le nommer. — D. A quelle époque le plan du rapport et des ordonnances a-t-il été conçu? — R. Très-peu de jours avant la publication. — D. Quel est l'auteur de ce plan? — R. Je ne puis le dire. — D. Pourquoi, ayant le projet de dissoudre la chambre des députés et de suspendre la Charte, avez-vous fait distribuer des lettres closes aux membres des deux chambres? — R. J'affirme n'avoir eu aucune connaissance de l'expédition des lettres closes, et ne l'avoir apprise que par la réception de ma propre lettre close, comme pair. Je dois faire observer en outre que jamais je n'ai eu l'intention de suspendre la Charte. — D. Pourquoi M. le duc de Raguse a-t-il été chargé du commandement de la Ière. division militaire, dès le 25 juillet? — R. Le commandement était destiné depuis long-temps au duc de Raguse, il lui a été donné parce que M. le général Coutard était parti pour les élections, et devait ensuite se rendre aux eaux pour quelques mois. — D. Quelles sont les instructions qui avaient été données au Maréchal? — R. Aucunes. — D. Savez-vous, Monsieur, qui a donné l'ordre de tirer sur le peuple? — R. Je l'ignore; mais ce que je puis affirmer, c'est d'avoir entendu dire au Maréchal de ne tirer qu'après qu'on aurait tiré sur les troupes. — D. Avez-vous conseillé la mise en état de siége de la ville de Paris? — R. Non, mais on m'a dit que la chose était légale, et en ma qualité de ministre de la guerre par intérim, j'ai contresigné l'ordonnance; du reste, je crois que cette ordonnance n'a reçu aucune publicité légale, et qu'elle est restée entre les mains de M. le Maréchal. — D. Qui vous a engagé à contresigner l'ordonnance? — R. Je ne puis le dire. — D. Qui avait donné des ordres aux troupes des camps de Lunéville et de St.-Omer, pour venir sur Paris? — R. J'ai, d'après les ordres du Roi, expédié, en ma qualité de ministre de la guerre par intérim, l'ordre de dissoudre les deux camps de Lunéville et de St.-Omer, et d'en diriger les troupes, non à Paris, mais à St.-Cloud, auprès du Roi. — D. N'avez-vous pas fait distribuer des gratifications

extraordinaires aux troupes, pour les engager à tirer sur le peuple?
— R. Non, je n'ai point donné d'ordre pour faire distribuer des
gratifications aux troupes; je n'ignore pas qu'il leur en a été accordé,
mais non point dans le but de faire tirer sur le peuple, c'était seulement pour venir au secours des troupes qui se trouvaient alors dans
un urgent besoin. — D. Savez-vous quel jour cette distribution a
été faite? — R. Je ne puis le préciser. — D. Savez-vous quelles
sont les sommes qui ont été distribuées? — R. Je l'ignore. — D.
Savez-vous de quelles caisses elles provenaient? — R. Je l'ignore,
mais je suis certain cependant qu'elles ne provenaient pas des
caisses de la liste civile. — D. Pouvez-vous nous dire qui a signé les
ordres de ces distributions? — R. Je ne le sais réellement pas. —
D. N'aviez-vous pas arrêté au conseil le rétablissement des cours
prévôtales? — R. Non, cela est complètement faux; il n'en a pas
même été question au conseil. — D. N'avait-on pas décidé l'arrestation d'un grand nombre de députés? — R. Non, c'est également
faux.

II. *M. le comte de Peyronnet.*

D. Quels sont vos noms, prénoms, qualités et âge? — R. Pierre-
Denis, comte de Peyronnet, âgé de 52 ans. En même temps et
avant qu'il soit passé outre à l'interrogatoire, M. le comte de
Peyronnet a exprimé le désir de faire toutes les réserves de droit
sur les questions préjudicielles dans l'intérêt de la défense générale
de la cause. D. Reconnaissez-vous votre signature au bas du rapport au roi qui a précédé les ordonnances? — R. Oui. — D. Reconnaissez-
vous également votre signature au bas de l'ordonnance de suspension
de la presse périodique? — R. Oui. — D. Reconnaissez-vous votre
signature au bas de l'ampliation de l'ordonnance portant dissolution
de la chambre des députés? — R. Oui. — D. Reconnaissez-vous votre
signature au bas de l'ampliation de l'ordonnance portant convocation
des colléges électoraux? — R. Oui. — D. Reconnaissez-vous votre
signature au bas de l'ampliation d'une ordonnance du 25 juillet
même date que la précédente, instituant un nouveau mode d'élection? — R. Oui. — D. Pouvez-vous nous dire quel est le rédacteur du
rapport au roi? — R. Ce n'est pas moi. — D. Avez-vous participé

au rapport? — R. Je n'y ai point participé; j'y ai adhéré.—D. Avez-vous participé dans le conseil à l'ordonnance qui suspend la liberté de la presse périodique? — R. Je n'en suis pas l'auteur, mais j'y ai adhéré. — D. Pouvez-vous en faire connaître l'auteur? — R. Il ne m'appartient pas de le dire. — D. Avez-vous participé dans le conseil à l'ordonnance portant dissolution de la chambre des députés? — R. Oui; le système adopté, c'est moi qui ai rédigé l'ordonnance. — D. Avez-vous participé dans le conseil à l'ordonnance portant convocation des colléges électoraux? — R. Oui. — D. Avez-vous participé dans le conseil à l'ordonnance qui établit un nouveau mode d'élections? — R. Oui. — D. Avez-vous participé dans le conseil à l'ordonnance qui met la ville de Paris en état de siége? — R. Oui. — D. Pouvez-vous dire qui a proposé cette mesure? — R. Je ne le dois pas. — D. A quelle époque le plan du rapport et des ordonnances a-t-il été conçu? — R. Quant à la conception, j'en ignore l'époque, quant à l'adoption, elle a précédé de peu de jours le 25 juillet. — D. Pouvez-vous nous dire quels sont les auteurs de ce plan. — R. La vérité est que matériellement je ne le puis pas; je l'ignore. — D. Pourquoi, ayant le projet de dissoudre la chambre et de suspendre la Charte, avez-vous fait distribuer des lettres-closes aux membres des deux chambres?—R. Je n'ai jamais eu le dessein de participer à des mesures qui dussent avoir pour effet la suspension de la Charte. Quant à la distribution des lettres-closes, la signature donnée par le roi aux originaux avait précédé l'adoption du projet de dissolution, et l'expédition qui s'en est faite, selon l'usage, dans les bureaux, a eu lieu pendant que le projet était encore en délibération. — D. Pourquoi M. le duc de Raguse a-t-il été chargé du commandement de la Iʳᵉ division militaire dès le 25 juillet? — R. Cette détermination m'est complètement étrangère; je ne l'ai connue qu'après qu'elle a été adoptée. Au surplus je crois qu'il y a erreur de date; cette décision ne peut pas manquer d'être postérieure aux ordonnances. — D. Savez-vous quelles instructions avaient été données au Maréchal? — R. Elles me sont non seulement étrangères, mais complètement inconnues. — D. Qui a donné l'ordre de tirer sur le peuple dès le 27 juillet? — R. Je l'ignore complètement. — D. Pouvez-vous nous dire qui a donné des ordres

aux troupes des camps de Luneville et de St.-Omer de marcher
sur Paris? — R. Je l'ignore; et d'ailleurs ces ordres n'ont pas été
discutés dans le conseil. — D. N'a-t-on pas fait distribuer des gratifications extraordinaires aux troupes pour les engager à tirer sur le
peuple. — R. Je n'en ai aucune connaissance. — D. N'aviez-vous
pas arrêté au conseil le rétablissement des cours prévôtales? —
R. Nullement. — D. N'avait-on pas décidé, au conseil, l'arrestation
d'un certain nombre de députés? — R. Nullement et à aucune
époque, ni pour les députés, ni pour aucune autre personne.

III. *M. le comte Guernon de Ranville.*

D. Quels sont vos noms, prénoms, âge et qualités? — R. Mar-
tial-Côme-Annibal-Perpétue-Magloire, comte Guernon de Ranville,
âgé de quarante-trois ans, ex-ministre, député de Maine-et-Loire. —
D. Reconnaissez-vous votre signature au bas du rapport au Roi qui
a précédé les ordonnances du 25 juillet? — R. Oui. — D. Reconnaissez-vous votre signature au bas de l'ordonnance sur la suspension de la liberté de la presse? — R. Oui. — D. Reconnaissez-vous
avoir signé l'ordonnance dont nous n'avons que l'ampliation certifiée
pour copie conforme comte de Peyronnet, et relative à la dissolution de la chambre élective? — R. Non; je crois être certain qu'il
n'a été signé par tous les membres du conseil que trois pièces, c'est-
à-dire le rapport au Roi relatif à la presse, l'ordonnance de suspen-
tion de la liberté de la presse, et l'ordonnance relative à l'introduction d'un nouveau système électoral. — D. Pouvez-vous nous dire
quel est le rédacteur du Rapport au Roi? — R. Je ne puis le dire : ce
fait ne m'est point personnel, et je ne puis me permettre de révéler
les secrets du conseil du Roi. — D. Avez-vous participé à l'ordonnance portant suspension de la liberté de la presse périodique, et à
celle qui institue un nouveau système électoral? — R. Je n'ai jamais
su faire distinction entre la morale publique et la morale privée. Le Roi
ne pouvait porter atteinte à la charte constitutionnelle sans violer ses
sermens, et cette seule considération me détermina à combattre le
principe de l'ordonnance sur le système électoral. Quant à l'ordonnance sur la presse, quoi qu'elle n'eût pour objet que de suspendre
l'exécution d'une loi, mesure qui, dans des cas d'urgence, et lors-

que le salut de l'Etat se trouverait compromis, ne me semblerait pas excéder les limites de la prérogative royale, je l'ai de même combattue, par le motif que le cas d'urgence ne me paraissait nulle. ment exister, et j'émis dans le conseil l'opinion qu'il convenait de laisser réunir les chambres convoquées pour le 3 août, et de leur proposer les améliorations dont la législation sur la presse me paraissait susceptible. Au reste, je fis connaître toute ma pensée sur cet objet à M. Courvoisier, mon ancien collègue, dans le temps même où les mesures furent proposées.—D. A quelle époque le plan du Rapport et des ordonnances a-t-il été conçu?—R. Je crois sans pouvoir l'affirmer que le principe sur lequel reposent les ordonnances a été proposé, pour la première fois, dans un conseil tenu du 10 au 15 juillet. Quant au Rapport, il n'a été lu en entier que dans le conseil du 25 juillet, où nous avons signé les ordonnances.— D. Pouvez-vous nous dire qui a fait la première proposition du 10 au 15 juillet?—R. Je ne puis répondre à cette question.—D. Pourquoi, ayant le projet de dissoudre la chambre et de suspendre la Charte, a-t-on fait distribuer les lettres closes aux membres des deux chambres? R. Je crois que la distribution des lettres closes a eu lieu par une erreur des bureaux. — D. Pourquoi le duc de Raguse a-t-il été chargé du commandement de la 1re division militaire le 27 juillet?—R. Je crois que c'est parce que les troubles ont commencé ce jour-là. — D. Savez-vous quelles instructions lui avaient été données?—R. Non; mais je crois cependant que ces instructions avaient été d'agir avec beaucoup de modération, car dans tous les ordres que je lui ai entendu donner, il a toujours recommandé de n'employer la force que pour répondre à des voies de fait. — D. Savez-vous qui a donné l'ordre de tirer sur le peuple dès le 27 juillet? — R. Non.—D. Avez-vous conseillé la mise en état de siége de la ville de Paris?—R. Je n'ai pris part à aucune délibération sur cet objet. — D. N'avez-vous pas connaissance de gratifications extraordinaires données aux troupes pour les engager à tirer sur le peuple? — R. Non; à ma connaissance il n'y a eu aucune gratification à cet égard.—D. N'avait-on pas arrêté au conseil le rétablissement des cours prévôtales?—R. Non. — D. N'avait-on pas décidé l'arrestation d'un grand nombre de députés et de beaucoup d'autres personnes ? — R. Il n'en a jamais été question au conseil, et je ne crois pas que personne y ait pensé.

IV. M. de Chantelauze.

D. Quels sont vos noms, prénoms, âge et qualités? — R. Jean-Claude-Balthazar-Victor de Chantelauze, âgé de 43 ans, ex-ministre, député.— D. Reconnaissez-vous votre signature au bas du Rapport au Roi qui a précédé les ordonnances du 25 juillet, au bas de l'ordonnance du même jour qui suspend la liberté de la presse périodique?—R. Oui.—D. Reconnaissez-vous avoir signé l'ordonnance qui établit un nouveau système électoral et dont voici l'ampliation certifiée conforme par M. de Peyronnet?—R. Oni.—D. Avez-vous participé à l'ordonnance du même jour portant dissolution de la chambre des députés, et à celle, également du même jour, qui convoque les colléges électoraux?—R. Oui.—D. Avez-vous participé à l'ordonnance du 28 juillet, qui met la ville de Paris en état de siége?—R. Je crois en effet que cette mesure a été adoptée en conseil, sans qu'il se soit élevé la moindre objection, attendu quelle était fondée sur une loi positive et justifiée par les circonstances.—D. Pouvez-vous dire quel a été le rédacteur du Rapport au Roi.—R. Je sens toute l'importance de cette question, mais je n'hésite pas a y répondre avec sincérité. Je suis l'auteur et le seul auteur de ce rapport. J'ajoute que ce travail, que le roi m'a ordonné de faire et qui m'a été demaudé par le conseil, a suivi et non pas précédé les mesures qui ont été l'objet des ordonnances du 25 juillet. — D. Pouvez-vous dire à quelle époque a été conçu le plan du rapport et des ordonnances du 25 juillet.—R. Je divise la question. Le rapport n'était qu'une chose de forme, uniquement destiné au public, et tout-à-fait en dehors des mesures dont il est question. Quant aux mesures en elles-mêmes, elles n'ont été adoptées, autant que ma mémoire peut me le rappeler d'une manière précise, qu'après le 10 juillet ou vers le milieu de ce mois, elles étaient subordonnées au résultat définitif des élections.—D. Quel est le premier auteur de ce plan?—R. Le conseil l'a arrêté.—D. Pourquoi ayant le projet de dissoudre la chambre et de suspendre la Charte, avez-vous fait distribuer les lettres closes aux membres des deux chambres?—R. C'est une affaire de bureau.—D. Pourquoi M. le duc de Raguse a-t-il été chargé du commandement de la Ière. division militaire dès le 27 juillet.—R. Je n'ai participé à aucune délibération sur cet objet.—D. Savez-vous qui a donné l'ordre de tirer sur le peuple dès le 27 juillet.—R. Je l'ignore.—D. Savez-vous qui a donné les ordres aux troupes de Lunéville et de St.-Omer pour marcher sur Paris?—R. Ce n'est pas un objet dont le conseil s'est occupé.—D. A-t-on fait distribuer des gratifications extraordinaires aux troupes pour les engager à tirer sur le peuple?—R. J'ai su qu'une gratification d'un mois et demi de solde avait été faite aux troupes, je n'en ai eu connaissance qu'après quelle a été accordée. Cette mesure n'a été l'objet d'aucune délibération au conseil, et j'ignore par qui elle a été provoquée. —D. Savez-vous si l'établissement des cours prévôtales avait été arrêté dans le conseil?—R. Non, et j'affirme qu'aucune mesure de ce genre n'a été adoptée.—D. Avait-on décidé au conseil l'arrestation d'un certain nombre de députés ou d'autres personnes?—R Aucune délibération du conseil n'a eu lieu à ce sujet.

(Second interrogatoire du 9 septembre 1830.)

I. *M. le prince de Polignac*

D. Qui a conseillé au Roi la formation du ministère du 8 août? —R. Je n'ai aucune réponse à faire : j'ai été appelé comme ministre par le Roi. — D. Pouvez-vous nous dire qui a conseillé et rédigé le discours de la couronne prononcé par le Roi à l'ouverture de la précédente session?— R. La détermination a été prise en conseil : le secret devant être gardé sur tout ce qui se passe dans le conseil du Roi, il m'est impossible de répondre à cette question.. —D. Qui a suggéré et dicté la réponse que fit le Roi à l'adresse de la chambre? —R. Je ne puis faire que la même réponse à toutes les questions de cette nature.—D. Est-il à votre connaissance qu'on ait destitué beaucoup de fonctionnaires à l'occasion des élections?— R. C'est un

relevé à faire dans le Moniteur ; quant à la guerre. il n'y a eu de
mesures prises qu'à l'égard de trois personnes. — D. Qui a donné
au duc de Raguse les ordres consignés dans son ordre confidentiel
du 20 juillet?—R. Je l'ignore complètement : je n'en ai eu connaissance ni directement, ni indirectement. Je crois être certain que
les ordres de cette nature émanaient directement du major-général
de la garde de service sans qu'il soit obligé d'en donner communication au ministre de la guerre.—D. Vous-avez dit dans votre lettre à
la commission, que lorsque le 28 juillet, plusieurs députés se présentèrent à l'état major de la place, vous résolutes avec le maréchal duc
de Raguse d'en écrire au Roi, le fîtes-vous, et que répondit le
Roi?—R. J'ai écrit au Roi, le maréchal duc de Raguse a écrit de son
côté, il [ne m'a point communiqué la réponse qu'il a reçue de
Sa Majesté. Toutes les fois que je serai interrogé sur ce que le Roi
aura pu m'avoir dit, ou m'avoir écrit, un sentiment de respect et
d'honneur m'imposera un silence absolu. —D. Dans les journées du
26, du 27 et du 28 rendait-on compte au Roi de ce qui se passait à
Paris?—R. Le maréchal m'a dit lui avoir envoyé très-régulière-
ment ses rapports. Quant à moi je n'ai pas eu connaissance des mouvemens militaires qui se sont opérés de part et d'autre dans les rues
de Paris.— D. Est-il vrai que le 25 vous ordonnâtes une active
surveillance autour de Neuilly?—R. Le fait est complètement faux.
—D. Des mandats d'arrêt ont été décernés le 27 juillet contre un
certain nombre de personnes, ont-ils été délibéré en conseil? —
R. Je n'en ai aucune connaissance.—D. Vous-avez dit dans votre
lettre à la commission, que le 29 au matin vous vous rendites à
St.-Cloud, et que vous engageâtes le Roi à retirer les ordonnances,
et à envoyer M. de Mortemart à Paris pour l'annoncer : qu'arriva-t-il?
—R. Le Roi accepta nos démissions et retira les ordonnances. J'intro-
duisis chez Sa Majesté le duc de Mortemart ; je le laissai dans le
cabinet, et depuis cette époque je suis resté tout-à-fait étranger à
ce qui s'est passé. — D. Ensuite de la mise de Paris en état de siége,
il paraît qu'on s'occupait dès le 28 juillet, chez le sous-secrétaire
au département de la guerre, de l'organisation d'un conseil de
guerre, ou commission militaire : aviez-vous donné des ordres pour
cette organisation ?—R. Aucun ; je suis resté étranger à tout ce

qui s'est fait ou à pu se faire à ce sujet, comme à ce qui s'est passé pendant les trois journées à Paris. — D. Le sieur Lizoire, inventeur des projectiles incendiaires, aurait été invité par plusieurs ministres à livrer des projectiles pour s'en servir contre la ville de Paris dans les journées des 27 et 28 juillet : en avez-vous connaissance?— R. Le fait est faux, je n'ai jamais connu personne qui portât ce nom. Je viens de lire sa pétition à la chambre, elle ne contient que d'infâmes calomnies. —D. Le Roi avait-il, indépendamment des ministres, d'autres personnes de qui il prenait conseil? — R. Je n'en connais aucune.

II. *M. le comte de Peyronnet*.

D. Lorsque le Roi vous a appelé au conseil, était-ce dans l'intention de modifier le système dans lequel avait paru être formé le ministère du 8 août?—R. Il m'a paru que les intentions du Roi n'avaient été que de rendre son ministère plus propre aux discussions de tribune. — D. Est-ce vous qui avez suggéré et rédigé la proclamation du Roi aux électeurs?—R. Je n'en suis pas l'auteur, mais l'éditeur. J'avais rédigé un projet; un autre membre du conseil en lut un second qui lui fut préféré. On souhaita cependant qu'il y fût fait quelques changemens de rédaction, et je les fis.—D. Il y a eu des troubles à Montauban, lors des élections : on a pu supposer que le ministère n'y était pas étranger. Que pouvez-vous dire à cet égard? —R. Je n'ai eu de participation à cette affaire que par les ordres positifs et rigoureux que j'ai donné de faire poursuivre, sans retard, ni ménagement, tous ceux qui s'étaient rendus coupables de troubles envers l'ordre public. — D. Quel est le rédacteur de l'ordonnance du 25 juillet relative à un nouveau système électoral? — R. La conception appartient au conseil, la rédaction est en grande partie mon ouvrage. — D. Quel est le rédacteur de l'ordonnance sur la presse périodique? — R. Je suis étranger à sa rédaction. — D. Pourriez-vous dire si plusieurs conseils ont été employés à la discussion des ordonnances du 25 juillet?—R. Je ne crois pas qu'il ait été tenu plus de deux conseils pour délibérer à fond sur le système.—D. Le conseil a-t-il été unanime sur l'adoption des ordonnances? — R. Je crois de mon honneur de vous dire que je

craindrais de manquer aux sermens que j'ai prêté si je révélais les
détails des délibérations du conseil. — D. Dans le cas où le conseil
n'aurait pas été unanime, ne craindriez-vous pas, en gardant le silence, de manquer à vos devoirs envers ceux de vos anciens collègues qui se seraient opposés aux ordonnances? — R. Je craindrais
plutôt de manquer à mes devoirs envers eux, en donnant, par
exemple, des explications qui me fussent personnellement favorables. Au surplus, par la signature des ordonnances, il y a eu, du
moins en ce moment, une apparence d'unanimité. Antérieurement,
il y a eu sans doute discussion, et par conséquent dissentiment. —
D. Il semblerait résulter de votre réponse que les explications que
vous auriez à donner vous seraient favorables. Etiez-vous en dissen-
sentiment avec vos collègues?—R. Vous avez de nombreux moyens
d'acquérir la connaissance de la vérité sur ce point, sans que je
vous donne les explications que vous me demandez. — D. Nous
comprenons le sentiment qui vient de dicter votre réponse, e nous
nous bornerons à vous demander si M. Guernon de Ranville a été
en dissentiment? — R. M. Guernon de Ranville a en effet exprimé
dans les deux conseils dont j'ai déjà parlé, des opinions opposées au
système qui a prévalu.— D. Dans les journées des 26, 27 et 28 juillet, le ministère rendait-il compte régulièrement au Roi de ce qui
se passait dans Paris?—R. Le ministère ne correspondait jamais par
des rapports écrits avec le Roi : c'était le président du conseil qui
correspondait dans cette forme; et quoique je n'en aie aucune connaissance positive, je suis néanmoins convaincu qu'il n'a pas négligé
ce devoir pendant les journées dont il est question. — D. Des mandats d'arrêt ont été decernés le 27 juillet contre un certain nombre
de personnes. Que savez-vous à cet égard?—R. J'ignore complètement les faits qui sont l'objet de cette question; à plus forte raison y
suis-je étranger. — D. Le sieur Lisoire, inventeur de projectiles incendiaires, prétend avoir été invité par plusieurs ministres à livrer
des projectiles pour servir contre la ville de Paris dans les journées
des 27 et 28 juillet. En avez-vous connaissance?—R. Cette question
me fait éprouver le sentiment le plus douloureux. Le fait est gros-
sièrement faux, quant à moi.—D. En dehors des ministres, le Roi
avait-il d'autres conseils? — R. Je l'ignore, et vous sentirez qu'il ne

ne peut m'appartenir, dans aucun cas, de répondre à une pareille question.

III. *M. le comte Guernon de Ranville.*

D. Vous étiez ministre du Roi à l'ouverture de la session précédente. Quel a été le rédacteur du discours d'ouverture prononcé par le Roi? — R. Je ne pourrais faire une réponse précise. Un premier projet fut présenté et discuté paragraphe par paragraphe ; mais je ne me rappelle pas quel fut l'auteur de la première rédaction. — D. Lorsque le bureau de la chambre fut porter l'adresse au Roi, savez-vous qui a suggéré et dicté la réponse du Roi? — R. Je ne pourrais pas le préciser, la réponse a été discutée au conseil. — D. Quel a été le rédacteur de l'ordonnance qui a établi un nouveau système électoral? — R. Ce fait ne m'étant point personnel, je ne puis répondre à la question. — D. Quel est le rédacteur de l'ordonnance relative à la presse périodique? — R. Je ne puis que faire la même réponse. — D. Dans les journées des 26, 27 et 28 juillet, le ministère rendait-il régulièrement compte au Roi de ce qui se passait à Paris? — R. Ce soin regardait M. le président du conseil. Je suppose qu'il s'en est acquitté, mais je l'ignore. — D. Des mandats d'arrêt ont été décernés le 27 juillet contre plusieurs personnes, que savez-vous à cet égard? — R. J'ignore si des mandats ont été décernés, je ne le crois pas; mais ce qu'il y a de certain, c'est qu'il n'y a eu aucune discussion dans le conseil à cet égard. — D. Pourriez-vous donner quelques détails sur les motifs qui ont fait appeler M. de Peyronnet au ministère? — R. Aucun. Le remplacement de MM. Courvoisier et Chabrol par MM. de Peyronnet, de Chantelauze et Capelle, n'a point été discuté en conseil, et je ne l'ai su que lorsqu'il a été consommé.

D. Les ordonnances du 25 juillet ont-elles été votées à l'unanimité? — R. Non j'ai combattu ces ordonnances, et dans les conseils préparatoires, et dans le conseil tenu sous la présidence du Roi, où elles furent définitivement arrêtées. Je crois pouvoir ajouter que dans le conseil où pour la première fois, les principes qui ont servi de base à ces ordonnances furent émis, M. de Peyronnet se joignit à moi pour les combattre. — D. Dans le conseil préparatoire qui eut lieu, parut-on abandonner l'idée de ses ordonnances? — R. Je ne puis dire si l'idée fut abandonnée par ceux qui adoptaient le principe, ce qu'il y a de certain, c'est qu'alors que chacun eut émis son opinion, il ne fut plus question de cette affaire, et rien ne fut arrêté. — D. Pourriez-vous dire, Monsieur, si le Roi avait d'autres conseillers que ses ministres? — R. Je ne le crois pas, mais au reste, je ne puis savoir ce qui se passait dans l'intimité du château. — D. Avez-vous connaissance des propositions faites au sieur Lizoire, inventeur de projectiles incendiaires, de livrer quelques-uns de ces projectiles pour les diriger sur Paris? — R. Non, et je suis même très-convaincu qu'aucune personne attachée au gouvernement du Roi n'a conçu cette horrible pensée.

IV. *M. de Chantelause.*

D. Savez-vous si votre entrée au ministère a été motivée par le dessein de changer le système politique de l'administration? — R. Non. — D. Savez-vous qui a suggéré l'idée de la proclamation du Roi aux électeurs? — R. Je l'ignore, je ne puis dire quel en est le rédacteur. — D. Dans les journées des 26, 27 et 28 juillet le ministère a-t-il régulièrement rendu compte au roi de ce qui se passait? — R. Je l'ignore, il n'y avait plus de conseil. — D. Savez-vous qui a décerné les mandats d'arrêt qui paraissent avoir été lancés dans la journée du 27? — R. Je l'ignore. — D. Savez-vous quelque chose relativement à de prétendues propositions faites au sieur Lizoire, de livrer quelques projectiles incendiaires dont il est l'inventeur? — R. Je ne sais rien à cet égard et ce nom m'est tout-à-fait inconnu? — D. Savez-vous si le Roi consultait d'autres conseillers que ses ministres? — R. Je l'ignore. — D. Pourriez-vous donner des détails sur votre entrée au ministère? — R. J'ai toujours été fort éloigné d'accepter ces hautes fonctions. Nommé vers le 15 ou le 16 août ministre des affaires ecclésiastiques et de l'instruction publique, je refusai et fus assez heureux pour faire agréer ce refus. Nommé dans ces derniers temps garde-des-sceaux, je manifestai la même répugnance et exprimai le même refus. De nouvelles circonstances ne me laissèrent pas libre de persister dans cette résolution.

COUR DES PAIRS.

(Interrogatoire du 26 octobre 1830)

I. *M. le prince de Polignac.*

D. Depuis quelle époque saviez-vous que vous deviez être appelé au ministère, lorsque vous avez été nommé le 8 août 1829? — R. Je l'ai su très-peu de jours auparavant. — D. Est-ce vous qui avez formé le ministère, et le roi s'est-il entendu avec vous sur tous les membres qui l'ont composé? — R. Je l'ai trouvé formé en partie. J'ai proposé au choix du roi M. de Courvoisier, M. de Montbel et M. de Rigny qui a refusé. — D. Quelle règle de conduite vous étiez-vous tracée en entrant aux affaires? — R. Celle que mes prédécesseurs avaient suivie. — D. De quels prédécesseurs entendez-vous parler? — R. De tous : nous n'avions tous qu'un but, celui de maintenir l'ordre de choses établi. On a dû retrouver dans mes papiers, qui m'ont tous été pris, quelques notes qui constatent mes intentions à ce sujet. — D. En appelant au conseil ou en acceptant pour collègues des hommes que l'opinion désignait comme ennemis des institutions constitutionnelles, votre intention n'était-elle pas de vous en servir pour les détruire? — R. Pour répondre à cette question, il faudrait savoir quels sont les hommes que l'on regarde comme hostiles aux institutions constitutionnelles. M. de La Bourdonnaye était depuis plusieurs années l'objet des éloges des journaux de l'opposition ; ce n'est d'ailleurs pas moi qui l'ai proposé, et il était nommé avant mon arrivée au conseil. Quant à M. de Bourmont on ne lui reprochait qu'un fait militaire qui n'avait rien de commun avec la politique, et qui ne pouvait faire préjuger quelles seraient ses vues sur la direction des affaires. — D. Vous avez alors et depuis dans le courant de votre ministère formellement exprimé que votre mission était de renverser la loi des élections et de détruire la liberté de la presse; de qui teniez-vous cette mission ? — R. Je n'ai jamais exprimé que j'eusse cette mission, et par conséquent je ne pouvais la tenir de personne.

D. Par qui étiez-vous secondé auprès du roi dans l'exécution du plan qui a amené les ordonnances du 25 juillet dernier? — R. Il n'y a eu aucun plan de formé à cet égard jusqu'au dernier moment. — D. Le plan de conduite que vous avez suivi a-t-il été discuté et délibéré dans le conseil? — R. Si par plan de conduite on entend le renversement des institutions, ce plan n'a jamais pu être discuté ni délibéré en conseil, car il n'a jamais existé. Quant au système de gouvernement que le ministère dont je faisais partie voulait suivre, il ne consistait qu'à développer, autant que possible, la Charte elle-même au moyen des institutions qui pouvaient être en harmonie avec nos lois et nos mœurs. J'avais profité de mon séjour en Angleterre pour étudier celles des institutions de ce pays qui pouvaient convenir à la France, et j'avais même fait sur cet objet un travail fort considérable, qui a dû se trouver au ministère. — D. Lorsque vous avez conseillé au roi Charles X de dissoudre la chambre, aviez-vous déjà arrêté dans votre esprit, et avec vos collègues, le plan qui s'est réalisé par les ordonnances du 25 juillet? — R. La dissolution de la chambre a été arrêtée en conseil des ministres et en conseil du roi ; mais elle n'avait rien de relatif aux ordonnances du 25 juillet, dont alors il n'était aucunement question. — D. Comment avez-vous pu, dans la disposition où étaient alors les esprits, croire que la chambre nouvelle serait d'une autre opinion que celle dont on prononçait la dissolution? — R. On a vu très-souvent, et en Angleterre et en France, des changemens de ce genre, et j'avais en effet pensé que la composition de la chambre nouvelle serait différente. Beaucoup d'autres personnes partageaient, à cet égard, mon opinion.

D. N'avez-vous pas, pour obtenir une chambre comme vous le désiriez, employé, soit par vous mêmes, soit par vos agens, pour influencer les électeurs, des moyens que l'on pourrait qualifier d'illégaux? — R. Je n'en ai employé aucuns. — D. N'avez-vous pas notamment employé la menace pour violenter les suffrages des fonctionnaires publics? — R. Jamais, et comme ministre, je n'ai écrit, au sujet des électeurs, qu'une seule circulaire, tellement inoffensive, qu'elle n'a jamais donné lieu à aucune critique; les seules élections dont je me sois occupé, et encore comme simple particulier, ce sont celles de la Haute-Loire, à raison des relations que j'ai dans ce département. — D. N'avez-vous pas fait exiger des électeurs, malgré la loi qui assure le secret des votes, que les bulletins fussent remis par eux ouverts, et de manière à ce que l'on pût voir les noms qu'ils contenaient? — R. Jamais. — D. Lorsque vous avez rédigé ou fait rédiger la proclamation royale qui a précédé les élections nouvelles, comment n'avez-vous pas reculé devant la pensée de signaler comme ennemis du Roi les 221 députés qui avaient voté l'adresse? — R. La proclamation ne les signale pas comme ennemis du Roi. — D. A quelle époque avez-vous conçu le projet des ordonnances du 25 juillet? — R. Sept ou huit jours avant leur signature, et encore le projet n'a-t-il été arrêté qu'au moment même. — D. Ce projet a dû cependant exister avant l'entrée de MM. de Peyronnet et de Chantelauze au ministère? — R. Nullement. — D. N'est-ce pas au moins pour soutenir et exécuter des actes de cette nature que vous avez appelé ces Messieurs? — R. Aucunement. — D. M. de Peyronnet, qui a rédigé l'ordonnance électorale du 25 juillet, ne vous en avait-il pas lu une équivalente avant son entrée au ministère? — R. Non; je ne puis d'ailleurs dire qui a rédigé l'ordonnance. — D. N'avez-vous pas éloigné MM. de Courvoisier et de Chabrol, parce qu'ils n'ont pas voulu concourir à l'exécution d'un système anti-constitutionnel? — R. Je n'ai pas éloigné MM. de Courvoisier et de Chabrol, ils se sont retirés. — D. Quels étaient les projets que vous aviez laissés percer en présence de MM. de Courvoisier et de Chabrol, et qui les ont déterminés à se retirer? — R. Je n'en avais aucuns, et par conséquent je n'en ai pu laisser percer aucuns.

D. La résolution de dissoudre la chambre n'a-t-elle pas eu pour but d'engager le roi personnellement, et de le compromettre de telle sorte, qu'il ne pût rester sur son trône, qu'en s'appuyant sur les bayonnettes? — R. En aucune manière, et j'ignore ce qui peut donner lieu à cette question. — D. Si la volonté de dissoudre la chambre, de déclarer ennemis personnels du roi les 221 députés, de soutenir son ministère à tout prix, à tous risques, et quoiqu'il fallut faire contre les lois, a été conçu par le roi lui-même, ne lui avez-vous pas représenté la multitude de dangers auxquels il s'exposait? — R. Je commencerai d'abord par mettre hors de question tout ce qui est relatif à la personne du roi; sa personne était sacrée. Je répète, en second lieu, que les 221 députés n'ont jamais été désignés comme ses ennemis personnels; en troisième lieu, l'intention de conserver le ministère alors existant ne prouvait rien d'illégal ; ce n'est pas la première fois, depuis la restauration , que l'on avait dissous une chambre des députés pour conserver le ministère. — D. Si vous n'avez conçu le projet des ordonnances qu'à l'approche du moment où elles ont été rendues, que s'était-il donc passé dans le pays qui pût motiver cette mesure? Le pays n'était-il pas tranquille? — R. Non; il y avait un parti qui voulait renverser la Charte et la dynastie. — D. Tous les organes de l'opposition ne prêchaient ils pas cependant le respect pour l'ordre légal et l'obéissance aux lois existantes et celles qui seraient constitutionnellement rendues? — R. La disposition des esprits nous faisait craindre que leurs intentions à ce sujet ne se réalisassent pas. — D. Les arrêts des magistrats étaient-ils restés quelque part sans exécution ? — R. Pas que je sache. — D. L'administration avait-elle éprouvé quelques résistances d'une nature grave et propre à motiver un grand changement dans l'ordre des choses établi? — R. L'administration rencontrait partout des obstacles, quoique partout sa marche fut légale. — D. Quelle était la nature de ces obstacles ? — R. Ces obstacles résultaient surtout de la malveillance avec laquelle étaient reçus tous les actes du gouvernement, malveillance qui se manifestait par les critiques les plus amères des mesures même que l'on réclamait auparavant, par les calomnies répandues contre le gouvernement, par les associations formées pour résister à des projets qui n'existaient pas; par la publicité la plus indiscrète donnée aux ordres donnés et au plan arrêté, pour en compromettre l'exécution; enfin, il résultait de tout ce qui se passait, qu'un parti s'organisait ouvertement pour le renversement de la monarchie. — D. Cette situation, en la supposant exacte, existait déjà depuis long-temps, et ne vous avait pas déterminé d'abord à prendre les mesures que vous avez prises depuis; comment donc y avez-vous été porté plus tard ? — R. Nous avions espéré que la dissolution amènerait dans la chambre une majorité déterminée à soutenir le ministère; et nous étions d'autant plus fondés à le croire, que peu de temps après le vote de l'adresse, plusieurs de ceux qui l'avaient votée avaient annoncé ouvertement que si la chose était à recommencer, ils ne la voteraient pas. Mais les nouvelles élections ayant donné une chambre d'une opinion encore plus prononcée que la précédente, nous avons pensé que des mesures du genre de celles qui ont été prises devenaient indispensables. — D. S'il est notoire que des lettres écrites de l'étranger ont annoncé à l'avance les ordonnances qui ont été signées à Saint-Cloud le 25 juillet; cette connaissance anticipée ne prouve-t-elle pas que ces ordonnances avaient été méditées de longue main, que l'idée première en avait été communiquée à des personnes, dont quelques-unes avaient été peu discrètes? — R. Je ne connais aucune lettre, venue de l'étranger, qui en fasse mention, et cela était impossible, puisque, comme je l'ai dit, il n'en avait été aucunement question avant les huit ou dix jours qui ont précédé leur signature. —D. Nous vous représentons une lettre de M. de La Ferronnays en date de Naples, le 2 août, et arrivée à Paris après votre sortie du ministère. Elle prouve que vous lui aviez fait connaître, à cette époque, des projets dont il était effrayé? — R. Cette lettre ne peut avoir trait qu'aux conséquences de la première dissolution de la chambre, et à la convocation de la chambre nouvelle pour le 3 août, mais en aucune façon aux ordonnances, dont je puis affirmer que je n'avais parlé ni écrit à personne, n'en ayant aucunement conçu le projet avant l'époque que j'ai indiquée.

D. Les ordonnances paraissent avoir été combattues dans le conseil par MM. de Peyronnet, Guernon de Ranville et de Montbel; comment avez-vous pu, contre l'avis de ces membres du conseil, contre l'avis de la France entière, et uniquement pour ne pas céder au vœu national qui repoussait votre ministère, oser pousser le Roi à une extrémité aussi redoutable? Comment avez-vous pu, pour votre propre compte, vous lancer dans une voie aussi périlleuse? — R. Les ordonnances ont été approuvées par tous les membres du conseil; ce n'est pas même moi qui les ai rédigées; mais je les ai aussi approuvées. —D. Les ordonnances ont pu être définitivement approuvées par tous les membres du conseil, mais après que quelques-uns les auraient combattues dans la discussion. Pouvez-vous dire par qui elles ont été combattus? —R. Les ordonnances, comme beaucoup d'autres projets qui avaient alors été présentés, ont en effet été débattues dans une discussion préparatoire, mais elles ont été définitivement approuvées par tous les membres, et je ne puis m'expliquer sur la part que chacun aurait prise à leur discussion ou ensuite à leur rédaction. —D. N'avez-vous communiqué à personne la rédaction définitive des ordonnances avant leur discussion au conseil? —R. Non, je ne les ai communiquées à personne d'étranger au ministère. —D. N'avez-vous pas mis une grande vivacité dans le langage dont vous vous êtes servi pour exciter plusieurs de vos collègues à signer ces ordonnances alors qu'ils s'y refusaient? — R. Non. —D. N'avez-vous pas employé vis-à-vis d'eux des argumens qui étaient de nature à les ébranler par la considération de quelques faux points d'honneur? —R. Non. —D. Ce mode d'argumentation n'a-t-il pas été employé par quelqu'autre personne dans le conseil? —R. Non. —D. M. Guernon de Ranville ne vous a-t-il pas, dès le mois de décembre, adressé un mémoire où il combattait à l'avance les ordonnances, les coups d'état, et où il exprimait qu'on ne pouvait, sans périls, sortir des voies constitutionnelles de la Charte? —R. Je me rappelle une note qu'il m'a envoyée, et à laquelle j'ai répondu que je partageais ses idées. —D. Cependant pour que M. Guernon de Ranville eût pu croire qu'il était nécessaire de présenter une note dans ce sens, il semble qu'il fallait que l'on eût manifesté l'intention de sortir de la Charte? —R. Il n'avait jamais été question de rien de semblable, et je demande que M. Guernon de Ranville soit spécialement interrogé sur ce point. —D. N'est-ce pas M. de Peyronnet qui a porté au conseil la minute du projet des ordonnances? —R. Je dois garder le secret sur tout ce qui s'est passé au conseil, et surtout lorsqu'il s'agit d'indiquer le nom des personnes. —D. Ce projet avait-il été concerté à l'avance entre vous et le Roi? —R. Non.

D. Vous deviez prévoir que les ordonnances allaient soulever beaucoup d'esprits; elles éloignaient des collèges la presque totalité des négocians, elles détruisaient l'élection directe : une résistance légitime et loyale devait donc être prévue ; quel plan aviez-vous formé pour en triompher ? — R. Nous avions espéré au contraire que les personnes attachées à l'ordre et à la tranquillité reconnaîtraient le but auquel nous voulions parvenir et qui était d'arrêter l'agitation qui régnait dans les esprits. Il n'y avait donc aucun plan de formé parce qu'aucune résistance n'avait été prévue. — D. Vous ne pouviez rien attendre des tribunaux, dont la stricte fidélité à leurs devoirs était connue. A quelle juridiction comptiez-vous traduire ceux qui opposeraient résistance à l'exécution des ordonnances ? — R On ne comptait avoir recours à aucune autre juridiction que les juridictions ordinaires. — D. Entendez-vous par juridiction ordinaire celles de conseils de guerre et des cours prévôtales ? — R. Non, en aucune manière. — D. Comment était-il possible que vous voulussiez rester sans tribunaux extraordinaires pour réprimer des actions que les ordonnances incriminaient, et que les tribunaux ordinaires auraient trouvées légitimes ? — R. Il suffit de lire les ordonnances pour se convaincre que leur exécution ne devait élever que des questions administratives. — D. Les cours prévôtales vous avaient été demandées pour les incendies. N'était-ce pas un moyen de les avoir à sa disposition pour punir les résistances aux ordonnances ? — R. Il n'a jamais été question d'établir aucune cour prévôtale ? et je demande que l'on fasse les recherches les plus exactes à ce sujet. — D. Un mémoire trouvé dans vos papiers et que nous vous représentons, prouve qu'un homme qui paraissait être dans votre intimité ne supposait pas que vous pussiez vous passer de ce secours ? — R. Ce mémoire daté du 26, ne m'a pas passé sous les yeux, et je ne puis savoir par qui il m'a été adressé. — D. Vous aviez dû croire au moins qu'il y aurait, le 3 septembre, résistance aux ordonnances électorales, et, dès le premier moment, à celle en vertu de laquelle on pouvait, à Paris et dans les autres grandes villes du royaume, s'emparer sans jugement des presses des imprimeurs, les briser et les détruire. Quels moyens aviez-vous pris pour faire exécuter ces ordonnances si contraires aux lois ? — R. Les moyens d'exécution des ordonnances ne me regardaient point, et l'on ne devait prendre que ceux qui sont indiqués par la loi. — D. Ces moyens d'exécution étaient néanmoins si graves qu'il est impossible qu'ils n'eussent pas été concertés à l'avance et connus du président du conseil? — R. Je ne puis que répéter qu'on n'avait pensé à aucun autre moyen qu'aux moyens légaux.

D. N'avez-vous pas cependant, à cette occasion, demandé à M. le vicomte de Champagny, l'état des troupes en garnison à Paris? — R. Pendant tous le temps que j'ai eu, par intérim, le portefeuille de la guerre, l'état de la place m'était remis à des époques réglées et dans la forme ordinaire. — D. Avez-vous, comme ministre de la guerre, fait prévenir les troupes stationnées dans les lieux circonvoisins, de se tenir prêtes à marcher au premier signal? — R. En aucune manière. — D. N'avez-vous pas cependant, dès le 20 juillet, fait donner par M. le duc de Raguse, à la garnison de Paris, un ordre de se tenir prête en cas d'alerte? — R. Je n'ai jamais eu connaissance de cet ordre. Il a d'ailleurs été expliqué à la chambre des députés que de semblables ordres étaient donnés directement de temps en temps par le major de la garde aux troupes sous son commandement. — D. N'était-ce pas faire une révolution dans le gouvernement d'un pays, que d'en changer les lois fondamentales, et ne regardiez-vous pas comme le changement d'une loi fondamentale celui de la loi des élections, opéré par ordonnances? — R. C'est dans ma défense que j'aurai à m'expliquer à cet égard, et à prouver qu'en vertu de l'article 14 de la Charte, on pouvait, dans des circonstances graves, être amené à faire, par ordonnances, quelques modifications aux lois électorales, sans faire pour cela ce que l'on appelle une révolution. — D. Ne pensiez-vous pas violer les lois fondamentales de l'état, lorsque vous cassiez des élections légalement faites, en dissolvant une chambre qui n'avait point encore été assemblée? — R. D'après l'opinion de personnes graves, la mesure n'a rien qui soit illégale, et c'est un point qui peut être controversé de savoir à quelle époque, les élections une fois faites, commence le droit de dissolution. — D. Les lois sur la presse avaient été rendues par le concours des trois pouvoirs: avez-vous cru qu'il fût possible, sans violer la loi fondamentale de l'état, de changer ces lois par ordonnances? — R. La réponse que j'ai faite à la question relative aux lois électorales, est également applicable à celle-ci. — D. Lorsqu'on prend des mesures aussi périlleuses, il paraît naturel de s'assurer d'avance de la force militaire, surtout lorsqu'on sait déjà que l'on n'a aucun appui à attendre des tribunaux : aviez-vous sondé les dispositions des corps militaires et de leurs chefs? — R. Non. — D. Avez-vous prévenu le préfet de police du grand parti que vous alliez prendre? Vous étiez vous entendu avec lui? — R. Non. — D. Avez-vous consulté le préfet de police sur les dispositions des négocians, qui devaient se trouver profondément blessés par l'ordonnance sur les élections? — R. Non ; je ne me suis mêlé, hors du conseil, que de ce qui rentrait dans les attributions qui m'étaient confiées comme ministre des affaires étrangères, et qui n'avaient aucun rapport aux ordonnances.

D. Si vous avez donné au Roi le conseil de publier les ordonnances sans avoir pris le plus grand nombre au moins des précautions que nous venons d'indiquer, ne faudrait-il pas en conclure que vous avez été entraîné par quelque autorité, par quelque puissance à laquelle vous ne saviez résister? — R. Non — D. Lorsque le roi Charles X vous a ordonné de préparer les ordonnances, ou lorsqu'il les a adoptées, lui avez-vous fait des représentations pour le détourner de se précipiter dans cet abîme, que ses plus fidèles serviteurs lui signalaient? — R. Comme le ministère lui proposait les ordonnances, et qu'il croyait devoir le faire dans un but d'intérêt public, il ne pouvait le dissuader de mesures qu'il croyait nécessaires. — D. Le roi Charles X, ébranlé par les représentations des hommes qui lui étaient le plus dévoués, ne vous a-t-il pas plusieurs fois fait connaître leurs objections, pour les débattre ensuite avec vous? — R. Cette question en ce qui me concerne, ne pourrait s'appliquer qu'aux ordonnances, et elles n'ont été connues de personnes avant leurs signatures. — D. C'est le 25 juillet que vous avez fait signer les ordonnances ; la discussion a-t-elle encore continuée dans le conseil de ce jour? — R. Elles étaient déjà convenues ; elles peuvent avoir encore été discutées, mais fort brièvement, le jour de la signature. — D. Le roi Charles X n'a-t-il, en les signant, témoigné aucune inquiétude? — R. Je garderai toujours le silence sur ce qui concerne le Roi personnellement. — D. Avez-vous rendu compte au Roi Charles X des premières agitations de Paris, le 26? — R. Je ne les ai connues que très-imparfaitement, et n'en ai pas rendu compte. —

D. Avez-vous eu connaissance, le 27, de la résistance des journalistes, et notamment de celle du *Temps,* et de la protestation signée
par quarante-quatre d'entre eux ?—R. J'ai lu cette protestation dans
les journaux. — D. Il paraîtrait cependant que vous en avez eu une
connaissance plus particulière, puisque le procureur du Roi serait
venu chez vous en conférer. Ne lui avez-vous pas donné l'ordre de
faire arrêter les quarante-quatre signataires de la protestation ? —
R. Le procureur du Roi a pu venir chez moi, mais je ne lui ai pas
parlé.—D. Cet ordre d'arrestation n'a-t-il pas été délibéré au conseil
des ministres, à l'hôtel des affaires étrangères ?—R. Non.—D. N'est-
ce pas dans ce conseil que vous avez délibéré l'ordonnance qui met
la ville de Paris en état de siége ?—R. Oui, c'était le 27, vers 10 ou
11 heures du soir. — D. Comment le projet de mettre Paris en état
de siége, de priver cette capitale de ses magistrats, de ses administrateurs, de les livrer sans défense ni recours au pouvoir militaire,
ne vous a-t-il pas ouvert les yeux sur l'inconstitutionnalité des ordonnances, alors que vous ne pouviez les soutenir que par de pareils moyens ? — R. Nous avons pensé que la mesure était légale et
que ce serait un moyen de ramener plus promptement l'ordre en
concentrant les pouvoirs dans une seule main, à raison surtout de
l'interruption des communications qui résultaient du désordre dans
lequel se trouvait la capitale.—D. Au centre de l'État, sous les yeux
du ministère, lorsque le président du conseil, ministre de la guerre
en même temps, est lui-même sur les lieux, lorsqu'il a sous sa main
tous les instrumens qui peuvent lui être nécessaires, la mise en état
de siége ne se peut expliquer que par la volonté de priver les citoyens de tous leurs recours accoutumés et légaux, de les livrer entièrement à la juridiction, ou, pour mieux dire, aux pouvoirs des
conseils de guerre ? — R. J'ai déjà expliqué que cette mesure avait
pour but unique de ramener l'ordre. Comme ministre de la guerre,
je n'étais point chargé du commandement des troupes dans la capitale, et la difficulté des communications explique pourquoi on a
préféré mettre l'autorité dans une seule main. L'intention que l'on
me suppose dans la question n'était d'ailleurs pas la mienne. —
D. Vous nous avez dit tout à l'heure que votre projet n'était pas de
recourir, pour l'exécution des ordonnances, à aucune juridiction

extraordinaire. Comment se fait-il donc que deux jours seulement après leur publication, vous ayez pris le parti d'établir, pour Paris, la seule juridiction des conseils de guerre, ainsi que cela résulte, et de la mise en état de siége, et d'une lettre écrite par vous au maréchal duc de Raguse, que nous vous représentons, et qui annonce l'intention de faire juger les coupables par un conseil de guerre? — R. Je ne pouvais pas prévoir que l'exécution des ordonnances rencontra une pareille résistance, ni qu'il fût jamais nécessaire de mettre Paris en état de siége.—D. N'avez-vous pas, comme ministre de la guerre, commandé, le 28, dans les bureaux de la guerre, tous les travaux nécessaires pour organiser à Paris les conseils de guerre?—R. Non.—D. Connaissiez-vous bien vous-même toutes les conséquences de la mise en état de siége? — R. Non, je ne pouvais les connaître complètement, n'ayant pas étudié les lois sur cette matière. — D. Est-ce vous qui avez porté à la signature du Roi l'ordonnance de mise en état de siége? — R. Oui, c'est moi qui l'ai portée le mercredi matin. — D. Comment se fait-il cependant qu'elle ait été connue dès le 27, et que le préfet de police ait lui-même annoncé dès ce jour-là, qu'il n'avait plus de pouvoirs?—R. Je n'en ai aucune connaissance. — D. C'est le 27 au soir qu'a été délibérée l'ordonnance de mise en état de siége; et, malgré les scènes qui avaient déjà ensanglanté cette journée, elles n'avaient pas été assez générales, même aux yeux les plus prévenus, pour motiver une mesure aussi extrême; l'état de la ville paraissait même assez calme à la fin de la journée pour que les troupes aient pu rentrer tous les soirs dans leurs casernes. Quel a donc été votre motif déterminant? — R. A l'époque à laquelle on a pris cette mesure, Paris était si loin d'être calme, que l'on était venu nous dire que tous les chefs d'ateliers avaient renvoyés leurs ouvriers, d'où il pouvait résulter que près de quarante mille hommes, sans ouvrage et sans pain, devaient encore augmenter les désordres du lendemain.

D. Qu'avez-vous fait, quels actes extérieurs avez-vous ordonné pour rendre publique et authentique cette ordonnance de mise en état de siége, pour que les citoyens fussent suffisamment avertis et eussent à se soumettre : car, autrement, ils auraient pu se mettre, sans le savoir, dans le cas d'être traduits devant des conseils de guerre? —R. Je me suis borné à remettre l'ordonnance entre les mains de M. le Maréchal. —D. Est-ce vous qui, comme président du conseil, avez ordonné à la cour royale de se rendre aux Tuileries et quel pouvait être le motif de cette translation? —R. Ce n'est pas moi qui ai donné cet ordre. —D. De qui sont partis les ordres donnés le mardi pour dissiper par la force les premiers rassemble-mens qui ont eu lieu aux environs de l'hôtel des affaires étrangères, du Palais-Royal et de la Bourse? —R. Ils ont dû être donnés par M. le Maréchal. — D. Pourquoi cet usage de la force n'a-t-il été précédé d'aucune sommation faite aux citoyens de se retirer et de se disperser ainsi que le veut la loi? —R. Je n'ai aucune connais-sance de ce fait. J'ignore les mesures que l'autorité civile ou mili-taire a pu prendre pendant ces trois jours; mais d'après ce qui m'a été dit depuis, les sommations nécessaires auraient été faites, et il y aurait eu dès la veille une proclamation du Préfet de police pour interdire toute espèce d'attroupement? —D. Il résulte cependant de tous les interrogatoires, de toutes les déclarations, même des offi-ciers de police judiciaire employés à cette époque, que cette impor-tante et indispensable formalité n'a été accomplie ni le mardi, ni le mercredi, ni le jeudi, et qu'elle n'a été ordonnée par personne. Cette omission extraordinaire ne prouve-t-elle pas l'intention de commettre les troupes avec les citoyens? —R. Tel n'a jamais été le but du ministère. Je répète que tous les faits qui se sont passés à Paris, ainsi que les mouvemens militaires ne m'ont pas été connus, qu'aucun ordre, aucune instruction n'a été donné par moi à ce sujet, dailleurs messieurs des membres de la commission se seront sans doute adressés aux divers chefs de corps, et auront su d'eux quels sont les ordres et instructions qu'ils ont pu recevoir. Ce que je puis affirmer, c'est que j'ai entendu moi-même dire par le Maré-chal quil fallait que les troupes ne tirassent que quand on aurait dabord tiré sur elles, et en recherchant exactement ce qui a pu se passer à ce sujet, on pourrait, je crois, s'assurer que ces ordres ont été exécutés, et que jusqu'au mercredi même dans l'après dîner plusieurs décharges ont été faites en l'air, ce qui prouve évidemment que l'on voulait plutôt effrayer que de blesser ceux qui formaient des attroupemens. —D. Avez-vous fait connaître au Roi, le mardi soir, que déjà les troupes avaient tiré sur le peuple réuni aux cris de *vive la Charte?* —R. Je n'ai jamais eu connaissance de cette circonstance.—D. Etiez-vous le mercredi matin à Saint-Cloud lorsque M. le Maréchal a rendu compte par lettre au roi Charles X du développement que prenait la résistance à Paris?—R. Non, et je n'ai pas même su si le Maréchal avait écrit. — D. Quel jour avez-vous ordonné aux troupes de St.-Omer, et aux régimens stationnés autour de Paris de se diriger vers la capitale?—R. C'est dans la nuit du mercredi au jeudi?— D. A quelle heure, le mercredi, avez-vous été avec les ministres vos collègues, vous établir à l'état-major des Tuileries, chez le maréchal Marmont? —R. J'ai quitté mon hôtel sur les une heure de l'après midi, les autres ministres y sont venus successivement.—D. Pouvez-vous expliquer la complète inaction du gouvernement pendant cette journée, et l'absence entière de toute mesure, de toute démarche tentée pour calmer les esprits; inaction d'autant plus étonnante, qu'étant venu vous placer au quartier-général des Tuileries, vous aviez nécessairement été informé, dans les moindres détails, de cette foule de combats sur tous les points, d'où résultait une si grande effusion de sang. Qu'avez-vous fait pour arrêter cette effusion?—R. Le motif pour lequel je me suis rendu anx Tuileries était d'éviter les rassemblemens nombreux qui se portaient sur l'hôtel des affaires étrangères. L'inaction du gouvernement s'explique par la concentration de tous les pouvoirs entre les mains de M. le maréchal, à raison de l'état de siége. Depuis la signature de cette ordonnance, les ministres avaient cessé toutes fonctions à Paris, et il est faux que j'aie continué seul a correspondre avec la cour, ou pris une part plus active que mes autres collègues à tous les évènemens, ainsi que le rapport fait à la chambre des députés tendrait à le faire croire.

D. Avez-vous rempli le devoir qui vous était imposé par votre situation de président du conseil, ayant la confiance particulière de Charles X, de lui faire connaître à plusieurs reprises, d'heure en heure et en quelque sorte de minute en minute, la véritable position des choses et les malheurs dont la capitale était accablée?— R. M. le Maréchal, correspondant avec le Roi, j'ai écrit simplement à sa Majesté, comme j'en étais convenu avec le Maréchal, pour lui faire connaître l'objet de la visite de MM. Lafitte et Casimir Perrier.

— D. Avez-vous conféré avec vos collègues sur la déplorable situa
tion dont vous étiez les témoins ? Avez-vous pris leur avis pendant
le séjour qu'ils ont fait avec vous à l'état major ? — R. J'ai déjà dit
qu'il y avait des ministres, mais plus de ministère. Nous ne pouvions
que déplorer les tristes événemens qui se passaient sous nos yeux.
— D. Comment pouvait-il n'y plus avoir de ministère, par cela seul
que Paris était en état de siège : n'aviez-vous pas d'autres devoirs à
remplir vis-à-vis du Roi ? — R. J'entends que le ministère n'avait
plus d'action à Paris. On pouvait d'ailleurs espérer que les désordres
qui avaient éclaté pouvaient encore s'appaiser. — D. Le maréchal
duc de Raguse n'est-il pas entré au conseil dans la matinée du
mercredi, pour vous dire que les détachemens des troupes de ligne
stationnés dans le quartier du Luxembourg, fraternisaient avec les
citoyens ? Ne lui avez-vous pas dit que dans ce cas il fallait agir
militairement non-seulement contre les citoyens, mais aussi contre
les détachemens qui se réuniraient à eux ? — R. Je ne me rappelle
nullement cette circonstance. — D. N'avez-vous pas refusé de
recevoir les députés de Paris qui sont venus vous supplier de faire
cesser le carnage ? — R. M. le Maréchal est venu me dire, en
quelques mots, que quelques députés de Paris étaient venus lui
déclarer qu'il serait nécessaire de rapporter les ordonnances, à quoi
j'ai répondu que je ne pouvais le faire moi-même, mais que j'en
écrirais au Roi : j'avais préalablement prié un officier d'état-major
de me prévenir aussitôt que ces Messieurs sortiraient de chez le
Maréchal ; il vint m'avertir effectivement. J'hésitai un instant si j'irais
les trouver, mais songeant que je n'avais d'autres assurances à leur
donner que celles que je leur avais déjà fait passer par M. le
Maréchal, je les priai de ne pas attendre, le Maréchal m'ayant dit
qu'il allait me faire connaitre les détails de leur conversation. — D.
Aviez-vous consulté vos collègues pour savoir si vous les recevriez ?
— R. Non, la chose s'est passée en très-peu d'instans. — D. Pouvant
cependant réunir vos collègues avec beaucoup de facilité et de
promptitude, ne leur avez-vous pas au moins fait connaître peu
après ce qui venait de se passer, et n'ont-ils pas été d'avis de donner
suite aux propositions de faire cesser le feu, et d'en référer au Roi ?
— R. Mes collègues ont eu connaissance de la démarche faite auprès

du Maréchal. Je ferai observer ici que le Maréchal ne m'a pas parlé de faire cesser le feu ; qu'il ne m'a pas même indiqué quelles étaient les personnes avec qui on pouvait traiter, et qu'il n'a été question que du retrait des ordonnances. — D. N'avez-vous pas connu les noms des députés de Paris qui se sont présentés à l'état-major ? — R. Je n'ai su que MM. Laffitte et Casimir Perrier.

D. Avez-vous écrit pour faire connaître au Roi la démarche des députés ?—R. Oui.—D. N'avez-vous pas écrit au roi Charles X que les rebelles étaient poursuivis dans toutes les directions, et allaient être rejetés hors des barrières.—R. Je ne me rappelle pas avoir écrit rien de semblable, je n'ai écrit qu'un mot. Je sais que le maré-chal a rendu compte de son côté. — D. Il paraît que le maréchal avait fait connaître au Roi ce même jour mercredi, vers midi, l'état très-grave de Paris et la position critique où il se trouvait ; mais le Roi ne correspondait pas avec le maréchal seul, il a dû encore correspondre avec vous comme président du conseil et comme ministre de la guerre. Il paraît que vers 4 heures, il etait en pleine sécurité, et croyait au succès de ses armes sur tous les points. Son erreur ne provenait-elle pas des rapports que vous lui faisiez parvenir ? R. Je ne connais pas le rapport dont vous me parlez. M. le maréchal ne m'a jamais montré aucun de ceux qu'il envoyait, et je n'ai eu d'autre correspondance avec le Roi que la lettre dont je viens de parler tout à l'heure.—D. N'avez-vous pas mandé au roi Charles X, soit à ce moment, soit plus tard, que l'on allait arrêter les chefs de la révolte, et qu'ils allaient être jugés par une commission militaire?—R. Je n'ai pu le lui mander, d'abord parce qu'on n'a jamais arrêté personne, et, en second lieu, parce que l'on n'a jamais nommé de commission militaire.—D. Il paraît cependant que le roi Charles X était encore dans cette persuasion le jeudi matin. Pourriez-vous dire d'où elle lui venait ?—R. Je ne puis le dire. — D. Avez-vous donné l'ordre d'arrêter les douze députés de Paris?—R. Non. — D. Vous venez de dire qu'il n'y a pas eu de commission militaire ; mais on pouvait croire qu'elle ne tarderait pas à exister, puisque vous aviez envoyé chercher M. de Champagny pour en conférer avec vous? — R. Je n'ai eu aucune conférence à ce sujet avec M. de Champagny, et n'ai donné aucun ordre de ce genre.—D. Un agent

de la préfecture de police n'est-il pas venu, dans la matinée du
mercredi, vous exposer la difficulté d'exécuter les quarante-cinq
mandats lancés la veille, et ne lui avez-vous pas réitéré l'ordre de les
mettre à exécution. — R. Je n'ai vu aucun officier de police, et je
n'ai donné aucun ordre à ce sujet ; j'ignore même les noms des personnes contre lesquelles les mandats avaient, dit-on, été décernés.
— D. N'avez-vous pas conféré sur la même affaire et sur l'exécution des mêmes mandats, le jeudi matin, de bonne heure, avec
M. de Foucauld ? — R. En aucune manière. — D. N'avez-vous pas
reçu, le mercredi, la nouvelle d'une insurrection à Rouen, et n'a-
vez-vous pas nommé M. le marquis de Clermont-Tonnerre pour
aller prendre le commandement de cette ville ? — R. Je n'ai eu aucune connaissance de ce qui s'était passé à Rouen. Quant à ce qui
concerne M. de Clermont-Tonnerre, je lui avais écrit huit ou dix
jours avant les événemens, pour lui dire que le Roi l'avait nommé
pour remplacer provisoirement M. de La Tour-Foissac, que son
service militaire rappelait à Paris. La lettre lui fut adressée dans
une campagne qu'il venait de quitter. Je reçus sa réponse trois ou
quatre jours avant les événemens. Il me mandait qu'il venait de recevoir ma lettre ; mais que si les ordres du Roi ne devaient pas être
exécutés immédiatement, il resterait encore quelques jours à sa
campagne. Je lui écrivis de venir de suite, et il se rendit alors à Paris —D. M. de Clermont-Tonnerre ne vous a-t-il pas dit combien la
monarchie lui semblait compromise par vos mesures, et avec quel
courage les Parisiens se battaient ? — R. Je ne me rappelle nullement cette circonstance. — D. Le mercredi soir, lorsque toutes les
troupes ont été forcées de se replier sur le Louvre, avez-vous été
rendre compte au Roi de cet état de choses si grave.— R. Je répète
que je n'ai eu aucune connaissance des événemens militaires qui ont
eu lieu à Paris. — D. Si vous n'avez pas fait connaître au Roi Charles X l'état vrai de Paris, n'était-ce pas parce qu'avec les troupes qui
arrivaient dans la nuit, l'artillerie de Vincennes et les forces encore disponibles, vous espériez reprendre l'offensive jeudi matin ?—
R. Non, et je ne puis que me référer à ma précédente réponse.—
D. Avez-vous été informé que les députés présens à Paris s'étaient
réunis le mardi et le mercredi ? — R. Je ne l'ai pas su. — D. Est-ce
par vos ordres qu'une somme de 421,000 fr. a été tirée du trésor

pour être distribuée extraordinairement aux troupes? — R. Non. —
D. Savez-vous pourquoi cette somme a été distribuée? — R. Non ;
seulement le jeudi matin, avant d'aller à Saint-Cloud, j'ai vu que
l'on lisait aux troupes un ordre du jour, et l'on m'a dit qu'il était
relatif à une distribution d'argent. — D. Le jeudi matin, avant de
quitter Paris, n'insistiez-vous pas pour qu'on renouvelât les attaques? — R. Non. — D. Sur l'observation contraire du maréchal,
n'avez-vous pas demandé au général Defrance, qui se trouvait présent, si l'en ne pouvait pas, avec les troupes disponibles, reprendre
les positions? Que vous ont répondu le maréchal et le général? —
R. Je ne me rappelle aucune de ces circonstances. — D. Aviez-vous
alors quelques données sur le nombre des victimes du mercredi? —
R. Aucunes ; et aucun rapport à ce sujet n'est venu à ma connaissance. — D. Le jeudi matin ne vouliez-vous pas aller seul à Saint-
Cloud, et ne vous opposiez-vous pas à ce que toute autre personne
allât tenter une démarche auprès du Roi. — R. Cette circonstance
est tellement peu exacte, que mes collègues et moi nous y avons été
tous ensemble.—D. Il paraît que le Roi Charles X, éclairé enfin sur
le véritable état des choses, était disposé, le jeudi vers 11 heures
du matin, à rapporter les ordonnances, et à changer son ministère ;
l'en auriez-vous dissuadé, et êtes-vous cause du retard apporté dans
cette résolution?—R. Tout au contraire ; c'est moi qui le premier,
à dix heures et demie, lui ai fait sentir la nécessité de rapporter les
ordonnances, et je lui ai donné de suite ma démission. Je lui indi-
quai le duc de Mortemart comme la personne auprès de lui qu'il
paraissait désirable d'envoyer à Paris pour annoncer cette nouvelle.
Le Roi m'autorisa à lui parler, ce que je fis de suite, et j'introdui-
sis immédiatement le duc de Mortemart chez le Roi.

D. Avez-vous quelques éclaircissements à donner sur le fait si
extraordinaire des incendies qui, pendant les derniers temps de votre
administration ont désolé une partie de la Normandie, et dont l'exécution se rattacherait si naturellement à celle de quelque plan conçu
par des ennemis acharnés du repos et du bonheur de la France! —
R. Malgré les recherches les plus exactes ordonnées, malgré toutes
les précautions prises, et dans lesquelles nous avons été secondés
avec le plus grand zèle par les autorités locales, nous n'avons jamais

rien pû découvrir ; je ne puis donc qu'insister de tout mon pouvoir auprès de la commission pour qu'elle prenne toutes les mesures nécessaires pour amener, s'il est possible, sur ce point la manifestation entière de la vérité.

D. Il paraîtrait résulter de vos précédentes déclarations, que vous n'auriez pris aucune mesure pour l'organisation des conseils de guerre à Paris, par suite de la mise en état de siége. L'instruction établit cependant que vous auriez donné des instructions à cet égard à M. le vicomte de Champagny, dans la matinée du mercredi, à St-Cloud même, et qu'il aurait même réuni les employés du bureau militaire, pour avoir des renseignemens sur ce point. Quelles explications avez-vous à donner à cet égard ? — R. Je ne me rappelle point avoir vu M. de Champagny à St.-Cloud, dans la matinée du mercredi ; je crois même en être certain ; mais il est venu me voir aux Tuileries, dans la nuit du mercredi au jeudi. Il m'a parlé de la formation d'un conseil de guerre et du choix de ses membres. On avait été le prévenir au ministère de la guerre, dans la soirée du mercredi. Je lui ai dit que, connaissant peu le personnel de la guerre, je ne pouvais lui désigner aucun officier, et que je l'engageais à se rendre chez le Maréchal, afin de s'entendre avec lui à ce sujet, si l'on croyait nécessaire de former en effet un conseil de guerre. — D. Il résulterait de vos précédentes déclarations, que vous n'auriez eu connaissance d'aucun ordre donné dans la journée du mercredi, pour arrêter plusieurs citoyens, et notamment plusieurs députés. L'instruction établit cependant qu'un ordre de cette nature, signé par M. le duc de Raguse, aurait été donné le mercredi à M. de Foucault, et que cet ordre aurait compris, entr'autres noms, ceux de MM. Lafitte et Eusèbe Salverte, et, je crois, celui de M. de Lafayette. Avez-vous eu connaissance de cet ordre ? — R. Cet ordre n'ayant pas été signé par moi, je ne puis répondre à aucune question relative à des faits qui concernent d'autres personnes. — D. Comment expliqueriez-vous qu'étant vous-même aux Tuileries à ce moment, un fait de gouvernement aussi important eut eu lieu sans votre participation ? — R. Ma qualité de président du conseil n'avait aucun rapport avec l'arrestation des personnes que vous indiquez. J'ai déjà dit précédemment que, depuis ma sortie de l'hôtel des affaires étrangères, je n'avais plus agi ni comme ministre, ni comme président du conseil. — D. Avez-vous été informé de la non exécution de cet ordre, qui paraît avoir été suspendu au moment où les députés sont sortis des Tuileries, après que vous avez eu refusé de les recevoir ? Avez-vous connu les motifs qui ont fait suspendre cet ordre ? — R. Les motifs de la révocation ne peuvent qu'être honorables à la personne qui aurait révoqué l'ordre, puisqu'on ne peut légalement arrêter des personnes qui viennent vous porter des paroles de conciliation. Je regrette de n'avoir pas pu y participer, ayant ignoré les ordres donnés. — D. Dans une telle situation, et puisque vous croyiez avoir si complètement abdiqué le pouvoir par une conséquence nécessaire de la mise en état de siége que vous avez déclarée, comment la pensée ne vous est-elle pas venue de vous retirer entièrement des affaires en donnant votre démission ? — R. Ce desir de me retirer des affaires, dont vous me parlez, non seulement je l'ai eu, mais je l'ai exprimé plusieurs fois au Roi dans le cours de mon ministère. Quinze jours même avant la signature des ordonnances, je lui en ai réitéré l'expression, en le priant au moins de nommer un autre président du conseil, s'il jugeait convenable que je restasse au ministère pour le bien de son service.

II *M. le Comte de Peyronnet.*

D. Votre entrée au ministère n'était-elle pas décidée depuis long-temps, lorsque vous y êtes entré, le 18 mai ? — R. Non, et même à ce moment j'avais fait tous mes préparatifs de départ pour Bordeaux. Le jour en était fixé au samedi de la même semaine. — D. M. de Chabrol et M. de Courvoisier se retirant pour ne pas participer aux mesures qui se préparaient contre la Charte, n'arriviez-vous pas pour accomplir les actes auxquels ils s'étaient refusés ? — R. Les motifs qui m'ont été communiqués de la retraite de MM. de Chabrol et de Courvoisier étaient la prorogation et la dissolution de la chambre. J'étais personnellement attaché, ainsi que mes anciens amis politiques, au système parlementaire ; j'ai rédigé, le 17 mai ; un plan de conduite exclusivement analogue à ce système. A cette époque je n'avais aucune connaissance du système qui a prévalu.

—D. Avez-vous eu , avant votre entrée au ministère, avec le président du conseil , des conférences sur la marche que l'on se proposait de suivre dans la direction des affaires?—R. Je n'en ai
eu aucune.—D. En acceptant le ministère de l'intérieur, et en
renonçant à celui de la justice , que vous aviez occupé pendant plusieurs années , ne receviez-vous pas la mission spéciale de dominer
les élections en agissant sur les électeurs? Quels moyens si puis-
sants vous supposait-on pour arriver à ce but?—R. La première
partie de la question est démentie par l'époque à laquelle je suis
arrivé au ministère ; à cette époque, tout le travail des élections
était achevé ; elle est démentie, en second lieu, par les actes personnels que j'ai faits dans cette opération ; et je saisis cette occasion
pour prier MM. les commissaires de vouloir bien faire représenter
et joindre à la procédure l'original , écrit de ma main, de l'unique
circulaire que j'ai adressé aux préfets pour les élections. J'exprime-
rai ici le regret que, dans l'instruction faite par la chambre des
députés, on ne m'ait pas représenté diverses pièces qui m'ont été
depuis attribuées, et que j'ai été parconséquent dans l'impuissance
de discuter. Quant à la seconde partie de la question, je n'ai aucune
réponse à y faire.

D. Il résulte de l'un de vos interrogatoires précédens que vous
avez été un des principaux rédacteurs de la proclamation du Roi
aux électeurs. Que répondrez-vous au reproche d'avoir mis dans la
bouche du Roi, des paroles dont on pourrait induire que les 221
députés qui avaient voté l'adresse devaient être considérés comme
ses ennemis personnels ? — R. Je crois avoir déjà répondu que je
n'étais pas l'auteur de la proclamation, et j'ajoute que je ne crois pas
qu'elle contienne rien qui puisse motiver le reproche contenu dans
la question. — D. N'a-t-il pas été fait de coupables efforts pour
ébranler et violenter la conscience des fonctionnaires publics, électeurs? Est-ce par vos ordres qu'en tant de collèges électoraux, vos
principaux agens, alors que la loi commande le secret des votes,
ont exigé que les fonctionnaires publics écrivissent et déposâssent
leur bulletin dans les urnes, de telle manière qu'on put en avoir
connaissance ? — R. Je n'ai donné ni ordres ni instructions de ce
genre à qui que ce soit; j'ajoute que tous les écrits relatifs aux

élections, qui sont émanés de moi, existent au ministère de l'intérieur; rien n'est donc plus simple que de les consulter et de les
joindre aux pièces. — D. Il est naturel que les désordres électoraux
soient plus ou moins imputés au ministre qui est plus spécialement
chargé des élections; votre attention ne devait-elle pas être d'autant
plus particulièrement appelée sur l'abus qui vient d'être signalé,
qu'il avait été l'objet des plus vives réclamations dans la dernière
chambre des députés, lors de la vérification des pouvoirs? — R. Je
ne puis être responsable que des actes que j'ai faits ou autorisé, et
je porte le défi de citer le moindre indice qui donne à croire que j'ai
autorisé ou provoqué des désordres électoraux. Ceci me fournit
l'occasion de prier MM. les Commissaires de vouloir bien se faire
représenter et joindre aux pièces les rapports qui m'ont été adressés
sur les troubles de Montauban et de Figeac, ainsi que mes deux
réponses; ils trouveront sur l'un des rapports une apostille écrite
de ma propre main, et ils pourront juger par elle de mes véritables
dispositions.

D. Vous avez dû faire entrer dans vos calculs la possibilité d'électeurs contraires à vos vues; et, dans ce cas, le projet des ordonnances du 25 n'était-il pas déjà arrêté entre vous et vos collègues, ou
au moins entre vous et le président du conseil? — R. Ni le système
des ordonnances, ni les ordonnances elles-mêmes n'avaient été
l'objet d'aucune communication, ni d'aucunes discussions entre
aucuns de mes collègues et moi. — D. Plusieurs journaux, entre
lesquels il en est un auquel on assure que vous avez plusieurs fois
envoyé des articles, n'avaient cessé, depuis plusieurs mois, d'appeler, d'annoncer des mesures semblables ou analogues à celles qui
ont été prises par les ordonnances : n'était-ce pas le moyen que le
ministère employait pour y préparer les esprits? N'était-ce pas un
moyen pour y amener le Roi lui-même? — R. J'ignore quelle
direction le ministère donnait à ses journaux avant le 18 mai; depuis
cette époque, je n'ai autorisé aucune publication de ce genre. — D.
Lorsque le résultat si décisif des élections est venu à votre connaissance, n'avez-vous pas eu la pensée qu'il serait d'un bon citoyen et
d'un fidèle serviteur du Roi, de rompre le ministère? Vous en
avez agi ainsi en 1827, en un cas moins évident; quel a été, dans

celui-ci, le motif d'une conduite si différente ? — R. La direction des affaires, n'étant pas entre mes mains, la dissolution du ministère ne pouvait dépendre de moi ; il a été, au surplus, question, à plusieurs reprises, d'importantes modifications.

— D. Vous nous avez dit que la distribution des lettres closes n'avait été qu'une affaire de bureau, il a été cependant assuré que le dimanche soir vous en aviez encore un certain nombre sur votre bureau, et les aviez montrées à des personnes qui vous interrogeaient sur les bruits répandus d'un coup d'état ? — R. Ce fait est entièrement inexact. — D. Le dimanche 25 au soir, n'avez-vous pas encore fait avertir un député de sa nomination, dont la nouvelle venait d'arriver ? Pourquoi usait-on de tant de moyens de déceptions ? — R. Ce député faisait l'essai d'une candidature nouvelle ; il était, dans tous les cas, très-intéressé à connaître le résultat de l'élection ; il était mon ami, et rien de plus naturel que l'avis que je lui ai fait transmettre aussitôt que je l'ai moi-même reçu.

— D. Si le projet des ordonnances n'a été conçu, ainsi qu'il est dit dans vos précédens interrogatoires, qu'entre le 10 et le 20 juillet, que s'était-il donc passé à cette époque qui ait pu motiver une pareille mesure ? — R. Bien qu'il soit très-difficile et très-délicat pour moi de faire connaître des motifs qui peuvent avoir été allégués dans des conseils dont les délibérations doivent être secrètes, je crois pouvoir, sans manquer à mon devoir, dire ce que tout le monde doit comprendre, que l'un des principaux motifs sur lesquels on s'est fondé, a été la position périlleuse dans laquelle le résultat des élections avait placé le gouvernement — D. L'un des principaux motifs suppose qu'il y a eu d'autres motifs ; ne pourriez-vous pas dire ces autres motifs ? — R. Cela me conduirait à faire connaître tous les détails des délibérations du conseil, et je ne crois cette révélation ni légitime ni nécessaire. — D. Vous avez dit dans vos précédens interrogatoires, que vous n'aviez jamais eu le dessein de participer à des mesures qui dussent avoir pour effet la suspension de la Charte. Ne regardez-vous donc pas comme une première violation de la Charte, le changement, par ordonnance, d'une loi aussi fondamentale que la loi d'élection, votée par les trois pouvoirs, et le changement, dans la même forme, de la législation

également adoptée par les trois pouvoirs, et qui régissait la presse ?
— R. J'ai toujours considéré, comme très-graves, les questions
relatives à l'importunité de ces mesures, à leur exécution; aux in-
conveniens qu'elles pouvaient entraîner. Quant au droit qu'avait la
couronne de les prendre, j'ai pensé, avec beaucoup de bons esprits,
et après de notables exemples, que la Charte le lui conférait. —
D. Quels sont les notables exemples dont vous parlez? — R. Le
Moniteur les constate, et ils seront probablement cités dans la
défense du procès.

D. En admettant que les ordonnances, considérées par vous
comme légales, ne fussent qu'excessivement dangereuses, comme
vous avez toujours paru le croire, quel est le motif si puissant qui
a pu vous déterminer à faire courir ce danger au gouvernement
dont vous faisiez partie, et même à la couronne?—R. Il m'est fort
difficile de répondre d'une manière positive à cette question, parce
que je ne pourrais le faire sans révéler les opinions exprimées dans
le conseil, les suffrages donnés, et la manière dont ces suffrages ont
pu être divisés : au surplus, je répète ce que j'ai déjà eu, je crois,
l'occasion de dire, qu'il importe de distinguer le système en soi, et
les ordonnances qui ont été conçues postérieurement pour l'exécuter après son adoption. On doit concevoir qu'il serait possible que
les suffrages se fussent divisés d'une manière différente dans l'une
et dans l'autre délibération.— D. Il n'y a donc pas eu unanimité
sur le système? —R. Certainement non.— D. Y a-t-il eu unanimité
sur les ordonnances?—R. Il en existe une preuve matérielle dans
leur signature.—D. Est-il vrai que des reproches, qui pouvaient
être de nature à exciter un faux point d'honneur, aient été, sinon
calculés, du moins indiqués contre ceux qui ne signeraient pas?—
R. Si cette question tend à faire supposer que des reproches de
cette nature soient sortis de la bouche ou de la plume de quelque
membre du ministère, je n'ai aucune connaissance de rien de semblable.—D. Ce reproche serait-il tombé de plus haut que de quelqu'un de vos collègues?—R. Je ne puis admettre cette supposition,
encore moins y répondre.

D. Les ordonnances étant signées, vous avez dû prévoir les difficultés et même les périls qui se rencontreraient dans leur exécution?

En quoi avez-vous pris part aux mesures prises pour assurer cette exécution? —R. Je n'y ai pris aucune part, j'ajoute même, qu'à dater du 26, aucun rapport de police ne m'a été transmis. — D. En admettant que vous ayez été étranger aux mesures purement militaires, celles relatives aux jugemens que nécessiteraient les résistances légales ou violentes que le gouvernement ne pouvait manquer de rencontrer, étaient naturellement de votre compétence; qu'avez-vous dit et fait à ce sujet? —R. Le jugement proprement dit des résistances n'était point de la compétence du ministre de l'intérieur; il n'a au surplus été ni rien dit ni rien fait à cet égard. —D. Vous connaissiez trop bien l'attachement et même le dévoûment des Tribunaux ordinaires aux principes et aux droits constitutionnels, pour qu'il vous eût été possible de compter sur leur concours dans les voies extra-légales où vous vous jettiez. Il vous fallait donc une autre sorte de justice. A quelle espèce de tribunaux comptiez-vous vous adresser? —R. Je n'ai jamais eu ni entendu exprimer l'idée qu'il fût possible de s'adresser à d'autres tribunaux qu'à ceux qui étaient établis. —D. La mise en état de siége n'indique-t-elle pas que, pour le premier moment au moins, vous vouliez recourir aux conseils de guerre? Cette mesure, lorsqu'on l'employait au centre du gouvernement et dans un lieu où son action était déjà parfaitement concentrée, peut-elle s'expliquer autrement que par le besoin de ces conseils de guerre? —R. La mise en état de siége a été déterminée par un fait grave et imprévu; elle fut proposée dans la soirée du 27, et admise conditionnellement. Elle était subordonnée à l'état qu'offrirait la capitale dans la matinée du jour suivant; on la crut fondée dans le cas où des attaques nombreuses et étendues augmenteraient le désordre de la veille. Le principe seul avait été arrêté le mardi, et il avait été convenu que le président du conseil prendrait le lendemain les ordres du roi d'après l'état des choses tel qu'il serait alors. Dans l'intervalle de la première délibération à la signature, je n'ai eu aucune communication à ce sujet.

D. Comment vous, ancien magistrat, n'avez-vous pas été effrayé au plus haut degré par la seule pensée de mettre Paris en état de siége, de priver cette capitale de ses magistrats, de ses administrateurs; de la livrer sans défense aux exécutions militaires? Les conséquences de cette mesure ont-elles été exposées et discutées dans le conseil?— R. Cette mesure était présentée d'abord comme légale, ensuite comme propre à imposer aux auteurs des troubles, et à rétablir plus promptement l'ordre.— D. Par qui l'ordonnance a-t-elle été portée à la signature du Roi?— R. Tout ce que je puis répondre est que ce n'est pas moi.— D. Savez-vous si on a fait, si on a seulement commandé les mesures qui étaient nécessaires pour rendre notoire et publique l'ordonnance de mise en état de siége, pour que les citoyens fussent suffisamment avertis qn'ils devaient s'y soumettre?— R. J'ai ouï dire que ces mesures avaient été prises; mais je n'en ai eu aucune connaissance personnelle.— D. Pouvez-vous donner l'explication de ce fait extraordinaire?— R. Cela tient à la manière dont j'ai passé la journée du mercredi. Ce jour était l'un de ceux où se tenait ordinairement le conseil du Roi. N'ayant reçu, à onze heures du matin, ni communication, ni rapport quelconque, je partis du ministère de l'intérieur pour Saint-Cloud, en habit de ministre et avec mon portefeuille, dans la persuasion que le conseil se tiendrait comme à l'ordinaire. J'y restai assez longtemps; et un seul de mes collègues étant venu avec moi, le conseil ne fut point tenu. A mon départ de Saint-Cloud, j'appris, comme une chose seulement probable, que mes collègues pourraient être réunis au château des Tuileries : je crus de mon devoir d'aller me joindre à eux. Arrivé au pavillon de Flore, mon attente fut trompée : il n'y avait personne. J'y attendis néanmoins long-temps, supposant que c'était dans ce lieu qu'on se réunirait. Cependant, on vint m'avertir qne l'un de mes collègues devait être dans l'aile opposée du château. Je me rendis, par l'intérieur, dans l'appartement que l'on m'avait indiqué. Il n'y avait personne. J'y attendis encore fort long-temps, et ce ne fut qu'après plusieurs heures que je découvris la partie du château dans laquelle mes collègues étaient réunis.

D. Pendant le séjour que vous avez fait ce jour-là à Saint-Cloud, avez-vous vu le Roi, et était-il instruit de la gravité des événemens qui se passaient à Paris?— R. J'ai en effet vu le Roi; je n'ai pas lieu de douter qu'il ne fût instruit de ce qui se passait. — D. Avez-vous entendu dire à Saint-Cloud qu'à ce moment le maréchal Marmont eût déjà envoyé un rapport qui pouvait être considéré comme in quiétaut?—R.Non, je ne l'ai pas ouï dire.—D. Il paraît qu'aucun des actes nécessaires pour rendre publique la mise en état de siége n'a été fait ni même commandé. Comment vous, ancien magistrat et premier admintstrateur du royaume , n'avez-vous pas senti leur importance, et comment ne les avez-vous pas réclamées hautement ?—R. J'ai déjà à peu près répondu à cette question : j'étais et je suis encore dans la persuasion que ces mesures avaient été prises. J'apprends en ce moment, pour la première fois, que l'on doute qu'elles l'aient été. — D. Avez-vous , en votre qualité de ministre de l'intérieur, donné au préfet de la Seine et au préfet de police les instructions nécessaires pour que, nulle part, aucun usage des armes ne pût être fait contre les citoyens avant les sommations prescrites par la loi? Vous êtes-vous entendu, à cet égard, avec le commandant de la force militaire ? — R. Dès avant l'époque où ont commencé les actes de violence, je n'ai eu aucune communication avec les personnes indiquées dans la question ; je n'en ai eu surtout aucune avec les commandans militaires. — D. Est-ce que le ministère aurait pensé qu'une fois la mise en état de siége prononcée, tous ses devoirs de surveillance devaient cesser; qu'il n'avait plus qu'à regarder et à attendre ?—R. Il m'a paru qu'on avait l'opinion que les fonctions du gouvernement continuaient, mais que les fonctions administratives de toute nature étaient réunies dans la personne du général en chef. — D. Est-ce que le gouvernement ne s'était pas réservé le pouvoir et n'avait pas l'intention de diriger lui-même ce général en chef ? — R. Aucune intention de ce genre n'a été ni exprimée ni suivie en ma présence.

D. Il résulte de toutes les dépositions, même de celles des officiers de police judiciaire employés à cette époque et dans les arrondisse-mens où les principaux engagemens ont eu lieu, que nulle part cette formalité n'a été remplie ; qu'elle n'a été ordonnée nulle part , ni par personne. Qu'avez-vous à dire pour excuser un semblable oubli ? — R. Je n'ai aucune connaissance de ces faits ; je les déplore profondément. Je n'ai eu aucune communication avec le préfet de police depuis le 25, et je ne puis encore croire, malgré les dépositions, que les officiers de police judiciaire aient manqué à ce point à leurs devoirs. — D. Avez-vous eu connaissance de quarante-cinq

mandats délivrés, le mardi, contre des journalistes et imprimeurs ?
l'ordre de délivrer ces mandats avait-il été délibéré en conseil ? —
R. Je n'ai eu connaissance de ce fait que depuis le procès ;
il n'en avait point été question en conseil. — D. Avez-vous eu connaissance de l'ordre donné à la Cour royale de se transporter aux
Tuileries pour y rendre la justice ? Le motif de cette translation
n'était-il pas de l'empêcher soit de confirmer le jugement qui venait
d'être rendu par le tribunal de commerce, soit d'appuyer par ses arrêts
les citoyens dépouillés de leurs droits par les nouvelles ordonnances ?
— R. J'ai ouï dire que cette mesure avait été prise, à ce que je crois,
dans la matinée du jeudi. Quant à ses motifs, ils ne peuvent être
ceux qu'indiquent la question ; car j'entends parler en ce moment,
pour la première fois, du jugement rendu par le tribunal de Paris.
Au surplus, cette mesure n'a point été l'objet d'une délibération du
gouvernement. — D. Savez-vous par qui a été donné, le mardi, le
premier ordre de dissiper par la force les rassemblemens qui s'étaient
formés devant l'hôtel des affaires étrangères, sur la place du Palais-
Royal et sur la place de la Bourse ?—R. Je ne le sais ni ne puis le
savoir, ayant été ce jour-là, pendant les événemens qui se sont
passés, soit à Saint-Cloud, soit à l'hôtel de l'intérieur, et sans aucun rapport sur les événemens. — D. Lorsque les ministres ont été
tous réunis à l'état-major des Tuileries, savez-vous s'ils ont tenu
conseil, et s'ils ont délibéré une ou plusieurs fois ? — R. Il n'y a eu
aucun conseil de tenu. — D. On ne vous rendait donc pas compte
successivement des sinistres événemens qui se passaient ?—R. Non ;
je ne recueillais que des renseignemens généraux et vagues.

D. Avez-vous eu connaissance de la démarche qui a été faite, dans
la journée du mercredi, auprès du maréchal Marmont, par les députés de la Seine, à l'effet de le supplier de faire cesser les malheurs
qui affligeaient la capitale ? M. de Polignac vous a-t-il fait part de
l'invitation qu'il recevait de la part du maréchal, d'entendre ces députés, et de sa résolution de ne pas obtempérer à cette demande ?
— R. J'ai connu la démarche ; j'ai été informé de la présence au
quartier-général des députés dont il est parlé dans la question. Je
n'ai point été informé des détails de leur conférence avec M. le maréchal. Quant au refus de M. de Polignac, j'en ai été informé, et je

l'ai cru fondé sur la nécessité de prendre les ordres du Roi. — D. Aucun membre du ministère, depuis votre retonr de Saint-Cloud, le mercredi, n'a-t-il été dans cette même journée à Saint-Cloud, à l'effet d'instruire le roi Charles X du véritable état des choses ? — R. Je ne sache pas qu'aucun ministre y soit allé. — D. Comment se fait-il qu'à la fin surtout de cette désastreuse journée, lorsqu'on avait toute la nuit devant soi, il ne soit venu à la pensée d'aucun des membres du conseil de l'employer à faire cette démarche ?—R. Les communications habituelles du conseil avec le Roi n'avaient lieu que par son président. Il m'eût été, d'ailleurs, personnellement impossible de faire avec utilité une démarche de ce genre, par la raison, que je crois évidente, que M. le maréchal ne m'avait, à cette époque, rien fait connaître de sa position militaire.

D. Comment s'est enfin déterminé, le jeudi matin, le départ de M. de Polignac et des autres ministres, pour Saint-Cloud ? — R. Je ne puis répondre bien exactement sur la détermination de M. de Polignac; mais je puis répondre exactement à l'égard de la mienne. M. le Maréchal annonça l'intention de me faire connaître personnellement sa position militaire, et de me déterminer à en aller rendre compte au Roi; il exécuta ce dessein, et je lui promis tout ce qu'il souhaitait; je me hâtai donc de partir pour Saint-Cloud, où je m'acquittai vivement et exactement de ma commission. Au moment de mon départ des Tuileries, j'avais eu d'importantes communications avec MM. de Sémonville et d'Argout, sur les évènemens de cette malheureuse journée ; ces Messieurs pourraient rendre compte des sentimens dont ils me trouvèrent animé. — D. La résolution que le Roi a prise en vertu de votre démarche et de plusieurs autres, faites dans le même sens, paraît avoir été convenue à-peu-près vers onze heures du matin, et cependant elle n'a été mise à exécution que fort avant dans la soirée. Est-ce à l'influence du conseil dont vous faisiez partie qu'il faut attribuer ce retard apporté dans l'éxécution ? — R. J'ignore complètement les causes de ce retard; j'ignorais même qu'il eût lieu, et j'étais convaincu que l'éxécution de l'ordonnance avait eu lieu immédiatement après sa signature. — D. Avez-vous quelques éclaircissemens à donner sur le fait extraordi-

naire de ces incendies qui, pendant les derniers mois de la durée
du ministère dont vous faisiez partie, ont désolé plusieurs cantons
de la Normandie, et dont il est difficile de ne pas rattacher l'exécution
à celle de quelque plan conçu par des ennemis acharnés du repos
et du bonheur de la France? — R. Les incendies dont il s'agit
avaient commencé long-temps avant mon entrée au ministère. Le
premier conseil qui suivit mon établissement dans l'hôtel du ministère, j'ouvris les délibérations par un rapport au Roi sur ces
évènemens; je proposai au Roi, dès ce même jour, des mesures
fortes et étendues; le Roi les adopta sans différer, et en conséquence
deux régimens de la garde furent immédiatement envoyés dans la
Normandie, et un lieutenant-général chargé de pouvoirs extraordinaires y fut également envoyé; c'était M. Latour-Foissac. J'eus un
entretien avec cet officier général le lendemain matin; j'espère qu'il
ne me refusera pas d'en rendre compte. D'un autre côté j'écrivais
chaque jour, et de ma propre main, à M. le comte de Montlivaut,
préfet du Calvados; je souhaite vivement que ce magistrat soit
entendu, ainsi que M. de Kersaint, préfet de l'Orne, et M. d'Es-
tourmel, préfet de la Manche; je souhaite aussi que les instructions
que je ne cessai de donner à ces magistrats, soient recueillies et
jointes aux pièces de la procédure. On y verra, je l'espère, que je
n'ai rien négligé de ce qui dépendait de moi pour arrêter le cours
de ces désastres, et en découvrir les auteurs. Indépendamment de
mes instructions journalières, j'ai fait publier la promesse d'une
récompense pour ceux qui procureraient l'arrestation des auteurs
et instigateurs de ces crimes; j'ai plus fait : j'ai écrit de ma propre
main l'ordre et l'autorisation à M. de Montlivaut, de se concerter
avec les chefs de l'autorité judiciaire du lieu, et de promettre aux
agens subalternes qui auraient été condamnés leur grâce, s'ils
révélaient des faits importans qui eussent été vérifiés; cette démarche de ma part avait obtenu l'approbation du conseil, et avait été
autorisée par le Roi.

III. *M. de Chantelauze.*

D. A quelle époque, avant la formation du ministère du 8 août,
avez-vous appris qu'elle devait avoir lieu incessamment? — R. Je

ne l'ai appris que par les journaux. — D. N'aviez-vous pas, à cette occasion, pris des engagemens avec le roi Charles X lui-même ? — R. Non. — D. N'avez-vous pas rédigé, pour lui, un travail qui promettait au nouveau ministère dont il était question, la majorité dans la chambre des députés, telle qu'elle existait alors ? — R. Jamais. — D. N'aviez-vous pas aussi, à cette époque, développé pour l'usage du roi Charles X, le plan de réformation dont l'accomplissement a été tenté le 25 juillet 1830 ? — R. C'est la première fois que j'entends parler de cela. — D. N'était-ce pas ce plan et les ordonnances de juillet que vous aviez en vue lorsque, discutant la dernière adresse de la Chambre des députés, vous engagiez le gouvernement à faire un 5 septembre monarchique ? — R. J'ai déjà répondu à cette question. Quant à ces mots de 5 *septembre monarchique*, qui m'échappèrent à la Chambre pendant une longue improvisation, ils n'avaient pas le sens qu'on voudrait leur attribuer, et j'en donnai immédiatement, dans le *Constitutionnel*, une explication qui était et qui parut complètement satisfaisante. — D. D'après la réponse que vous venez de faire, vous n'aviez donc pas alors la pensée qu'on pût sortir, sans péril, de l'ordre constitutionnel réglé par la Charte ? — R. Je ne songeais nullement alors aux mesures prises le 25 juillet, et qui ne sont point contraires à l'ordre constitutionnel. — D. Lorsque la clôture de la session fut prononcée, M. de Polignac ne vous offrit-il pas formellement d'entrer au ministère ? ne vous offrit-il pas plus spécialement le ministère de l'instruction publique, et pourquoi l'avez-vous refusé ? — R. Je ne connaissais pas M. de Polignac, et j'avais quitté Paris un mois au moins avant la clôture de la session.

D. N'est-ce pas vous qui, à cette époque, ou aux environs de cette époque, avez développé au roi Charles X, à M. le dauphin et à M. de Polignac, le plan dont l'exécution a été tentée le 25 juillet? — R. Non. — D. N'avez-vous pas développé ce même plan, ou un plan de même nature, à M. de Peyronnet? — R. Jamais. — D. N'étiez-vous pas convenu, avec M. de Peyronnet, que vous n'entreriez pas sans lui au ministère? — R. Non, il n'y a jamais eu d'engagement de ce genre ; mais plus tard, au mois de mai, j'en ai fait en quelque sorte une condition de mon entrée au conseil. —

D. Lorsque vous êtes parti de Paris, après la prorogation de la Chambre, saviez-vous que M. de Polignac avait le projet de la dissoudre ? — R. Non. — D. L'avez-vous encouragé dans ce projet ? — R. Ma réponse est déjà faite.

D. A quelle époque M. de Polignac vous a-t-il fait connaître l'intention de vous appeler au ministère de la justice, et que lui avez-vous répondu ? — R. Le 15 ou le 16 août j'ai été nommé ministre de l'instruction publique; j'ai tout aussitôt exprimé un refus qui a été agréé; le 30 avril de l'année suivante, j'ai reçu ma nomination de garde-des-sceaux ; je manifestai une extrême répugnance à accepter ces fonctions. J'ai fait valoir toutes les considérations qui me paraissaient propres à me soustraire à ce choix, diverses circonstances, dont il est superflu de rendre compte, ne m'ont pas permis de persister dans cette résolution. — D. Lorsque M. le dauphin vous vit à Grenoble, ne lui développâtes-vous pas le plan des ordonnances du 25 juillet ? — R. Non. — D. Quels engagemens prîtes-vous avec M. de Polignac, lorsque vous entrâtes enfin dans le ministère ? — R. Les engagemens qu'ont pris tous les ministres qui depuis quinze ans sont arrivés au pouvoir. — D. M. de Polignac ne vous découvrit-il pas alors le projet de changer par ordonnance la loi des élections et la loi de la presse ? — R. Non. — D. On trouve, dans les pièces du procès, un mémoire de M. Guernon de Ranville, du mois de décembre 1829, où il montre combien serait dangereuse une mesure qui violerait la Charte au mépris des sermens prêtés. Avez-vous eu connaissance de ce mémoire, remis par lui à M. de Polignac? — R. Non. — D. M. Guernon de Ranville avait il conservé, lors de votre entrée au ministère, la même opinion sur l'état de la France, sur les droits du pays, et les devoirs de Charles X? — R. Je ne puis rien dire de ce qui s'est passé dans l'intérieur du conseil.

D. Aviez-vous, le 19 mai, lorsque vous êtes entré au ministère; la volonté de rester fidèle à la Charte, de respecter les lois du pays, et de ne pas céder aux instances qui pourraient vous être faites pour les violer? — R. Je ne songeais point, ni moi, ni tout autre, à cette époque, aux mesures adoptées le 25 juillet, et que je ne puis, au reste, considérer comme une violation de la Charte. — D. M. de

Chabrol et M. de Courvoisier s'étaient cependant retirés dans la crainte de se voir obligés de concourir à de tels actes. Appelé pour les remplacer, ne preniez-vous pas l'engagement d'être plus facile qu'eux?—R. Je puis d'autant moins assigner une semblable cause à leur retraite, qu'il n'était alors nullement question des ordonnances.—D. A quelle époque précise avez-vous pris la résolution de donner votre assentiment aux ordonnances?—R. Peu de jours avant leur date.—D. En consentant à signer les ordonnances, vous avez dû comprendre que leur exécution entraînerait des résistances. Ministre de la justice, vous deviez, plus qu'aucun autre, vous occuper des moyens légaux qui pourraient être employés pour vaincre cette résistance. Quel plan aviez-vous conçu à cet égard ? —R. Aucun; on ne s'attendait pas à une résistance matérielle, et les ordonnances devant être exécutées par des moyens administratifs, je n'avais point à y concourir en qualité de ministre de la justice.—D. Quand les ordonnances pouvaient entraîner des saisies de propriétés, comment avez-vous pu supposer que leur exécution serait purement administrative, et qu'il n'y aurait pas de recours devant les tribunaux?—R. Bien loin de le supposer, le ministère devait compter sur l'appui de toutes les autorités pour sauver la monarchie des périls qui la menaçaient.

D. Parmi les autorités, vous deviez compter les tribunaux; or vous saviez, car vous l'aviez écrit à M. de Polignac dès le 9 mai, que les tribunaux ne concourraient jamais, par leurs arrêts, à l'exécution de mesures extra-légales. Quel moyen comptiez-vous donc employer pour les suppléer?—R. La présence et l'autorité des chambres devaient faire promptement cesser la résistance qu'on aurait pu trouver dans quelques corps judiciaires.—D. Les cours prévôtales ne vous avaient-elles pas été formellement demandées?— R. Il n'a jamais été question au conseil du rétablissement des cours prévôtales; mais j'ignore si quelques fonctionnaires publics en avaient fait la demande, à laquelle, au reste, il ne fut donné aucune suite.—D. Au défaut des cours prévôtales ne comptiez-vous pas sur les tribunaux militaires, et n'est-ce pas dans ce but que, dès le 27 au soir, vous aviez arrêté, en conseil, de mettre Paris en état de siége?—R. Non. — D. M. de Champagny n'avait-il pas été mandé le 28, aux Tuileries, par M. de Polignac, pour organiser les tribnnaux militaires?— R. Je l'ignore. — D. Ne devait-on pas y traduire les quarante-cinq individus contre lesquels des mandats avaient été lancés le 27?—R. Nôn. —D. En votre qualité de premier magistrat du royaume, et devant, mieux encore que M. de Polignac, sentir tout ce qu'avait d'odieux une mesure qui enlevait les citoyens à leurs juges naturels, qui les privait de tous leurs secours légaux dans l'ordre administratif et judiciaire, vous êtes vous opposé à cette mesure? l'avez-vous combattue, soit auprès de M. de Polignac, soit dans le conseil? —R. J'ai déjà répondu, dans mon premier interrogatoire, que cette mesure avait été délibérée et adoptée sans opposition dans le conseil. Je ne puis d'ailleurs approuver ni la cause ni les effets que vous attribuez à cette mesure.

D. En votre qualité de ministre de la justice, la légalité dans les actes et dans la manière de procéder, devant vous occuper plus qu'aucun autre ministre, avez-vous veillé à ce que les actes extérieurs qui étaient nécessaires pour rendre publique et authentique l'ordonnance de mise en état de siége fussent accomplis? — R. Il n'entrait pas dans l'ordre de mes devoirs de veiller à la publicité de cette ordonnance. Je devais seulement la faire connaitre aux tribunaux, et la rapidité des événemens ne m'a pas permis de remplir complétement cette formalité. — D. Il paraît qu'aucune affiche, aucune proclamation n'a averti les citoyens de se soumettre à cette ordonnance. Comment expliquez-vous cet oubli? R. Ma réponse est la même qu'aux questions précédentes. — D. Est-ce vous qui avez donné l'ordre à la Conr royale de se transporter aux Tuileries? Le motif de cette translation n'a-t-il pas été, soit de l'empêcher de confirmer le jugement rendu par le Tribunal de commerce, soit d'appuyer par des arrêts les citoyens dépouillés de leur droits par les nouvelles ordonnances? — R. La translation, qui a été prescrite par M. le chancelier, et non par moi, n'a pu avoir cet objet. J'ignorais même l'existence du jugement dont on parle. — D. Aviez-vous connaissance qu'il eût été donné au préfet de la Seine et au préfet de police les ordres nécessaires pour que nulle part l'emploi des armes ne pût avoir lieu contre les citoyens avant que les sommations prescrites par les lois eussent été faites? — R. J'ignore ce qui a été

fait à cet égard, et n'ai pris aucune part aux opérations militaires.
— D. Il résulte de toutes les dépositions recueillies, même de celles
des officiers de police judiciaire employés à cette époque, et dans
les arrondissemens où les principaux engagemens ont eu lieu, que
nulle part cette formalité n'a été remplie, et qu'elle n'avait été
ordonnée par personne. Qu'avez-vous à dire pour excuser un pareil
oubli? — R. J'ignore quels ordres ont été donnés ; ils étaient hors
de mes attributions.

D. Lorsque, le mercredi, les députés de Paris sont venus chez
M. le maréchal, M. de Polignac vous a-t-il consulté sur ce qu'il y
avait à leur répondre ? — R. Depuis le 27 juillet il n'y a point eu de
délibération du conseil, et je n'ai été nullement consulté.—D. M. de
Polignac vous a-t-il fait connaître qu'il informerait le roi Charles X
de la situation de Paris ? — R. Je crois que M. le maréchal correspondait régulièrement avec le roi, et je suppose aussi que M. de
Polignac l'a instruit de la situation de Paris. — D. Lorsque le jeudi
matin, M. de Polignac s'est vu si vivement pressé d'abandonner le
ministère et de faire rapporter les ordonnances, lorsque vous sen-
tiez vous-même qu'il n'y avait que ce parti à prendre, lorsque vous
vous êtes décidé enfin à aller à Saint-Cloud, comment, avant de
quitter les Tuileries, ne vous êtes-vous pas prononcé par quelque
acte qui fût de nature à faire cesser immédiatement les désastres devant lesquels vous étiez obligé de fuir ? — R. Nous nous rendîmes
le 29 au matin à Saint-Cloud, afin de prendre les ordres du roi à ce
sujet. — D. N'est-ce pas encore à l'influence du conseil dont vous
faisiez partie, et qui s'est assemblé devant le roi à Saint-Cloud, que
doit être attribué le retard apporté à l'exécution de la résolution qui
semblait prise dans la matinée, de changer le ministère et de rapporter les ordonnances ? — R. Il n'y eut à Saint-Cloud qu'une seule
délibération, dans laquelle tous les ministres furent d'avis du changement du conseil. — D. Comme ministre de la justice, vous avez
dû vous occuper particulièrement de ces incendies qui, pendant les
derniers mois de la durée du ministère dont vous faisiaz partie, ont
désolé plusieurs cantons de la Normandie, et dont il est difficile de
ne pas rattacher l'exécution à celle de quelque plan qui aurait été
conçu pour amener en France des perturbations dont on comptait

faire son profit dans un but politique quelconque. Avez-vous quelques éclaircissemens à donner sur ce fait si extraordinaire ? — R. Il y a une inexactitude fort grave dans les termes mêmes de la question. On y suppose en effet que les incendies ne se sont manifestés dans la Normandie que depuis le mois de mai, tandis que ce fléau ravageait cette province plusieurs mois avant mon entrée au conseil. J'ai pris, comme ministre de la justice, toutes les mesures qui me paraissaient propres à arrêter ce débordement de crimes et à en découvrir les auteurs, on peut consulter à cet égard ma correspondance avec le procureur-général de Caen. J'ai d'ailleurs concouru à l'envoi sur les lieux du comte de Latour-Foissac, pour prévenir de nouveaux incendies.

(Interrogatoire du 17 octobre 1830.)

IV. M. Guernon de Ranville.

D. Quels rapports aviez-vous avec M. de Polignac lorsque vous fûtes appelé à faire partie du ministère du 8 août ? — R. Je n'avais jamais eu avec lui aucun rapport ni direct ni indirect. — D. Ne fûtes-vous pas appelé parce qu'on vous supposait peu favorable aux institutions constitutionnelles, ou au moins très-enclin à y apporter de notables changemens ? — R. Je ne puis savoir quels motifs déterminèrent M. de Polignac à me faire entrer au conseil ; mais ce qui est incontestable, c'est que le choix dont je fus l'objet ne put être influencé par aucune des considérations que vous venez de dénoncer. Avocat, magistrat, je n'ai jamais laissé échapper une occasion de manifester mes doctrines politiques : elles se résument en deux mots : le Roi et la Charte. Pour le Roi, l'attachement le plus vrai et le respect le plus profond ; de hautes infortunes n'ont fait qu'ajouter à l'énergie de ces sentimens. Pour la Charte, une fidélité inébranlable, fondée principalement sur la conviction où j'ai toujours été qu'elle était la plus solide garantie de la stabilité du trône et des libertés publiques. J'ajouterai que je fis connaître mes sentimens à cet égard à M. Rocher, conseiller à la Cour de cassation, qui fut chargé par M. de Polignac de me faire les premières ouvertures, au mois d'octobre, sur le projet qu'il avait conçu de me faire entrer au conseil. Je désire que M. Rocher soit entendu à cet égard. — D. Il paraît cependant que, après votre entrée au ministère, vous eûtes lieu de croire que M. de Polignac nourrissait des idées, ou était assailli par des propositions fort contraires à l'existence du gouvernement dont la France jouissait. On en doit juger ainsi, puisque, à la date du 15 décembre, vous vous crûtes obligé de combattre ces idées et ces propositions dans un mémoire que nous vous représentons. Entre ces idées et ces propositions, quelles étaient les plus dominantes? — R. Cette question repose sur une erreur d'interprétation. Il est de fait que, à l'époque où je rédigeai la note que vous me représentez, ni M. de Polignac, ni aucun autre membre du conseil ne m'avaient laissé soupçonner l'existence de projets attentatoires à la Charte; mais les journaux retentissant chaque jour de menaces de prétendus coups d'Etat, qui n'étaient que dans leur pensée, je crus devoir fixer par écrit les doctrines que j'entendais professer dans la partie d'administration qui m'était confiée. Quoique j'eusse rédigé cette note pour moi seul, je la communiquai à M. le prince de Polignac, qui, en me la renvoyant, me déclara qu'il en partageait tous les principes.

— D. La prépondérance absolue de M. de Polignac n'était-elle pas dès lors établie dans le conseil, et ne lui arrivait-il pas souvent de faire rendre des ordonnances d'un intérêt général, sans en avoir entretenu ses collègues? — R. M. de Polignac n'exerçait et n'a jamais cherché à s'attribuer aucune prépondérance dans le conseil: Toutes les ordonnances d'intérêt général, et même celles d'intérêt particulier un peu considérable, étaient librement discutées par tous les ministres. — D. La réponse faite par le roi Charles X à l'adresse faite par la chambre des députés, fut-elle délibérée en conseil? — R. Elle a été non-seulement discutée, mais rédigée en conseil. — D. On doit penser que, après avoir peint à M. de Polignac, comme vous l'avez fait, le danger et même l'immoralité des coups d'Etat (ce sont vos propres expressions), vous avez dû blâmer une mesure qui pouvait en fournir l'occasion. Vous y opposâtes-vous? — R. Quoiqu'il soit de mon devoir de garder le secret sur les opinions émises, les discours tenus en conseil, soit par le Roi, soit par mes collègues, la question que vous me faites se rapportant à un fait qui m'est personnel, je crois pouvoir y répondre sans déguisement. Dans la circonstance rappelée, je ne me suis point écarté de mes principes, et j'ai combattu tout système contraire à la Charte, qui ne me paraissait pas suffisamment nécessité dans l'intérêt du salut public. — D. C'est vers cette époque que les coups d'Etat et la violation de la Charte furent plus spécialement demandés par les écrivains qu'on était habitué à regarder comme les organes du ministère. N'est-ce pas aussi à cette époque qu'a été proposé dans le conseil le plan qui a été réalisé plus tard? — R. L'opinion qui signalait certains journaux comme les organes du ministère était mal fondée : il est de fait que le gouvernement n'avait aucun journal à lui. Quant à la pensée de coups d'Etat ou de mesures extra-légales, je n'en ai remarqué aucune trace dans le conseil, à l'époque que vous me rappelez. Les mesures qui ont amené le procès actuel n'ont été proposées pour la première fois que vers le milieu du mois de juillet, à la suite des élections. Jusque là le Roi et les ministres avaient été fermement résolus de ne s'écarter en rien du régime constitutionnel et des voies parlementaires.

— D. Lorsque, un peu plus tard, MM. de Chantelauze et de Peyronnet furent appelés au conseil; n'était-ce pas pour aider à l'exécution du projet si souvent annoncé depuis plusieurs mois, de refaire par ordonnance les lois électorales et de détruire la liberté de la presse?—R. L'appel aux affaires de MM. de Peyronnet et Chan. telauze n'ayant point été délibéré en conseil, je ne puis savoir quelle autre considération que la nécessité de rendre le ministère plus apte aux discussions de la tribune fixa le choix du Roi sur ces Messieurs, mais il est évident pour moi que ce choix ne put être déterminé par le motif que vous indiquez, puisque, je le répète, il n'avait jamais été question, avant le 15 juillet, de modifier en quoi que ce soit le régime constitutionnel.—D. Il paraît cependant que c'est pour ne pas concourir à cette modification que MM. de Chabrol et de Cour-

voisier ont quitté le ministère?—R. C'est une erreur. Il existait
entre MM. de Chabrol et de Courvoisier et les autres membres du
ministère quelque légère dissidence d'opinion ; mais tous les ministres étaient unanimes et d'accord avec la volonté royale sur la nécessité d'exécuter fidèlement la Charte, à moins que des circonstances extraordinaires, et tout à fait impossibles à prévoir, ne vinssent
rendre cette scrupuleuse fidélité dangereuse pour le salut de l'Etat.
—D. M. de Courvoisier n'avait-il pas cependant soutenu avec force
devant le conseil la nécessité de rester fidèle à la Charte, de ne pas
renvoyer la chambre, et de marcher avec elle dans les voies constitutionnelles? Comment se fait-il que, ayant aussi le 15 décembre
précédent, soutenu cette doctrine, vous ayez, si peu de mois après
changé de manière de voir?—R. La dissolution de la chambre était
tout à fait dans les prérogatives du Roi, et les ministres qui l'ont
accueillie ne peuvent être accusés, pour ce fait, d'avoir dévié de
leurs doctrines constitutionnelles. Quant aux suites de cette dissolution, nous n'en prévoyions pas d'autres que de nouvelles élections
et une nouvelle chambre légalement constituée.— D. Si telle était
en effet la pensée du ministère à l'époque de cette dissolution, que
s'était-il passé en France dans l'intervalle de cette dissolution et la
promulgation des ordonnances, qui ait pu motiver un si grand changement dans la ligne de conduite adoptée?—R. Ayant combattu le
système dont l'adoption a fait rendre les ordonnances dont il s'agit,
je pourrais me dispenser de répondre à cette question ; j'observe
cependant que l'action, devenue irrésistible, des associations qui,
aujourd'hui, se qualifient elles-mêmes, de révolutionnaires, la réélection des 221, proclamée comme un principe, accueillie sur presque tous les points, et donnant à une opposition que l'on pouvait
croire hostile une majorité de plus de cent voix ; enfin, les attaques
journalières d'une foule de feuilles publiques qui appelaient, de
toutes parts, le peuple à l'insurrection, sous le prétexte d'une résistance légale à de prétendus coups d'état dont la pensée n'existait
que dans l'esprit des rédacteurs de ces feuilles ; toutes ces circonstances étaient de nature à persuader à quelques personnes que les
moyens ordinaires ne suffisaient plus pour combattre les élémens de
dissolution qui nous débordaient de toutes parts, et qu'il était temps

de recourir, pour sauver le Roi, le trône et la paix publique, aux moyens extraordinaires que pouvait autoriser et légitimer la disposition de l'art. 14 de la Charte.

D. Comment, dans votre mémoire du mois de décembre, vous étiez-vous opposé avec tant de force aux coups d'état, lorsque vous semblez croire que l'art. 14 pouvait toujours les légitimer?—R. Mon mémoire du 15 décembre a été conçu et écrit pour les cas ordinaires et lorsqu'il est possible de se renfermer dans les limites du droit commun; mais j'admettais, comme tous les publicistes qui ont écrit sur notre régime constitutionnel, que, s'il se présentait telles circonstances qui rendissent la loi commune impuissante pour protéger l'Etat et les citoyens, cette loi commune devait alors céder à la loi plus impérieuse du salut public, et que c'était, le cas de nécessité absolue se réalisant, le droit et même le devoir des gouvernans de recourir à des mesures extraordinaires ayant pour objet de sauver l'Etat et ses institutions, et, pour ce moyen, la suspension momantanée de quelques parties de la constitution. Telle était, selon moi, dans son entier, et rien au-delà, l'interprétation de la dernière partie de l'article 14 de la Charte. Au reste, ce que je viens de dire, n'est qu'une profession de doctrines, puisque, n'ayant point adopté le système par suite duquel furent rendues les ordonnances, je ne reconnus pas que la nécessité dont je viens de parler fût suffisamment établie.—D. A quelle époque fut exposé, dans le conseil, le système dont vous venez de parler?—R. Je ne puis indiquer de date précise; mais, comme ce système fut occasionné principalement par ce qui s'était passé lors des élections, je suppose que la première pensée ne put en être émise que vers le milieu du mois de juillet.—D. Le fut-elle en présence du roi Charles X, ou dans les conseils tenus hors la présence de ce prince?—R. La discussion sur le système qu'il convenait d'adopter, dans les circonstances critiques où se trouvait la monarchie, eut lieu d'abord en conseil des ministres seuls, puis, dans un conseil subséquent, en présence du Roi.—D. Votre opposition à ce système dura-t-elle jusqu'à la signature des ordonnances du 25?—R. Il faut distinguer entre le système en lui-même et les ordonnances, qui n'étaient qu'une mise à exécution. Je combattis le système, par les motifs que les dangers signalés ne me paraissaient ni assez grands ni assez pressans pour obliger le gouvernement à s'écarter des voies parlementaires. Ce système m'offrait d'ailleurs de graves inconvéniens, soit à raison des circonstances dans lesquelles il était proposé, soit à raison des moyens d'exécution. Je développai ces considérations, d'abord dans le conseil privé tenu par les ministres seuls, et je fus appuyé par l'un de mes collègues. Je reproduisis cette opposition, avec de nouveaux développemens, dans le conseil, en présence du Roi. Mon opinion n'ayant pas prévalu, j'attachai peu d'importance au texte des ordonnances, qui n'étaient que la conséquence inévitable du plan adopté, et qui, d'ailleurs, ne donnèrent lieu, dans le conseil, qu'à des discussions sur les objets de détail et les formes grammaticales. Je désire que la commission prenne sur ce point les dépositions de M. de Courvoisier, auquel je communiquai mon opinion avant et après les ordonnances.

D. Pourriez-vous dire quel est celui de vos collègues qui vous a appuyé dans votre opposition ? — R. Cette circonstance pouvant servir l'un de mes collègues sans nuire aux autres, je n'ai pas de raison de refuser de déclarer que mon opposition fut partagée, dans le premier conseil, par M. de Peyronnet. — D. Comment se fait-il que, ayant été si contraire au système qui a dominé dans la rédaction des ordonnances, et lorsque votre opposition était ancienne et réfléchie ; lorsqu'un pareil plan vous avait paru contraire aux intérêts du roi Charles X, contraire à la foi jurée et à la morale politique, car tout cela résulte du mémoire que nous vous avons présenté : comment se peut-il que vous ayez pu signer ces ordonnances ? — R. De mes réponses précédentes, il résulte que, dans mon intelligence, un système extra-légal n'eût été une violation de la Charte et de la foi jurée, qu'autant qu'il n'eût pas été le seul moyen de sauver l'État, ou, en d'autres termes, qu'il n'eût pu être justifié par la disposition de l'article 14, rapprochée des exigences du moment. La discussion se trouvait donc ramenée à une appréciation de faits. Les dangers qui, suivant l'opinion de mes collègues, compromettaient, de la manière la plus grave, le salut de l'État, ne me paraissaient pas tels, il est vrai ; mais je n'avais pas la prétention de me croire plus sage que les autres membres du conseil, et mon avis n'ayant pas été adopté, je dus penser que je voyais mal les faits que la majorité envisageait autrement que moi. D'un autre côté, j'aurais pu me retirer du ministère, mais je ne me dissimulais pas que, dans les circonstances où nous nous trouvions, une modification quelconque dans le conseil aurait entraîné de graves inconvéniens pour le Roi, peut-être même pour l'Etat ; enfin, je mesurais toute l'étendue de la responsabilité que le ministère assumait sur lui, et je n'eus pas la pensée de fuir en présence du danger.—D. N'eût-il pas été possible que le danger que vous supposez se fût borné à un changement de ministère ? R. Si nous avions pensé qu'un changement de ministère pût conjurer les périls qui entouraient le trône, nul de nous n'eût hésité à mettre sa démission aux pieds du Roi.

D. Les ordonnances une fois signées, quelle part avez-vous eue dans le choix des précautions qui ont dû être prises pour en assurer le succès. ? — R. Les mesures d'exécution prescrites par les ordonnances ont été arrêtées en conseil, mais j'ai pris peu ou point de part à la discussion de ces mesures, qui rentraient plus spécialement dans des départemens étrangers au mien. Je dois, à cette occasion, rectifier une erreur commise, soit par moi, soit par M. le rapporteur de la commission. Le rapport énonce que je n'ai point assisté au conseil dans lequel fut arrêté la mise en état de siége. Ou je me suis mal expliqué, ou j'ai été mal compris : la vérité est que cette mesure fut arrêtée en ma présence ; et, quoique je ne l'aie pas discutée, mon silence doit être considéré comme une approbation. — D. Il n'est pas possible qu'en signant les ordonnances on n'eût pas prévu qu'elles occasionneraient une grande résistance ; quelles mesures furent arrêtés le 25 pour vaincre cette résistance ? —R.Les faits, plus irrésistibles que tous les raisonnemens, prouvent jusqu'à l'évidence qu'on était loin de prévoir une résistance ou plutôt une insurrection telle que celle dont nous avons eu le malheur d'être les témoins. Si on eût prévu cette résistance, et qu'on eût eu la volonté de la vaincre à tout prix, on aurait pris de longue main les précautions qu'indiquait la prudence la plus commune.Or, non-seulement le gouvernement ne prescrivit aucune réunion extraordinaire de troupes, puisqu'à peine sept mille hommes d'infanterie furent engagés dans les trois malheureuses journées, mais on n'appela pas même à Paris les portions de la garde royale qui se trouvaient à Courbevoie et à Vincennes. Tout fut subit, imprévu, et les deux seules mesures prises, la mise en état de siége et la nomination d'un commissaire extraordinaire, n'eurent lieu qu'après les premières agressions du peuple. — D. On devait savoir que les tribunaux réguliers ne prêteraient pas leur appui à des mesures extra-légales ; ne fut-il pas arrêté qu'on établirait des cours prévôtales ? Si l'on ne voulait pas en établir, n'eût-on pas le projet de recourir à des tribunaux militaires, puisqu'on ne pouvait se servir que d'une de ces trois choses ; les tribunaux ordinaires, les cours prévôtales ou les commissions militaires ?—R. En prenant des mesures hors de la loi commune pour sauver l'Etat, menacé d'une subversion totale, les ministres avaient la conviction qu'ils agissaient dans les limites de l'article 14 de la Charte ; ils croyaient remplir un devoir pénible, mais impérieux ; ils ne pouvaient penser que la magistrature hésiterait à remplir le sien. Au reste il n'a jamais été question dans le conseil d'établir, ni tribunaux, ni commissions extraordinaires, sous quelque dénomination que ce fût.

D. Lorsque vous eûtes connaissance des premiers troubles qui éclatèrent le 27, et lorsque vous vous trouvâtes réunis le soir avec vos collègues chez M. de Polignac, vous, qui vous étiez dans l'origine opposé au système des ordonnances, voyant l'effet qu'elles produisaient, n'opinâtes-vous pas dans ce dernier moment pour qu'on en suspendît l'exécution ?—R. Quoique dès le 27 des attroupemens insurrectionnels eussent eu lieu ; que les troupes royales eussent été attaquées, et que le sang eût coulé, il était impossible de reconnaître ce jour-là le véritable caractère du mouvement qui pouvait et qui paraissait même n'être qu'un tumulte occasionné par quelques attroupemens d'ouvriers et d'hommes de la dernière classe du peuple. Il n'y avait donc pas motif suffisant de songer à rapporter les ordonnances ; et en effet cet objet ne fut pas mis en délibération dans le conseil : je n'eus donc aucune opinion à émettre à cet égard.—D. C'est cependant le 27 au soir qu'a été délibérée, dans le conseil, la mise en état de siége de la ville de Paris ; comment cette mesure, dont la conséquence était de suspendre l'action de tous les pouvoirs civils, administratifs et judiciaires, de priver les citoyens de tous leurs recours naturels et légaux, a-t-elle pu être prise sur le simple fait d'un tumulte tel que vous venez de le dépeindre ? — R. Je n'admets pas que les conséquences de la mise en état de siége fussent aussi graves, ni aussi étendues que vous l'exposez : l'effet immédiat d'une telle mesure est bien de faire passer les autorités administratives et judiciaires, sous la direction de l'autorité militaire, mais non de détruire les droits fondés sur la loi ; cette mesure effrayante pour les perturbateurs, est propre, surtout en cas de tumulte, à rassurer les bons citoyens ; c'est ainsi que l'envisageait cet officier qui récemment mettait un département tout entier sous ce régime, et fut récompensé pour avoir pris cette mesure salutaire.— D. On conçoit, sur un point éloigné du gouvernement, l'avantage, dans un moment de grand trouble, de réunir tous les pouvoirs dans une même main ; mais au centre du gouvernement, dans le lieu où son action peut être la plus prompte et la plus immédiate, lorsque le président du conseil est en outre ministre de la guerre, il est difficile de ne pas considérer que le résultat le plus certain de cette mesure est l'abolition de la justice ordinaire et l'envoi des citoyens compromis devant les tribunanx militaires. Vous avez dit cependant, il y a peu de momens, que l'intention du ministère n'avait point été de recourir à d'autres tribunaux qu'à des tribunaux militaires.— R. Ces observations seraient puissantes, sans doute, pour motiver, dans une loi, sur la mise en état de siége, une disposition exceptionnelle en faveur de la capitale ; mais cette exception n'existe dans aucune des lois sur la matière ; et il s'agit ici d'une question toute de légalité, puisqu'en fait la mise en état de siége dont il s'agit n'a produit aucun résultat dont les citoyens aient eu à se plaindre. Sur la dernière partie de la question, quand j'ai dit que le ministère n'avait pas eu l'intention d'établir ni tribunaux ni commissaires extraordinaires, je ne pouvais avoir en vue les résultats possibles de la mise en état de siége, puisque cette mesure n'a été rendue nécessaire que par des circonstances fortuites et en dehors du système du gouvernement.

D. N'avez-vous pas, vous, ancien magistrat, appelé aussi l'attention de vos collègues sur un autre point d'une nature infiniment grave ? Il résulte d'une foule de déclarations, et notamment de celles des commissaires de police employés, à cette époque, dans les arrondissemens où ont eu lieu les principaux engagemens, qu'aucune sommation n'a été faite nulle part aux citoyens, par les officiers civils, avant que les armes fussent employées contre eux : bien plus, l'ordre de faire ces sommations n'aurait été donné ni à personne, ni nulle part.—R. Le soin de donner les ordres relatifs aux sommations dont vous parlez appartenait au commissaire extraordinaire ; j'ignore si ces ordres ont été donnés sur tous les points ; je ne sais si, sur quelques-uns de ces points, l'agression n'a pas été tellement subite, qu'il eût été impossible d'accomplir le préalable prescrit par la loi ; mais j'ai la certitude que ces sommations ont été faites dans plusieurs circonstances des journées des 27 et 28.

D. Avez-vous quelques éclaircissemens à donner sur le fait si extraordinaire de ces incendies qui, pendant les derniers mois de la durée du ministère dont vous faisiez partie, ont désolé plusieurs cantons de la Normandie, et dont l'exécution pourrait se rattacher à celle de quelque plan conçu pour jeter la France dans le trouble et dans les alarmes ? R. Les incendies dont vous me parlez ont été l'objet des plus pénibles sollicitudes des ministres depuis le moment où ce fléau se manifesta. Nous n'avons pas eu un seul conseil où l'on ne se soit occupé de rechercher les moyens d'y porter remède : ce fut dans cette vue que deux régimens de la garde furent envoyés en Normandie sous les ordres du général Latour-Foissac, investi du titre et des pouvoirs de commissaire extraordinaire, et qu'un certain nombre d'agens de police y furent envoyés par M. le préfet de police. Si la commission prend la peine de se faire représenter la volumineuse correspondance qui a eu lieu à ce sujet entre les autorités locales et les ministres de l'intérieur et de la justice ; si elle veut entendre les dépositions de MM. de Montlevault, ex-préfet du Calvados ; Latour-Foissac, Eugène d'Hautefeuille, maréchal-de-camp, qui commandait alors dans le département, et Guillibert, procureur-général près la cour royale de Caen, elle acquerra la conviction profonde que le gouvernement du Roi a fait tout ce qui était humainement possible pour réprimer le mal et en découvrir les auteurs. Il est à regretter que MM. les membres de la commission d'accusation de la chambre des députés n'aient pas recouru à ces moyens d'éclairer leur religion sur un fait aussi grave ; M. le rapporteur se serait évité le tort d'une insinuation totalement dénuée de fondement. Il est aussi facile qu'ordinaire d'attaquer des hommes tombés dans l'infortune, mais des inculpations sans preuves demeurent des calomnies. Je desire que l'information la plus scrupuleuse soit faite pour découvrir les auteurs de ces crimes, qui me touchent d'autant plus vivement qu'ils ont désolé la province à laquelle je me fais honneur d'appartenir.

DÉPOSITIONS DES TÉMOINS.

Dominique-Jean-François ARAGO, *âgé de 44 ans ; membre de l'Institut, demeurant à l'Observatoire.*

Avant de m'expliquer sur les faits dont je suis appelé à déposer, il est nécessaire que je fasse connaître l'origine de mes relations avec M. le duc de Raguse. Lorsqu'il se présenta, en 1816, comme candidat pour une place de membre honoraire à l'Académie des sciences, j'avais sur la part qu'il prit aux événemens de 1814 l'opinion qui, malheureusement pour sa réputation, est si généralement répandue dans le public, et cette opinion me détermina à m'opposer à son élection. Mais, depuis, ayant eu occasion d'acquérir une connaissance exacte de cette partie importante de la vie politique du duc de Raguse, par le général Foy, par le colonel Fabvier et par le général prussien Muffling, je reconnus, non pas qu'elle fût à l'abri de toute critique, mais du moins qu'on n'y trouvait aucune trace de ces honteux calculs d'intérêts privés, auxquels le peuple, sur des aperçus vagues et sans consistance, a attribué les actes du maréchal. Ce n'est point, au surplus, le lieu d'entrer à ce sujet dans de plus grands développemens; mais je tenais à expliquer comment les principes politiques dont j'ai toujours fait publiquement profession n'avaient pas dû m'empêcher de devenir l'ami du duc de Raguse.

Les coups d'Etat, dont quelques journaux menaçaient la France dans les premiers jours de juillet se montraient à lui comme les germes d'une révolution sans issue ; il désapprouvait la marche illégale, et, par suite, éminemment périlleuse, qu'on paraissait vouloir adopter, dans les termes les plus explicites, je puis même dire les moins mesurés. Le lundi 26 juillet, jour de la publication des fatales ordonnances, le maréchal vint à l'Institut, et, voyant combien la lecture du *Moniteur* m'avait douloureusement affecté, il me dit en propres termes : « Eh bien ! vous le voyez : les insensés, » ainsi que je le prévoyais, ont poussé les choses à l'extrême. Du » moins, vous n'aurez à vous affliger que comme citoyen et comme » bon Français ; mais combien ne suis-je pas plus à plaindre, moi » qui, en qualité de militaire, serai peut-être obligé de me faire » tuer pour des actes que j'abhorre et pour des personnes qui, de- » puis long-temps, semblent s'étudier à m'abreuver de dégoûts ! »

Le mercredi 28 juillet au matin, j'appris qu'en conséquence des mouvemens populaires de la veille, la ville de Paris venait d'être mise en état de siége, et que le maréchal Marmont était gouverneur. Je sortis aussitôt, afin de m'assurer par moi-même de l'état des choses. Je parcourus un grand nombre de quartiers, et il me sembla voir que l'insurrection était beaucoup plus sérieuse qu'on ne le croyait généralement. Dans plusieurs groupes j'entendis des personnes manifester hautement l'espérance que le duc de Raguse profiterait de cette circonstance pour se *réhabiliter*. Ce mot, quoique je n'y attachasse pas, sans doute, le même sens que quelques-uns des orateurs de la bouche desquels il était sorti, fut pour moi un trait de lumière ; il me convainquit que je devais sans retard me rendre chez le maréchal, soit comme citoyen, soit comme ami, et essayer de lui persuader que son honneur, même en donnant à ce terme toute l'extension qu'il a dans l'esprit des militaires, ne pouvait pas l'obliger à se battre contre un peuple en état de légitime défense, contre des Français à qui on venait enlever un état politique qu'ils avaient acquis au prix de vingt années de guerre. Le succès que j'attendais de ma démarche ne m'aveuglait pas toutefois sur les dangers dont elle était entourée. Il ne me paraissait pas très-difficile de pénétrer jusqu'à l'état-major ; mais on pouvait être vu, mais on pouvait être

signalé au peuple comme un émissaire de l'autorité qui alors le fai-
fait mitrailler, et périr soi-même sous ses coups, comme un infâme
espion, sans pouvoir se justifier.

Toutes ces craintes s'évanouirent à mes yeux vers une heure et
demie de l'après-midi, lorsque j'eus reçu, d'une personne qui,
ainsi que moi, aurait desiré concilier les intérêts du pays et ceux de
notre malheureux ami, une lettre dans laquelle ou me faisait espérer
que ma visite aux Tuileries ne serait pas sans résultat. Je partis sur
le-champ, accompagné de mon fils, et j'arrivai au château sur les
deux heures du soir. Les aides-de-camp du Maréchal applanirent
avec empressement tous les obstacles qui, dans de telle circonstances,
m'auraient peut-être empêché de pénétrer jusqu'à lui; leur sentimens et les miens étaient trop d'accord pour qu'ils ne dussent pas
me voir arriver avec plaisir. Le maréchal me reçut dans le salon qui
donne sur la place du carrousel, j'entrai tout de suite en matière; je
lui parlai, tant en mon propre nom qu'au nom de ses meilleurs amis,
j'essayai de lui faire reconnaître que le principe de l'obéissance pas-
sive ne pouvait pas concerner un maréchal de France, surtout en
temps de révolution; j'insistai sur le droit incontestable qu'avait le
peuple de Paris, de recourir à la force, quand l'autorité employait,
pour le dépouiller, des moyens dont rien ne saurait légitimer l'emploi. je proposai enfin, comme conséquence, au duc de Raguse,
d'aller sans retard à Saint-Cloud, déclarer au roi qu'il lui était impossible de conserver le commandement des troupes, à moins qu'on
ne retirât les odieuses ordonnances, et que le ministère ne fût renvoyé. Cette double mesure me paraissait devoir mettre fin au combat;
car, à deux heures, le mercredi, on était dans un de ces courts
instans où, pendant les troubles civils, chaque parti peut croire
gagner beaucoup, tout en faisant de larges concessions au parti
contraire.

Le maréchal me laissa développer ma pensée, mais j'apercevais
dans toute sa personne un malaise évident. Ses opinions au fond,
n'étaient pas changées, les actes du lundi ne lui paraissaient pas
moins criminels; la démarche que je lui conseillais lui semblait
juste; seulement, par un sentiment indéfinissable, puisé dans les
habitudes militaires, il ne croyait pas que le moment de la faire fût

arrivé. Un maréchal de France, un vieux soldat, ne devait pas, selon lui, proposer de concessions, tant que les chances du combat étaient incertaines. J'essayai de lui prouver de mon mieux que, s'il était victorieux le lendemain, l'autorité ministérielle serait redevenue toute puissante, qu'il n'aurait plus de crédit, que sa démarche alors ne porterait aucun fruit; lorsqu'on annonça l'arrivée de MM. Laffitte, Gérard, de Lobau, Casimir Périer et Mauguin.

Je passai aussitôt, avec tous les officiers qui remplissaient alors le salon du maréchal, dans la salle de billard. C'est la qu'on m'apprit que les ministres occupaient, au même étage, un salon contigu dont les fenêtres donnent sur la rue de Rivoli; quatre d'entre eux (MM. de Polignac, d'Haussez, Guernon de Ranville et Montbel), que je ne connaissais pas même de vue, vinrent s'y promener successivement, un des aides-de-camp du maréchal, M. de la Rue, me les montra. Bientôt les députés s'en allèrent : ils étaient presque au bas de l'escalier lorsqu'on les invita à remonter en leur annonçant, je crois, que M. de Polignac consentait à les recevoir ; mais il s'était à peine écoulé une minute, quand on vint les avertir sèchement qu'ils pouvaient se retirer. L'un d'entre eux en témoigna sa surprise par une exclamation dont la plupart des assistans comprirent toute l'étendue. M. Mauguin avec qui j'avais lié conversation, pendant qu'il attendait dans la salle de billard, se louait beaucoup des manières du maréchal, tout en regrettant que certaines influences l'empêchassent de s'abandonner sans réserve à ses propres sentimens.

Après le départ des députés, j'espérais reprendre ma conversation avec le duc de Raguse, mais tout son temps était employé à écouter les officiers d'état-major qui apportaient incessamment, des divers quartiers de Paris, des nouvelles plus ou moins décisives. Le colonel de la gendarmerie, M. de Foucault, arriva à son tour, et resta en conférence avec le maréchal pendant plus d'une demi-heure. Avant de me retirer, j'invitai M. l'aide-de-camp de la Rue à vouloir bien dire au maréchal que je reviendrais le lendemain pour renouveler mes sollicitations, s'il en était temps encore, c'est-à-dire *si la troupe de ligne n'avait pas pris parti pour le peuple.* L'impression que cette phrase produisit me montra qu'on ne craignait

encore rien de pareil. Je m'expliquai davantage, je citai divers
quartiers où j'avais vu, vers midi, des groupes de soldats assez
nombreux fraterniser avec les citoyens armés. M. de la Rue crut
que cette nouvelle inattendue ferait quelque impression sur l'esprit
de M. de Polignac. Il me pressa vivement de la lui communiquer ;
je ne crus pas devoir céder à ses sollicitations, parce que, ayant
indiqué moi-même le renvoi immédiat des ministres comme une
mesure sans laquelle tout arrangement serait impossible, il m'était
difficile d'avoir des rapports directs avec eux, je voulais d'ailleurs
me réserver le droit de dire hautement, en cas de besoin, que si
j'avais vu les ministres, que si, contre mon gré, je m'étais trouvé
avec eux dans la même maison, je ne leur avais pas du moins
adressé une seule parole. Alors M. de la Rue, avec mon assentiment, alla, dans le salon voisin, transmettre ma nouvelle au maréchal; celui-ci s'empressa d'en faire part à M. de Polignac, mais elle
fut loin de produire l'effet qu'on attendait, car M. de la Rue, en
revenant, s'écria avec l'accent de la plus profonde douleur : « Nous
» sommes perdus ! notre premier ministre n'entend pas même le
» français ! Quand le maréchal lui a dit, en vous citant, que la
» troupe passait du côté du peuple, il a répondu : EH BIEN, IL FAUT
» AUSSI TIRER SUR LA TROUPE ! » A partir de ce moment, il fut
évident pour moi que malgré l'état de siége, le maréchal ne commandait que de nom, et je me retirai. Il était alors plus de quatre
heures.

Achille-François-Nicolas DE GUISE, *âgé de 39 ans, chef de batail-*
lon, demeurant à Paris, rue de Surêne, n° 22.

Le lundi 26 juillet, j'étais chez M. le maréchal duc de Raguse,
lorsqu'à son arrivée à Paris, il lut pour la première fois le *Moni-*
teur, qu'il n'avait pu se procurer à Saint-Cloud. Après cette lecture,
il me quitta pour aller à l'Académie, et retourner de là à St.-Cloud.
Le mardi matin, je reçus de lui une lettre par laquelle il me demandait de l'avertir de ce qui se passerait à Paris, les circonstances
pouvant empêcher les journaux de paraître. J'allais me disposer à
satisfaire à cette demande, lorsque je reçus un autre ordre qui

m'enjoignait de me rendre à l'état-major. Je m'y rendis aussitôt, et M. le maréchal y était déjà arrivé. Il était alors entre midi et une heure. Il m'annonça que le matin le roi l'avait fait appeler, et lui avait ordonné de se rendre à Paris pour prendre le commandement, en lui annonçant que des troubles avaient eu lieu la veille, mais en lui permettant de revenir le soir coucher à Saint-Cloud, si le calme était rétabli. Je dois faire observer que jusqu'alors aucun ordre n'avait été donné aux troupes, qui n'étaient même pas consignées. Des mesures furent immédiatement prises, et vers onze heures du soir, je fus envoyé par M. le maréchal chez M. le prince de Polignac, auquel j'annonçai que les rassemblemens étaient entièrement dispersés, et que les troupes allaient rentrer. En revenant chez le maréchal, je fus chargé par lui d'écrire, sous sa dictée, une lettre au roi, pour lui rendre compte, dans le même sens, de ce qui s'était passé. Cette lettre dut être portée au roi le mercredi de grand matin.

Vers huit heures du matin, le mercredi, M. le maréchal écrivit une seconde lettre au roi, dans laquelle il lui rendait compte de la marche des événemens. Cette lettre, confiée à un gendarme, fut perdue par un accident, et M. le maréchal en ayant été immédiatement instruit, m'en fit écrire une autre dans le même sens, mais beaucoup plus succincte, et dont je vous dépose une copie; elle était datée de neuf heures, et fut portée, d'après l'ordre exprès du maréchal, par un officier d'ordonnance. Peu de temps avant ou après le départ de cette lettre, un jeune homme que je ne connais point, vint trouver M. le maréchal de la part du préfet de police, et lui demanda s'il était vrai que la ville de Paris eût été mise en état de siége. M. le maréchal, auquel plusieurs personnes parlèrent également de cette circonstance, m'envoya, vers dix heures, chez M. le prince de Polignac, pour savoir ce qui en était, et lui faire observer qu'il y avait des conditions de légalité à remplir pour une semblable mesure. Le ministre m'apprit qu'en effet l'ordonnance de mise en état de siége était signée, et qu'il avait envoyé chercher M. le maréchal, pour qu'il vînt la prendre. Je revins avec M. le maréchal, qui, en sortant de chez le prince, me remit l'ordonnance. Nous nous rendîmes directement au quartier-général, où les ministres ne tardèrent pas à arriver, sans que je puisse dire s'ils y vinrent ensemble ou successivement.

A trois heures, M. le maréchal me fit écrire une nouvelle lettre au Roi, lettre dont je dépose également entre vos mains une copie, et qui fut datée de trois heures et demie. J'en étais arrivé au point où vient dans la lettre le compte rendu des événemens, lorsque les députés du département de la Seine furent introduits chez M. le maréchal par M. de Glandevès; mais je ne restai point présent à la conférence qu'ils eurent avec M. le maréchal, et je n'ai su que par ouï dire ce qui s'était passé. Quand ils furent sortis, la lettre fut achevée, et M. le lieutenant-colonel Comirouski fut chargé de la porter. Je pense que M. le maréchal reçut des réponses du Roi aux diverses dépêches qu'il lui avait expédiées; mais je n'ai point eu connaissance de leur contenu.

Dans le cours de la journée, sans que je puisse préciser à quelle heure, une proclamation fut rédigée par l'un des ministres, et communiquée à un autre ministre qui se trouvait là, on me chargea de la faire imprimer à l'imprimerie royale, mais je fis observer que cela était impossible, et il en fut remis une, sans que je pusse savoir si c'était celle que j'avais vue entre les mains de l'un des ministres, au jeune homme qui était venu de la part du préfet de police, et qui revint plusieurs fois dans la journée; on l'avait chargé de la faire imprimer et distribuer.

Le jeudi, de très-bonne heure, M. le maréchal fit convoquer les maires de Paris, mais il n'en vint que trois. Vers sept heures, MM. de Sémonville et d'Argout furent introduits, et se rendirent ensuite à Saint-Cloud en même temps que les ministres. Après leur départ, les maires furent chargés d'aller annoncer que le feu allait cesser. Nous observions avec M. le maréchal quel serait le succès de leur mission, et il paraissait assez satisfaisant, lorsqu'une fusillade très-vive s'engagea de nouveau, et la retraite s'opéra.

Ce témoin a déposé les pièces suivantes :

Ordre de M. le marquis de Choiseul à M. le général comte de Wall.

27 juillet 1830.

« Mon cher général ,

» M. le maréchal vous invite à donner l'ordre au colonel du

15ᵉ régiment de partir du Pont-Neuf et de suivre le quai de l'Horloge, le pont au Change, et de se porter jusqu'à la hauteur du marché des Innocens. Il détachera alors un bataillon qui suivra la rue Saint-Honoré, pour prendre à revers une barricade qui se trouve près du Palais-Royal. Un bataillon de la garde l'attaquera en même temps de l'autre côté. Cette barricade détruite, le colonel Périgann suivra, dans toute sa longueur, la rue Saint-Denis et descendra le boulevard, tandis qu'un autre détachement, auquel vous en donnerez l'ordre, marchera à sa rencontre. Le régiment du colonel Périgann et le détachement que vous enverrez à sa rencontre se croiseront, et ce dernier se rendra au Pont-Neuf. Ces troupes balaieront tout ce qu'elles rencontreront sur leur passage ; elles emploieront la baïonnette si on leur résiste, et ne feront feu que dans le cas où l'on ferait feu sur elles ; elles tireront cependant des coups de fusil aux fenêtres d'où on leur jetterait des pierres. Elles marcheront avec résolution et en battant la charge. Il est important que ce mouvement ait lieu avant la nuit ; et M. le maréchal vous prie de donner l'ordre qu'il s'opère à sept heures.

» Les gendarmes à pied qui sont auprès de M. Périgann marcheront avec lui, et M. le maréchal y adjoindra un détachement de gendarmes d'élite.

» *L'aide-major-général,*
» Marquis de CHOISEUL. »

LETTRE DU DUC DE RAGUSE AU ROI.

Mercredi, à 9 heures du matin.

« J'ai déjà eu l'honneur de rendre hier compte à Votre Majesté de la dispersion des groupes qui ont troublé la tranquillité de Paris. Ce matin, ils se reforment plus nombreux et plus menaçans encore. Ce n'est plus une émeute, c'est une révolution. Il est urgent que Votre Majesté prenne des moyens de pacification. L'honneur de la couronne peut encore être sauvé ; demain, peut-être, il ne serait plus temps. Je prends pour la journée d'aujourd'hui les mêmes mesures que pour celle d'hier. Les troupes seront prêtes à midi, mais j'attends avec impatience les ordres de Votre Majesté. »

« Trois heures et demie.

« J'ai mis en mouvement mes différentes colonnes à l'heure

24

indiquée. Le général *** est arrivé à la place de Grève. J'ai ma communication assurée avec lui par un bataillon qui occupe le débouché du Pont-Neuf. Le général *** marche par les boulevarts pour s'établir sur la place de la Bastille. Le général ***, parti de la place Vendôme, occupe avec ses troupes la place des Victoires. Malgré tout cela, tout l'espace entre lui et moi est rempli de groupes insurgés, et nous ne pouvons communiquer ensemble que par la place Vendôme.

« Le général *** est arrivé au marché des Innocens; mais, après avoir tourné et détruit plusieurs barricades, et refoulé dans la rue Saint-Denis tout ce qui s'opposait à sa marche, de nouveaux groupes se sont reformés derrière lui, et je ne puis avoir de ses nouvelles que par des officiers déguisés.

« Dans la marche des troupes, partout les groupes se sont dispersés à leur approche; mais, dans presque toutes les rues, des coups de fusil sont partis des fenêtres de toutes les maisons, les troupes assaillies ont riposté, et leur marche partout n'a été qu'un combat.

» Les troupes ne sauraient courir le risque d'être forcées d'évacuer leurs positions; mais je ne dois pas vous cacher que la situation des choses devient de plus en plus grave.

» A l'instant où j'allais fermer ma lettre, se sont présentés chez moi MM. Casimir Périer, Laffitte, Mauguin, le général Gérard et le général Lobau. Ils m'ont dit qu'ils venaient me demander de faire cesser le feu. Je leur ai répondu que je leur faisais la même prière, mais ils mettent pour condition à leur coopération la promesse du rapport des ordonnances. Je leur ai répondu que, n'ayant aucun pouvoir politique, je ne pouvais prendre aucun engagement à cet égard. Après une assez longue conversation, ils se sont bornés à me demander de rendre compte de leur démarche à V. M.

» Je pense qu'il est urgent que V. M. profite sans retard des ouvertures qui lui sont faites. »

Georges-Félix BAYEUX, *âgé de 48 ans, avocat-général à la Cour royale de Paris, demeurant rue Traversière-Saint-Honoré, n° 25.*

Depuis plus d'un mois je remplaçais M. le procureur-général qui était parti pour aller aux élections, lorsque le lundi 26 juillet, j'appris vers midi que les ordonnances étaient rendues. Je fus de suite au palais, croyant que l'on aurait adressé quelques instructions au Parquet; il n'y avait aucune lettre. Demeurant auprès du Palais-Royal, dès le soir j'eus connaissance du trouble qui avait eu lieu. Le lendemain mardi, je sortis de très grand matin, je recueillis chez les commissaires de police les renseignemens sur ce qui s'était passé la veille. Je parcourus différens quartiers. Je fus informé que les commerçans renvoyaient leurs ouvriers. Je vis les dispositions hostiles du peuple, désormais intéressé dans la querelle ; et à 8 heures du matin, je me présentai chez M. le garde-des-sceaux. Je lui témoignai ma surprise de ce que le parquet n'avait pas été informé officiellement de l'existence des ordonnances. Il me répondit que l'exécution des mesures étant confiée à l'autorité administrative, il avait paru inutile d'en donner avis aux magistrats. Je lui racontai alors tout ce que j'avais appris le matin; je lui communiquai mes observations, et ne lui dissimulai pas que j'étais convaincu que la journée ne se passerait pas sans effusion de sang. M. le garde-des-sceaux me répondit que je m'alarmais mal à propos, que l'on avait la certitude que la moindre démonstration de la force ferait tout rentrer dans l'ordre, que le peuple se bornerait à crier *à bas les ministres!* cris que ceux-ci étaient déterminés à laisser pousser sans en tirer vengeance. J'insistai en faisant observer que s'il était possible de penser que, dans le moment actuel, le simple appareil de la force pût calmer l'effervescence des esprits, certes il ne pourrait la comprimer, lorsqu'au moment des élections toute la France serait en mouvement. M. le garde-des-sceaux me dit alors que le gouvernement avait tout prévu, qu'il était parfaitement informé de l'état des choses, et que je ne le tirerais pas de l'erreur où il était que le peuple rentrerait dans l'ordre dès qu'il verrait les baïonnettes se diriger vers lui.

Je fus au palais, et quelques uns de MM. les conseillers étant venus me voir au parquet, me demandèrent le sujet de la tristesse que je manifestais; je leur racontai ma conversation avec le garde-des-sceaux, et je leur dis que j'étais d'autant plus effrayé, que le ministre me paraissait plus tranquille. Le soir, vers six heures et demie, j'étais rentré chez moi. J'entendis beaucoup de bruit du côté de la rue de Richelieu ; et comme la maison que j'habite n'est pas sur la rue , je descendis pour connaître la cause de ce tumulte. Tous les habitans de la rue Traversière étaient à leurs fenêtres, la tête tournée du côté de la rue Richelieu. Tout à coup nous entendons une décharge de coups de pistolet derrière notre dos. Plusieurs lanciers de la garde venaient d'entrer dans la rue Traversière par la petite rue qui est en face du passage Saint-Guillaume ; et sans qu'il y eût aucun rassemblement dans la rue , sans que j'eusse entendu aucun tumulte, aucun cri derrière moi , déjà trois personnes étaient tuées à leurs fenêtres. Deux étaient sur le balcon de l'hôtel du grand balcon ; c'étaient un étranger et sa femme; l'un reçut une balle derrière la tête, l'autre dans le côté. Un vieillard fut tué à la fenêtre d'une maison au-delà de celle que j'habite, et une dame eut la cuisse cassée au coin de la rue du Clos-Georgeot, à quelques pas de moi. Cette attaque si violente , si peu provoquée, souleva tous les habitans de la rue , jusque-là fort tranquilles, et chacun songea à s'armer pour se défendre.

Le lendemain matin mercredi, je fus au Palais de fort bonne heure. Je fis demander à plusieurs reprises M. le procureur du Roi, il n'était pas arrivé. Après avoir examiné la correspondance qui consistait en une ou deux lettres, on vint me dire que le préfet de police congédiait tous ses employés; ceux du parquet demandaient à se retirer : je les suivis et rentrai chez moi. Vers deux heures et demie, un gendarme déguisé vint du Palais m'apporter une lettre, dont M. Girod de l'Ain, président alors de la Cour d'assises, avait donné reçu, et qu'il m'envoyait. Cette lettre était adressée à M. le procureur-général par M. le garde-des-sceaux ; elle renfermait l'ordonnance contre-signée par M. de Polignac, qui mettait la ville en état de siége. Il était enjoint d'en faire la notification à M. le premier président et au Tribunal de première instance. Pendant que je lisais cette dépêche, un autre gendarme déguisé vint m'apporter un autre paquet: c'était une expédition de la même ordonnance, qui m'était adressée directement chez moi, par M. le garde-des-sceaux. Ce ministre ayant appris par le reçu de M. Girod,

que sa lettre ne m'avait pas été remise, avait cru sans doute utile
de m'en donner connaissance. Je me rendis au Palais ; je n'y trouvai
que les gendarmes et la troupe de ligne de service, près la Cour
d'assises. M. Girod s'était retiré lorsqu'il avait eu connaissance de
la mise en état de siége de Paris. Je fis déguiser deux gendarmes et
je les envoyai porter les deux expéditions de l'ordonnance, l'une à
M. le premier président, l'autre à M. le procureur du Roi. Ces
magistrats étaient chez eux. M. le premier président me renvoya
celle que je lui avais adressée; l'autre fut conservée par M. le
procureur du Roi, et le récipissé qui me fut adressé, fut signé par
M. Perrot de Cheselles, substitut. Je ne pus rentrer chez moi qu'en
courant les plus grands dangers.

Jusque-là j'avais entendu dire que les ministres étaient à Saint-
Cloud, et même plus loin, et je l'avais cru ; mais en jetant les
yeux sur l'ordonnance de M. de Polignac, et la lettre de M. de
Chantelauze, je remarquai que ces deux pièces, qui avaient été
écrites très-récemment, l'avaient été sur du papier portant en tête
ces mots : *Garde royale, état-major général*. Certain que les
ministres étaient encore à Paris, je résolus de les voir, et de bien
leur faire connaître le véritable état des choses et l'inutilité de leurs
efforts. Mais je ne pus y réussir le soir même, parce que ces mots :
état major général m'avaient trompé, et j'avais été à la place
Vendôme, où je ne les trouvai point. Le lendemain, vers huit
heures, M. le premier président me fit dire que les prisonniers de
la conciergerie cherchaient à s'échapper. Je partis pour tâcher de
m'opposer à leurs efforts; mais avant de me rendre au palais, je fis
une nouvelle tentative pour voir M. le garde-des-sceaux. Le danger
était évident, les Suisses occupaient les fenêtres de la rue Saint-
Honoré, et un balcon qui est sur une boutique, au coin de la rue de
l'Echelle. Ils tiraient sur le peuple et celui-ci ripostait. Un de mes
amis me proposa de m'accompagner. Nous levions les mains en l'air
pour montrer que nous n'avions pas d'armes, et nous demandions à
parler à un officier. Les soldats nous dirent qu'il n'y avait pas
d'officiers avec eux et que nous nous retirassions. Mais comme ils
étaient plus occupés de se défendre contre ceux qui les attaquaient
de loin, que de l'approche de deux hommes désarmés, ils ne

tirèrent pas sur nous. Arrivé au guichet des Tuileries, je renvoyai mon ami, en lui faisant observer qu'il était inutile de nous faire tuer tous les deux.

J'eus beaucoup de peine à savoir où était M. le garde-des-sceaux, on me renvoyait de l'état-major, place du Carrousel, aux Tuileries. Enfin, un officier supérieur me dit que le ministre que je demandais était chez M. Glandèves, gouverneur des Tuileries. Je trouvai en effet dans un salon MM. de Peyronnet et de Chantelauze : ce fut M. d'Haussez qui me conduisit près d'eux. Ces messieurs parurent fort empressés d'avoir des nouvelles de l'état de la ville. Je leur répondis que, hors ce qui les environnait, tout était calme, tout était dans l'ordre le plus admirable, que les propriétés étaient respectées, que tout individu qui était pris était traité comme un ami, et que l'on n'avait même pas pillé leurs hôtels. M. de Peyronnet me dit alors : « Ce sont sans doute les fédérés qui ont conservé leur » ancienne organisation. Non, lui dis-je, c'est la population toute » entière qui se soulève ; les femmes montent des pavés dans leurs » chambres, pour jeter sur la tête des soldats, pendant que leurs » maris se font tuer dans les rues ; les habitans des campagnes » accourent armés de fourches et de faulx ; le soulèvement est » universel, et toute tentative pour le comprimer complètement » inutile. Ce n'est point une simple émeute, dit M. de Peyronnet, » c'est donc une véritable révolution. Et une révolution, ajoutai-je, » qui ne laisse aucune ressource, car je ne vous vois aucun appui. » Et pour le démontrer, je racontai ce qui m'était arrivé la veille au Palais, lorsque j'étais allé porter l'ordonnance de M. de Polignac. Au moment de mon entrée dans la salle de la Cour d'assises, le maréchal-des-logis de la geudarmerie départementale, qui commandait le détachement de service près de la Cour, était venu au-devant de moi et m'avait dit : « N'est-il pas bien fâcheux, M. l'avocat-général, » de tuer les autres, et de se faire tuer pour une aussi détestable » cause ; car enfin, ce sont nos droits qu'on nous enlève. » Un instant après, un gendarme, que j'avais envoyé sur la Tour de l'Horloge, pour savoir ce qui se passait à la Grève, étant venu me dire que la garde se retirait, et que les *bédoins*, nom qu'il donnait aux citoyens cachés sous le pont de fer, tiraient sur les Suisses sans que les soldats de la ligne, auxquels on venait de distribuer des cartouches, et qui étaient auprès, les défendissent, un soldat d'un régiment de ligne, faisant aussi partie du peloton de service auprès de la Cour, dit : « *C'est pourtant f…. de voir tirer sur ses camarades sans les défendre. — Ses camarades*, répartit le sergent qui les commandait, *et pour les défendre, sur qui tireras-tu, malheureux ! sur tes frères !* »

Du langage de ces deux hommes appartenant à l'armée, je tirais la conséquence qu'il ne fallait plus compter sur rien. On me demanda où l'on prenait de la poudre. On prend, répondis-je, celle des soldats, et souvent ils donnent eux-mêmes leurs cartouches. Il était alors trop évident que le mardi précédent, j'aurais bien conçu la position des choses, et que le gouvernement n'avait pas tout prévu. Aussi M. d'Haussez me conduisit vers la fenêtre et me dit : *Vous avez bien raison, M. l'avocat-général; voyez, voilà nos seuls défenseurs* (en me montrant la garde) *il y a vingt-quatre heures qu'ils n'ont mangé et que leurs chevaux n'ont eu de fourrages.* » Je voulais me retirer et aller au Palais, où mon devoir m'appelait, M. le garde-des-sceaux me retint en me disant qu'il avait une ordonnance à me remettre, et que d'ailleurs il était bien aise que je visse les autres ministres.

On passa dans une salle à manger où ces Messieurs prirent du café, et ensuite nous fûmes à l'état-major par un souterrain qui conduit d'un des guichets des Tuileries, en face la rue de l'Echelle, jusqu'aux appartemens occupés par l'état-major et qui sont sur la place du Carrousel. J'étais conduit par MM. de Peyronnet, de Chantelauze et d'Haussez; je trouvai à l'état-major MM. de Guernon, de Montbel, de Raguse, et peut-être une ou deux autres personnes, qui passaient d'une pièce dans l'autre, et que je ne fixai point assez pour pouvoir dire si c'étaient M. de Polignac et M. Capelle, mais je ne le crois pas. Je répétai en grande partie ce que j'avais dit à M. le garde-des-sceaux et à M. de Peyronnet. On me demanda si l'on avait fait choix d'un autre procureur-général; je répondis que non, et je demandai qui donc l'aurait choisi?

M. de Guernon s'informa si les dépêches expédiées la veille par M. le garde-des-sceaux, étaient parvenues à leur adresse. Celui-ci repondit affirmativement. Le même ministre demanda alors comment il se faisait que ce fût M. Girod qui eût donné un premier reçu ; je dis que c'est que M. Girod, présidant les assises, se trouvait au Palais. « Voilà, dit-on alors, ce qui explique tout. » On me demanda qui commandait le peuple ; je dis qu'il n'y avait pas, à proprement parler, de commandant, aucune masse ne se présentant de front, et chacun se battant pour son compte personnel cherchait tous les moyens de nuire le plus à l'ennemi, en assurant le mieux possible sa retraite ; que dans tout ce qui demandait de l'ensemble, on était dirigé par les élèves de l'école polytechnique. J'avais précédemment, dans ma conférence chez M. de Glandevès, dit que j'étais convaincu que dans peu de temps les Tuileries seraient au pouvoir du peuple. Aussi ayant entendu un des ministres demander à quelle heure le Roi les attendait à Saint-Cloud, et un autre répondre que c'était à onze heures, je dis que je conseillais de ne pas attendre ce temps pour faire battre la retraite. Je sollicitais, avec instance, la permission de me retirer. M. le garde-des-sceaux, qui avait écrit assez long-temps, fit signer, par M. de Raguse, et me remit une ordonnance qui enjoignait à la Cour royale de se réunir de suite aux Tuileries et non ailleurs. Je fis observer qu'il n'y avait aucune possibilité dans l'exécution, et j'invitai le ministre à faire transmettre lui-même l'ordre à la cour. Il me répondit que remplaçant le procureur-général, c'était moi qui étais chargé de l'exécution. Je pris l'ordre, et je demandai alors que l'on me facilitât les moyens de sortir sans être exposé à être tué par les Suisses. On me dit que l'on allait assurer ma retraite ; en effet, un instant après, on me remit un *laissez-passer*. Je sortis. Ayant lu ce papier, je vis qu'il ne contenait qu'une permission de sortir des Tuileries, où je ne me croyais pas prisonnier. Je rentrai à l'état-major ; je vis un officier supérieur auquel je soumis mon observation, en le priant d'envoyer un officier avec moi, pour faire signe aux soldats de ne pas tirer sur moi, la feuille de papier étant très-insuffisante pour empêcher des hommes qui sont au premier étage d'en tuer un dans la rue. On me répondit que cela était impossible, qu'il fallait me contenter de ce que l'on m'avait remis.

En vain je tentai de sortir par le guichet qui conduit au Pont-

Royal ; les balles tirées de l'autre côté de l'eau et sur le pont sillonnaient le passage. Par la grille du Louvre, le danger était plus grand encore. Enfin, je résolus de revenir par où j'étais allé. Quand je fus dans la rue de l'Echelle, et au moment de traverser la rue Saint-Honoré, je vis tomber une ou deux personnes dans la rue des Frondeurs, que je me disposais à prendre. Je changeai de direction, et j'entrai dans la rue Traversière : La fusillade était fort animée. J'étais seul dans cette rue; mais un malheureux fruitier qui voulut voir qui dans un pareil moment pouvait se hasarder sans armes, avança la tête et reçut un coup mortel; je l'entendis tomber derrière moi. La cour de ma maison était pleine de personnes qui s'y étaient réfugiées. On me demanda ce que je venais de faire aux Tuileries. Je dis que j'avais fait connaître aux ministres la véritable situation des choses, et que je ne doutais pas qu'avant peu la lutte ne cessât. En effet, j'appris plus tard qu'un parlementaire avait été envoyé, mais que le peuple auquel son caractère n'était pas connu, l'avait tué au coin de la rue de la Paix. Ayant rassuré ma famille, je courus au palais; déjà le peuple s'en était emparé et avait commis quelques dégâts au greffe de première instance. Dès que l'on me vit arriver, plusieurs personnes vinrent au-devant de moi et me demandèrent de leur remettre les fusils qui étaient en dépôt au greffe de la cour. Je leur répondis que je ne le pouvais, et j'ajoutai que tous ces fusils étaient déposés par des chasseurs pris en contravention; qu'aucune de ces armes n'était en état de servir ; qu'elles présentaient même du danger, et qu'il ne fallait pas s'exposer au blâme d'avoir violé un dépôt public sans aucun avantage. Ils me dirent alors qu'ils savaient qu'il y avait au greffe pour plus de cent mille francs de matières d'or et d'argent, saisies faute de marque de garantie; que des malveillans pourraient profiter du moment pour s'en emparer; qu'il fallait garder ces objets, et que lorsqu'on aurait des armes on placerait des factionnaires qui en imposeraient avec ces fusils dont le mauvais état ne serait pas connu. Ils entrèrent au greffe, prirent les fusils et firent bonne garde : aucun objet précieux n'a été soustrait. Je me rendis ensuite chez M. le premier président; je lui laissai l'ordonnance, que nous convînmes de ne point exécuter.

Et sur notre réquisition le témoin a déposé entre nos mains, après les avoir paraphées, premièrement une ampliation signée *Chantelauze*, de l'ordonnance portant mise en état de siége de la ville de Paris ; secondement la lettre d'envoi de la même ordonnance au procureur-général près la cour royale de Paris ; ladite lettre en date du 28 juillet, également signée *Chantelauze*.

Paris, ce 28 juillet 1830.

« Monsieur le procureur-général, vous trouverez ci-joint une ampliation d'une ordonnance de S. M., qui met la ville de Paris en état de siége.

» Vous connaissez les conséquences légales de l'état de siége, et vous aurez soin de vous y conformer, en notifiant sur-le-champ à la cour royale, près laquelle vous exercez vos fonctions, l'ordonnance du Roi. Vous tiendrez la main, en ce qui vous concerne, à ce qu'elle reçoive son entière exécution.

» Je vous charge en même temps d'adresser sans retard cette communication à M. le procureur du roi, qui devra aussi la notifier au tribunal de première instance.

» Je vous ferai connaître les dispositions ultérieures qui seront prises relativement à l'ordre judiciaire.

» Vous voudrez bien m'accuser réception de cet envoi.

» Recevez, Monsieur le procureur-général,
l'assurance de ma parfaite considération,
Le garde-des-sceaux de France, ministre de la justice,
CHANTELAUZE.

« CHARLES, par la grâce de Dieu, roi de France et de Navarre, à tous ceux qui ces présentes verront, salut.

» Vu les articles 53, 101, 102 et 103 du décret du 24 décembre 1811 ;

» Considérant qu'une sédition intérieure a troublé, dans la journée du 27 de ce mois, la tranquillité de la ville de Paris,

» Notre conseil entendu,

» Nous avons ordonné et ordonnons ce qui suit :

» ART. 1. La ville de Paris est mise en état de siége.

» ART. 2. Cette disposition sera publiée et exécutée immédiatement.

. ART. 3. Notre ministre secrétaire–d'Etat de la guerre est chargé de l'exécution de la présente ordonnance.

» Donné en notre château de Saint-Cloud, le 28e jour de juillet de l'an de grâce 1830., et de notre règne le sixième.

Signé CHARLES.

Le président du conseil des ministres, chargé par intérim du porte-feuille de la guerre,

Signé Prince de POLIGNAC.

Pour ampliation :

Le garde-des-sceaux, ministre secrétaire-d'Etat de la justice,

CHANTELAUZE.

Charles-Louis HUGUET, marquis DE SÉMONVILLE, *grand-référen-daire de la chambre des pairs, âgé de 71 ans, demeurant au palais du Luxembourg.*

Je n'ai eu connaissance que par le *Moniteur* des ordonnances du 25 juillet. Ce même dimanche, l'aspect de la cour, et surtout l'es-pèce d'affectation de tous les ministres d'éviter, avant le conseil - tout rapprochement avec moi dans le cabinet du Roi, m'avaient donné quelques inquiétudes du genre de celles qui circulaient dans Paris la semaine précédente ; mais l'envoi récent des lettres de convocation aux pairs, celui fait la surveille aux députés, me per-suadaient qu'il ne s'agissait que d'une délibération sur le langage que tiendrait le Roi à l'ouverture des chambres. Le lundi, effrayé, comme tous les citoyens, des résultats d'un acte aussi attentatoire à nos institutions, j'ai cherché à connaître l'opinion de mes collè-gues, et dans l'espoir d'en voir un plus grand nombre, je suis resté chez moi toute la journée persuadé que les pairs viendraient pren-dre des renseignemens au Luxembourg. Le jour suivant, vers la fin de la matinée, lorsque j'ai reconnu que les mouvemens partiels pre naient un caractère sérieux, je me suis occupé de m'assurer du nombre et du nom de tous ceux de mes collègues qui étaient à Paris. Le nombre pouvait s'élever à quinze ou dix-huit, en com-prenant ceux qui étaient de service à Saint-Cloud. Presque tous at-tendaient dans leurs terres, que plus de quatre-vingt-dix d'entre nous possèdent dans un rayon de quarante lieues, le jour fixé pour l'ouverture des Chambres. Ceux des provinces plus éloignées étaient sur les routes ; M. le chancelier lui-même était à la campagne. La matinée du mercredi s'était écoulée à déplorer cette dissémination de la pairie dans des circonstances qui s'aggravaient à chaque heure. De moment en moment les communications dans Paris devenaient plus difficiles. Je ne pouvais plus songer à une réunion composée de si peu de membres. Réduit à mes propres forces, je pris la résolution, aussitôt que le jour paraîtrait le lendemain, d'essayer de porter quelque remède aux malheurs de la capitale et de la France. J'hésitais entre le desir de me rendre à Saint-Cloud, et celui de joindre le président du conseil, lorsque, informé qu'il avait passé la nuit avec ses collègues à l'état major, je ne balançai plus à m'y rendre.

Je sortis du Luxembourg avec M. d'Argout, mon voisin, qui s'y était rendu, animé par les mêmes sentimens. De nombreux et dangereux obstacles nous séparaient de l'état-major. L'amitié courageuse de M. d'Argout se dévoua à protéger mes démarches, et de ce moment, nous ne nous quittâmes plus. Les forces parisiennes s'approchaient déjà du Pont-Neuf; elles attaquaient le dépôt de Saint-Thomas-d'Aquin. Larue Saint-Honoré était en partie occupée. Parvenu, après beaucoup de détours, à l'état major, vers sept heures et demie, je trouvai le maréchal de Raguse, à qui je demandai de faire sortir M. de Polignac du conseil. Le maréchal s'offrit de remplir cet office, et alla chercher M. de Polignac. Celui-ci paraît immédiatement, m'aborde avec les formes d'une politesse calme et froide : elles sont brusquement interrompues par une vive interpellation de ma part. Une séparation profonde se prononce contre celui qui vient demander, au nom de son corps, le salut public, la cessation des hostilités, la révocation des ordonnances, la retraite des ministres, et celui qui essaye encore de prendre la défense des circonstances déplorables dont il est le témoin ou l'auteur.

L'élévation des voix appelle dans le salon du maréchal, d'une part, les officiers-généraux et aides-de-camp qui étaient dans la première pièce; de l'autre, les ministres restés dans la salle du conseil. Une discussion nouvelle s'engage, pendant laquelle on invite les généraux à se retirer. D'un côté, M. d'Argout, le maréchal, dont le désespoir était visible, et qui m'appuyait de toutes ses forces, M. de Girardin (Alexandre), resté après le départ des généraux; et de l'autre, les ministres, dont l'attitude et les traits, plus encore que les discours réservés, témoignaient de leur affliction et de l'existence d'un pouvoir supérieur au leur. M. de Polignac soutenait presque seul cette lutte inégale. *Pendant cet intervalle, je réclamai de l'autorité de M. de Glandevès, gouverneur du château, des moyens immédiats de transport à Saint-Cloud. Une chaise de poste fut commandée ; une autre l'avait été précédemment pour M. de Polignac.* Le reste du temps que nous laissait la délibération des ministres fut employé à supplier le maréchal de mettre fin lui-même à cette horrible tragédie. Nous osâmes aller jusqu'à lui demander de retenir les ministres sous la garde du gouverneur qui, par un mouvement généreux, consentait à consacrer son épée à cet usage. M. d'Argout s'exposait au danger d'arrêter les mouvemens de Paris en portant au milieu du peuple cette nouvelle.

Dans l'exécution de cette résolution extrême, qui pouvait encore sauver la dynastie, le maréchal et moi nous portions nos têtes à Saint-Cloud, et les offrions pour gages de nos intentions. Le maréchal, ému jusqu'à répandre des larmes de rage et d'indignation, balançait entre ces devoirs militaires et ses sentimens. Son agitation était presque convulsive : nous l'avons vu deux fois se refuser avec véhémence aux ordres que *des officiers* venaient lui demander de tirer le canon à mitraille pour repousser des attaques vers la rue Saint-Nicaise. Enfin il semblait céder à nos instances, et j'ai lieu de croire que sa résolution n'était plus douteuse, lorsque M. de Peyronnet sortit le premier du cabinet, s'élança derrière moi vers la fenêtre ouverte, où j'étais appuyé avec le maréchal et M. d'Argout : « Quoi ! vous n'êtes point parti? me dit-il. » Ce peu de mots avait une grande signification après les désirs exprimés par M. de Polignac, que nous n'allassions pas à Saint-Cloud. Au même moment le maréchal se précipite vers une table, écrit à la hâte quelques lignes très-pressantes au Roi, les remet à M. de Girardin, qui s'offre à les porter. Les pairs courent à leur voiture ; *la première* qu'ils rencontrent est celle destinée à M. de Polignac ; ils s'en emparent, jettent dehors, sur le pavé, les effets qui attendaient le ministre, et traversent les Tuileries.

Ici il m'a été impossible, ainsi qu'à M. d'Argout, de me rendre compte de la circonstance suivante : Dans la rapidité de notre marche au milieu de la grande allée, nous passons auprès d'un homme à pied, au risque de le blesser : cet homme est M. de Peyronnet. Il nous crie deux fois : *Allez vite ! allez vite !* en montrant d'une main Saint-Cloud, et de l'autre la voiture qui nous suivait. L'invitation était inutile : les chevaux étaient lancés au grand galop ; ils conservèrent leur avance jusque dans la cour de Saint-Cloud, où les voitures entrèrent presque en même temps. Descendus les premiers, nous fûmes entourés par une foule de gardes et de curieux qui obstruaient le perron : il nous fut donc facile de barrer le passage aux ministres, et particulièrement à M. de Polignac, qui les précédait. Je lui déclarai à haute voix que je n'étais pas venu pour réclamer un honneur que je voulais bien encore leur laisser ; qu'il leur restait un devoir à remplir, celui d'éclairer le Roi, d'apposer leurs signatures à la révocation des ordonnances, et de se retirer. J'ajoutai que j'allais attendre le résultat du conseil chez M. de Luxembourg ; que les momens étaient pressans, et que s'ils trahissaient nos espérances, rien ne m'empêcherait de pénétrer jusqu'au Roi.

Après cette allocution, le passage fut ouvert à M. de Polignac, qui ne répondit rien, et à ses collègues. M. de Peyronnet marchait le dernier. Passant près de moi, il me serra la main, sans mot dire, avec une extraordinaire énergie. J'ignore ce que devinrent les ministres ; mais à peine étions-nous chez M. de Luxembourg, que plusieurs personnages de la cour quittèrent le déjeuner pour s'y rendre. Presqu'au même moment, un huissier de la chambre vint m'appeler ; M. de Polignac m'attendait à la porte du cabinet du Roi. Etonné de cette précipitation, je lui fis observer que le conseil n'avait eu le temps ni de délibérer ni même de s'assembler. M. de Polignac répondit froidement : « Vous savez, Monsieur, quel de-
» voir vous croyez remplir en venant ici dans les circonstances
» présentes. J'ai informé le Roi que vous étiez là ; vous m'accusez ;
» c'est à vous d'entrer le premier. »

Il n'est ni dans mes devoirs de témoin , ni dans les convenances de rendre compte d'un long et douloureux entretien dans lequel , je le déclare, en exposant le tableau trop fidèle de tant de malheurs et leur résultat immédiat, le nom d'un ministre n'a jamais été prononcé une seule fois, ni son intervention indiquée. Mes instances , mes supplications, mes déplorables prédictions ont donné à cette scène un caractère de vivacité qui a jeté une sorte d'alarme parmi les personnages les plus considérables, gardiens de l'appartement du roi. La porte fut ouverte , je crois, à deux reprises, par M. le duc de Duras ; il a pu juger que je m'étais dévoué tout entier pour déterminer une résolution dont les retards ont eu de si terribles effets. Telles sont les uniques relations que j'ai eues avec les ministres au sujet des ordonnances.

J'excepte cependant une dernière conversation avec M. de Polignac, sur la terrasse, sous le pont du Trocadéro , durant les longues hésitations des conseils qui se sont succédés pendant cette mémorable journée. M. de Polignac, rencontré par moi, m'aborde avec les signes d'une agitation très-visible. La retraite des ministres était décidée, ainsi que le rappel des ordonnances ; mais M. le dauphin s'était absenté , et on attendait son retour pour signer la nomination de M. de Mortemart et du nouveau ministère, MM. Gérard et Casimir Perrier. « Ces malheurs sont votre faute , » me dit M. de Polignac. A la vive interpellation qui suit ces paroles imprudentes, M. de Polignac ajoute : « Ne vous ai-je pas tourné
« depuis six mois sur ce qu'on pouvait faire de la Chambre des
« pairs ? — Que vous ai-je constemment répondu ? quelle resterait
« dans la ligne constitutionnelle , sans jamais s'occuper des person-
« nes. Une fois, je me le suis toujours rappelé, vous m'avez demandé
« si, dans une circonstance donnée , la Chambre des pairs se déter-
« minerait jamais à amander un budget. Je vous ai répondu,
« vous me faites deux questions , dont l'une est avouée et l'autre
« cachée ; je vais répondre à l'une et à l'autre. Oui, dans une cir-
« constance très-grave, la Chambre se déterminerait à amander ou
« refuser un budget : par exemple, si une loi était évidemment
« introduite par une discussion de finances. Mais si vous entendez,
« comme je suis sûr que telle est votre pensée, que la Chambre

« vous donne un centime, un homme ou une loi quelconque sans
« la Chambre des députés, vous pouvez nommer cent cinquante
« pairs, et votre nomination sera vaine. La Chambre ne se suicidera
« pas. Son acte serait nul en droit et en fait; puisque, la loi à la
« main, on refuserait de lui obéir. Vous n'obtiendrez pas plus cela
« d'elle, que vous n'obtiendriez d'un notaire de Paris d'aller passer
« un acte à Londres. » — Je n'ai revu les ministres qu'à Vincennes,
en présence de la commission d'instruction.

M Camille Gaillard, *âgé de trente-cinq ans, juge d'instruc-*
tion près le tribunal de première instance de la Seine, de-
meurant à Paris, rue du Petit-Bourbon-Saint-Sulpice, n. 7.

D. Quelles relations avez-vous eu avec les ex-ministres ?—R. Aucune : j'ai seulement été une fois chez M. de Montbel, pour lui représenter les lettres attribuées à MM. Colomb et d'Effiat, à l'occasion d'une procédure relative à ces lettres ?—D. Savez-vous quelles
mesures voulait prendre le ministère pour assurer l'exécution des
ordonnances du 25 juillet ? — R. Non, en aucune manière. —
D. N'aviez-vous pas entendu parler de l'institution d'une ou de plusieurs cours prévôtales ? R. Non, Monsieur, je n'en ai point entendu parler.

D. Ne vous avait-on pas demandé, en vertu de votre qualité de
juge d'instruction, de signer des mandats d'arrêt contre un certain
nombre de personnes ? — R. Non, Monsieur, et je ne suis pas encore bien remis de l'émotion que j'ai éprouvée en me voyant accusé, dans certains journaux, d'avoir décerné de semblables mandats. J'espère que ceux qui ont imprimé cette calomnie n'ont point
calculé qu'ils attiraient sur moi le poignard à cette époque.—D. On
prétend cependant, Monsieur, que les mandats vous avaient été
remis, que vous les aviez signés; on cite même le nombre des personnes contre qui ils étaient décernés. — R. J'ignore quels sont les
renseignemens qui ont été fournis à la commission; mais j'affirme
que ce fait est entièrement faux. J'ajoute qu'un juge d'instruction
ne pouvait recevoir qu'un réquisitoire tendant à obtenir les mandats
susdésignés. Aucun réquisitoire de ce genre ne m'a été présenté.

S'il m'eût été remis, je me serais trop rappelé les dispositions de l'article 121 du Code pénal, et les dispositions de la Charte, pour y avoir fait droit. J'affirme que je n'ai point reçu semblable réquisitoire. — D. Vous aviez été néanmoins désigné par les bruits publics comme ayant signé divers mandats d'arrêt, et ces bruits ont pris assez de consistance pour devenir l'objet d'inquiétudes et de conversations au Palais entre vos collègues les juges d'instruction ? — R. Le fait était si grave, que je ne suis point surpris que mes collègues, qui ignorent ce qui se passe dans mon cabinet, comme j'ignore ce qui se passe dans le leur, aient causé entre eux de l'accusation portée contre moi dans les journaux; mais je viens de déclarer toute la vérité.

D. Savez-vous par qui les mandats avaient été signés ?—R. Non : j'ai la conviction qu'ils n'ont point été requis ; mais en réfléchissant que Paris a été en état de siége, peut-être la commission pourrait-elle savoir de l'autorité militaire si on ne se serait point adressé à elle pour obtenir et faire exécuter ces mandats.—D. Vous venez de dire que vous avez la conviction que les mandats n'ont point été requis : qui vous a donné cette conviction?—R. Presque chacun des juges d'instruction de Paris a des attributions particulières. M. le procureur du Roi Billot m'avait chargé, depuis que je suis juge d'instruction, sans que je le lui eusse demandé, et bien contre mon gré, des instructions sur délits de la presse et sur délits politiques, et je suis persuadé que s'il eût pensé à requérir pareils mandats, il m'aurait adressé son réquisitoire ; et comme il ne l'a point fait, je peux en conclure qu'il ne l'a adressé à aucun juge d'instruction. La commission appréciera ma réponse.

M. Jean-François-Cyr BILLOT, *âgé de 41 ans, ancien procureur du Roi près le tribunal de première instance de la Seine, demeurant à Paris, place Royale, n. 26.*

D. Quelles ont été vos relations avec les ex-ministres, signataires des ordonnances du 25 juillet ?—R. Celles que font naturellement supposer les fonctions que j'exerçais.—D. Avez-vous eu connaissance desdites ordonnances avant leur publication ?—R. Je ne les ai connues que par le *Moniteur*.—D. Savez-vous quelles mesures le ministère voulait prendre pour assurer l'exécution des ordonnances?—R. Non.—D. N'avez-vous pas entendu parler de l'institution d'une ou de plusieurs cours prévôtales ? — R. Je n'en ai ouï parler que depuis les événemens de la fin de juillet, et uniquement d'après les journaux. Je suis convaincu, sans toutefois avoir reçu aucune confidence à ce sujet, qu'une pareille mesure n'avait nullement été projetée par les ministres. J'ai pensé et je crois encore que ces bruits ont eu le même but et la même origine que ceux d'après lesquels on assurait, dès le 26 et le 27 juillet, que MM. Séguier, premier président de la cour royale, et Debelleyme, président du tribunal de première instance, étaient arrêtés et enfermés à Vincennes. — D. Vous venez de dire que vous êtes convaincu que l'institution des cours prévôtales n'était point entrée dans les instructions des ex-ministres : sur quels élémens reposait votre conviction?—R. J'ai puisé cette conviction dans mes relations avec les anciens ministres, soit avant, soit depuis les ordonnances. — D. Voulez-vous bien déclarer à la commission quelle part vous avez été appelé à prendre dans l'exécution des ordonnances?—R. Aucune, et je n'aurais point refusé celle qui m'aurait été demandée dans l'ordre légitime de mes fonctions.—D. Vous venez, dans votre réponse antérieure, de parler de relations que vous avez eues avec les ministres, depuis la promulgation des ordonnances : quelles ont été ces relations? — R. Ce que j'ai dit des ministres doit s'entendre de M. le garde-des-sceaux. J'ai eu avec lui, dans les jours qui ont suivi immédiatement la promulgation des ordonnances, mes relations habituelles de service, qui étaient d'autant plus fréquentes à cette époque, ainsi que cela arrive toujours pour le procureur du Roi de Paris, que M. le procureur-général était absent. — D. Voudriez-vous préciser les jours ? — R. Je suis certain d'avoir vu M. le garde-des-sceaux dans la journée du lundi 26 ; je crois l'avoir revu le lendemain ; mais je n'en ai pas la même certitude. Je me rappelle que, le mercredi, ayant eu beaucoup de peine à me rendre à mon parquet, à cause des événemens, et ayant cru devoir me retirer, tous les autres magistrats en ayant fait autant, je me rendis à la chancellerie, pour faire connaître à M. le garde-des-sceaux que le cours de la justice se trouvait entièrement interrompu, et demander ses instructions ;

je ne le trouvai point , et ne pus m'adresser qu'à son secrétaire particulier.

D. Quels ordres vous a-t-il donnés le lundi et le mardi , relativement aux événemens ? — R. Aucuns. — D. Est-ce le seul ministre que vous ayez vu , le lundi et le mardi ? — R. J'ai vu le lundi M. le comte de Peyronnet. — D. Que vous a dit M. de Peyronnet relativement aux événemens ? — R. Aucun événement n'avait eu lieu le lundi , que l'apparition des ordonnances. Il a été question, entre lui et moi, de celles-ci , mais uniquement à l'occasion de ce qui motivait la visite que je lui faisais. J'allais chez lui pour lui faire une observation relative à l'application de ces ordonnances, en ce qui concernait l'île de Corse, où j'ai exercé les fonctions de procureur-général.

D. Avez-vous eu connaissance de mandats de justice décernés contre un certain nombre de personnes qu'on présumait opposées aux ordonnances? — R. Je pourrais me borner à répondre que je ne dois aucun compte de ce que j'ai pu faire ou de ce dont j'ai eu connaissance dans l'exercice ou à l'occasion de l'exercice de mes fonctions. Mais comme, dans les circonstances, ce refus de m'expliquer pourrait, contrairement à la vérité, être interprété d'une manière défavorable aux ministres, dont la mise en accusation est demandée, je vais repondre à votre question. J'ai eu connaissance, par les journaux, qu'ainsi que cela arrive toujours quand un gouvernement est violemment renvoyé, il y a eu des personnes qui, soit pour le rendre odieux, soit pour se faire une sorte de mérite d'avoir été l'objet des menaces de proscription, ont tenu un langage auquel a trait probablement la question qui m'est adressée. Je déclare sur l'honneur et sous la foi du serment que j'ai prêté, qu'à l'occasion des événemens de juillet, et pour des causes politiques, il n'a été décerné de mandats, ni contre des pairs de France, ni contre des députés, ni contre aucune autre personne revêtue d'un caractère public. Des mandats de justice n'auraient pu être décernés à Paris que sur mes réquisitions, ou du moins remis pour leur exécution à des agens de police ou de la force publique, que par moi ou sur mes ordres. Si j'avais fait de pareilles réquisitions ou donné de pareils ordres, j'aurais pensé que c'était mon devoir, et ceux qui connaissent mes principes et mon caractère savent assez que je ne serais pas homme à le désavouer; loin de là, je prendrais sur moi toute la responsabilité. — D. A-t-il été décerné des mandats, pour cause politique, contre d'autres personnes non revêtues d'un caractère public? — R. Il n'a été à cette époque, comme dans tout le cours de l'exercice de mes fonctions, décerné de mandats que pour crimes ou délits ordinaires, et quant à des faits politiques, uniquement pour délits de la presse. — D. Avez-vous connaissance qu'à l'époque dont il s'agit il ait été décerné des mandats contre des écrivains? — R. Déterminé à vous répondre uniquement par la considération que j'ai énoncée au commencement de ma précédente réponse, je vous dirai qu'en effet des mandats ont été décernés contre des journalistes, mais pour des causes indépendantes des événemens généraux, et à raison seulement des articles qui se trouvaient dans les feuilles du jour, et absolument de la manière que cela aurait pu être fait en temps ordinaire. — D. Combien de mandats ont été décernés? — R. Je crois que c'est de quarante à cinquante. — D. Ont-ils été délivrés sur votre réquisitoire? — R. Oui, sur un réquisitoire collectif. — D. Quel est le juge d'instruction qui les avait décernés? — R. Un motif de convenance que l'on appréciera facilement, m'empêche de répondre. — D. Pouvez-vous dire les noms des personnes contre lesquelles ces mandats étaient décernés? — R. Il m'est impossible de vous les désigner autrement que de la manière dont je l'ai fait en vous disant que c'étaient ou des gérans responsables de journaux, ou des signataires d'articles. — D. Que sont devenus les mandats? — R. Ils avaient, suivant l'usage, été remis à la préfecture de police pour leur exécution; ils me sont revenus, lorsqu'ils se sont trouvés sans objet et d'une exécution impossible par suite des événemens généraux.

D. Si les mandats ont été anéantis, n'est-ce pas parce qu'ils ne portaient pas uniquement sur les écrivains? — R. Pour éviter l'interprétation fâcheuse dont j'ai parlé au commencement de ma déposition, et toujours fidèle à la vérité, je vous dirai que, d'accord avec M. le juge d'instruction, cette affaire ne pouvant avoir aucune suite, nous échangeâmes le réquisitoire qu'il me remit contre les mandats qu'il reçut de moi. J'ajouterai, pour faire disparaître tout prétexte à l'interprétation que la question suppose, bien que mon affirmation sur l'honneur pût suffire, que le nombre des mandats, que je me rappelle maintenant d'une manière positive avoir été de quarante-cinq, est exactement le même que celui des signataires d'un article du *National*, sur lequel je fondai mes poursuites en y ajoutant l'imprimeur. — D.. N'aviez-vous pas reçu d'instructions de la part de l'un des ministres, relativement à ces poursuites? — R. Je me rappelle avoir causé avec M. le garde-des-sceaux, de l'article du *National*, dont je viens de parler; mais, dès-lors, mon opinion, qu'il y avait matière à poursuite, était formée, et mon parti en conséquence était pris. — D. N'en aviez-vous pas référé à M. de Polignac, et n'aviez-vous reçu de lui aucune instruction? — R. En fait, ma réponse se trouve déjà dans l'une de celles qui précèdent. Ceux qui connaissent l'indépendance de caractère avec laquelle j'ai constamment exercé mes fonctions, savent que je n'aurais jamais reçu et suivi des instructions qu'autant qu'elles auraient émané du ministre dans le département duquel j'étais employé, et qu'elles auraient été conformes à mon opinion personnelle. Après vous avoir fait une déclaration conforme au serment que vous avez exigé de moi, je crois devoir déclarer que, ne pouvant reconnaître à la Chambre des députés les pouvoirs qu'elle s'attribue, je n'ai comparu devant vous qu'en cédant à la menace de contrainte qui se trouve dans la citation que j'ai reçue.

M. Louis de Komierouski, *âgé de 44 ans, ancien aide-de-camp de M. le Maréchal duc de Raguse, demeurant rue Saint-Florentin, no 5.*

Le lundi 26 juillet, j'étais de service à Saint-Cloud avec M. le maréchal, au moment du déjeûner, un lieutenant des gardes m'ayant appris la publication des ordonnances dans le *Moniteur*, j'allai à l'instant même en prévenir M. le maréchal, dont le premier mot fut de me dire que cela n'était pas possible, et qui me parut fort préoccupé de cette nouvelle, lorsque je le revis après déjeûner. Vers onze heures et demie, le maréchal partit pour Paris, et je ne le revis que le soir à l'ordre, qui eut lieu assez tard, le roi ayant été à Rambouillet. Le mardi matin, M. le maréchal commandait sa voiture pour aller à la campagne, lorsque je lui fis observer que déjà le lundi soir il y avait eu quelque mouvement à Paris, et qu'au moins il serait nécessaire qu'il m'indiquât où on pourrait le trouver s'il arrivait quelque chose. Cette observation détermina le maréchal à rester à Saint-Cloud, et peu de temps après, il reçut l'ordre de venir chez le roi *après la messe ;* en en sortant, vers onze heures et demie, il demanda sa voiture, et nous partîmes à l'instant pour Paris; nous descendîmes chez le prince de Polignac, où le maréchal resta quelques instans, après quoi nous nous rendîmes à l'état-major, et le maréchal s'occupa de donner des ordres. Bientôt après arriva M. de Lavillate, annonçant qu'un rassemblement de huit cents personnes se portait sur Bagatelle, pour enlever le duc de Bordeaux ; le maréchal m'envoya sur-le-champ à l'Ecole militaire pour y chercher cent cinquante lanciers, et me porter sur Bagatelle, avec ordre, si nous rencontrions le détachement, de n'agir qu'à coups de plat de sabre et avec le bâton de la lance.

Arrivé à Bagatelle, je ne trouvai plus rien ; le duc de Bordeaux était parti pour Saint-Cloud, où je me rendis, et d'où je revins ensuite à Paris. Le mercredi matin, je fus envoyé chez M. le préfet de police, pour l'engager, de la part du maréchal, à faire des proclamations au peuple ; il me répondit que cela serait fait incessamment. J'allai dans la matinée, avec le maréchal, chez M. de Polignac, chez lequel se trouvaient plusieurs des ministres : en revenant de chez le ministre, M. le maréchal m'annonça que la ville était en état de siége. Les ministres ne tardèrent pas à venir aux Tuileries, où je les revis ensuite à l'état-major, et ils étaient souvent dans la même pièce que le maréchal. Je sais que les ordres donnés par M. le maréchal aux chefs de colonnes, étaient de ne tirer sur le peuple qu'après avoir reçu eux-mêmes jusqu'à cinquante coups de fusil.

Le mercredi, vers quatre heures, je fus envoyé par M. le maréchal à Saint-Cloud, avec une dépêche pour le roi : j'avais ordre de faire la plus grande diligence, ce que je fis en effet. M. le maréchal m'avait, de plus, recommandé de dire moi-même au roi ce que j'avais vu de l'état de Paris. Introduit dans le cabinet du roi, je lui remis la dépêche du maréchal, et je lui rendis compte verbalement

de l'état des choses, en lui disant qu'il exigeait une prompte détermination. Je lui exposai que ce n'était pas seulement la populace de
Paris, mais la population tout entière qui s'était soulevée, et que
j'avais pu en juger par moi-même en passant à Passy, où des coups
de fusil avaient été tirés contre moi, non par la populace, mais par
des gens d'une classe plus élevée. Le roi me répondit qu'il lirait la
dépêche, et je me retirai pour attendre ses ordres : voyant qu'ils
n'arrivaient pas, je priai M. le duc de Duras d'aller chez le roi pour
les demander; mais il me répondit *que, d'après l'étiquette, il
lui était impossible d'y entrer au bout de vingt minutes.* Je fus
enfin rappelé dans le cabinet du roi, qui ne me remit aucune dépêche écrite, mais me chargea seulement de dire au maréchal DE
TENIR BON, EN RÉUNIR SES FORCES SUR LE CARROUSEL ET A LA PLACE
LOUIS XV, ET D'AGIR AVEC DES MASSES; IL RÉPÉTA MÊME DEUX FOIS CE
DERNIER MOT. Mme la duchesse de Berri et M. le Dauphin étaient
alors dans le cabinet du roi; mais ils ne dirent rien. Je revins apporter cette réponse au maréchal; mais je ne vis point alors M. de
Polignac, et je n'ai pas su s'il avait envoyé quelque dépêche au roi :
ce que je sais, c'est qu'il ne m'en a donné aucune. Je n'ai point eu
connaissance d'un ordre donné le mercredi ou le jeudi, pour arrêter
diverses personnes; mais j'ai été chargé par le maréchal, le jeudi
de très-bonne heure, d'aller dire à M. de Foucauld que l'ordre
donné pour les arrestations, était annulé. Je m'acquittai de cette
mission, mais sans avoir su par qui avait été donné l'ordre, ni
quelles personnes il pouvait concerner.

M. Jacques LAFFITE, *âgé de 63 ans, président du conseil des ministres.*

Le 26 juillet, jour de la publication des ordonnances, je me trouvais à 35 lieues de Paris, et je n'appris cette publication que par un
courrier qui me fut expédié de ma maison; je n'arrivai donc à Paris
que le mardi vers onze heures du soir. Ayant appris le lendemain
que l'on se réunissait chez M. Audry de Puyraveau, je m'y rendis,
et j'y trouvai un grand nombre de mes collègues qui délibéraient
sur les événemens et sur le parti qu'il y avait à prendre. Il fut résolu
qu'une députation de cinq membres se rendrait chez le maréchal

duc de Raguse, et, s'il y avait lieu, chez le préfet, afin de les rendre responsables des malheurs qui se préparaient. La députation choisie par l'assemblée se composa de moi, de MM. Casimir Perrier et Mauguin, du général Gérard et du comte de Lobau. Ayant été désigné le premier, je fus chargé de porter la parole : nous avions senti qu'il ne pouvait nous convenir de prendre vis à vis du maréchal une attitude menaçante, et que notre mission était de nous concerter avec lui, s'il était possible, pour faire cesser l'effusion de sang. Nous arrivâmes à l'état-major vers deux heures et demie; nous y fumes reçus sans aucune difficulté et avec tous les égards possibles : l'expression des figures nous fit penser que l'on éprouvait quelque satisfaction de notre démarche.

Introduits chez le maréchal, nous lui exposâmes que nous venions au nom des députés présens à Paris, pour examiner avec lui s'il n'y aurait pas quelque moyen de faire cesser un combat qui, s'il s'engageait davantage, pouvait entraîner non-seulement les plus cruelles calamités, mais une véritable révolution. Il nous parut profondément affligé de la position où il se trouvait. La mission dont il était chargé était l'une des fatalités de sa vie ; mais malheureusement il avait des ordres, et ces ordres étaient positifs; son devoir, comme militaire, était impérieux, et son honneur y était engagé. J'essayai de lui faire quelques représentations à cet égard ; mais quoique ses sentimens parussent conformes aux nôtres, il se croyait enchaîné par sa situation. Nous lui demandâmes de rendre compte au Roi de notre démarche. Il nous demanda à son tour d'employer notre influence auprès du peuple pour le déterminer à se soumettre. Nous répondîmes qu'avant tout les ordonnances devaient être rapportées, et les ministres changés, et qu'à ces deux conditions, qui seraient prises pour base des négociations ultérieures, nous nous engagerions à user de notre influence, sans être assurés toutefois d'une réussite complète. Nous ajoutâmes que si l'on n'obtempérait pas à ces justes demandes, nous regarderions comme un devoir de nous jeter corps et biens dans le mouvement. Le maréchal annonça qu'il instruirait le Roi de nos propositions. Il demanda s'il pouvait nous nommer, ce dont nous ne fîmes aucune difficulté, et il nous promit de nous faire rendre la réponse du Roi en me l'adressant; mais il nous fi

entendre qu'il avait peu d'espérance. La conversation ayant encore
continué quelques instans, il nous demanda si nous aurions quelque répugnance à voir M. de Polignac : nous répondîmes que nous
n'en avions aucune. Il sortit, et à son retour, au bout de dix minutes environ, il nous rapporta que M. de Polignac, instruit par
lui de notre démarche, et sachant de quelle manière nous avions
envisagé la question, avait pensé qu'il était inutile que nous le
vissions.

Je dois dire au surplus que, dans le ton du maréchal et dans les
expressions dont il se servit pour nous transmettre cette réponse, je
crus entrevoir de la part de M. de Polignac, non pas un refus absolu de nous voir et une obstination à ne pas écouter, mais bien
plutôt un sentiment de politesse, qui dans la conviction où il était
qu'il connaissait nos intentions, le portait à nous éviter une perte de
temps inutile, et une conférence que les deux conditions imposées
par nous auraient rendue assez délicate. Au moment où nous sor-
tions, M. Larochejacquelin nous rappela en nous disant que M. de
Polignac désirait nous voir; mais sur notre observation que sans
doute il y avait erreur de sa part, il alla s'en assurer, et nous répondit peu d'instans après qu'en effet le prince de Polignac, ayant
eu connaissance de notre démarche par le maréchal, ne désirait
plus nous recevoir. Nous sortîmes donc, et nous attendîmes toute
la journée la réponse qui nous avait été promise. A dix heures du
soir j'étais encore à l'attendre chez M. Audry de Puyraveau ; mais
rien n'arriva, et ce fut surtout cette circonstance qui me détermina
à me jeter dans le mouvement. J'ajouterai que, dans toutes les relations que nous avons eues avec le maréchal, il nous a paru n'être
qu'un instrument et ne faire qu'obéir à un devoir rigoureux. Lorsqu'il est entré chez M. de Polignac, rien ne nous a portés à croire
que ce ministre fut alors réuni en conseil à ses autres collègues.

M. George - François - Pierre , baron de Glandèves , *âgé de 72 ans,
pair de France, demeurant à Paris, rue Royale , n. 6.*

Dans la matinée du mercredi, le maréchal me prévint que les
ministres, ne se trouvant pas en sûreté chez eux, allaient venir
aux Tuileries, et m'invita à leur faire préparer des logemens. Peu

de temps après ils arrivèrent en effet à l'état-major, à l'exception de MM. Peyronnet et Capelle : le premier était, me dit-on, à Saint-Cloud. Une heure ou deux après l'arrivée des ministres, cinq de MM. les députés se présentèrent aux Tuileries, et, s'étant adressés à moi, ils demandèrent à parler à M. le maréchal. Je les y conduisis moi-même, pour leur éviter tout embarras; et je mis d'autant plus d'empressement, que j'éprouvais une grande satisfaction de la mission qu'ils venaient remplir, leur but, dont ils m'avaient fait part en m'abordant, étant de prendre des moyens pour une pacification. Après les avoir fait introduire chez M. le maréchal, j'attendis leur sortie dans une autre pièce, et j'éprouvai un vif chagrin, quand M. le comte de Lobau m'annonça, en sortant, qu'ils avaient échoué. Je ne sais d'où vint le refus, mais M. le comte de Lobau me témoigna, sur la question que je lui en fis, qu'ils avaient été complètement satisfaits de la réception du maréchal et des dispositions qu'il avait manifestées.

Je crois de la justice de ne pas manquer cette occasion pour affirmer, dans toute la vérité, que M. le duc de Raguse m'a témoigné à chaque instant qu'il m'a vu, le désespoir qu'il éprouvait de l'affreuse position dans laquelle les circonstances l'avaient placé. Il cherchait tous les moyens d'amener une pacification *pour laquelle il aurait sacrifié sa vie;* ce sont ses propres paroles. Entre autres moyens, il avait convoqué le préfet de la Seine, MM. les maires et adjoints en costume, espérant que par eux il ferait cesser le feu; malheureusement il fut impossible de faire porter les lettres le mercredi soir, ce ne fut que le jeudi, de grand matin, qu'on put, à force de promesses, trouver des personnes assez hardies pour s'exposer aux dangers de passer les barricades. Quelques lettres furent rapportées, d'autres parvinrent; car trois ou quatre de MM. les maires ou adjoints se rendirent en costume à l'état-major, bravant les dangers qui étaient alors bien réels; mais les événemens se pressaient tellement, que les meilleures mesures devenaient inutiles. Malgré les dangers et l'extrême difficulté d'arriver jusqu'à l'état-major, MM. de Sémonville et d'Argout bravèrent tout et y parvinrent. Je causai quelques instans avec eux. Après les avoir quitté, j'entendis M. de Sémonville élever violemment la voix en s'adressant à M. de Polignac, et lui demandant la prompte réunion des chambres. Les ministres étant rentrés dans leur cabinet, M. de Sémonville causa avec le maréchal jusqu'au moment où je le fis prévenir que la voiture que j'avais fait demander de sa part aux écuries du Roi était prête. Presque dans le même moment, M. de Peyronnet vint me demander les moyens de se rendre promptement à Saint-Cloud. Je ne sais si cette détermination venait de la demande de M. de Sémonville et de celle de M. le maréchal, qui entra dans le cabinet occupé par les ministres, après avoir causé avec M. de Sémonville. Ils partirent peu après pour Saint-Cloud, et je n'ai plus eu aucune connaissance de ce qui s'est passé pour ce qui les concerne.

M. Casimir-Pierre PÉRIER, *âgé de 52 ans, député de la Seine, demeurant rue Neuve du Luxembourg.*

Le mardi 27 juillet, une première réunion des députés présens à Paris eut lieu chez moi; c'est dans cette réunion que fut arrêtée la protestation qui fut ensuite imprimée dans les journaux. Pendant cette réunion, quelques groupes s'étant formés à la porte de ma demeure, furent dissipés par des charges de gendarmerie, dans lesquelles quelques jeunes gens furent blessés, mais la force armée ne tenta pas d'entrer chez moi. Cependant, et comme plusieurs corps de-garde se trouvaient à proximité, nous pensâmes qu'il était préférable de choisir un autre lieu de réunion; et l'on indiqua, pour le lendemain, la maison de M. Audry de Puyraveau. Dans la réunion qui eut lieu le mercredi chez ce député, cinq membres furent choisis dans l'assemblée pour se rendre chez M. le duc de Raguse, afin d'arriver, s'il était possible, à faire cesser le feu, et à obtenir des arrangemens qui pussent concilier les principes que nous soutenions avec les intérêts de l'autorité qui les avait violés.

Arrivés aux Tuileries entre une heure et deux, nous trouvâmes M. le baron de Glandèves, qui s'empressa de nous donner toutes les facilités possibles et de nous conduire chez M. le duc de Raguse. Le maréchal témoigna qu'il voyait avec plaisir la démarche dont nous nous étions chargés : nous lui exposâmes nos griefs, portant particulièrement sur l'illégalité des ordonnances, et sur ce que la population avait été violemment attaquée et la ville mise en état de siége sans qu'aucun avis en eût prévenu les habitans. Le maréchal nous parut étonné de ce que les mesures nécessaires pour avertir la population n'eussent pas été prises. Il nous parut aussi très-affligé de la position personnelle où il se trouvait ; mais il nous dit qu'il y avait dans cette position une question d'honneur, qu'il avait fait tout son possible pour éviter le mal, mais qu'étant attaqué il n'avait pu ne pas se défendre. Nous exposâmes à notre tour que l'aggression n'était pas venue des habitans, mais que des décharges avaient été faites sur eux sans aucune provocation ; nous annonçâmes au surplus l'intention d'arriver à une conciliation. Il y était aussi porté, mais avant tout il demandait que la soumission des habitans fût absolue et il nous priait d'y employer notre influence. Nous fîmes observer que nous ne pouvions espérer en avoir aucune si nous n'annoncions pas comme base de la conciliation le rapport des ordonnances et le renvoi du ministère ; n'ayant aucunement excité le mouvement, qui n'était que le résultat spontané de l'indignation qu'avaient excitée les ordonnances, il fallait, disions-nous, qu'avant tout elles fussent rapportées. Le maréchal nous déclara qu'il ne pouvait absolument rien prendre sur lui, mais qu'il ferait part au roi de notre démarche ; et qu'il insisterait pour qu'il y fût donné suite, mais en annonçant que, dans son opinion particulière, il ne croyait pas qu'il fallût rien espérer.

Un aide-de-camp étant arrivé et ayant causé quelques instans avec le maréchal, après son départ, le maréchal nous demanda si nous aurions quelque répugnance à voir M. de Polignac : nous répondîmes qu'étant chargés d'une mission importante dans l'intérêt du pays, nous n'avions aucune répugnance à voir M. de Polignac. Le maréchal entra en conséquence dans le cabinet où se tenaient, à ce que je crois, les ministres, et en revenant, quelques instans après, il nous répondit qu'il avait rendu compte à M. de Polignac des conditions que nous mettions à l'emploi de notre influence pour amener une conciliation, et que le ministre lui avait répondu qu'il était dès lors inutile qu'il se trouvât avec nous ; il ajouta qu'en conséquence nous pouvions nous retirer. Nous nous retirâmes en effet, et en sortant nous rencontrâmes M. de Laroche-Jacquelin, qui nous annonça que le prince de Polignac nous attendait. Nous lui fîmes observer que probablement il y avait erreur de sa part; il rentra chez le ministre pour s'en assurer , et revint nous apprendre qu'en effet le ministre ne demandait plus à nous voir. Dans la soirée nous ne reçumes aucune réponse aux ouvertures que nous avions faites.

M. François MAUGUIN , *âgé de 45 ans , député de la Côte-d'Or , demeurant rue du Gros-Chenet, n. 6.*

A l'époque où eurent lieu à Paris les élections qui précédèrent les ordonnances de juillet , mon intention était d'aller aux eaux que l'état de ma santé me rendait depuis long-temps nécessaires; j'avais même commandé des chevaux de poste pour partir le 19 juillet, jour de l'élection , immédiatement après avoir déposé mon vote. Au moment où je votai, M. Vassal siégeait au bureau du collége, je lui fis part de mon projet de voyage, et de mon intention d'être de retour fort peu de jours après l'ouverture des chambres. Il me répondit que j'avais tort de m'éloigner, parce qu'un coup d'état se préparait, et il me rapporta le plan qui depuis fut celui des ordonnances, en me disant qu'il en tenait la nouvelle d'un de ses amis fort au courant des affaires. Cet ami lui avait indiqué l'époque du 25 on du 26 comme devant être celle de la publication des ordonnances. Malgré cet avis , je persistai dans ma résolution de partir; je rentrai, et vers onze heures et demie , les chevaux étant déjà attelés ; je me disposais à monter en voiture, lorsque deux personnes, sur les informations desquelles je pouvais compter, arrivèrent chez moi et m'engagèrent à ne point partir, en m'annonçant comme certaine la nouvelle du coup d'état qui se préparait. Les détails qu'ils me donnèrent me déterminèrent à rester, et les chevaux furent dételés.

Je passai les jours qui suivirent, jusqu'au lundi 26, à ma campagne , près Saint-Germain. J'y étais encore le 26 au soir, lorsque, ayant eu connaissance, par une personne, venue de Paris, des ordonnances publiées le matin dans le *Moniteur*, et de l'agitation qu'elles avaient excitée à Paris, je crus devoir y revenir sur-le-champ; il était neuf heures quand j'arrivai chez moi, et, à peine y étais-je arrivé, qu'une personne d'opinion fort royaliste vint me trouver, et m'engagea à retourner à la campagne, en me disant qu'il devait être question, le soir même, d'arrêter un assez grand nombre de députés. Il m'a été impossible de vérifier depuis si cette nouvelle était exacte.

Ayant appris le mardi que l'on se réunissait chez M. Casimir Périer, je m'y rendis vers deux heures. En y arrivant, je vis un grand mouvement au corps-de-garde qui avait été établi depuis la veille dans l'hôtel de M. de Polignac; il y avait aussi beaucoup de monde dans la rue Neuve-du-Luxembourg. La porte de M. Casimir Périer était fermée; je frappai, et le portier ne m'ouvrit qu'après m'avoir demandé qui j'étais. Quand je fus entré, il me dit qu'un groupe nombreux, mais non armé, s'étant rassemblé devant la porte, et ayant crié : *Vivent les députés!* à mesure qu'ils entraient, la gendarmerie était arrivée à la fois des deux côtés de la rue, et avait fait une double charge sur le groupe en frappant du sabre, et que dans cette charge, deux jeunes gens avaient été tués, et dix-huit ou vingt blessés : ce fait me fut confirmé lors de ma sortie par plusieurs personnes qui se trouvaient dans la rue; et quelques jours après je reçus la visite d'un jeune homme qui m'assura que son frère avait été tué en ce moment.

Le mercredi nous nous réunîmes de nouveau, mais chez M. Audry de Puyraveau : après nous être entretenus des événemens et des chances du combat qui se livrait, la proposition fut faite d'aller à Saint-Cloud, mais nous pensâmes que nous ne serions pas reçus, et nous résolûmes de faire une démarche auprès du maréchal duc de Raguse, de lui exposer les risques que courait la monarchie d'une part, et le parti populaire de l'autre, de l'engager à faire cesser le feu et à obtenir le rapport des ordonnances et le renvoi du ministère; après quoi nous nous entremettrions pour faire rentrer les habitans dans leurs demeures. (Suit le récit déjà connu de l'entrevue des députés avec M. le duc de Raguse.)

M. Auguste-Gaspard BAUDESSON DE RICHEBOURG ; *âgé de 47 ans, commissaire de la bourse de Paris ; demeurant rue Monsigny, n. 1.*

Quelques jours avant la publication des ordonnances, le bruit d'un coup d'Etat prochain s'était répandu à la Bourse, mais cette opinion était loin d'être générale, et la distribution des lettres closes faite aux pairs et aux députés, avait fait revenir beaucoup de personnes à l'opinion contraire. Ce qui accréditait principalement le bruit d'un coup d'état, était la grande quantité d'opérations à la baisse, que M. Ouvrard faisait depuis deux ou trois mois. J'eus occasion de parler à M. de Montbel de ces opérations, et de l'opinion où l'on était qu'elles étaient le résultat de communication données à M. Ouvrard par M. de Polignac, relativement au coup d'Etat que l'on prévoyait. Il me répondit que cela était absolument faux, et que M. de Polignac n'avait pas vu M. Ouvrard depuis plus de deux mois. Je dois dire qu'à l'époque qui a précédé les ordonnances, on disait à la Bourse que les personnes qui approchaient M. de Peyronnet opéraient à la hausse, tandis que celles qui pouvaient être en relation avec M. d'Haussez opéraient à la baisse. Dans les rapports assez fréquens que mes fonctions me donnaient avec M. de Montbel, je lui avais une fois indiqué, comme un moyen de soutenir le cours en liquidation, d'amener le syndicat des receveurs-généraux et M. de Rotschild à opérer simultanément; il me répondit que ce serait substituer l'erreur à la vérité, et que cela ne pouvait convenir à un gouvernement honnête. Je rapportai plus tard ce propos à M. de Polignac, qui me dit : « Nous » savons bien que M. de Montbel est un homme de conscience, » et c'est pour cela que nous tenons à le conserver. » J'ajouterai que, dans tous les rapports que j'ai eus avec M. de Polignac, il m'a toujours paru entièrement étranger aux spéculations de Bourse. Le 26 juillet au soir, ayant rendu compte à M. de Polignac de la baisse qui s'était manifestée, il me dit qu'il était sûr que cela remonterait, et que, s'il avait des capitaux disponibles, il n'hésiterait pas à les employer en rentes.

M. Joseph ROCHER, *âgé de 35 ans, conseiller à la Cour de cassation, demeurant quai Malaquais, n. 23.*

J'étais secrétaire-général du ministère de la justice à l'époque où M. de Labourdonnaye se retira du ministère. M. de Polignac m'ayant fait demander chez lui, me questionna sur M. Guernon de Ranville que j'avais connu à la Cour de Grenoble, lorsqu'il y était procureur-général. Je lui répondis que je connaissais ce magistrat comme ayant une grande capacité et des opinions franchement constitutionnelles. Il me demanda ensuite s'il était vrai qu'il fût hostile aux croyances religieuses et au clergé. Je répondis que je ne le croyais nullement hostile. M. de Polignac me fit alors connaître que le choix du roi s'était fixé sur lui pour l'appeler au ministère de l'instruction publique, et m'engagea à lui annoncer cette nouvelle, en lui faisant part de l'entretien que nous venions d'avoir à ce sujet. J'écrivis en conséquence à M. Guernon de Ranville, et je dépose entre vos mains la réponse que j'en reçus. Je dois faire une seule observation sur cette réponse, à l'occasion d'une phrase où M. Guernon de Ranville annonce qu'il partage les doctrines du ministère actuel. D'après ce que j'ai pu juger par les entretiens, j'ai eu l'occasion d'avoir avec lui, soit avant, soit depuis son entrée au ministère, je ne puis l'entendre qu'en ce sens qu'il partageait les doctrines de la partie modérée du ministère dont le triomphe paraissait assuré par la retraite de M. de Labourdonnaye. Je l'ai toujours entendu se prononcer hautement contre toute mesure extra-légale, et je ne puis m'expliquer son adhésion aux ordonnances, que par un sentiment d'honneur mal entendu, qui l'aurait empêché de reculer devant le danger, même alors que la mesure à laquelle il s'associait était contraire à son opinion, et par cela seul qu'il avait d'avance signalé ce danger.

» Lyon, le 14 novembre 1829.

» J'ai relu trois fois votre lettre du 11, mon cher ami, et si vous n'étiez aussi pressé, je voudrais attendre vingt-quatre heures pour calmer le trouble où me jette la proposition inattendue dont vous me parlez; mais vous voulez une réponse prompte, il faut vous la faire.

« Mon acceptation ne peut être douteuse. Dévoué au Roi auquel j'ai consacré toute mon existence, je ne reculerai devant aucun des services qu'il pourra m'imposer; je lui sacrifierais ma vie. Je ne puis refuser de compromettre pour lui ma réputation, et c'est là précisément l'hypothèse dans laquelle je me trouverais si j'étais appelé au ministère.

» Je vous l'ai déjà dit, je vous le répète du fond de mon cœur, et ce n'est pas une ridicule affectation de modestie : je crois être

assez bon procureur-général ; mais je ne trouve point dans mes con-
naissances des hommes et des choses, je ne trouve point dans mon
esprit l'étendue nécessaire pour être un bon ministre ; enfin, je
n'ai point cette habitude du monde, cette aisance de manières, qui
est aussi une chose nécessaire dans certaines positions ; le cabinet
me convient mieux que le salon, et je sens que je serais passable-
ment déplacé à la cour. Elevé au sein de la révolution, mon éducation a été manquée comme celle de beaucoup d'hommes de mon
âge, et rien ne peut suppléer à ce défaut.

» En un mot, la conscience de mon insuffisance m'effraie au
point que je ne puis me familiariser avec la pensée de l'énorme far-
deau d'un portefeuille.

» De là, mon cher ami, je conclus que, si j'étais appelé à cette
haute mission dont vous me parlez, j'y perdrais bientôt l'espèce de
réputation de talent que m'ont fait quelques succès d'audience.

» Communiquez ces aveux, priez qu'on les pèse, et détournez
de moi, s'il se peut, le calice d'amertume.

» Quelle que soit la décision, vous pouvez répondre de mon dévouement. Les doctrines du ministère actuel sont les miennes :
point de *réaction*, point de *violences*, mais plus de *concessions* ; en
deux mots, *justice* et *fermeté*, voilà ma devise ; la charte, voilà
mon évangile politique.

» Le reproche d'hostilité à la religion et au clergé est assez plai-
sant au moment même ou les journaux de la faction m'accusent
d'être *jésuite* et *congréganiste* : vous conviendrez que c'est jouer
de malheur.

» Vous avez bien dit : je n'ai pas le bonheur d'être dévôt : j'y
viendrai sans doute, et c'est là une de mes espérances pour le temps
où les illusions s'évanouiront, mais je tiens à la religion de mes
pères, et je regarde même comme certain qu'on ne peut être bon
royaliste sans croire en Dieu ; or, je pense que personne ne me contestera d'être royaliste.

» Tout cela est absurde et ne mérite que du mépris.

» Bonjour, mon cher ami, je n'ai pas besoin de vous dire combien je vous aime.

GUERNON-RANVILLE. »

26.

M. Victor-Donatien Musset, *âgé de 58 ans, chef du bureau de la justice militaire au ministère de la guerre, demeurant rue de Grenelle-Saint-Germain, n. 59.*

Le mercredi 28 juillet, vers dix ou onze heures du matin, M. de Champagny, alors sous-secrétaire d'État au département de la guerre, me fit appeler ainsi que le sous-chef de mon bureau. Arrivés dans son cabinet, il nous demanda quelles étaient les règles à suivre pour la formation d'un conseil de guerre dans une ville en état de siége, mais en nous invitant à ne pas parler de la circonstance de la mise en état de siége. Il désirait en même temps connaître la composition actuelle des conseils de guerre permanens établis à Paris. Ne sachant pourquoi nous étions appelés, nous n'avions apporté aucun de ces renseignemens; il fallut les envoyer chercher, ce qui demanda du temps; nous restâmes pendant ce temps dans le cabinet. On prit un almanach militaire où l'on marqua plusieurs noms comme pouvant faire partie du conseil de guerre si on l'organisait; bientôt après, et les renseignemens n'étant pas encore arrivés, M. de Champagny fut mandé aux Tuileries, et l'on se sépara. Il ne fut aucunement question, dans cette conférence, de l'établissement des cours prévôtales.

M. Jean-Baptiste Greppo, *agé de 34 ans, employé à la caisse d'épargne, demeurant rue des Petits-Pères, n. 3.*

Le mardi 27 juillet, vers deux heures, je me trouvais chez un de mes amis, M. Letourneur, marchand de nouveautés, rue Saint-Honoré, au coin de la rue de Rohan, nous voyions, du balcon, les troupes rangées en bataille, barrant la rue Saint-Honoré, devant le café de la Régence. Les militaires en agissaient fort brutalement avec les particuliers; à ce moment, les rangs de l'infanterie s'ouvrirent, et il en sortit un officier de gendarmerie avec trois ou quatre gendarmes; ils se précipitèrent au milieu des groupes, et un malheureux vieillard fut renversé et foulé aux pieds des chevaux; il paraissait cependant vivre encore, mais l'officier de gendarmerie, en revenant, le perça d'un coup de sabre, et il fut emporté sur la place du Palais-Royal, où le cadavre resta fort long-temps. Cet évé-

nement excita un cri général d'indignation ; quelques instans après ,
les troupes firent un mouvement, et le feu commença des deux
côtés de la rue Saint-Honoré ; mais étant éloigné, je n'ai pu voir
s'il y avait eu des sommations de faites.

M. François SAUVO , *âgé de 57 ans , rédacteur en chef du*
Moniteur.

J'ai reçu le 25, à 5 heures du soir , l'ordre de me rendre chez
M. le garde-des-sceaux à 11 heures précises. J'ai reçu de lui la
communication et l'ordre d'insertion au *Moniteur* du 26, du Rapport au Roi sur la presse et des ordonnances en date du 25 juillet.
Après la remise , M. de Montbel , qui se trouvait dans le cabinet de
M. le garde-des-sceaux , a remarqué combien j'avais été ému en
parcourant les ordonnances et en reconnaissant leur objet. J'ai répondu qu'il serait bien extraordinaire que cette émotion ne fût pas
aussi grande. M. de Montbel me dit ces deux mots : *Eh bien ?* J'ai
répondu : « Monseigneur, je n'ai qu'un mot à dire : *Dieu sauve*
» *le Roi , Dieu sauve la France !* » M. de Montbel et M. Chantelauze ont répliqué à la fois : *Nous l'espérons bien.* En me retirant ,
ces Messieurs ont paru désirer encore quelques mots ; et je leur ai
adressé ces paroles : « Messieurs, j'ai 57 ans, j'ai vu toutes les jour-
» nées de la révolution, et je me retire avec une profonde terreur
» de nouvelles commotions. »

M. Jacques-Martin LIZOIRE, *âgé de 48 ans , artiste cirier , rue*
Neuve-Saint-Sauveur , n. 8.

D. Vous reconnaissez-vous l'auteur de cette imprimé, intitulé :
Pétition à MM. les Députés, et revêtu de votre signature ? —
R. Oui. — D. Veuillez bien exposer les faits qui sont à votre connaissance relativement aux propositions qui vous ont été faites d'employer vos bombes incendiaires dans les journées des 26, 27 et
28 juillet.

Le témoin fait une déclaration en tous points conforme au contenu de l'imprimé qu'il a signé et paraphé pour demeurer annexé au
procès-verbal. Il a déclaré , de plus , ne connaître les noms d'aucun

des personnages dont il est fait mention dans ledit imprimé, à l'exception de M. le Dauphin.

Nota. Ce témoin, entendu devant la commission de la chambre des députés, ne l'a pas été devant celle de la chambre des pairs.

M. Joseph JOLY, *âgé de 37 ans, marchand de vins, rue de Chartres, n°. 25.*

.D. Savez-vous comment a commencé, au lieu où vous vous trouviez, le combat entre la troupe et les citoyens, dans la journée du mardi 27 juillet? — R. Dans l'après-midi, j'ai d'abord vu des détachemens de gendarmerie à cheval envahir la place du Palais-Royal, et disperser à coups de sabre les citoyens qui s'y trouvaient réunis et qui criaient *vive la Charte.* La place fut bientôt déblayée: toutes les personnes qui débouchaient par la rue Saint-Thomas-du-Louvre étaient arrêtées, conduites au poste de gendarmerie et accablées de mauvais traitemens. Je dois même dire que j'ai vu, dans le poste, un citoyen renversé par un maréchal-des-logis de gendarmerie, qui l'a tué à coups de talon de botte et de crosse de fusil. Après trois coups de fusil tirés par des soldats de la garde royale, les premières décharges ont été faites sans provocation par les détachemens du 3e. régiment qui stationnait sur la place et qui ont été exécuter des feux de peloton du côté de la rue du Lycée. Je mentionnerai un autre fait dont j'ai été témoin, et qui s'est passé sous mes fenêtres. J'ai entendu un chef d'escadron de gendarmerie intimer à un jeune officier d'un régiment de ligne l'ordre de tirer sur le peuple. Cet officier répondit qu'il n'avait point reçu d'instruction : un papier fut alors exhibé par le chef d'escadron. L'officier répliqua par un signe négatif, et en inclinant son épée vers la terre. J'ajouterai enfin que j'ai vu des officiers et des sous-officiers distribuer de l'argent aux soldats, et que M. le commissaire de Police Mazug circulait sans cesse sur le front des détachemens, paraissant donner des ordres à la troupe.

M. Albert-Louis-Félix-Eugène DE MAUROY, *âgé de 40 ans, officier de sapeurs du génie, en retraite, membre de la Légion-d'Honneur, demeurant rue de la Sourdière, n°. 34.*

D. Savez-vous quand et comment a commencé le combat entre

la troupe et les citoyens, dans la journée du mardi 27 juillet? — R.
Le mardi, vers deux heures et demie ou trois heures, un détachement de gendarmerie à cheval a débouché par la rue de Chartres,
sur la place du Palais-Royal, sabrant tous les citoyens sur son
passage. Quelque temps après cette charge, les gendarmes furent
assaillis à coups de pierre par le peuple réuni sur la place; j'étais
alors près du café de la Régence. La place fut bientôt évacuée, elle
resta occupée par deux détachemens du 3ᵉ. régiment de la garde
royale, ceux qui composaient le poste du Palais-Royal. En avant
des lignes, vers la rue de Valois, se trouvaient deux ou trois
soldats et un sergent que ses favoris et ses cheveux roux rendaient
assez remarquable. Il couchait sans cesse en joue les personnes qui
s'étaient abritées dans les allées ou dans les coins formés par les
maisons de la rue Saint-Honoré, du côté de la rue du Coq. Ce
sergent finit par lâcher son coup de fusil, sans aucune provocation ;
son exemple fut aussitôt imité par les soldats qui étaient à côté de
lui; et immédiatement la troupe se mit en mouvement et fit plusieurs
décharges, tant dans la rue de Valois, que dans la rue Croix-des-
Petits-Champs. Il paraît certain que plusieurs personnes, parmi
lesquelles une femme, ont été tuées. Indigné du spectacle auquel je
venais d'assister, j'allai me mettre à la tête de quarante ouvriers
imprimeurs, du côté de la rue du Rempart-Saint-Honoré. Armés
de pierres, nous attendîmes de pied ferme un détachement de
lanciers qui s'avançait par la rue de Rohan : à deux reprises différentes, nous l'assaillîmes à coups de pierres. Un coup de pistolet fut
tiré sur moi par l'un de ces lanciers qui s'était détaché la troupe, et
m'avait poursuivi jusque vers l'hôtel de la Louisiane. Voilà les faits
dont j'ai été témoin le mardi. Je rentrai chez moi afin de faire mes
dispositions pour le lendemain. J'ajouterai cependant qu'au moment
où la garde royale s'ébranla pour aller exécuter des feux dont je
viens de parler, deux pelotons du 5ᵉ. régiment de ligne débouchè-
rent sur la place du Palais-Royal. Suivi de plusieurs ouvriers
imprimeurs, je me portai sur le front de cette troupe; et m'adressant
à plusieurs officiers et sous-officiers, je les exhortai à ne point tirer
sur leurs concitoyens. Plusieurs d'entre eux nous embrassèrent en
protestant qu'ils ne tireraient point : et effectivement aucune dé-

monstration hostile ne fut faite par ces deux pelotons, du moins pendant que je restai sur les lieux. Je n'ai vu ni commissaire de police, ni officier de paix; et aucune sommation légale, ni autre, n'a été faite, du moins à ma connaissance.

M. Jacques-Jean vicomte de FOUCAULD, *âgé de 59 ans, colonel de gendarmerie en non activié , demeurant commune de Noyant.*

Voici la partie importante de cette déposition :

M. le maréchal de Raguse, chez lequel j'arrivai, me remit un ordre , signé de lui, d'arrêter quelques personnes au nombre de cinq ou six. Je crois que les noms d'Eusèbe de Salverte, Laffitte, Lafayette, y étaient, je ne me rappelle pas les autres. A l'instant même où je venais de recevoir cet ordre et pendant qu'un secrétaire mettait les adresses à côté des noms, une députation composée, je crois, du général Gérard, du comte Lobau et autres, arriva chez le duc de Raguse, et après l'entrevue, ce dernier révoqua l'ordre qu'il m'avait donné, et le retira. Je suis resté le reste de la journée, la nuit suivante et le lendemain, jusqu'à l'évacuation de Paris, près de M. le duc de Raguse.

D. M. Mangin, préfet de police, ne vous aurait-il pas remis une liste des personnes à arrêter, liste qui lui aurait été transmise par M. de Peyronnet?—R. Non, Monsieur, M. le préfet de police ne m'a rien transmis, et je n'ai point reçu d'autre ordre d'arrestation que celui dont je viens de parler qui m'a été remis par M. le duc de Raguse , et qui m'a été retiré de suite.—D. Il paraîtrait cependant, Monsieur, qu'on vous aurait donné une liste de différentes personnes à arrêter; que vous auriez représenté que tous vos gendarmes étaient occupés et que d'ailleurs il était impossible d'arrêter un si grand nombre de personnes? — R. Non, Monsieur, je n'ai jamais reçu d'ordre de M. le préfet de police pour arrêter qui que ce soit, et je ne lui ai point répondu que mes gendarmes étaient occupés , et qu'il ne m'était pas possible de faire arrêter tant de monde.—D. Cependant, Monsieur, il paraîtrait qu'ayant refusé d'emporter la liste que vous remettait M. Mangin, ce dernier avait tellement insisté qu'il vous avait déterminé à l'emporter?—R. Le fait est tout à fait inexact;

M. Mangin ne pouvait pas me donner d'ordres semblables.—D. Ne vous seriez-vous pas présenté chez M. Polignac pour lui faire des observations sur les ordres d'arrestation qui vous étaient donnés, et M. de Polignac ne vous répondit-il pas que vous répondriez de leur exécution?—R. Non, Monsieur, il n'y a jamais eu rien de semblable.

D. L'ordre qui vous a été donné d'arrêter différentes personnes, le mercredi, ne vous a-t-il pas été renouvelé le jeudi matin? — R. Non, Monsieur, bien au contraire, puisque je sus que M. le duc de Raguse avait fait une proclamation aux Parisiens dans la matinée du jeudi, pour annoncer qu'il avait donné ordre de faire cesser toute hostilité contre le peuple, et convoqué les maires pour qu'ils annonçassent la cessation d'hostilités. — D. M. le maréchal duc de Raguse ne vous aurait-il pas envoyé un aide-de-camp pour vous dire de ne pas exécuter les ordres d'arrestation! — R. Monsieur, cela est vrai, mais c'est environ trois quarts-d'heure après la remise de l'ordre, parce que, comme je l'ai dit, j'avais laissé cet ordre pour mettre les adresses exactes à côté des noms, et que cet ordre venait de m'être rendu, au moment où l'aide-de-camp vint me contremander cet ordre. C'est dans la rue même que l'aide-de-camp me rejoignit; là il me dit que M. le duc de Raguse m'ordonnait de suspendre l'exécution de l'ordre qu'il venait de me donner. J'allai de suite chez M. le duc de Raguse, qui me dit en effet de ne pas exécuter l'ordre, et je le lui rendis. J'avais perdu de vue que c'était par l'intermédiaire d'un aide-de-camp que j'avais reçu l'avertissement de suspendre l'ordre qui venait de m'être donné; mais l'aide-de-camp lui-même ne parut pas savoir ce dont il s'agissait. Ce contre-ordre me soulagea d'un grand poids, parce que l'exécution de l'ordre me paraissait presque impossible. Je ne sais point si M. le duc de Raguse avait reçu lui-même l'ordre de faire arrêter les personnes portées sur la liste, ou si cet ordre émanait de son propre mouvement.

M. Gilbert-Joseph-Gaspard, comte DE CHABROL-VOLVIC, *ancien préfet de la Seine, agé de 57 ans, demeurant rue Mondore, n. 6.*

Je n'avais absolument aucune connaissance des ordonnances avant, leur publication, et ayant même reçu la veille au soir ma lettre close, comme député, je fus on ne peut plus étonné lorsque, le 26 vers cinq heures du matin, je reçus le bulletin des lois qui contenait ces ordonnances. Le Moniteur qui me parvint un peu plus tard, m'ayant confirmé cette nouvelle, je me rendis sur le champ au ministère de l'intérieur. Le ministre ne me donna ni ordres, ni instructions ; je lui manifestai l'intention de ne rien changer à la marche que j'avais suivie jusqu'alors dans mon administration toute paternelle, et il parut approuver ce dessein ; je rentrai ensuite à l'Hôtel-de-Ville où la journée se passa fort tranquillement. N'étant aucunement chargé de ce qui concerne la sûreté de la ville, et n'ayant aucun agent chargé de me rendre compte à cet égard, j'appris seulement, par les informations de quelques employés de la ville, que leurs fonctions mettent en rapport avec les marchands, qu'il y avait eu le soir quelque agitation aux environs du Palais-Royal. Le mardi matin je me rendis encore au ministère de l'intérieur je trouvai le ministre très calme, et il ne me parut pas que ce fût à lui qu'appartînt la direction de l'affaire. Je crus devoir lui dire que le moyen le plus efficace pour maintenir la tranquillité était de présenter sur-le-champ un grand appareil de forces, afin de n'avoir pas plus tard besoin d'en user ; il ne me fut, au surplus, donné aucune instruction nouvelle ; je retournai à l'Hôtel-de-Ville où je restai toute la journée.

Le soir j'appris que l'on commençait à détruire les réverbères, et je fus moi-même témoin de la manière dont cela se passait sur la place de l'Hôtel-de-Ville, où ils furent abattus par une troupe d'une quarantaine de jeunes gens. J'avais demandé dans la soirée un renfort de garde pour l'Hôtel-de-Ville : il ne me fut envoyé que quatre hommes. Ayant appris, le mercredi matin, que les habitans du faubourg Saint-Antoine commençaient à descendre, et ayant vu moi-même quelques bandes arriver sur l'Hôtel-de-Ville, je me rendis de nouveau au ministère de l'intérieur ; il pouvait être alors de sept à huit heures ; je rencontrai des foules assez nombreuses, et déjà l'on arrachait les enseignes aux armes du roi ; cependant je passai encore sans difficulté ; je rendis compte à M. de Peyronnet de ce que j'avais vu. Il me parut encore n'être pas complètement informé de ce qui se passait ; il m'exprima même son étonnement de n'avoir pas encore vu le préfet de police, et de n'en avoir reçu aucun rapport. J'insistai pour que l'on envoyât à l'Hôtel-de-Ville une force suffisante pour le défendre d'un coup de main, et prévenir la tentative qui pourrait être faite d'y établir une municipalité provisoire.

Revenu à l'Hôtel-de-Ville, je reçus la visite de M. Hutteau, l'un des maires de Paris, et ensuite celle d'un M. Marchand, qui vint me demander de réorganiser la garde nationale. Je lui répondis que je n'avais aucun ordre pour cela. Bientôt après, et vers onze heures, la foule commença à déboucher sur la place par toutes les issues; la garde de l'Hôtel-de-Ville n'étant pas en nombre, fut obligée de se replier sur la caserne; quelques gardes nationaux sortis en uniforme des maisons voisines, vinrent occuper le poste, mais ils n'étaient pas assez nombreux pour résister à la foule qui s'augmentait à chaque instant. Les portes furent enfoncées, et l'Hôtel-de-Ville envahi par le peuple; je fus alors obligé de me retirer dans une des dépendances de l'Hôtel-de-Ville, et à peine y étais-je, que le peuple étant monté au clocher, un drapeau tricolore fut arboré, et le tocsin commença à sonner. Au son du tocsin, des troupes arrivèrent en assez grand nombre, et le combat s'engagea vivement vers midi. Malgré le feu des habitans qui s'étaient placés en tirailleurs aux fenêtres, les troupes parvinrent à s'emparer de l'Hôtel-de-Ville, où elles restèrent jusqu'au soir. Ce n'est que vers dix heures que le feu cessa. Le lendemain matin j'appris de très-bonne heure que les troupes avaient évacué l'Hôtel-de-Ville avant onze heures du soir; que le peuple était maître absolu de l'Hôtel-de-Ville, et que déjà on s'occupait d'y installer un gouvernement provisoire. N'ayant plus rien à faire, et ayant d'ailleurs reçu la veille l'ordonnance de mise en état de siége, sans aucune instruction pour ce que j'avais à faire, je me déterminai à me retirer, après m'être assuré que les mesures que j'avais prescrites pour la sûreté des caisses de la ville avaient été exécutées, et qu'il n'y avait aucun danger à cet égard.

M. Jacques-Antoine Deroste, *âgé de 43 ans, commissaire de police du quartier Feydeau.*

Le mardi 27 juillet, je reçus le mandat de saisir les presses du

Temps. Cet opération fut longue, à raison de la résistance opposée,. résistance qui cependant eut lieu sans aucune voie de fait. Je par-. vins à faire exécuter la saisie sans employer la force; après quoi j'allai porter le procès-verbal à la préfecture de police. J'étais ren- tré chez moi, lorsque, vers sept heures un quart, un gendarme vint me prévenir qu'un rassemblement considérable se formait sur la place de la Bourse à cause de la vue d'un cadavre que l'on venait d'y apporter. Etant fatigué, je priai M. Fouquet, mon collègue, de s'y rendre. Il vint bientôt après m'annoncer qu'il était impossible d'en approcher : nous y retournâmes néanmoins, et je voulus pé- nétrer au milieu du groupe, mais je ne pus y parvenir, et l'on me refusa de me remettre le corps, voulant en faire un signal de ven- geance. Un des gendarmes qui m'accompagnaient fut désarmé et frappé. Vers neuf heures, cependant, on me remit le corps, qui fut déposé au corps-de-garde de la Bourse, et je commençais à dresser procès-verbal du décès, qui avait été occasionné par une balle dans la tête, lorsqu'on vint me dire que l'on allait attaquer le poste ; et en effet l'on commençait à jeter des pierres. Je me retirai, en con- seillant aux gendarmes d'en faire autant. J'allai prévenir M. de Fou- cault, qui se trouvait au Palais-Royal : à mon retour, je trouvai le poste de la Bourse incendié. Le mercredi, à quatre heures du ma- tin, je sortis de chez moi ; la place de la Bourse était encombrée de curieux. On brisait les lanternes dans le quartier, et l'on arrachait les armes royales, que l'on jetait dans le feu du corps-de-garde. A neuf heures on vint me chercher pour constater divers décès ; quoi- que hors de mon quartier, je m'y rendis, je constatai le décès d'un nommé Rose, *tué rue Traversière, au quatrième étage, par une balle partie d'un détachement de la garde royale, dans un moment où il n'y avait personne dans la rue,* et celui d'un nommé Gérard, *tué dans la rue de Richelieu, sans qu'il prît part à aucun désordre.* Les enquêtes relatives à ces décès occu- pèrent ma journée ; je ne suis pas sorti de mon bureau dans la jour- née du jeudi ; je pourrai, au surplus, vous adresser une note dé-. taillée des faits qui sont à ma connaissance ; mais je n'ai reçu aucune instruction ni ordre autres que ceux dont je viens de parler ; je n'ai été à même de faire aucune sommation, et je n'ai point reçu d'ordre pour le faire.

M. François-Joseph Bosche, *âgé de 36 ans, clerc d'avoué, rue Neuve-Montmorency, n. 1.*

Le 27 juillet, m'étant trouvé au Palais-Royal, vers 11 heures du matin, j'entendis un individu crier *vive l'empereur !* Cet individu fut à l'instant même chassé du Palais-Royal et poussé du côté du poste de la Banque, dont l'officier refusa pourtant de le recevoir. Cependant comme sa vie pouvait être en danger, j'insistai auprès de l'officier qui consentit à le faire entrer au poste. On disait dans la foule que l'on avait trouvé dans le chapeau de cet homme une carte d'agent de police, que ceux qui l'avaient entre les mains faisaient voir. L'homme lui-même avoua devant moi et devant tous ceux qui composaient le groupe, qu'il était effectivement agent de police.

Nota. Plusieurs autres témoins ont encore été entendus dans l'instruction secrète; nous avons cru devoir, dans l'intérêt de nos souscripteurs, nous abstenir de les rapporter ici, d'autant que nous publierons tout ce qui sera dit devant la cour des pairs dans l'instruction publique, qui contiendra toutes les dépositions de quelque importance.

COUR DES PAIRS.

(Séance du lundi 29 novembre.)

Rapport fait à la Cour par M. le comte de BASTARD, l'un des commissaires (1) chargé de l'instruction du procès des ministres accusés par la Chambre des députés.

PREMIÈRE PARTIE.

Messieurs,

C'est au milieu des plus grands évènemens dont l'histoire puisse jamais conserver le souvenir, que la chambre des députés, usant de l'un de ses premiers droits, traduit devant la chambre des pairs les conseillers de la Couronne.

Héritière des plus nobles souvenirs, et participant à toutes les gloires de la patrie, la chambre des pairs exerce aujourd'hui en France cette magistrature politique dont toutes les nations ont compris la nécessité. Dans tous les temps et chez tous les peuples, il exista de grands corps auxquels il appartint d'influer puissamment sur la législation, et d'assurer dans toute son étendue le libre cours du droit de justice, ce premier besoin des peuples et des rois.

Permanente dans l'ancien sénat de Rome, plus mobile et non moins absolue dans le tribunal des Amphictyons, aussi élevée dans la pairie de la Grande-Bretagne que dans l'antique cour des pairs de France, cette double puissance se retrouve partout, toujours également supérieure, également respectée. A toutes les époques, les législateurs ont reconnu que cette réunion de pouvoirs dans un même corps, donnerait seule à la société, assurerait aux accusés, pour ces grandes causes qui n'apparaissent que de siècles en siècles, et auxquelles semblent liées les destinées des nations, toutes les

(1) Les commissaires étaient : MM. le baron Pasquier, président; le comte de Bastard, le comte de Pontécoulant et le baron Séguier.

garanties de lumières, de puissances, de force, de courage dont la justice alors sent plus vivement le besoin.

La chambre des pairs de France, par l'élévation de son rang dans la hiérarchie des pouvoirs, par l'indépendance que lui assure la stabilité de son existence, par le nombre même de ses membres, par l'habitude et la nécessité où elle se trouve de s'occuper chaque année des plus grands intérêts du pays, la chambre des pairs pouvait seule composer le tribunal suprême de la France : seule par son caractère politique et judiciaire, elle pouvait constituer cette magistrature d'un ordre supérieur, capable de comprendre, de juger les grands procès, et de rassurer à-la-fois le pays et les accusés. Seule elle avait le pouvoir et le droit de s'affranchir des prescriptions étroites de la loi écrite, et de n'écouter que les régles éternelles de l'équité et de la raison; de ne laisser aucun crime impuni et d'infliger à chaque crime la peine qui lui était justement acquise; de résister aux exigences de l'autorité et à l'entraînement des partis ; de ne voir enfin que le bien de la patrie, que les intérêts de la justice à laquelle les nations n'ont jamais manqué impunément. Tel est, Messieurs, dans le présent et dans l'avenir de la France, le rôle auguste de la cour des pairs, telle est aujourd'hui sa mission. La cour des pairs y sera fidèle, et chacun de ses membres saura se placer à la hauteur de ses fonctions. Mais plus les fonctions sont graves, plus les obligations en sont rigoureuses ; plus la conscience de l'homme de bien a besoin d'être fortifiée par le sentiment du devoir. Il recherche alors la vérité avec une ardeur nouvelle; il sent la nécessité de tout connaître, les pensées les plus secrètes, les motifs les plus cachés, les hésitations les plus légères, il désire tout apprécier; il voudrait pénétrer dans les âmes, lire dans toutes les consciences, et acquérir ainsi, des grandes questions que comme juge et comme homme politique il est appelé à décider, une connaissance si intime qu'il ne puisse jamais être exposé à un remords ou à un regret.

Quels qu'aient été les efforts de la commission, notre travail ne pourra que bien imparfaitement atteindre ce but si désirable. Du moins, nous n'avons rien négligé pour y arriver et obtenir les lumières que l'instruction pouvait nous offrir. Nous allons vous faire connaître le résultat de l'examen auquel nous nous sommes livrés, et vous faire part des réflexions que nous ont inspirées chacune des questions qui vous seront soumises.

Déjà plusieurs fois, sous l'Administration qui avait précédé celle du prince de Polignac, on avait su que des tentatives avaient été faites pour le porter à la tête des affaires. Ces projets eurent enfin leur accomplissement; et cette Administration, à la loyauté de laquelle nous devons le complet affranchissement de la presse, et la vérité dans les élections, fut remplacée le 8 août 1829.

Chacun de vous, Messieurs, se rappelle la douloureuse impression que la France entière éprouva à ce changement, et avec quelle inquiétude pour son avenir elle apprit le choix des premiers conseillers de la couronne.

Quelle part le chef avoué du nouveau cabinet prit-il à sa formation? M. de Polignac affirme qu'éloigné depuis long-temps du sol de la France, relevant à peine d'une maladie très-grave, il resta étranger à la composition première du conseil, et se borna à demander qu'on lui adjoignît pour collègues M. de Montbel et M. de Courvoisier.

Nous devons, Messieurs, le dire dès à présent, le choix du dernier de ces ministres, non moins que celui de M. le comte de Chabrol, laissait entrevoir que ce conseil, formé sous des auspices si inquiétans pour la France, rencontrerait dès ses premiers pas un obstacle à toute résolution violente. Aussi ne put-il convenir d'un symbole qui liât la conscience politique de tous ses membres. Il se divisa bientôt, et à la retraite du comte de la Bourdonnaye, le prince de Polignac devint président du conseil. Mais quels avaient été, dans cette première période de son existence, les plans du Ministère? Avait-on dès-lors conçu le dessein de porter atteinte à nos franchises, et l'exécution n'en fut-elle ajournée que par l'opposition éclairée de quelques membres du conseil qui repoussaient un pareil attentat? Rien dans les pièces du procès n'autorise à admettre cette supposition.

Vers cette époque, le compte de Guernon-Ranville fut chargé du portefeuille de l'instruction publique; il crut devoir, avant de l'accepter, ainsi qu'il le déclare, faire connaître à M. de Polignac, que la *Chärte*, nous rappelons ici ses propres expressions, *était son évangile politique ;* que sa raison comme ses sentimens se liaient aux doctrines constitutionnelles, à la conservation desquelles était désormais attaché le salut de la France. Cette profession de foi ne fut point un obstacle à son entrée aux affaires.

Cependant les journaux que l'on supposait dévoués au ministère et plus spécialement au président du conseil, réclamaient haute-ment les mesures les plus violentes, et s'efforçaient d'entraîner le gou-vernement dans la voie périlleuse des coups d'Etat ; et si ces journaux n'étaient pas les organes du ministère tout entier, ils l'étaient au moins du parti auquel était censée appartenir la fraction la plus in-fluente du cabinet. Aussi ne faisait-on rien pour montrer qu'on repoussait ces insinuations criminelles, et avec raison la France en-tière devait croire que l'on avait adopté les projets les plus subversifs de l'ordre établi.

Si ces plans ne furent pas discutés au conseil, il occupèrent telle-ment les esprits, on les annonça d'une manière si positive que M. de Guernon de Ranville crut devoir les combattre dans un écrit rédigé d'abord pour s'éclairer lui-même, et dont vers le 15 décembre il donna communication à M. de Polignac. Il y montrait le danger des coups d'Etat pour le pouvoir lui-même, leur criminalité, et com-bien, en même temps qu'ils ébranlaient les trônes loin de les soute-nir, ils étaient contraires à la morale éternelle dont les règles doivent également diriger les peuples et les rois. Nous croyons devoir vous faire connaître les passages les plus remarquables de ce mémoire, écrit en entier de la main de M. de Ranville.

« A la veille d'une lutte aussi inégale, y est-il dit, plusieurs partis
» peuvent être pris, mais celui que l'opposition croit être dans les
» vues du ministère et que font pressentir les bruits répandus à
» dessein d'un projet de coup d'Etat, celui enfin auquel quelques
» royalistes imprudens voudraient pousser le gouvernement, con-
» sisterait à dissoudre la chambre et à en convoquer une nouvelle
» après avoir modifié par ordonnance la loi électorale et suspendu
» la liberté de la presse en rétablissant la censure.
» Je ne sais si cette marche sauverait la monarchie, mais ce serait
» un coup d'Etat de la plus extrême violence ; ce serait la violation

» la plus manifeste de l'article 35 de la Charte, ce serait la viola-
» tion de la foi jurée ; un tel parti ne peut convenir ni au Roi ni à
» des ministres consciencieux.

» D'un autre côté une telle mesure ne serait pas suffisamment
» motivée. Les journaux libéraux, il est vrai, nous menacent d'une
» opposition fort hostile, mais ces journaux ne sont pas les organes
» avoués de la chambre. D'autres nous excitent à ces moyens ex-
» trêmes en nous présentant la révolution comme prête à tout enva-
» hir, si nous ne nous hâtons de l'enchaîner : le danger ne me paraît
» pas aussi imminent, et j'ai peu de confiance dans les hommes
» d'état sans mission. Un jour peut-être ceux qui poussent le plus
» vivement à ces actes d'excessive vigueur, se joindraient à nos
» ennemis pour nous en demander compte, si le succès ne répon-
» dait pas à leur attente, et nous reprocher d'avoir cédé à de vaines
« terreurs au lieu d'attendre que cette chambre présumée si vio-
« lente, se soit manifestée par ses actes.

« Les partisans des coups d'État pensent que la mesure indiquée
« n'exciterait aucun soulèvement dangereux. Le peuple, disent-ils,
« ne s'occupe pas de nos débats politiques ; les masses restent cal-
« mes au milieu de l'agitation des partis, qui, au fait, ne touchent
« en rien aux intérêts matériels, et des actes de vigueur leur plai-
« raient d'autant plus qu'en montrant de la force ils humilieraient
« quelques sommités peu populaires. La classe moyenne seule s'agi-
« terait; mais, sans appui, elle ne pourrait exciter un mouvement
« de nature à compromettre la sécurité du gouvernement.

« Je reconnais, qu'en ce moment les masses sont calmes et ne
» prennent aucune part active aux débats politiques. Mais que fau-
» drait-il pour les ébranler? Et peut-on raisonnablement affirmer
» que la classe moyenne qui touche par mille points à la masse ne
» pourrait au besoin soulever une tempête dont le plus hardi n'ose-
» rait prévoir l'issue?

» Au reste, une réponse péremptoire, selon moi, à tous ces rai-
» sonnemens plus ou moins fondés en fait, c'est, comme je l'ai déjà
» dit, que les mesures dont il s'agit seraient contraires à la Charte.
» Or, on ne viole jamais les lois impunément, et le gouvernement
» assez fort pour se mettre un moment au-dessus de la loi fondamen-

» tale, s'il obtient un succès passager, compromet pour un temps plus
» ou moins éloigné ses plus précieux intérêts. A cette réponse, que
» justifieraient assez les intérêts matériels, ajoutons une considéra-
» tion déterminante : le Roi a juré d'observer fidèlement la Charte;
» nous avons tous fait le même serment : qu'elle soit à jamais pour
» nous l'arche sainte. Cette règle, qui seule est conforme à la mo-
» rale, est aussi la plus sûre. »

A ce mémoire, dont la lecture vous fait éprouver, Messieurs,
nous n'en doutons pas, sur le sort actuel de celui qui l'écrivit, un
sentiment pénible d'étonnement, M. de Polignac paraît avoir répondu à M. de Ranville qu'il partageait ses opinions, et que, comme
lui, il repoussait toute idée de mesures arbitraires, tout projet de
coup d'Etat.

Les chambres furent convoquées pour le 13 mars 1830. Le pouvoir est plein d'illusions, et cependant on a peine à comprendre
comment le ministère put se flatter un moment qu'il allait obtenir
une majorité favorable; et si cet aveuglement s'explique pour le
président du conseil, retenu si long-temps loin des débats parlementaires, comment ses collègues ne lui montrèrent-ils pas
les obstacles sans nombre dont sa route était semée? Leurs voix
auraient-elles dès-lors été méconnues? Avait-il déjà dans le conseil
cette prépondérance dont nous aurons plus tard à vous faire connaître
l'existence et les effets? Quoi qu'il en soit, les craintes de tous ceux
qui connaissaient la véritable situation de la France ne tardèrent pas
à se réaliser. En vain la chambre, dans une adresse, modèle à la
fois de respect et de loyauté, vint-elle déposer au pied du trône les
assurances de sa fidélité pour la personne du Roi et les justes appré-
hensions que lui donnaient les conseillers de la couronne; la couronne fut sourde à cet avertissement, renfermé cependant dans les
justes limites du droit constitutionnel. La chambre fut ajournée;
chacun en prévit la prochaine dissolution.

Ici, Messieurs, combien eut-on lieu de s'étonner davantage de
l'illusion des ministres, de ceux du moins qui adoptèrent cette résolution si impolitique et que repoussaient les vœux de la nation! De
ce jour furent prévues et annoncées ces mesures arbitraires, incons-
titutionelles, ces coups d'Etat enfin qui donnaient l'espérance à des

conseillers, désormais aveuglés sans retour, de dompter notre résistance et de nous faire subir le joug des volontés ministérielles.

Comment avait-on pu fermer les yeux aux conséquences inévita-
bles d'une dissolution réprouvée par les citoyens dont il fallait pourtant réclamer les suffrages?

Fatigués d'une lutte inutile, et dans laquelle ils avaient en vain
opposé la sagesse de leurs conseils et la fermeté de leur refus, MM de
Chabrol et de Courvoisier exprimèrent le desir de se retirer, et
furent remplacés par MM. de Peyronnet et Chantelauze. M. Capelle
fut à la même époque appelé dans le conseil.

Lorsque M. de Chabrol et M. de Courvoisier quittèrent le ministère, il y avait déjà deux mois que la Normandie était ravagée par
des incendies que l'on ne pouvait arrêter, et dont presque tous les
auteurs se dérobaient aux recherches de la justice. Nous n'interrom-
perons pas notre rapport pour vous parler de ces incendies et du caractère qu'ils présentent. Ces faits d'incendie, qui ne font point
partie de l'accusation, mais que la rumeur populaire a voulu y rattacher, seront l'objet d'un examen spécial dans la seconde partie de
notre travail. Maintenant il suffit de savoir que nous n'avons rien
découvert qui puisse autoriser la supposition qu'aucun des ministres
accusés devant vous ait pris part au plan infernal qui aurait pu
exister, de livrer aux flammes une province de la France.

Les lois du pays étaient encore respectées. Il en était temps encore, on pouvait s'arrêter sur le bord de l'abîme dont, malgré soi,
on devait mesurer toute la profondeur. Aussi, avant d'entrer dans
cette route dangereuse de gouverner par ordonnance, avant même
peut-être de s'être avoué qu'on ne reculerait pas devant la violation
des plus saints engagemens, on essaya d'obtenir des députés dociles
à toutes les exigeances du gouvernement. Rien ne serait commode,
en effet, pour le pouvoir, comme une chambre flexible ou corrom-
pue, qui lui livrerait sans combat les trésors et les libertés des peuples. Aussi, lorsqu'on recherche les motifs réels qui firent recom-
poser l'administration au moment même où les élections allaient
s'assembler, on ne peut en découvrir d'autre que le but et l'espérance d'agir puissamment sur les élections. Depuis long-temps, le
comte de Peyronnet était signalé comme un homme capable autant

que résolu, et qui marcherait d'un pas ferme au but qu'il se serait proposé d'atteindre. Ses talens de tribune le rendaient un auxiliaire précieux. M. Capelle passait pour avoir souvent exercé une active influence sur les élections ; M. Chantelauze, plus étranger jusque-là aux grandes mesures politiques, sembla aussi, par son habitude de la parole, pouvoir être d'un utile secours. Ce motif aurait déterminé son entrée au conseil. Proposé au Roi, dès le mois d'août précédent, pour le ministère de l'instruction publique, il avait refusé. Dès-lors, il apercevait sans doute tous les dangers de la marche qu'on allait suivre. Ces dangers s'étaient accrus ; il résista long-temps aux instances du Dauphin, aux pressantes sollicitations du Roi, et fut entraîné malgré lui au milieu des honneurs et des abîmes.

Rien ne peint mieux les combats qu'il eut à soutenir que la lettre qu'il adressa à son frère le 18 mai, veille de son entrée au conseil, après avoir reçu les derniers ordres du Roi. Quoique vous la connaissiez, Messieurs, nous pensons qu'il est utile de la remettre sous vos yeux.

« Nous avons l'un envers l'autre gardé un long silence ; je viens
» le rompre le premier, car je ne veux pas que tu apprennes par le
» *Moniteur* et avec le public l'évènement le plus important, et je
» crois le plus malheureux de ma vie ; c'est ma nomination comme
» garde-des-sceaux. Voilà dix mois que j'oppose une résistance
» soutenue à mon entrée au conseil. On ne me laisse plus au-
» jourd'hui mon libre arbitre, et les ordres qui me sont donnés ne
» permettent plus que l'obéissance ; je me résigne à ce rôle de vic-
» time. Veille sur les élections, car y échouer serait maintenant
» pour moi une chose honteuse. »

Le ministère, recomposé pour la troisième fois dans l'espace de moins d'une année, n'eut alors qu'une seule pensée, celle d'obtenir une chambre dont la funeste mission devait être de détruire la liberté de la presse, et de changer la loi des élections. Il serait injuste sans doute de dénier à la couronne une part de légitime influence sur les élections ; mais dans ce combat des opinions, on ne doit employer que des armes loyales, et les moyens de triomphe doivent être honorables et purs.

La lutte entre la France et le Ministère était malheureusement trop vive pour que, dans cette circonstance, on pût espérer qu'il ne dépassât pas les limites que lui assignaient la raison et la morale publique. Chaque ministre s'efforça d'exercer sur ces subordonnés cette violence morale à laquelle il est si difficile que résiste un inférieur à qui l'on ne tient compte ni de ses avis les plus sages, ni de ses résistances les plus légitimes. Les promesses et les menaces, les refus et les faveurs furent trop souvent mis en usage pour gagner des suffrages, pour écarter des élections les citoyens les plus dévoués à la monarchie, mais que la marche du ministère avait forcés à se séparer de lui. La religion elle-même, arrachée à son ministère de paix, fut appelée au secours d'un intérêt qui n'était pas le sien. On sollicita bien moins les prières des pontifes que leur appui politique. On ne craignit pas enfin de faire descendre le monarque lui-même de cette région élevée où la royauté est à l'abri des orages, et de lui faire engager un combat personnel avec chaque électeur.

La proclamation qui fut faite à cette occasion, et qui montre combien peu le prince et ses conseillers avaient compris le gouvernement de la Charte, fut contresignée par M. de Polignac. Livré aux plus chimériques illusions, le Ministère se croyait sûr de la majorité; il n'était pas jusqu'au courage de nos soldats sur lequel il n'eût appuyé ses espérances. Il se flattait que le succès de nos armes en Afrique viendrait aider à son triomphe. Au jour des élections, la liberté, le secret des suffrages lui-même ne fut pas toujours respecté, et la loi qui l'ordonnait fut en plusieurs lieux impuissante ou méconnue.

Cependant, de toutes parts les citoyens menacés dans leurs plus chers intérêts s'étaient mis pour les défendre et repousser avec les armes de la loi les agressions d'un pouvoir qui semblait redouter ce qu'il y avait d'indépendant, de noble et de généreux dans le pays. Malgré tous les efforts d'un ministère, les élections assurèrent une majorité constitutionnelle; et la France, d'accord avec la chambre qu'on venait de remplacer, proclama par ses choix que l'Administration était en désaccord avec le pays. Toutefois les élections avaient été troublées dans quelques départemens, notamment à Montauban, où la sûreté des électeurs constitutionnels avait été compromise. Les ministres, interpellés sur cette époque si importante de leur Administration, ont repoussé cette partie de l'accusation et ont invoqué en leurfaveur la conduite qu'ils avaient tenue lors des troubles de Figeac et de Montauban. Il paraîtrait que, dans cette dernière ville, l'autorité administrative s'opposait aux poursuites qui devaient être dirigées contre les agitateurs. C'est alors qu'en approbation des mesures qu'avait ordonnées le procureur-général de Toulouse, le garde-des-sceaux écrivit de sa main la lettre suivante, dont il est juste de vous donner connaissance.

Paris, 3 juillet 1830.

« Monsieur le procureur-général, je ne puis qu'approuver les
» observations contenues dans votre lettre du 28 juin dernier au
» sujet des troubles qui ont éclaté à Montauban. Il est dangereux
» d'habituer le peuple à s'assembler et à commettre des actes de
» désordre, quelle que soit d'ailleurs la cause de ce mouvement.
» Les considérations que fait valoir l'autorité administrative, ne
» sont pas de nature à arrêter le cours de la justice. Je vous engage
» en conséquence à prescrire sans retard des poursuites contre les
» auteurs des excès qui ont eu lieu à la suite de l'élection de M. de
» Preissac.

» Recevez, etc. »

M. de Peyronnet a déclaré qu'il avait écrit dans le même sens, et a même invoqué une apostille de sa main sur une lettre qui devait se trouver au ministère de l'intérieur, mais que toutes les recherches n'ont pu faire découvrir.

Cependant le jugement solennel que le pays venait de rendre, irrita, sans les convaincre, les dépositaires du pouvoir. Ils voulurent à tout prix conserver une autorité qu'ils se trouvaient dignes d'exercer. L'opinion publique si vivement manifestée, les conseils les plus nobles et les plus désintéressés, tout fut méconnu, et l'Administration résolut de se roidir contre cette éclatante et unanime réprobation. Le roi Charles X, croyant encore inhérentes à sa couronne les prérogatives désormais incompatibles avec la Charte, et que depuis long-temps la raison publique ne reconnaissait plus, aurait-il poussé son Ministère dans cette voie périlleuse? Lui-même fut-il entraîné par de funestes conseils? Il est difficile de pénétrer ce mystère.

On pourrait incliner vers la première supposition en s'attachant à une dernière déclaration du prince de Polignac, dans laquelle il affirme qu'il avait plusieurs fois offert au roi sa démission, et notamment quinze jours avant la signature des ordonnances, époque à laquelle il l'aurait supplié, si sa retraite absolue n'était pas acceptée, de le remplacer du moins dans la présidence du conseil.

Quoiqu'il en soit, s'il faut en croire les accusés, personne, avant les premiers jours de juillet où l'on se trouvait alors, n'avait songé à sortir de la Charte et à substituer à l'autorité des lois celle des ordonnances. Mais en présence d'une chambre si peu favorable, si pénétrée de ses devoirs et de ses droits; déterminé qu'on était à ne pas céder et à mépriser cette unanimité de vœux et de sentimens qu'on se plaisait à représenter comme factieux et ennemis, il fallait bien arrêter un plan de conduite, et se tracer la route dans laquelle on voulait entrer. Des opinions diverses se produisirent alors dans le conseil; on y développa deux systèmes opposés : on y proposa, d'une part, de se présenter devant les chambres, de n'y porter que les lois d'une absolue nécessité, et de ne se livrer qu'à la discussion du budget. Le respect pour la Charte, fondement de tous les droits, pour la Charte, si souvent, si solennellement jurée, était la base de ce système, que soutenait fortement M. de Guernon, dont vous connaissez déjà les sentimens. Il fut appuyé dans son opinion par le comte de Peyronnet, qui trouvait également que la politique et la morale commandaient ce respect, et que rien dans la situation du pays ne légitimait la violation du pacte fondamental. D'autre part, on voulait à l'instant même entrer dans une voie de réformation où le Trône retrouverait toutes les prérogatives dont on prétendait qu'il était injustement dépouillé.

Personne dans le conseil, nous ont dit tous les ministres accusés, n'élevait de doute sur l'étendue des droits que trouvait la Couronne dans l'article 14 de la Charte, pour modifier, par ordonnances, les lois du pays, lorsque leur conservation compromettrait la constitution même de l'Etat, la paix publique et la stabilité du trône. Chacun trouvait donc la mesure légitime et légale, si l'on en prouvait la nécessité, et si l'on démontrait que, sans elle, le roi ne pouvait conserver ses prérogatives, unique garantie des franchises et des libertés du peuple. La nécessité de cette grande mesure aurait donc seule été mise en discussion, et non le droit qu'avait le roi de la prendre quand le besoin en serait consciencieusement établi. Tout le conseil s'accordait à le lui reconnaître.

Depuis quinze ans, l'art. 14 de la Charte et son interprétation ont été plusieurs fois l'objet d'une vive polémique; mais faut-il de grands efforts pour reconnaître que, si le prince a le droit de changer à son gré les lois les plus solennelles et les plus importantes, d'en dénaturer l'esprit, d'en détruire le système, de se rendre l'arbitre unique de ces changemens, et de décider enfin qu'il peut tenir ou violer ses sermens, alors les garanties et les institutions ne sont plus qu'une dérision; une loi fondamentale n'est plus qu'un vain mot! Et si les peuples peuvent encore, pour un temps, être heureux, du moins ils ne sont plus libres; et le bonheur sans la liberté ne peut être durable. Nous n'en dirons pas davantage, Messieurs, sur l'art. 14, présenté comme excuse d'une grande violation de nos droits; ce n'est qu'aux débats, et lors du jugement, que l'on pourra entrer dans l'examen de son sens naturel, et des moyens de défense qu'il pourrait présenter aux accusés.

Les premières discussions sur l'opportunité des fatales ordonnances eurent lieu vers le 10 ou 12 de juillet. Déjà, depuis trois jours, le ministre de l'intérieur avait fait signer l'original de la lettre close qui convoquait les membres des chambres pour le 3 août. Ces lettres furent expédiées par les bureaux, et, par une circonstance extraordinaire, leur envoi coïncida avec la publication des ordonnances; il est des députés qui ne les ont reçues qu'avec le *Moniteur* où ces ordonnances se trouvaient contenues. Cet envoi a-t-il eu lieu pour couvrir le plan récemment concerté entre les ministres? rien n'autorise à l'affirmer. Ce plan avait été de nouveau débattu devant le roi, et M. de Guernon dit avoir encore défendu, devant lui, l'opinion qu'il avait précédemment soutenue. On s'était borné, dans les premiers momens, ainsi que nous l'avons déjà dit, à discuter, d'une manière générale, quel serait le système que l'on suivrait. Une fois arrêté, la rédaction des ordonnances suivit immédiatement. Il semblerait même que les ordonnances étaient préparées avant que toutes les résistances eussent été vaincues, et la réticence, plutôt que les aveux des accusés, vient à l'appui de l'opinion, assez généralement établie, qu'une violence morale, de nature à faire une forte impression sur des hommes qu'égarait un faux sentiment d'honneur, triompha des dernières oppositions. Cette grande mesure, qui devait bouleverser le pays, ne paraît pas avoir occupé le conseil plus de trois séances.

L'ordonnance relative au nouveau système électoral, celle qui suspendait la liberté de la presse périodique, et le rapport qui les motivait, furent contresignés par tous les ministres présens à Paris le dimanche 25 juillet. Les deux ordonnances portant dissolution de la chambre et convocation des nouveaux colléges et de la chambre nouvelle, le furent également, le même jour, par M. de Peyronnet seul. Le soir, elles furent remises au rédacteur du *Moniteur*, qui ne put s'empêcher de remarquer, en les recevant, la profonde émotion de M. de Montbel et M. Chantelauze.

L'ordonnance relative au nouvean système électoral paraît avoir été rédigée par M. de Peyronnet. M. Chantelauze aurait rédigé l'ordonnance qui suspend la liberté de la presse, et le rapport qui précéde toutes ces ordonnances, ce rapport, spécialement destiné à combattre la presse périodique, s'occupait à peine des élections.

Les accusés se reconnaissent auteurs des ordonnances qui portent leurs signatures; mais ils repoussent unanimement l'accusation d'avoir antérieurement et depuis long-temps formé le complot de détruire nos institutions et de changer la forme de notre gouvernement. Pleins d'espérance, disent-ils, que les élections leur seraient favorables, ce n'est pas au milieu des illusions dont ils se berçaient qu'ils auraient pu songer à briser l'instrument à l'aide duquel ils espéraient affermir l'autorité royale. M. de Polignac a déclaré que, loin d'avoir conspiré à l'avance la destruction de nos libertés, depuis long-temps, et dans le séjour prolongé qu'il avait fait en Angleterre, il s'était occupé à recueillir des notes étendues sur celles des institutions de ce peuple que l'on pourrait naturaliser en France, et que son vœu le plus ardent avait toujours été de nous voir jouir des mêmes franchises dont le peuple anglais se montre si jaloux et si fier. Avant le 10 juillet, il avait espéré marcher avec la chambre et s'entendre avec elle. Il entrevoyait des difficultés, il prévoyait des embarras; mais ces difficultés, ces embarras ne lui paraissaient pas insurmontables. Ces assertions ne seront-elles pas affaiblies par la dernière partie de la déposition du marquis de Sémonville. On y voit, en effet, M. de Polignac se plaindre, le jeudi 29, que la certitude où il était que la chambre des pairs refuserait son concours à tout projet dont la légalité ne serait pas démontrée, l'eût forcé de s'engager dans la voie extrême et périlleuse où il succombait. En lisant cette déposition il sera sans doute difficile de se refuser à penser que depuis long-temps M. de Polignac ne se fût pas occupé d'un plan de modification ou plus tôt d'un changement dans nos lois fondamentales.

Comme M. de Polignac, M. de Guernon a repoussé l'accusation d'avoir, antérieurement à la signature des ordonnances de juillet, conçu aucune idée de modification arbitraire aux lois du royaume. Il a invoqué tous les discours que comme magistrat il a eu occasion de prononcer, et tous renferment, nous a-t-il dit, la même profession de foi, les mêmes principes que l'on retrouve dans le mémoire du 15 décembre précédemment cité.

Pour prouver son attachement aux principes constitutionnels, M. Chantelause en appelle aussi à ses discours comme magistrat et comme député, et plus spécialement au rapport dont il fut chargé sur la question éminemment constitutionnelle de la réélection des députés promus à des emplois publics: faisant remarquer que si une expression d'une de ses opinions improvisées dans la chambre des députés a pu prêter quelque fondement à l'accusation dont il est l'objet, tout le monde sait que dès le lendemain du jour où ce discours fut prononcé, il désavoua publiquement, et par la voie des journaux, l'interprétation criminelle qu'on lui avait donnée. Enfin, M. de Peyronnet, dont l'opposition au système des ordonnances est signalée par la déclaration d'une partie des accusés, invoque ce témoignage pour établir qu'il n'avait pu former d'avance le complot de renverser nos institutions.

Du reste, s'il faut en croire les déclarations de tous les ministres, c'est, ainsi que nous l'avons dit, après les élections et vers le milieu de juillet, qu'aurait été émise, en conseil-d'état, la première pensée du plan réalisé par les actes du 25.

Voici le moment, Messieurs, de nous livrer à l'examen approfondi de ces actes; il importe de les analyser avec soin, pour comprendre toute l'éteudue des changemens que l'on voulait apporter à un régime que tant de lois avaient fondé.

Le premier de ces actes *suspend la liberté de la presse périodique et semi-périodique;* le deuxième *dissout la chambre des députés des départemens;* le troisième *réforme, selon les principes de la Charte constitutionnelle, les règles d'élection, et prescrit l'exécution de l'art.* 46 *de la Charte.* Dans la réalité, ils déchiraient les lois et changeaient les formes du gouvernement; ils en déplaçaient les bases.

Et d'abord, des articles de la Charte étaient rapportés ou réformés, des lois en vigueur étaient abrogées, des lois abrogées étaient remises en vigueur, par la seule autorité des ordonnances, et sans le concours des chambres. Et pourtant, aux termes de l'art. 15 de la Charte, la puissance législative s'exerçait collectivement en France par le roi, la chambre des pairs et la chambre des députés. Selon la loi du 25 mars 1822, si les droits en vertu desquels le roi avait donné la Charte devaient être à l'abri de toute attaque, sous la forme de gouvernement qu'il avait instituée, il ne restait au Roi d'autre autorité que celle qu'il tenait de la constitution ; et les droits et l'autorité des chambres, rangées sur la même ligne, devaient être réputés également inviolables. Enfin, l'article 14 de la Charte ne réservait au Roi que le droit de faire les réglements et ordonnances nécessaires pour l'exécution des lois et la sûreté de l'État.

Première violation de la Charte, attentat à la constitution de l'État, usurpation des droits et de l'autorité des chambres. Cette violation est commune à la première et à la troisième des ordonnances.

Mais l'article 8 de la Charte assurait aux Français le droit de publier et de faire imprimer leurs opinions, en se conformant aux lois répressives des abus de cette liberté. Après des discussions approfondies, après de nombreuses et pénibles expériences, deux lois étaient intervenues en 1819 sur cette matière : l'une relative à la répression des crimes et délits commis par la voie de la presse, l'autre à la publication des journaux et écrits périodiques; elles consacraient toutes deux un régime de liberté absolue, et organisaient un système de responsabilité légale contre les abus de cette liberté, sous l'autorité des tribunaux. En 1822, deux nouvelles lois étaient intervenues dans le but de modifier cette législation. Celle du 25 mars avait été adoptée comme complétant le système de répression des délits de la presse; celle du 17 du même mois statuait sur la police des journaux et des écrits périodiques : elle défendait la publication de tout écrit de ce genre sans l'autorisation du Roi, et accordait au gouvernement de la soumettre, dans des circonstances grâves, et en l'absence des chambres, à une censure temporaire; enfin, une dernière loi, du 28 juillet 1828, avait rétabli sous de certaines conditions, le régime de liberté fondé par la loi du 9 juin 1819.

En cet état, la première des trois ordonnances du 25 juillet soumet de nouveau la presse périodique à la nécessité de l'autorisation préalable, en exhumant les dispositions abrogées et presqu'oubliées de la loi du 21 octobre 1814. Elle va plus loin, elle les aggrave. L'autorisation préalable devait être périodiquement renouvelée, et demeurer toujours révocable. Elle ordonnait la destruction des presses et des caractères saisis, en cas de contravention. La loi de 1814 avait dispensé de l'examen préalable les écrits de plus de vingt feuilles d'impression, les Mémoires sur procès et les Mémoires des Sociétés savantes et littéraires. Suivant l'ordonnance, ils devaient y être soumis en certain cas. Ainsi ses auteurs ne se contentaient pas de détruire les dispositions légales qui protégeaient le libre exercice des garanties constitutionnelles, et de faire revivre les restrictions rigoureuses imposées par des lois révoquées, ils improvisaient une législation nouvelle pour créer de nouvelles entraves, et mieux étouffer les plaintes des citoyens.

Ceci constitue bien, par l'anéantissement complet du droit de publier et de faire imprimer ses opinions, une seconde violation de la Charte.

Selon l'article 50 de la Charte, le Roi pouvait dissoudre la chambre des députés; mais l'usage de ce pouvoir, réservé au Roi pour qu'il pût, en cas de dissentiment entre son gouvernement et la chambre élective, vérifier si l'opinion publique avouait l'opposition des mandataires du peuple, ou si cette opposition n'était que le résultat de leurs sentimens personnels, présupposait l'existence d'une chambre des députés constituée, délibérante et agissante, ayant pouvoir de manifester librement ses sentimens, de les manifester par ses résolutions. D'une part, on ne saurait dissoudre une chambre qui n'existe pas ; de l'autre, le droit de la dissoudre, quand elle existe, ne saurait entraîner celui de répudier les choix qui ont été faits pour la reconstituer, quand elle a été dissoute. Le Roi était sans puissance légale sur les élections. Il n'appartenait qu'à la chambre des députés de juger de leur légalité et de leur validité : aucun pouvoir n'était autorisé à statuer sur leur tendance, et tant que les députés nouvellement élus n'étaient pas réunis, il n'y avait pas de chambre; il n'y avait que des élections. En cet état, elles ne tombaient sous la juridiction de personne.

Or, la seconde des ordonnances du 25 juillet a dissous une chambre qui ne devait se réunir que le 3 août suivant; elle en a prononcé la dissolution en vue *de prétendues manœuvres qui auraient été pratiquées sur plusieurs points du royaume, pour tromper et égarer les électeurs.* C'est donc l'opposition présumée des électeurs, et non l'opposition effective des députés, qui l'a motivée. Elle a donc eu pour objet, non de dissoudre la chambre, mais d'annuler des élections valides et régulières.

Troisième violation de la Charte, usurpation du droit d'annuler les élections, et fausse application de son article 50.

Enfin, l'article 35 de la Charte portait que l'organisation des colléges électoraux serait déterminée par des lois. De telles lois sont, par leur nature, de véritables lois fondamentales et constitutionnelles, puisqu'elles organisent une des branches les plus importantes de la législature. Deux lois avaient été portées sur ce sujet, après de longues et laborieuses délibérations. Celle du 5 février 1817 avait statué que tout Français jouissant des droits civils et politiques, âgé de trente ans accomplis, et payant 300 francs de contributions directes, serait appelé à concourir à l'élection du département où il avait son domicile politique. Les lois de finances, seules compétentes pour le classer, plaçant l'impôt des patentes au rang des contributions directes. La loi du 19 juin 1820 avait établi, dans chaque département, un collége électoral de département et des colléges électoraux d'arrondissement, qui devaient procéder directement,

chacun dans sa sphère, à l'élection d'un ou plusieurs membres de
la chambre des députés. Conformément à une autre loi du 9 juin
1824, la chambre devait être renouvelée intégralement tous les
sept ans; enfin, deux lois du 2 mai 1827 et du 2 juillet 1828 avaient
réglé ce qui concerne la confection et la révision annuelle des listes
électorales. C'est ainsi qu'un Code complet, corroboré par la jurisprudence des arrêts, réglait, dans toutes ses parties, l'exercice des
droits électoraux.

La troisième des ordonnances du 25 juillet renversait ce Code en
son entier. Ses auteurs, d'un trait de plume, rayaient du tableau
des contributions directes l'impôt des patentes. Ils déshéritaient
l'industrie du droit de cité. Ils ne s'en tenaient pas là : ils suppri-
maient les élections d'arrondissement; et si les colléges d'arrondissement étaient conservés, les électeurs qui y étaient appelés se
voyaient privés du droit de nommer des députés; on les réduisait
à ne faire qu'une proposition de candidats; l'élection définitive était
réservée aux colléges de département, composés du quart le plus
imposé des électeurs du département. Toutefois, les choix de ces
électeurs si favorisés devaient nécessairement tomber pour moitié
sur les candidats proposés par les colléges d'arrondissement. Ainsi
les trois quarts des électeurs étaient dépouillés de leurs droits, et le
quart privilégié n'exerçait les siens qu'avec restriction, et n'était
vraiment libre que dans la moitié de ses choix. Plus de solennité
pour la formation des listes, plus de recours judiciaire contre les
erreurs ou les abus auxquels cette formation pouvait donner lieu;
plus d'intervention des parties intéressées. L'état politique des citoyens, livré provisoirement aux agens de l'administration, devait
être jugé en dernier ressort par la chambre des députés, qui n'a ni
le temps ni les moyens d'en décider avec connaissance de cause. Le
renouvellement annuel et par cinquième de la chambre des députés était substitué au renouvellement intégral et septennal. La proportion des députés non domiciliés dans le département qu'ils sont
appelés à représenter, subissait aussi des modifications, et de tels
changemens éversifs de toute une législation sont opérés par ordonnance. Les citoyens et les tribunaux se voient dépouillés en même
temps, les uns de leurs recours, les autres de leurs attributions.

Les bases de la représentation nationale sont changées : cette représentation n'est plus qu'un mensonge, et sous les débris de tant de
lois, la Charte elle-même succombe !

Ainsi, quatrième violation de la Charte, et celle-ci se caractérise
ainsi qu'il suit : organisation des colléges électoraux par ordonnance;
électeurs payant 300 fr. de contributions directes dépouillés du droit
d'élire; autorisation de choisir dans un département plus de la
moitié des députés parmi les éligibles qui ont leur domicile politique
hors de ce département.

Il suffit d'avoir soumis de tels actes à l'analyse, et de les avoir
rapprochés de la Charte et des lois, pour les qualifier. Ils contenaient une révolution : faut-il s'étonner qu'ils l'aient enfantée?

Nous avons cru, Messieurs, devoir donner un assez grand développement à l'examen des ordonnances incriminées : elles sont la
matière principale de l'accusation, le véritable corps du délit; vous
ne pouviez trop les bien connaître.

Reprenons la suite des faits qui ont accompagné et suivi leur
publication.

L'ordonnance relative à la suspension de la liberté de la presse
devait exciter au plus haut degré le mécontentement d'une classe
active de négocians et de nombreux ouvriers, que le commerce si
étendu de l'imprimerie réunit à Paris. Les spéculations étaient entra-
vées, les travaux interrompus, l'existence des familles compromise.
Il était facile de voir que la paix publique allait être troublée, et que
la commotion serait ressentie dans les provinces les plus éloignées ;
ces ordonnances illégales devaient provoquer la résistance active et
légitime des citoyens, et cette résistance amener devant les tribunaux criminels ceux qui l'auraient employée ; et cependant personne dans le conseil ne pouvait ignorer que les tribunaux ordinaires
refuseraient leur appui à l'exécution de tout acte inconstitutionnel.

De là l'opinion si naturelle que le ministère avait préparé l'organisation des cours prévôtales, et pris toutes les mesures qui pouvaient leur assurer en même temps l'appui de la force armée.

Mais si la destruction de la liberté de la presse devait produire à
Paris une si douloureuse et si profonde impression, combien devait
être plus vif et plus étendu l'effet de cette ordonnance électoralle

qui bouleversait, par un acte despotisque, un système fondé sur
tant de lois, que la France s'était accoutumée à respecter et à chérir,
et dont elle venait de faire un si glorieux usage. Cette ordonnance,
qui détruisait des droits depuis long-temps reconnus, devait irriter
les électeurs qu'elle frappait de sa réprobation, et tous ceux qui aspi-
raient à l'honneur de faire partie, plus tard, du corps électoral.
Quelle résistance ne devait-on pas prévoir de la part des citoyens
qu'on blessait si profondément, et qu'on attaquait pour ainsi dire
jusque dans leur honneur ! Que ne devait-on pas craindre enfin de
la France toute entière, dont on brisait outrageusement les élections
à peine terminées !

Il était difficile de croire que ceux qui avaient osé concevoir un
projet si hardi n'eussent rien prévu, n'eussent rien préparé pour
appuyer tant de violences, et faire réussir une entreprise si hasar-
deuse. Dans le système des ministres accusés, plus les ordonnances
étaient nécessaires, plus le trône était attaqué, plus était flagrante
cette conspiration générale qui menaçait l'autorité royale, la paix
du royaume, le repos de l'Europe enfin, plus ils avaient dû prendre
de mesures et réunir tous les moyens de succès. Et toutefois, quelque incroyable que cela paraisse, vous serez forcés, Messieurs, de
reconnaître que rien, en quelque sorte, n'avait été prévu, et ces
associations si menaçantes, ces oppositions si vives, ces complots si
patens, ces conspirateurs si audacieux, devaient apparemment s'é-
vanouir par la publication officielle des ordonnances. Et nous n'avons
rien découvert qui puisse autoriser à penser qu'on se fût préalablement occupé de l'organisation des tribunaux extraordinaires, et nous
croyons pouvoir dire qu'aucune dépêche ministérielle relative à cet
objet n'a été détruite ou enlevée des administrations. En effet, il
résulte des déclarations des témoins entendus, des documens que
nous avons recueillis, d'accord en cela avec les réponses des accusés, qu'avant le 25 juillet les ministres n'avaient point songé à dépouiller les citoyens du droit sacré de n'être jugé que par les tribunaux ordinaires du pays. Quelque invraisemblable que ce puisse
être, il paraît certain que les ministres avaient pensé que toutes les
questions soulevées par les ordonnances, ou qui en seraient la conséquence se décideraient administrativement et n'occasionneraient
aucune résistance sérieuse.

Nous avons également reconnu que le président du conseil, qui avait alors le porte-feuille de la guerre, n'avait, ni le dimanche 25 juillet, ni le lundi 26, ni antérieurement à cette époque, donné aucun ordre pour faire arriver des troupes à Paris, quoique la garnison de cette ville fût alors affaiblie par le séjour du roi à Saint-Cloud, et par l'absence d'un régiment de la garde envoyé en Normandie, pour y maintenir la tranquillité compromise par les incendies. Un fait avait cependant paru se rattacher à des mesures de prévoyance, et on avait pensé avec quelque apparence de fondement qu'un nouvel ordre d'alerte donné aux troupes de la garde, le 20 juillet, avait un rapport immédiat avec les ordonnances qu'on projetait. Le contraire a été parfaitement démontré. Dans toute place de guerre ou dans une ville occupée par une nombreuse garnison, on donne toujours aux troupes un ordre spécial en cas d'alerte, soit qu'elle ait pour cause une sédition, un incendie ou tout autre événement imprévu. Nous nous sommes fait représenter le livre d'ordre de la garde, et nous avons reconnu qu'un premier ordre d'alerte avait été donné, le 10 mai 1816, et qu'il avait été depuis modifié à diverses reprises; savoir, le 19 octobre de la même année, le 3 janvier 1821, le 15 janvier 1822 et le 1 mai 1827. Cet ordre était communiqué aux régimens d'infanterie tous les deux mois, et tous les trois mois aux régimens de cavalerie. Celui du 1 mai 1827 n'était plus depuis quelque temps en rapport avec les casernes occupées par les régimens. Il fut rectifié par cette unique raison, dans les premiers jours de juillet, sur la proposition des sous-aides-majors de service. Il fut signé par le maréchal duc de Raguse. le 20 de ce mois, sans que ce nouvel ordre modifiât en rien le service de la garde royale. Ce dernier ordre est, comme tous les précédens, inscrit sur le registre de service.

Le maréchal duc de Raguse, quoique depuis long-temps gouverneur de la première division militaire, n'exerçait sous ce titre purement honorifique aucun commandement. La seule fonction qui lui était alors confiée était celle de major-général de la garde, et à ce titre il ne commandait que la garde seule; mais une ordonnance spéciale, en date du 25 de juillet, mit sous ses ordres toutes les troupes de la division. M. de Guernon et surtout M. de Peyrou-

net indiquent que cette ordonnance est postérieure au 25. Ce ne
fut en effet que le 27 que le maréchal en fut informé par le président
du conseil, et tout dans l'instruction concourt à prouver que le duc
de Raguse ne fut pas mis dans le secret des ordonnances que l'on
préparait, et qu'il ne les connut que le jour de leur publication à
Paris, et au moment où il revenait de Saint-Cloud. Ce même jour,
il exprima hautement, au milieu de l'Institut, les douloureux sentimens dont leur publication l'avait pénétré. M. Arago, l'un des
témoins entendus dans l'instruction, rapporte que le lundi 26 le
maréchal vint à l'Institut, et lui dit en voyant la douleur que lui
causaient les ordonnances : « Eh bien ! vous le voyez, les insensés,
» ainsi que je le prévoyais, ont poussé les choses à l'extrême. Du
» moins, vous n'aurez à vous affliger que comme citoyen et comme
» bon français; mais combien ne suis-je pas plus à plaindre, moi
» qui, en ma qualité de militaire, serai peut-être obligé de me
» faire tuer pour des actes que j'abhorre et pour des personnes qui
» depuis long-temps semblent s'étudier à m'abreuver de dégoûts!»

La confiance du président du conseil était telle, qu'il avait cru ne
devoir mettre personne dans le secret de ses projets; s'ils furent
pénétrés, on a lieu de croire que cet avantage n'appartint qu'à
quelques confidens intimes d'un rang peu élevé, parmi lesquels se
seraient rencontrés quelques-uns de ces spéculateurs qui ne se font
jamais scrupule de calculer au plus vite tout ce que peuvent leur
valoir les calamités de la patrie. Mais le sous-secrétaire d'état de la
guerre déclare qu'il n'apprit que fort tard, et par le *Moniteur*, ces
funestes ordonnances. Le préfet de la Seine, que nous avons entendu, et le préfet de police, ne les connurent pas plutôt que le reste
de la capitale.

Cependant tout Paris est ému à leur soudaine apparition : un cri
d'indignation sort de tous les cœurs; et si l'on se rappelle les
engagemens les plus saints, les sermens les plus sacrés, ce n'est que
pour parler aussitôt de leur violation. Les hommes dont les opinions
politiques avaient été jusqu'alors opposées, se réunissent dans un
même sentiment: tous ensemble accusent les conseillers d'un
prince aveuglé, auquel ils ravissent l'affection de son peuple, et
dont ils n'ont su ni respecter, ni ménager la vieillesse. Si alors

28

personne ne prévit que, dans trois jours, Charles X aurait cessé de régner, tout le monde du moins pressentit un prochain et inévitable. ébranlement de son trône et de l'ordre social tout entier. Chacun entrevit les violences nécessaires du pouvoir, la résistance des citoyens, tous les malheurs enfin d'une nouvelle et sanglante révolution. Qui pouvait supposer, en effet, qu'on n'aurait appuyé que par de si faibles moyens d'exécution une si audacieuse entreprise; qu'enfin l'on pût unir à la fois tant de témérité et tant d'imprévoyance?

L'agitation des esprits, pendant la journée du 26, fut très-vive; le peuple y prit une part active; de généreux citoyens se réunirent pour protester contre la violation des lois. Une inquiétude générale s'empara des premiers fabricans de la capitale. Des réunions d'ouvriers parcoururent les rues, lancèrent quelques pierres sur la Trésorerie, et plus tard sur l'hôtel des affaires étrangères. On put prévoir, pour le 27, une manifestation plus énergique du mécontentement public. Que faisaient les ministres pendant cette première journée? Il ne paraît pas qu'ils aient été avertis de l'agitation générale; du moins, ils assurent ne l'avoir que fort mal connue. Le ministre de l'intérieur, chargé plus spécialement de veiller à la tranquillité du royaume, et plus particulièrement à celle de Paris, devait avoir des rapports continuels avec le Préfet de la Seine, et surtout avec le préfet de police. Et, toutefois, ce ministre nous a déclaré n'en avoir eu d'aucun genre avec ces magistrats depuis le 25; ne les avoir vus ni le 26, ni le 27; n'avoir reçu de leur part aucun renseignement sur la situation de la capitale. M. de Peyronnet, qui s'était, dit-il, opposé au système des ordonnances, en devait prévoir le danger; plus qu'un autre, par les devoirs de ses fonctions, il devait étudier, dès les premiers momens, l'effet qu'allait produire leur publication sur les chefs d'ateliers, sur les spéculateurs, sur les commerçans, enfin sur toutes les classes de la capitale. Déjà quelques députés, appelés pour le 3 août, étaient arrivés à Paris. Cette ville, d'ailleurs, en renferme toujours un grand nombre; ne devait-on pas chercher à découvrir quelles seraient leurs dispositions, quel appui ou quelle résistance ils allaient présenter au pouvoir? Il ne paraît nullement qu'on se soit occupé de ces grandes questions.

Comme en un moment tranquille, chaque ministre se livra au travail particulier de son ministère, et le président du conseil lui-même expédiait les affaires les plus ordinaires. Il était occupé, nous a-t-il déclaré, à passer une adjudication au ministère de la guerre. Aucun rapport spécial sur la situation de Paris ne lui fut fait, dans cette journée, par le préfet de police; mais, en revenant de la chancellerie à l'hôtel des affaires étrangères, il faillit devenir victime de l'exaspération publique. Cette scène personnelle ne fut pas pour lui plus significative que toutes les autres.

Le maréchal duc de Raguse ignorait encore, ainsi que nous l'avons dit, que, par ordonnance du 25 il eût été appelé au commandement de la première division militaire, et il était revenu le lundi coucher à Saint-Cloud. Le mardi matin craignant que les journaux ne pussent paraître et lui apprendre ce qui se passait à Paris où il ne comptait pas aller, il écrivit à un de ses aides-de-camp de le tenir au courant des événemens. Dans l'intervalle le Roi ayant été instruit de l'agitation de la capitale, soit par le ministre de l'intérieur, soit par le président du conseil avec qui il entretenait des rapports continuels, donna l'ordre au maréchal de se rendre à Paris, et d'y prendre le commandement de la division, lui permettant, si le calme était rétabli, de revenir coucher à Saint-Cloud.

Les rapports que le prince de Polignac reçut dans la nuit du lundi au mardi matin lui donnant sans doute quelques inquiétudes sur le quartier qu'il habitait, il demanda du secours au général commandant de la place. A neuf heures, le comte de Wall lui écrivit: « Mon cher » prince, d'après votre billet je viens de demander à Foucault cent gendarmes, je fais venir en outre un bataillon du 5ᵉ de ligne, et cinq cents hommes de la garde, caserne de la rue Verte; avec cela nous » serons en mesure, et il est indispensable d'être prêts d'avance. »

Le maréchal arriva à Paris vers midi; aucun ordre n'avait été donné aux troupes de la garde, qui même n'étaient pas consignées.

Dans l'intervalle le préfet de police avait reçu différens ordres du ministre de l'intérieur ou du président du conseil, et un rapport très-succinct, écrit de la main de ce magistrat et trouvé chez M. de Polignac, mais qui peut-être ne lui était pas adressé, porte ce qui suit.

Presses libérales.

« On les saisit, et quoi qu'on fasse, j'en serai maître ; la gendar-
» merie et la ligne tiendront la main à l'exécution.

Journaux.

★ Toutes les messageries seront visitées , tout ballot d'imprimés
» saisi et examiné.

Palais-Royal.

» J'ai ordonné sa fermeture.

Rassemblement.

» J'ai fait établir des postes de gendarmerie partout où je pouvais
» craindre.

» Une partie de ces mesures auraient pu être prises plutôt, si
» j'avais trouvé partout l'activité désirable.

» Une partie des commissaires de police ne vaut rien. 27 juillet.

M.

Un autre rapport du même magistrat annonça aussi au président
du conseil que les presses du *National*, du *Figaro* et du journal
du *Commerce* avaient été saisies à midi. Il lui écrivait :

« Monseigneur, les rassemblemens se continuent au Palais-Royal ;
» les marchands ferment leurs boutiques , des orateurs y déclament,
» et y lisent à haute voix des journaux séditieux.

» Dans cet état de choses, je viens de signer l'ordre de faire éva-
» cuer ce lieu public et d'en fermer les grilles. »

À peu près à la même époque de la journée, M. de Peyronnet
s'était rendu à Saint-Cloud. Il assure qu'il ne connaissait qu'à peine
l'agitation de Paris : mais de qui donc alors étaient émanés les ordres extraordinaires donnés au préfet de police ?

Déjà les gendarmes, les troupes de ligne et les soldats de la
garde occupaient l'hôtel des affaires étrangères, les boulevards, le
Carousel, la place du Palais-Royal et les rues adjacentes. La courageuse résistance des rédacteurs du *Temps* qui, le livre de la loi à
la main , repoussaient la violation de leur domicile et la spoliation
de leur propriété, avait réuni dans la rue de Richelieu une foule
considérable. Sans cesse elle s'augmentait de tous les citoyens ex-
pulsés du Palais-Royal et de ceux qui arrivaient de tous les coins de
Paris dans ce quartier populeux, avec l'espérance d'apprendre plus

sûrement ce qui se passait dans le reste de la ville. La foule se rap-
prochait de la place du Palais-Royal, occupée par des gendarmes et
une compagnie de la garde. Vers deux heures, les cris de *Vive la
Charte !* redoublèreut sur la place même et dans les rues voisines.
Les gendarmes chargèrent dans la partie de la rue Saint-Honoré
qui va du Pelais-Royal à la rue de Rohan. Plusieurs citoyens furent
sabrés et foulés aux pieds des chevaux. Il paraîtrait même qu'un
homme fut tué, et que plus tard son cadavre aurait été promené sur
la place de la Bourse, et montré au peuple pour l'exciter à la vengeance. Quelques instans après, une charge de cavalerie eut lieu
de l'autre côté de la place du Palais-Royal, et plusieurs décharges
d'armes à feu , faites par une compagnie de la garde, blessèrent et
tuèrent plusieurs personnes. Aucune sommation régulière d'un
commissaire de police ou de tout autre agent de l'autorité civile ne
précéda cet emploi de la force.

Plus tard, tandis que le peuple, armé de pierres, les lançait sur
les soldats, un coup de fusil, parti d'un hôtel garni près la rue des
Pyramides, provoqua une décharge meurtrière qui tua trois personnes aux fenêtres de cet hôtel. Il en périt quatre autres dans la
rue Traversière par des décharges d'armes à feu faites par un régiment de cavalerie. Plusieurs charges de cavalerie furent aussi exécutées dans la rue Neuve-du-Luxembourg et sur le boulevard qui
touche à l'hôtel des affaires étrangères sur des citoyens entièrement
désarmés, dont tout le crime était de faire entendre le cri de *vive
la Charte ! vivent les députés !* Nulle part on n'aperçut d'officier
civil pour faire au peuple assemblé les sommations prescrites par les
lois. Les lois ! pouvait-on encore les invoquer quand on venait de
les fouler aux pieds? Quel officier de paix eût osé venir, en leur
nom, commander aux citoyens de souffrir sans se plaindre la violation la plus solennelle de toutes les lois du pays ?

Mais, quelque embarrassante que fût la position où l'autorité s'é-
tait placée elle-même, l'autorité n'en avait pas moins le devoir de
veiller à l'exécution de ces formalités protectrices, et de faire précéder le déploiement de la force militaire des sommations solennelles
qui en légitiment ou en régularisent l'emploi. Les nombreux témoins que nous avons entendus sur ce fait ont tous déposé de l'ab-

sence de ces sommations préalables que la loi commande. Mais nous devons à la vérité de dire que, du moment où un premier engagement eut lieu, l'agression des citoyens devint aussi vive et aussi prompte que l'indignation était profonde. Cette indignation souleva si rapidement la population de Paris, que la force militaire, assaillie, n'eut pas le temps de se reconnaître, et l'on comprend que, ne songeant qu'à se défendre, elle ait oublié ses premiers devoirs envers les habitans.

Tels sont les faits qui, d'après les déclarations que nous avons reçues, signalent le commencement des hostilités entre les soldats et les citoyens.

Dans la journée du mardi, quarante-quatre mandats d'amener furent décernés contre les quarante-quatre généreux citoyens dont la protestation énergique fut le premier signal de la résistance nationale. Il est difficile de croire que, dans une affaire aussi grave, et dans la situation extrà-légale où le gouvernement venait de se placer, le procureur du Roi de Paris, de sa seule autorité, ait provoqué une pareille mesure contre des hommes dont le nom se lisait, il est vrai, dans quelques journaux, mais contre lesquels aucune présomption judiciaire de culpabilité n'existait réellement. Tout doit faire croire que ce magistrat a dû obéir lui-même à un ordre supérieur. Les mandats furent remis au préfet de police pour qu'il les fît exécuter; mais le lendemain, lorsque l'on apprit que Paris était en état de siége, et que les inculpés pouvaient être traduits devant des commissions militaires, le procureur du Roi et le juge d'instruction cherchèrent à suspendre la poursuite, qui resta sans effet.

Le mardi soir, les boutiques des armuriers furent enfoncées; une partie de la population s'arma pour le lendemain, et l'on put prévoir par les sentimens dont elle était émue, que l'engagement serait général et le combat terrible.

Loin d'être éclairé par cette opposition si unanime, par cette douleur si profonde dont les plus dévoués serviteurs de Charles X étaient pénétrés, par cette résistance si spontanée, si inattendue, le ministére ne songea qu'à réparer l'imprévoyance de ses dispositions, par une mesure tellement rigoureuse, qu'aucune époque de notre histoire n'en offre d'exemple. Paris fut mis en état de siége.

Déjà le duc de Raguse réunissait au commandement de la garde et des troupes de ligne celui de la gendarmerie de Paris. Cette concentration de tous les pouvoirs militaires assurait l'unité de vues, la rapidité d'exécution, dont le ministère semblait avoir pressenti la nécessité. Toutefois, ce commandement extraordinaire, donné à un seul homme, respectait les droits des citoyens, l'ordre des juridictions, toutes les garanties enfin d'un état régulier; il suffisait à tous les besoins. Quelle pouvait être alors la pensée du ministère en mettant Paris en état de siége? Cette mesure, qui n'augmentait ni sa force morale ni sa puissance matérielle, n'aurait-elle eu pour but, comme elle n'avait pour résultat, que d'enlever aux citoyens la première de leurs garanties, l'indépendance du pouvoir judiciaire? car tel était l'effet de cette disposition, qu'elle donnait au commandant en chef le droit de remplacer les tribunaux par des commissions militaires.

On comprend sans doute que, loin du siége du gouvernement, lorsqu'une ville ou un département tout entier sont en état de rébellion, il soit utile de créer pour un moment ce pouvoir, qui réunit et absorbe tous les autres pouvoirs, qui fait cesser toutes les résistances et concentre tous les efforts; mais à Paris, siége du gouvernement, près du Roi, de qui toute autorité émane, qui peut à chaque instant révoquer ses agens, ou les appeler là où il les juge plus utiles à son service; dans le moment surtout où, ministre des affaires étrangères, le président du conseil se trouvait en même temps ministre de la guerre, et réunissait ainsi tant de pouvoirs; à l'instant même où l'on venait de rassembler toutes les forces militaires sous un chef unique; il est mal aisé de concevoir ce qui a pu pousser les ministres à une pareille mesure.

- Il paraîtrait que le mardi, vers neuf ou dix heures du soir, la mise en état de siége de Paris fut proposée et discutée dans le conseil. Il règne quelque incertitude sur ce qui fut résolu lors de cette première délibération. Il semblerait que l'on se serait contenté d'arrêter que, si le lendemain la ville était aussi agitée, on se servirait contre elle de cette excessive rigueur. Le commandant militaire ne fut pas appelé au conseil; le préfet de police ne paraît pas l'avoir été davantage; et, dès le lendemain matin, sans nouvelle réunion des ministres, M. de Polignac, qui affirme n'avoir pas conseillé cette mesure, fit signer par le Roi et contresigna lui-même l'ordonnance qui plaçait la capitale du royaume hors de la loi commune.

Le président du conseil comprenait-il toutes les conséquences de cette ordonnance? Dans son interrogatoire, il affirme que non; mais il savait du moins, comme l'apprend une des pièces du procès, écrite de sa main, que les coupables seraient jugés par un conseil de guerre, et c'est de lui que M. de Champagny, sous-secrétaire d'État au ministère de la guerre, reçut dès le matin à Saint-Cloud l'ordre de lui remettre une note sur les conséquences de l'état de siége et sur les conseils de guerre qu'il y avait à former en pareil cas. Revenu à Paris, M. de Champagny s'en occupa aussitôt; mais la rapidité des événemens ne permit pas d'organiser cette redoutable et expéditive justice.

Charles X, avant de signer cette nouvelle ordonnance, dut connaître, par le rapport détaillé que lui fit le président du conseil, l'état de Paris et les événemens de la veille. Le maréchal avait aussi envoyé au Roi, de très-bonne heure, un rapport sur les événemens du mardi.

Dès le matin du mercredi, l'agitation de la capitale, la destruction, dans tous les quartiers, des emblémes de la royauté, cette inquiétude des uns, cette exaltation des autres, tout faisait présager un combat périlleux entre un ministère que la loyauté et la conscience des hommes les plus attachés à la monarchie se refusaient à défendre, et ces citoyens qu'avait profondément blessés la violation des sermens les plus solennels.

Le maréchal, instruit de la disposition des esprits, mais retenu par un fatal point d'honneur au commandement qu'il venait de recevoir, avait du moins essayé de faire parvenir jusqu'au Roi la vérité. Il résulte, en effet, de différentes dépositions que, dès huit heures du matin, une longue lettre avait été adressée au Roi par le maréchal, et qu'il y rendait compte dans le plus grand détail de la marche des événemens. Cette lettre fut perdue par le gendarme à qui elle avait été confiée. Le maréchal ayant été informé de ce contre-temps, écrivit à neuf heures une nouvelle lettre dont la copie a été déposée par l'aide-de-camp de service à qui il l'avait dictée : elle porte ces mots.

« J'ai déjà eu l'honneur de rendre, hier , compte à Votre Majesté
» de la dispersion des groupes qui ont troublé la tranquillité de Pa-
» ris. Ce matin, ils se reforment plus nombreux et plus menaçans.
» Ce n'est plus une émeute, c'est une révolution. Il est urgent que
» Votre Majesté prenne des moyens de pacification. L'honneur de
» sa couronne peut être encore sauvé; demain peut-être il ne serait
» plus temps. Je prends pour la journée d'aujourd'hui les mêmes
» mesures que pour celle d'hier. Les troupes seront prêtes à midi ;
» mais j'attends avec impatience les ordres de Votre Majesté. »

Peu de temps avant ou après le départ de cette lettre, un jeune
homme fut envoyé par le préfet de police au maréchal , pour savoir
s'il était vrai que la ville de Paris fût en état de siége. Plusieurs
autres personnes ayant fait la même demande au maréchal, il
envoya un de ses aides-de-camp chez le président du conseil, pour
que celui-ci eût à lui faire connaître la vérité, et faire observer qu'il
y avait des conditions de légalité pour une semblable mesure, qu'il
ne fallait pas négliger. Le prince de Polignac répondit à l'aide-de-
camp , qu'en effet l'ordonnance de mise en état de siége était signée,
et qu'il avait envoyé chercher le maréchal pour qu'il vînt la recevoir.

Les citoyens ne furent pas instruits du régime de terreur sous
lequel on les avait placés. Vainement le maréchal envoya l'ordre au
préfet de police de faire imprimer et afficher une proclamation qui
l'apprendrait à la capitale, les évènemens n'en laissèrent pas le
temps, et il est juste de dire que l'autorité civile fut dans l'impossibilité de satisfaire aux ordres de l'autorité militaire. La proclamation
ne put être affichée que dans les lieux voisins de la préfecture de
police.

Déjà le sang coulait depuis long-temps dans Paris. Des citoyens
inconnus les uns aux autres , mais réunis par une commune
indignation, sans chefs, sans ordres, presque sans armes, attaquaient avec un courage héroïque des soldats que la fidélité à leur
drapeau retenait seule sous le commandement, aussi affligés de
donner la mort que malheureux de la recevoir en combattant pour
une cause qu'ils désavouaient. Les vainqueurs et les vaincus mau-
dissaient à-la-fois les funestes conseils qui ensanglantaient la patrie.

Tandis que MM. de Polignac, de Ranville, de Montbel, d'Haussez et de Chantelauze allaient chercher à l'état-major de la garde un refuge contre l'exaspération dont ils craignaient de devenir les victimes, MM. de Peyronnet et Capelle se rendaient à Saint-Cloud où ils croyaient que se réunirait le conseil. Ils y virent le roi. Jusqu'à quel point informèrent-ils ce prince de l'état déplorable de la capitale? M. de Peyronnet déclare encore que ce jour-là, comme la veille, il n'était pas exactement instruit de la situation des choses, et n'aurait pu en faire qu'un rapport très-incomplet; mais les coups redoublés qui retentissaient alors dans Paris ne suffisaient-ils pas pour apprendre toutes les calamités qui pesaient sur la capitale?

Cependant les députés présens à Paris, qui, dès la veille, s'étaient assemblés chez M. Casimir Périer, se réunirent ce jour-là chez M. Audry de Puyraveau. Trois d'entre eux, M. Dupin, M. Guizot et M. Villemain avaient été chargés de rédiger une protestation au nom de tous; mais cet acte si courageux et si important n'apportait pas un remède assez prompt aux malheurs de la capitale. Les députés arrêtèrent qu'ils iraient au nombre de cinq, trouver le maréchal, pour s'interposer entre la population et l'armée, et arrêter le sang qui coulait depuis si long-temps. M. Laffitte, M. Casimir Périer, le général Gérard, le comte de Lobau et M. Mauguin furent chargés de cette mission, qui n'était pas sans quelques dangers. Ils arrivèrent à l'état major de la garde, et furent introduits auprès du maréchal par M. le baron de Glaudèves, pair de France et gouverneur des Tuileries. Un vif intérêt s'attachait à leur personne, et dans cet état-major, rempli de militaires si dévoués au roi Charles X, chacun cependant faisait des vœux pour le succès de leur honorable mission; chacun paraissait sympathiser avec eux, et partager leurs patriotiques sentimens. Les cinq députés nous ont tous dit qu'ils avaient trouvé le maréchal pénétré comme eux du désir de mettre fin à une situation aussi déplorable, mais accablé sous le poids de la fatalité, qui, disait-il lui-même, ne cessait de le poursuivre. Les députés déclarèrent qu'ils venaient, en sujets fidèles, demander pour le peuple, pour le roi lui-même, et dans l'intérêt de sa couronne, qu'on arrêtât le carnage, que les ordonnances fussent rapportées, que le ministère fût changé. Le maréchal ne refusait pas de concourir aux mesures qui pourraient amener une heureuse conciliation, mais il demandait avant tout la soumission des citoyens et réclamait, pour l'obtenir, la haute influence des cinq commissaires. Ceux-ci répondirent que l'indignation publique ayant seule excité le mouvement, ils ne pouvaient se flatter d'exercer aucune influence sur la population exaspérée s'ils n'annonçaient, comme base de toute conciliation, ce qu'ils étaient venu demander, la révocation des fatales ordonnances et le renvoi des ministres. Le maréchal déclara qu'il ne pouvait rien prendre sur lui, mais qu'il allait faire part au roi de la démarche des députés, joindre ses instances aux leurs, sans dissimuler cependant que le succès ne lui semblait guère probable. Il promit de leur faire connaître sans retard la réponse du roi.

Le maréchal demanda ensuite aux députés s'ils auraient quelque répugnance à voir M. de Polignac. Ils répondirent que, chargés d'une mission de paix, ils ne négligeraient rien de ce qui pourrait la faire réussir, et verraient M. de Polignac. Alors le maréchal entra dans un salon voisin, où se tenait le président du conseil; mais il en revint quelques minutes après, annonçant qu'ayant rendu compte à M. de Polignac des conditions que les députés mettaient à l'emploi de leur influence sur le peuple, celui-ci avait répondu que dès-lors il était inutile qu'il eût avec eux aucun entretien, et qu'il ne fallait pas les arrêter plus long-temps. Les députés allaient se retirer, lorsqu'un officier, ignorant ce qui venait de se passer entre le maréchal et M. de Polignac, voulut de nouveau les introduire auprès du président du conseil, qui témoigna une seconde fois n'avoir pas le désir de les entretenir.

Il paraîtrait que, peu d'instans avant cette entrevue, l'ordre d'arrêter plusieurs députés avait été signé par le maréchal, entre les mains duquel l'état de siége avait concentré tous les pouvoirs. Au nombre des personnes qu'on devait arrêter, se trouvaient MM. de Salverte, de Lafayette et Laffitte. Cet ordre, qui par sa nature ne devait pas émaner de l'autorité militaire, mais bien du gouvernement lui-même, aurait-il été le résultat de la volonté spontanée du maréchal, ou le duc de Raguse n'obéissait-il, en le signant, qu'à une influence supérieure? Il est permis de croire à cette der-

nière supposition, lorsqu'on voit avec quel empressement le maréchal, touché sans doute de la confiance avec laquelle les députés
s'étaient rendus à son état-major, crut se devoir à lui-même de révoquer aussitôt l'ordre d'arrestation qu'il avait signé quelques instans auparavant.

Dès que les députés furent partis, le duc de Raguse écrivit au
roi la lettre suivante :

3 heures et demie.

« J'ai mis en mouvement mes différentes colonnes à l'heure
« indiquée. Le général *** est arrivé à la place de Grève. J'ai ma
« communication assurée avec lui par un bataillon qui occupe le
« débouché du Pont-Neuf. Ce général marche par le boulevart pour
« s'établir sur la place de la Bastille. Le général ***, parti de la
« place Vendôme, occupe avec ses troupes la place des Victoires ;
« malgré cela, tout l'espace entre lui et moi est rempli de groupes
« insurgés, et nous ne pouvons communiquer ensemble que par la
« place Vendôme. Le général *** est arrivé au marché des Innocens ;
« mais, après avoir tourné et détruit plusieurs barricades et refoulé
« dans la rue Saint-Denis tout ce qui s'opposait à sa marche, de
« nouveaux groupes se sont formés derrière lui, et je ne puis avoir
« de ses nouvelles que par des officiers déguisés. Dans la marche
« des troupes, partout les groupes se sont dispersés à leur approche ;
« mais, dans presque toutes les rues, des coups de fusil sont partis
« des fenêtres de toutes les maisons. Les troupes assaillies ont
« riposté, et leur marche partout n'a été qu'un combat. Les troupes
« ne sauraient courir le risque d'être forcées d'évacuer leurs posi-
« tions ; mais je ne dois pas vous cacher que la situation des
« choses devient de plus en plus grave.

« A l'instant où j'allais fermer ma lettre, se sont présentés chez
« moi MM. Casimir Périer, Laffite, Mauguin, le général Gérard et
« le général Lobau. Ils m'ont dit qu'ils venaient me demander de
« faire cesser le feu. Je leur ai répondu que je leur faisais la même
« prière ; mais ils mettent pour condition à leur coopération la
« promesse du rapport des ordonnances. Je leur ai répondu que
« n'ayant aucun pouvoir politique, je ne pouvais prendre aucun
« engagement à cet égard. Après une assez longue conversation, ils

« se sont bornés à me demander de rendre compte de leur démar-
« che à Votre Majesté. Je pense qu'il est urgent que Votre Majesté
« profite sans retard des ouvertures qui lui sont faites. »

Cette lettre, dont la copie a été remise par M. de Guise, chef de
bataillon, aide-de-camp du maréchal, qui l'écrivit sous sa dictée,
fut portée par le lieutenant-colonel Komierowski, à qui le maréchal
donna l'ordre de faire la plus grande diligence, de voir le roi,
d'ajouter aux détails que la lettre renfermait, ceux qu'il connaissait
lui-même, et de demander avec instance une prompte réponse.
Cet officier, qui sentait combien les momens étaient précieux, ne
perdit pas un instant, et partit aussitôt. A Passy, plusieurs décharges blessèrent trois hommes de son escorte. Arrivé à Saint-Cloud,
il remit lui-même au roi la dépêche dont il était chargé, raconta les
détails de sa route, ajoutant qu'il avait été non-seulement insulté
par des gens du peuple, mais que des hommes d'une classe plus
relevée avaient fait feu sur lui. Il dit enfin que l'insurrection était
générale, et que l'on attendait avec anxiété la réponse du roi.

M. de Polignac, dont le devoir était sans doute d'informer aussi
le roi Charles X de la médiation offerte par les députés, de l'instruire de l'état de la capitale, a-t-il rempli toutes les obligations que
lui imposaient ses fonctions de président du conseil, et la haute
confiance dont il était environné? L'a-t-il éclairé sur cette désaffec-
tion générale qu'il ne pouvait s'empêcher de reconnaître dans ceux
mêmes qui restaient fidèles au chef de l'Etat et combattaient encore
pour lui? M. de Polignac déclare avoir écrit dans ce même moment
une lettre où il exposait au roi la situation des choses. On ignore si
cette lettre était arrivée à Saint-Cloud, lorsque Charles X reçut
celle du maréchal.

Le roi, après avoir écouté les détails que lui donnait, en lui
remettant la lettre du duc de Raguse, le colonel Komierowski, le
renvoya pour attendre ses ordres. Ces ordres se firent long-temps
attendre. Le colonel impatient supplia plusieurs fois les premiers
officiers du roi d'aller près de lui, et de hâter sa réponse. Il paraît
que, même dans ce moment, les lois de l'étiquette élevaient encore
des barrières qu'il n'était pas aisé de franchir. Enfin le roi, ayant à
côté de lui M. le dauphin et Mme la duchesse de Berry, fit rentrer

le colonel Komierowki, et pour toute réponse, le chargea verbalement de dire au maréchal « qu'il eût à bien tenir, qu'il fallait
» désormais réunir toutes les troupes sur le Carrousel, sur la place
» Louis XV, et ne plus agir qu'avec des masses. » Cette réponse
désespérante, le maréchal ne jugea pas à propos de la transmettre
aux députés, qui l'attendirent en vain jusqu'à dix heures du soir.

Ce ne fut qu'alors, et alors seulement, nous a dit l'un des commissaires, que, perdant toute espérance de conciliation, il se crut
délié de ses sermens sans retour, et unit ses efforts à ceux des habitans de Paris.

Le Ministère, ou du moins le président du conseil, qui ne fit
rien pour aider à cette conciliation, à ce rapprochement, que les
mandataires du pays étaient venus solliciter avec tant d'ardeur,
envoya le soir même l'ordre aux troupes dont se composaient les
camps de Saint-Omer et de Lunéville, de se porter sur St.-Cloud.
Le même ordre fut transmis en même temps à l'artillerie de Vincennes. L'aveuglement du président du conseil fut dans cette circonstance tellement inexplicable, qu'ayant appris, au moment même
où le maréchal lui rendait compte de la démarche des députés,
qu'une compagnie d'un régiment de ligne avait refusé de faire feu
sur les citoyens et fraternisait avec eux, M. de Polignac voulait que
l'on employât contre ces nouveaux rebelles les forces de la garde
encore obéissante, sans songer que, si des obligations plus ou moins
étroites liaient les citoyens, les troupes de ligne et la garde du roi,
l'amour de la patrie triompherait bientôt, et ne tarderait pas à les
réunir dans un même sentiment.

Les dispositions de l'armée n'étaient en effet inconnues qu'au
Ministère seul, et nous devons dire que, dans ces journées si malheureuses pour elle, une foule de traits généreux et patriotiques
témoignent assez que par ses sentimens elle n'était pas séparée du
reste de la nation.

MM. de Peyronnet et Capelle n'étaient pas avec M. de Polignac
lorsque les députés vinrent trouver le maréchal. Ils n'arrivèrent
que peu de temps après, et ils s'accordent à soutenir que, depuis
le 27 au soir, il n'y avait plus réellement de Ministère, plus de
conseil; qu'il n'y avait que des ministres titulaires, sans délibéra-

tion, sans participation officielle aux affaires, et qui, s'ils donnaient
encore quelques avis, ne les donnaient plus que comme individus.
Ils disent que le roi ne correspondait qu'avec le maréchal et le président du conseil ; qu'ils n'ont pas connu le secret de ces communications, et que M. de Polignac ne les a consultés ni sur la réponse
aux ouvertures faites par les députés, ni sur le mouvement des
troupes ordonné par lui, ni sur aucun des actes de l'Administration.
Tous les ministres adoptent enfin ce système que, du moment où la
ville avait été mise en état de siége, ils ne pouvaient plus répondre
des faits qui s'accomplissaient sous ce régime, et que leur responsabilité disparaissait en quelque sorte devant celle du maréchal.

Toutefois, il est impossible d'admettre qu'ils aient été étrangers à
l'ordre donné à la cour royale de Paris, et signé par le duc de
Raguse, de se transporter aux Tuileries pour y poursuivre le cours
de ses travaux. En effet, il serait difficile de ne trouver dans cette
mesure qu'une bienveillante sollicitude pour des plaideurs ordinaires, dont on voulait faire discuter les intérêts civils au bruit mena-
çant de l'artillerie, et de n'y voir qu'une protection accordée à la
justice dans un instant de tumulte et de bouleversement. N'appa-
raît-il pas au contraire que le dévouement des magistrats aux principes constitutionnels, que leur résistance présumée à la violation
des lois du pays préoccupèrent le Ministère. Il voulut se mettre en
garde contre cette résistance. Un fait semble le faire croire : on
avait envoyé au procureur-général de Paris l'ordonnance qui mettait
la capitale en état de siége. Le procureur-général était absent, et
aucun de ses substituts n'était alors au palais ; on la porta au conseiller président de la cour d'assises, magistrat connu par ses sentimens constitutionnels. Ce magistrat prit la dépêche et en donna un
reçu. Il paraît que le ministre, voyant sur le reçu le nom d'un
membre de la cour différent de celui qui exerçait les fonctions de
procureur-général, ne douta pas que la cour royale ne prît une
part active à la résistance, et n'eût chargé provisoirement un des
conseillers de remplir les fonctions du ministère public. Le 29 au
matin, l'avocat-général, qui remplaçait alors le procureur-général
absent, vint rendre compte aux ministres de l'état de Paris, qu'ils
connaissaient si mal encore. M. de Peyronnet qui, avec ses collè-

gues, avait passé la nuit aux Tuileries, s'empressa de demander quel était le nouveau procureur-général qui avait été nommé. Détrompé de l'erreur où il avait été, le Ministère n'en donna pas moins à la cour royale, le jeudi matin vers huit heures, par l'intermédiaire du maréchal, l'ordre de se transporter aux Tuileries. Alors encore le Ministère, qui n'avait pas perdu tout espoir, redoutait la patriotique indépendance de la première cour royale du royaume.

Au milieu de tant d'événemens, il est difficile d'apprécier avec une justice absolue la part réelle des ministres à chaque incident. Nous savons cependant que M. de Guernon engagea le maréchal à appeler près de lui le préfet de Paris, les maires et les adjoints, pour aviser avec eux aux moyens de calmer l'insurrection. C'est lui, nous a-t-il déclaré, qui rédigea pour le maréchal les différentes proclamations que la mise en état de siége exigeait. Ces proclamations furent imprimées, mais il fut impossible de les afficher : ces actes particuliers, nous a-t-il ajouté, n'indiqueut point cependant qu'il ait concouru aux mesures générales que l'on crut devoir prendre depuis que la ville, en état de siége, ne recevait d'ordres que du maréchal qui y commandait.

Cependant le duc de Raguse, cédant aux héroïques efforts de la population, et exécutant en même temps les ordres du Roi, avait concentré ses troupes autour du Louvre, sur la place du Carrousel et dans les rues adjacentes ; vers minuit, le canon avait cessé de se faire entendre, et Paris rentra en apparence dans son calme accoutumé.

Mais un obstacle nouveau et plus inattendu que tout le reste pour des ministres qui n'avaient rien su prévoir, s'était montré tout-à-coup. Dès le 28 on s'était empressé de reprendre le vieil uniforme de la garde nationale : la population entière salua de ses acclamations, entoura de sa confiance cette garde citoyenne si follement détruite en 1827. Le peuple y vit le présage de la victoire, le gage de la liberté et de l'ordre public, qui devint dès ce jour le cri de ralliement des citoyens armés. La couronne, en brisant la garde nationale de Paris, s'était privée de sa dernière ressource, et ce n'était pas au moment même où le ministère venait de violer tous les droits des citoyens, qu'il pouvait les autoriser à reprendre leurs armes ; et pour le maintien de la tranquillité elle-même, il sentait qu'il ne pouvait plus réclamer leur généreux secours. Aussi le maréchal re‑poussa-t-il les offres qui lui furent faites de réunir la garde nationale au chef-lieu de chaque mairie et de lui confier la surveillance de chaque arrondissement. Au défaut du pouvoir, elle s'organisa elle-même, et tout annonçait que dès le lendemain elle reparaîtrait pres‑que entière pour défendre les libertés, pour protéger les propriétés et la vie des habitans de Paris.

Tout annonçait pour le jeudi 29 des malheurs encore plus grands que ceux qui avaient ensanglanté les journées précédentes. Les ci‑toyens s'étaient emparés des magasins de poudre et des armes ren‑fermées dans les dépôts publics ; la population entière, sans distinc‑tion de sexe ni d'âge, semblait résolue à prendre part au combat.

Il s'en fallait bien que le Ministère fût en mesure de résister à une insurrection si rapide, et son imprévoyance avait même été telle que rien n'était préparé pour les troupes, ni vivres, ni munitions. On voulut du moins leur distribuer une gratification ; et c'est alors, dans la matinée de jeudi, que M. de Montbel prit sur lui de faire sortir des caisses de l'Etat, sans ordonnance régulière du ministre de la guerre, une somme de 421,000 francs.

Nous ne redirons pas ici, Messieurs, cette suite d'actions glo‑rieuses, ce patriotisme si désintéressé, ces sentimens si nobles et si purs qui ont illustré les trois grandes journées de notre dernière ré‑volution. Ils vivront dans la mémoire du peuple français, qui n'ou‑bliera jamais que c'est au courage des Parisiens qu'il a dû l'affermis‑sement de ses libertés. Toutes les rues de Paris, l'Hôtel de-Ville, les casernes, le Louvre, le palais de l'Institut, les Tuileries, portent encore les marques de ces mémorables combats.

Ce fut alors et au milieu du feu, qu'en l'absence presque entière des membres de la chambre des pairs, qui ne devaient se retrouver à Paris que pour le deux août, le grand-référendaire prit la noble et courageuse résolution d'aller, au nom de tous les pairs de France, renouveler près des ministres les efforts inutilement tentés la veille par les députés, déterminé qu'il était d'arriver jusqu'au Roi, et de tout faire pour l'éclairer sur les périls de la monarchie. Toutes les avenues éloignées des Tuileries étaient occupés par les citoyens armés : les engagemens avaient recommencé sur plusieurs points, lorsque le marquis de Sémonville qu'accompagnait le comte d'Argout, arriva enfin à l'état-major, où il trouva le baron de Glandèves, gouverneur des Tuileries, et le maréchal.

Nous croyons, Messieurs, devoir laisser parler M. de Sémonville. . . . .
. . . .

« Parvenu à l'état-major vers sept heures et demie du matin, je
» trouvai le maréchal duc de Raguse, à qui je demandai de faire
» sortir M. de Polignac du conseil. Le maréchal s'offrit de remplir
» cet office et alla chercher M. de Polignac. Celui-ci paraît immédia-
» tement, m'aborde avec les formes d'une politesse calme et froide:
» elles sont brusquement interrompues par une vive interpellation
» de ma part. Une séparation profonde se prononce entre celui qui
» vient demander, au nom de son corps, le salut public, la cessation
» des hostilités, la révocation des ordonnances, la retraite des mi-
« nistres, et celui qui essaie encore de prendre la défense des
« circonstances déplorables dont il est le témoin et l'auteur.
« L'élévation des voix appelle dans le salon du Maréchal, d'une
« part, les officiers généraux et aides-de-camp qui étaient dans la
« première pièce; de l'autre, les ministres restés dans la salle du
« conseil. Une discussion nouvelle s'engage, pendant laquelle on
« invite les généraux à se retirer. D'un côté, M. d'Argout, le
« Maréchal, dont le désespoir était visible, et qui m'appuyait de
« toutes ses forces, M. de Girardin (Alexandre), resté après le
« départ des généraux; et de l'autre, les ministres dont l'attitude
« et les traits, plus encore que les discours réservés, témoignaient
« de leur affliction et de l'existence d'un pouvoir supérieur au leur.
« M. de Polignac soutenait presque seul cette lutte inégale. Il y mit
« fin, en proposant de se retirer en conseil, pour délibérer.... Le
« temps que nous laissait la délibération des ministres fut employé
« à supplier le Maréchal de mettre fin lui-même à cette horrible
« tragédie. Nous osâmes aller jusqu'à lui demander de retenir les
« ministres sous la garde du gouverneur, qui, par un mouvement
« généreux, consentait à consacrer son épée à cet usage. M. d'Ar-

« gout s'exposait au danger d'arrêter les mouvemens de Paris, en
« portant au milieu du peuple cette nouvelle. Dans l'exécution de
« cette résolution extrême, qui pouvait encore sauver la dynastie,
« le Maréchal et moi nous portions nos têtes à Saint-Cloud, et les
« offrions pour gage de nos intentions. Le Maréchal, ému jusqu'à
« répandre des larmes de rage et d'indignation, balançait entre ses
« devoirs militaires et ses sentimens. Son agitation était presque
« convulsive : nous l'avons vu deux fois se refuser avec véhémence
« aux ordres qu'on venait lui demander de tirer le canon à mitraille,
« pour repousser des attaques vers la rue Saint-Nicaise ; enfin, il
« semblait céder à nos instances, et j'ai lieu de croire que sa résolu-
« tion n'était plus douteuse, lorsque M. de Peyronnet sortit le
« premier du cabinet, s'élança derrière moi vers la fenêtre ouverte,
« où j'étais appuyé avec le Maréchal et M. d'Argout. — Quoi! vous
« n'êtes pas parti ? me dit-il. Ce peu de mots avaient une grande
« signification, après les désirs exprimés par M. de Polignac que
« nous n'allassions pas à Saint-Cloud. Au même moment, le Maréchal
« se précipite vers une table, écrit à la hâte quelques lignes très-
« pressantes au Roi, les remet à M. de Girardin, qui s'offre à les
« porter ; les pairs courent à leur voiture, et traversent les Tuile-
« ries. Ici, il m'a été impossible ; ainsi qu'à M. d'Argout, de me
« rendre compte de la circonstance suivante. Dans la rapidité de
« notre marche, au milieu de la grande allée, nous passons auprès
« d'un homme à pied, au risque de le blesser ; cet homme est
« M. de Peyronnet ; il nous crie deux fois : Allez vite! allez vite! en
« montrant d'une main Saint-Cloud, et de l'autre la voiture qui
« nous suivait. L'invitation était inutile : les chevaux étaient lancés
« au grand galop ; ils conservèrent leur avance jusque dans la cour
« de Saint-Cloud, où les voitures entrèrent presque en même
« temps. Descendus les premiers, nous fûmes entourés par une
« foule de gardes et de curieux qui obstruaient le perron. Il nous
« fut donc facile de barrer le passage aux ministres, et particulière-
« ment à M. de Polignac qui les précédait. Je lui déclarai à haute
« voix que je n'étais pas venu pour réclamer un honneur que je
« voulais bien encore leur laisser ; qu'il leur restait un devoir à
« remplir, celui d'éclairer le Roi, d'apposer leurs signatures à la
« révocation des ordonnances, et de se retirer.

» J'ajoutai que j'allais attendre le résultat du conseil chez M. de
» Luxembourg, que les momens étaient pressans, et que, s'ils
» trahissaient nos espérances, rien) ne m'empêcherait de pénétrer
» jusqu'au Roi. Après cette allocution, le passage fut ouvert à
» M. de Polignac, qui ne répondit rien, et à ses collègues. M. de
» Peyronnet marchait le dernier, passant près de moi, il me serra
» la main, sans mot dire, avec une extraordinaire énergie. J'ignore
» ce que devinrent les ministres : mais à peine étions-nous chez
» M. de Luxembourg, qu'un huissier de la chambre vient m'ap-
» peler. M. de Polignac m'attendait à la porte du cabinet du Roi.
» Étonné de cette précipitation, je lui fis observer que le conseil
» n'avait pas eu le temps de délibérer, ni même de s'assembler.
» M. de Polignac répondit froidement : Vous savez, Monsieur,
» quel devoir vous croyez remplir, en venant ici dans les circons-
» tances présentes. J'ai informé le Roi que vous étiez là : vous
» m'accusez, c'est à vous d'entrer le premier. Il n'est ni dans mes
» devoirs de témoins ni dans les convenances, de rendre compte
» d'un long et douloureux entretien, dans lequel, je le déclare, en ex-
» posant le tableau trop fidèle de tant de malheurs, et leur résultat
» immédiat, le nom d'un ministre n'a pas été prononcé une seule
» fois, ni son intervention indiquée. Mes instances, mes supplica-
» tions, mes déplorables prédictions ont donné à cette scène un
» caractère de vivacité qui a jeté une sorte d'alarme parmi les per-
» sonnages les plus considérables, gardiens de l'appartement du
» Roi. La porte fut ouverte, je crois, à deux reprises par M. le duc
» de Duras; il a pu juger que je m'étais dévoué tout entier pour
» déterminer une résolution dont les retards ont eu de si terribles
» effets. Telles sont les uniques relations que j'ai eues avec les mi-
» nistres au sujet des ordonnances. »

Les efforts du marquis de Sémonville ouvrirent enfin les yeux
du Roi. Charles X tint un dernier conseil. Les ministres quittèrent
le pouvoir, il était trop tard; la victoire avait prononcé, et le drapeau national flottait sur les tours de Paris.

Tous les faits qui ont suivi sont du domaine de l'histoire; ils sont
étrangers au procès dont la Cour a maintenant les principaux élémens sous les yeux. L'histoire dira comment moins d'une année a

suffi à l'administration que présidait M. de Polignac pour renverser un trône que, dans ces décevantes illusions, il se croyait appelé à soutenir et à consolider.

SECONDE PARTIE.

Depuis la formation du ministère du 8 août, chacun était préoccupé de la situation de la France; une inquiétude vague fatiguait les esprits. La marche suivie par l'Administration et le renvoi de la chambre des députés, ne justifiaient que trop les craintes qu'on avait conçues. On redoutait, vous le savez, Messieurs, quelque grand changement, dans les lois du pays, chacun sentait que ces changemens ne pourraient être obtenus que par la force et la violence; car l'on savait que la magistrature, fidèle gardienne des lois, ne prêterait pas son appui à leur destruction. De là cette opinion généralement répandue que le Gouvernement, en se jetant dans les voies inconstitutionnelles, suspendrait les tribunaux ordinaires, établirait les cours prévôtales, chercherait à compromettre les populations avec les soldats, et se préparerait ainsi un appui dans l'anéantissement du pouvoir judiciaire et dans l'armée. L'invraisemblance d'un pareil dessein n'aurait pas dû sans doute être légèrement accueillie par les hommes accoutumés à réfléchir aux exigences de notre civilisation; et pourtant il est vrai de dire que le Ministère en était généralement accusé.

C'est au milieu de toutes ces craintes que l'on reçut la nouvelle des attentats dont la Normandie commençait à devenir le théâtre, et les préventions populaires ne tardèrent pas à en accuser le gouvernement; le gouvernement, de son côté, ne craignit pas de faire retomber cette accusation sur le parti politique dont les principes étaient différens des siens. L'irritation n'en devint que plus vive : l'on comprend surtout qu'après la chute de Charles X, les peuples aient imputé aux ministres de ce prince tous les malheurs arrivés pendant leur administration : les incendies de la Normandie ne sont pas au nombre des moindres calamités de cette époque.

Pendant le temps qui s'écoula entre le 8 août 1829 et le mois de Mars 1830, il ne paraît pas que les crimes se soient multipliés en France au-delà de la proportion ordinaire, et l'on ne remarque pas surtout un plus grand nombre d'incendies que dans les époques correspondantes des années antérieurs ; mais, depuis cette époque, ils se multiplièrent d'une manière effrayante.

Nous avions d'abord voulu vous en présenter l'histoire complète, et vous offrir une analyse de chacune des instructions auxquelles ils ont donné lieu ; nous avions lu dans ce but la correspondance des magistrats et des diverses autorités qui se sont occupés de la répression de ces crimes ; mais cette analyse, qui à elle seule eût formé un volume, ne pouvait vous faire connaître toutes les démarches des magistrats, les investigations, les interrogatoires, les recherches multipliées auxquelles ils se sont livrés : il était impossible que notre travail ne présentât pas une certaine confusion qui aurait plutôt obscurci que montré la vérité. Ce qu'il importe de vous faire connaître, c'est l'ensemble des mesures employées pour arrêter ce fléau dévastateur, c'est surtout la part qu'ont pu y prendre les ministres accusés.

Avant l'époque où les incendies commencèrent, aucune partie du royaume n'était plus paisible que le ressort de la cour royale de Caen. Le commerce prospérait ; l'agriculture était florissante ; les contributions se payaient avec facilité et exactitude ; enfin le recrutement s'opérait sans murmure et sans opposition.

Tout-à-coup, vers la fin de février dernier, à ce calme profond , à cet état de prospérité, ont succédé la désolation et l'incendie. Sur les seize arrondissemens du ressort, treize ont été livrés à ce fléau ; et on dit que l'arrondissement de Mortagne, épargné jusque là, vient d'en être attaqué.

Le premier incendie remarquable eut lieu le 28 février, à Brémoy, arrondissement de Vire. Cet événement fut d'abord considéré comme le résultat d'une imprudence, ce que la suite ne vint pas confirmer. D'autres incendies éclatèrent coup sur coup dans l'arrondissement pendant le mois de mars ; ils ne s'arrêtèrent plus. Presque en même temps, le feu se montra avec la même fureur dans l'arrondissement de Mortain.

En quarante jours , trente-quatre incendies ou tentatives d'incendie se manifestèrent sur une surface de dix lieues carrées, et vinrent épouvanter la population. Il résulte de la correspondance que nous

avons eue sous les yeux, que les magistrats des lieux, les juges
d'instruction, les procureurs du Roi, leurs substituts, firent tout
ce qui était en leur pouvoir pour constater les crimes, procéder
aux informations et rechercher les coupables, mais ces magistrats
ne pouvaient suffire à un travail aussi considérable. Dans de telles
circoustances, la chambre d'accusation de la cour de Caen trouva
qu'il était de son devoir d'évoquer l'instruction de plusieurs de ces
crimes, et de déléguer, pour continuer les recherches, deux des
conseillers de la cour, tous deux anciens substituts de parquets, et
à qui les matières criminelles étaient familières. Ils se transportèrent
sur les lieux, et se réunirent aux premiers magistrats pour compléter avec eux les instructions commencées : le travail qu'ils ont
fait est immense.

Pendant que la justice agissait avec toute l'activité que lui permettait sa marche régulière, de concert avec elle, les autorités
militaires et civiles travaillaient à arrêter le cours de ce fléau. Le
préfet du Calvados fit augmenter les forces de la gendarmerie, se
transporta lui-même dans les cantons menacés : nous l'avons entendu, et sa correspondance, qui a passé sous nos yeux, atteste qu'il appela l'attention du gouvernement sur la situation de son département.

Mais nous devons surtout vous faire connaître les mesures que,
de leur côté, les ministres crurent devoir prendre. Le garde-des-
sceaux, instruit de tous ces faits, les fit connaître, par sa lettre
du 27 mars, au ministre de l'intérieur, en lui demandant de seconder les efforts de la justice par tous les moyens qui étaient en son
pouvoir. Dans le commencement d'avril, il écrivit de nouveau aux
ministres de l'intérieur et de la guerre, pour demander l'établissement d'une nouvelle brigade de gendarmerie. Le 19, il transmit
des instructions au procureur-général de Caen ; ces instructions se
terminaient ainsi : « Le moyen, je crois, de se saisir des incen-
» diaires, serait de faire traquer simultanément, par toutes les
» communes voisines, les bois qui se trouvent prés des lieux où
» l'incendie se manifeste.

» J'ai écrit au ministre de la guerre, et je lui ai de nouveau re-
» présenté qu'il était urgent de doubler la force de la gendarmerie
» dans les arrondissemens qu'une si horrible trame menace et dévaste.»

Une correspondance active existait alors entre le garde-des-sceaux et le procureur-général, le premier président, les procureurs du Roi et les commissaires de la cour délégués, soit dans l'arrondissement de Vire, soit dans celui de Mortain. Le juge d'instruction de Vire ne pouvant, à cause de son grand âge, suffire au travail dont il était accablé, le ministre annonce qu'il le remplace par un magistrat signalé par son activité. Le ministre demande enfin à être instruit, jour par jour, de toutes les mesures qu'on croira devoir prendre.

Au milieu d'avril, les incendies abandonnèrent l'arrondissement de Mortain et menacèrent celui de Saint-Lô. Le garde-des-sceaux écrivit au procureur-général : « Je ne puis que vous renouveler » mes instructions précédentes : arrêter tout individu qui s'écartera » des chemins, surveiller spécialement les colporteurs, traquer si- » multanément les bois des communes où les incendies se manifestent, » aposter de nuit des surveillans qui observent et échappent aux » regards, etc. »

D'un autre côté, le ministre de l'intérieur faisait surveiller à Paris différens individus, marchands d'habits et colporteurs, signalés comme ayant des rapports avec les lieux incendiés.

Le 11 mai, le garde-des-sceaux, M. de Courvoisier, écrit de sa main au procureur-général : « C'est vraiment chose inconcevable » que, dans une contrée où la population, la police, la gendarme- » rie, les troupes de ligne, l'autorité administrative et judiciaire » sont à la poursuite des audacieux malfaiteurs qui livrent plusieurs » arrondissemens aux flammes, on ne puisse saisir le fil de cette » trame, ni arrêter les incendiaires. Je n'y conçois rien. »

Les mesures prises par les différens ministres et celles qu'il y avait à prendre encore furent discutées plusieurs fois au conseil. Des agens secrets furent envoyés depuis par le ministre de l'intérieur ; ils reçurent des autorités administratives et judiciaires du pays les instructions nécessaires pour tâcher de découvrir les auteurs de ces attentats ; mais, soupçonnés bientôt eux-mêmes par la population attentive, ils furent arrêtés par les citoyens comme auteurs des incendies ; plusieurs même allaient être fusillés par le peuple exaspéré, lorsque les magistrats parvinrent, non sans peine, à les soustraire à la mort, mais sans pouvoir complètement désabuser sur leur compte ceux qui les avaient arrêtés, et qui demeuraient convaincus d'une affreuse connivence entre le gouvernement et les incendiaires.

L'agitation et l'inquiétude croissaient tous les jours, les contes les plus invraisemblables étaient accueillis sur la manière dont le feu était propagé. Des tubes pleins de feu, des corps en apparence inertes, mais qui, avec le temps, s'enflammaient et embrâsaient les édifices sur lesquels ils étaient lancés; tels étaient les moyens, disait-on, employés par les incendiaires. M. le procureur-général actuel, magistrat fort recommandable, fait observer que « jamais on » n'a représenté à la justice le résidu de ces prétendus corps enflam- » més, que des témoins ont cependant déclaré avoir quelquefois » éteints. » Cependant le zèle et la surveillance la plus active n'ob- tenant pas les résultats qu'on devait en espérer, et les populations s'exaspérant davantage, on crut nécessaire d'envoyer sur les lieux une force armée considérable. Le 15 mai, M. de Courvoisier an- nonça ces mesures au procureur-général de Caen, et lui écrivit la lettre suivante :

» M. le ministre de la guerre a transmis, hier, par le télégraphe, » au commandant de Saint-Malo, l'ordre de diriger immédiatement » sur le département de la Manche un bataillon du 59e.

» Une autre dépêche télégraphique porte au général Donnadieu » l'ordre de diriger du Mans sur Mortain deux escadrons du » 16e. chasseurs.

» Un ordre expédié, par le courrier, au général Rivaux, lui en- » joint de diriger sur Caen le bataillon du 12e de ligne qui se trouve » au Hàvre.

» Puissent ces mesures mettre fin au fléau qui vous désole ! si » elles sont insuffisantes, écrivez-moi. »

Le 19 mai, jour où M. de Couvoisier remettait au Roi les sceaux de l'Etat, il écrivit encore une longue lettre relative au même objet.

A peine le Ministère fut-il recomposé, qu'il s'occupa tout de suite du fléau qui dévastait la Normandie. Un magistrat inférieur, du ressort de Caen, avait proposé la création de cours prévôtales, comme pouvant offrir à la justice un moyen plus prompt de punir les coupables, et de prévenir de nouveaux crimes.

Le conseil des ministres auquel, soit le garde-des-sceaux, soit le ministre de l'intérieur, rendait compte à chaque séance, de l'état de la Normandie et des moyens pris pour arrêter cette série de crimes, paraît avoir repoussé l'idée de rétablir les juridictions exceptionnelles comme contraires à la Charte. Telle est, au moins, la déclaration des ministres accusés; les cours prévôtales n'auraient offert, en effet, contre le fléau aucun secours réel; car, Messieurs, si la sévérité des peines est un moyen d'arrêter de pareils crimes, les jurés, dans de telles circonstances, seraient plutôt sévères qu'indulgens.

Dès le 23 mai, le conseil des ministres résolut d'envoyer en Normandie deux régimens de la garde, l'un d'infanterie et l'autre de cavalerie. Toutes les troupes furent mises sous les ordres du général de Latour-Foissac, qui en 1822 avait été envoyé dans la Picardie, ravagée également par des incendies que son activité parvint à arrêter.

A cette occasion, M. Chantelauze, alors garde-des-sceaux, écrivit de sa main au procureur-général la lettre suivante :

» M. le procureur-général, il vient d'être décidé au conseil du
» Roi que deux régimens, l'un d'infanterie et l'autre de cavalerie,
» seraient immédiatement dirigés dans les départemens de la
» Manche et du Calvados, sur les points menacés par les incen-
» diaires : ces troupes, réunies à celles qui sont déjà sur les lieux,
» seront placées sous le commandement d'un officier-général non
» moins connu par sa prudence que par sa fermeté. La présence
» d'une force aussi imposante était le seul moyen de mettre un
» terme à des désastres contre lesquels l'action de la justice a été
» jusqu'à ce jour impuissante. Il faut espérer que cette mesure
» ramènera la paix dans des contrées en proie à d'horribles dévas-
» tations, et déterminera les habitans à reprendre leurs habitudes
» de travail, en déposant des armes d'avance inutiles. Je ne saurais
» trop vous engager à seconder, dans le cercle de vos attributions,
» les efforts des autorités administrative et militaire.

» Il n'importe pas moins de redoubler de soins et d'activité dans

» l'instruction des procédures Il serait désolant que la justice ne
» pût se saisir des fils d'une trame qui a si essentiellement compro-
» mis la tranquillité publique. L'impression qui m'est restée de la
» lecture de vos rapports, c'est qu'il faut rattacher ces événemens à
» des causes politiques. Aussitôt qu'on sera sur les traces des mal-
» faiteurs, l'affaire prendra un autre caractère, en acquérant une
» extrême importance. Je vous serai donc obligé de me tenir au
» courant, comme vous l'avez fait jusqu'à ce jour, de tout ce qui
» pourra jeter quelque lumière sur ces machinations ténébreuses.
» Je desire en même temps que vous me fassiez connaître la ré-
» ponse de l'individu qui, après s'être évadé, vient d'être mis une
» seconde fois en arrestation. Recevez, etc. »

Le dernier fait indiqué par la lettre du ministre avait eu lieu
sous l'administration de M. de Courvoisier; un inculpé s'était
échappé des mains des gendarmes, et son évasion avait redoublé
l'agitation du pays : on avait cru y trouver une nouvelle preuve de
l'affreux concert qu'on supposait exister entre l'Administration et
les bandes de malfaiteurs qui incendiaient les campagnes.

Le 1er. juin suivant, le garde-des-sceaux écrivit encore de sa
main au procureur-général : « J'ai lu avec une sérieuse attention le
« rapport que vous m'avez adressé le 29 mai sur les incendies
« commis ces jours derniers dans les arrondissemens de Bayeux et
« de Saint-Lô. Le nommé Bisson, arrêté dans la commune de
« Saint-Paul-de-Vernay, doit rester sous la main de la justice
« jusqu'à ce que sa conduite ait été complétement justifiée. Je
« vous engage aussi à faire vérifier exactement tous les détails rap-
« portés par Lerude. Il n'est pas moins nécessaire d'informer avec
« soin sur les menaces d'incendies faites à la demoiselle Dufay,
« dans une lettre en chiffres, dont le procureur du Roi d'Argentan
« est dépositaire. Je vous prie de demander à ce magistrat, pour me
« la transmettre, une copie de cette lettre. Je vous serai également
« obligé de donner toujours les soins les plus actifs à tout ce qui se
« rattache à ces déplorables événemens. Vous continuerez à m'en
« rendre compte, jour par jour, en me faisant connaître la tendance
« des esprits et l'attitude de la population. Recevez, etc. »

Le 3 juin, le garde-des-sceaux donne au procureur général de nouvelles instructions sur la conduite qu'il doit tenir envers la fille Bailleul, dont nous aurons plus tard à vous entretenir. On espérait enfin que cette fille ferait connaître ses complices. Le 17, le ministre presse le procureur-général de faire juger les coupables, espérant qu'après leur condamnation, on obtiendra peut-être des révélations importantes. On voit dans toutes les lettres, et dans plusieurs autres qui se succèdent, écrites presque toutes de la main même du ministre, combien les désastres de la Normandie le préoccupaient.

En 1822, les départemens de l'Oise, de la Somme et du Pas-de-Calais avaient également été ravagés par des incendies : deux rapports étendus furent faits alors sur les attentats et sur toutes les circonstances qui les avaient accompagnés. Le 15 juin suivant, le garde-des-sceaux envoya ces anciens rapports au procureur-général de Caen, pour qu'il examinât, ainsi que les présidens d'assises, s'ils ne pourraient pas profiter des observations qui avaient été faites en 1822.

Tous les jours, et jusqu'à la fin de juillet, la correspondance la plus active eut lieu entre le garde-des-sceaux, les magistrats de Caen, les divers membres du ministère et le préfet de police de Paris, et presque toujours les lettres du garde-des-sceaux sont écrites de sa main. L'examen attentif de cette correspondance et des documens nombreux que nous ont fournis la chancellerie et les différents parquets auxquels nous nous sommes adressés, n'a pu nous laisser aucun doute sur les soins et la vigilance du chef de la justice pour arrêter le fléau qui dévorait encore la Basse-Normandie.

Après nous être livrés à cet examen, nous avons cru devoir entendre l'ancien préfet du Calvados, le premier président de la cour royale de Caen, M. de La Brune, qui commandait alors la gendarmerie, enfin, les députés des départemens désolés par les incendies. Toutes ces dépositions ne nous ont fourni que bien peu de lumières; elles ne répètent que des bruits vagues qui ne sont appuyés que sur la rumeur publique; elles n'ont signalé aucun fait précis qui ait pu servir de base à une nouvelle instruction, et n'ont enfin rien appris qu'il soit possible de rattacher, même d'une manière éloignée, à l'accusation portée contre les ministres de Charles X.

Dans ces dépositions, on doit remarquer plus particulièrement celle de M. de La Brune, qui vient d'être nommé maréchal-de-camp. Il a eu sous ses yeux les rapports de tous ses lieutenans. Mieux que personne, il a pu apprécier l'ensemble de ces crimes. Il a déclaré que, dans les rapports qu'il a reçus, et dans les recherches fort actives auxquelles il s'est livré, il n'a rien trouvé qui pût mettre la justice à même de reconnaître la cause de nombreux incendies qui couvrirent de ruines la Basse-Normandie. Mais il ajoute que, de toutes les mesures prises par les autorités locales pour arriver à la découverte de la vérité, les arrêts d'évocation de la cour royale de Caen furent les plus efficaces. Cette évocation et l'envoi de magistrats instructeurs, étrangers aux localités, étaient commandés par le grand nombre d'instructions qu'il fallait faire à la fois, et aussi par l'effroi que les incendies excitaient dans toutes les localités, effroi dont l'influence pouvait se faire sentir sur les tribunaux eux-mêmes : il finit enfin sa déposition en disant :

« Je dois ajouter que la correspondance directe de M. de Polignac, « comme ministre de la guerre, a toujours été d'une complète « franchise, et dirigée dans la vue d'obtenir par tous les moyens « la découverte de la vérité. »

Dans cet état de choses, nous avons cru devoir nous occuper particulièrement de trois affaires, que l'opinion du pays et la correspondance des autorités locales signalaient principalement à notre attention. Les aveux et les réticences des condamnées pouvaient faire naître des présomptions plus ou moins probables sur l'existence d'agens secrets qui, si l'on parvenait à les découvrir, feraient enfin connaître le caractère véritable qu'il faut attribuer à ce fléau.

Il était naturel de concevoir l'espérance que, transférées à Paris et dégagées des influences qui pouvaient mettre obstacle à l'entière déclaration de la vérité, ces condamnées seraient plus facilement amenées à des aveux complets; leur translation a donc été ordonnée : elles ont comparu devant la commission ; et quoique cette mesure n'ait produit aucun résultat, il n'en est pas moins nécessaire de vous dire quelques mots sur chacune des affaires qui l'avaient motivée.

La première est celle de la fille Marie-Pauline condamnée, à la peine de mort, pour incendie commis, le 26 mai, dans la commune de Saint-Martin-de-Salleu, arrondissement de Caen. Quoique la condamnation n'ait été motivée que sur un seul fait d'incendie, l'accusation portait sur deux faits distincts, dont le premier avait eu lieu le 24 mai, et l'autre le 26. L'incendie du 24 avait eu des résultats graves, le second n'avait occasionné aucun désastre. Tous deux avaient, en quelque sorte, été annoncés d'avance par la fille Pauline. L'affectation qu'elle avait mise chaque fois à semer l'alarme dans le village, sa présence sur les lieux, ses propos, et toute sa conduite, la signalaient comme coupable des deux faits, mais elle n'en avouait qu'un, et la déclaration du jury fut négative sur l'autre. Ses aveux, assez tardifs, avaient été précédés d'une accusation portée contre un voisin depuis reconnu innocent; ils furent accompagnés d'un récit des plus invraisemblables. Suivant la fille Pauline, elle aurait été poussée au crime par les menaces et les promesses d'un inconnu. Les renseignemens qu'elle donnait sur cet inconnu ayant fait naître quelques soupçons sur un domestique attaché à la maison d'un général demeurant dans le voisinage, la fille Pauline, instruite, à ce qu'il paraît, de ces soupçons, s'empressa de déclarer qu'en effet c'était un domestique de cette maison qui lui avait fait des promesses. Elle ne nommait pas ce domestique; mais elle le signalait, et ce signalement était contradictoire avec celui qu'elle avait d'abord donné de l'inconnu. Il n'était d'ailleurs pas le seul, disait-elle, qui l'eût portée au crime : trois autres individus lui auraient aussi fait des propositions; des mèches incendiaires lui auraient été remises. Mais ses déclarations se contredisaient elles-mêmes, l'instruction les démentait sur tous les points : c'était avec un simple charbon que le feu avait été mis. L'imposture était évidente; la condamnation fut prononcée. Dès le lendemain, nouvelle déclaration de sa part; indépendamment des individus qu'elle a signalés, des instructions lui ont encore été données par un homme avec qui elle a vécu en concubinage. La justice informe, et cette déclaration est également reconnue fausse. Transférée à Paris, et interrogée par nous, elle ne donne aucun renseignement utile, et ne fait qu'ajouter quelques contradictions de plus à celles dont ses interrogatoires sont déjà remplis. La seule impression que puisse laisser cette affaire est celle du dégoût qu'inspirent les mensonges d'une fille déjà dépravée depuis sa plus tendre jeunesse, ainsi qu'elle le déclare elle-même, par les habitudes d'une débauche héréditaire, et que le vice avait préparée pour le crime.

Un caractère différent s'attache aux faits reprochés à la fille Bourdeaux, la seconde des incendiaires amenées devant la commission. Sept fois elle a mis le feu dans le village de Cremoy, qu'elle habite. Trois fois l'incendie a été commis dans la propre maison de sa mère, qui enfin a été consumée, et cependant cette fille n'avait pas encore seize ans; elle a dû à sa jeunesse de n'être condamnée qu'à la détention dans une maison de correction. Quel a été son motif? Son crime est-il l'effet d'une aberration inexplicable, ou doit-il être attribué à des suggestoins perfides? C'est une question sur laquelle l'instruction n'avait jeté aucune lumière. Deux mois s'étaient même écoulés depuis sa condamnation sans aucun éclaircissement nouveau, lorsque deux de ses oncles viennent la visiter en prison : ils la questionnent; et peut-être influencés malgré eux par une opinion accréditée dans le pays, ils lui demandent si le curé du village ne l'aurait point portée au crime; elle abonde dans leur sens, et fait remonter à deux ans les premières instigations du curé. Cette déclaration, confirmée par elle dans son interrogatoire, est d'abord soutenue dans sa confrontation avec le curé; mais bientôt quelques questions adressées avec calme par cet ecclésiastique la font rentrer en elle-même : elle dément tout ce qu'elle a dit. Plus tard, elle persiste encore dans cette rétractation hors de la présence du curé.

Mais dans un dernier interrogatoire, elle revient à ses accusations et les soutient en face de celui qu'elle accuse : ce n'est pas au surplus le curé seul qui l'a déterminée : un mendiant inconnu l'a menacée à plusieurs reprises. Du reste, ses déclarations sont loin d'être conformes les unes aux autres, elles varient sur les tems, sur les lieux, sur les discours. La commission n'a pu en tirer que peu de paroles, elles ont été accusatrices contre le curé, mais l'instruction faite à cet égard n'a confirmé aucune de ses déclarations.

Celle des trois condamnées qui inspire le plus d'intérêt, et dont les déclarations cependant semblent devoir produire le moins de résultat, est la fille Joséphine Bailleul Un seul incendie lui est attribué, et elle l'avoue. Le feu a été mis par elle dans la maison même de sa maîtresse.

Le motif qu'elle en donne n'est autre que l'explication banale présentée par la plupart des condamnés. Un inconnu lui a donné de l'argent, et l'a menacée de mort pour le cas où elle refuserait. Cette explication, successivement démentie et reproduite dans les divers interrogatoires, est d'autant moins vraisemblable, que ce serait dans la rue, et le matin même de l'incendie, que les promesses et les menaces auraient été faites. Une autre explication, beaucoup plus plausible, ressort au premier coup-d'œil de l'instruction. La fille Bailleul est d'une figure agréable; la procédure fait connaître qu'elle avait, non pas des liaisons coupables, mais des relations fréquentes avec le beau-fils du propriétaire de la maison où elle demeurait. Cette maison, destinée à être démolie, devait être remplacée par un café, où le jeune homme se serait établi. Le seul obstacle à cet arrangement était le bail existant; la maison d'ailleurs était assurée. Peut-être quelque projet d'union avec le seul homme qu'elle voyait aura-t-il germé dans une imagination vive et dans un cœur simple. Cette idée ne peut-elle pas conduire à celle de hâter le moment que l'on souhaite par un moyen que l'on croit ne devoir causer préjudice à personne? Ainsi se comprendrait, même sans aucune influence extérieure, le crime de la fille Bailleul. Cette opinion ne paraît cependant pas avoir prévalu dans l'instruction; on espérait d'autres révélations. La fille Bailleul, vivement pressée dans le débat, parut un instant prête à s'expliquer, mais l'émotion excessive qu'elle éprouvait amena une crise violente, qui se termina par ces mots adressés à son défenseur : *laissez-moi plutôt condamner*. La condamnation fut en effet prononcée. Mais l'intérêt qu'avait excité cette scène donna lieu à mille conjectures. La fille Bailleul obtint une commutation : mais ni cette grâce, ni les instances réitérées de votre commission, n'ont pu rien obtenir d'elle ; et la justice reste en doute de savoir si les réticences de cette malheureuse doivent être attribués à la terreur que lui auraient inspirée de grands coupables; ou à la crainte des aveux plus complets, l'objet d'une secrète affection.

Il nous reste à entretenir la cour d'un dernier fait qui, par la publicité qu'il a reçue bien plus que par son importance réelle, exige une explication précise. Le nommé Charles-Théodore Berrié, âgé

de 32 ans, déja condamné en 1824 à 15 mois de prison, l'avait été
de nouveau en 1826 à deux ans de réclusion pour vol. Détenu à
Bicêtre, où il subissait sa peine, il avait su, par une insinuante hypocrisie, capter la confiance des supérieurs de la prison, et exciter
l'intérêt de l'aumônier et de quelques ecclésiastiques du dehors qui
se consacrent à l'instruction des prisonniers. Parvenu à obtenir une
grâce entière avant l'expiration de sa peine, il était retourné sur-le-
champ à ses criminelles habitudes, et il était détenu à Toulouse sous
le poids de plusieurs accusations graves, lorsque le grand procès
qui vous occupe, et l'incident des incendies, que quelques opinions
y rattachaient, lui parurent une occasion de retarder sa condamnation imminente, et de lui procurer, soit quelque adoucissement à
son sort, soit au moins quelque chance d'évasion. Une fable est
aussitôt imaginée, et pour la rendre vraisemblable, il y mêle tous
les noms que ses relations à Bicêtre, ou des articles de journaux,
ont pu lui faire connaître. Il écrit qu'il a des révélations à faire; il
déclare devant la justice qu'il a été mis en œuvre pour l'organisation des incendies. De l'argent, des lettres mystérieuses lui ont été
confiés; il a vu les chefs du complot. M. de Polignac lui-même,
duquel il fournit du reste un signalement qui n'a aucun rapport avec
celui de l'ancien président du conseil; M. de Polignac s'est livré à
lui sans réserve; une sorte de sauf-conduit de la main de ce
ministre est parmi les papiers qu'il a laissés à Bordeaux. Ces papiers contiennent les renseignemens les plus précieux, mais
il ne les livrera que sur la garantie d'un adoucissement à son sort. Il
est immédiatement amené à Paris par ordre de la commission; il com-
paraît devant elle, il confirme, il développe ses déclarations. Mais,
pour livrer ces papiers, qui seuls peuvent les corroborer, il demande
toujours des garanties étendues : ces garanties lui sont données pour
le cas où ses révélations seraient vérifiées. Il indique alors la personne entre les mains de laquelle il a déposé ces pièces importantes;
il donne son adresse, sur laquelle il commence pourtant par varier
d'un jour à l'autre. Des perquisitions sont faites dans les deux maisons, et la preuve est acquise que dans l'une et dans l'autre la personne indiquée par Berrié est complètement inconnue. Tous les autres
points de ces déclarations sont également éclaircis, et partout le men-

songe est constaté. S'il se fût agi d'une affaire moins grave, un pareil incident eût été écarté sans examen ; mais il faut mieux encore qu'il ne le soit qu'après une complète vérification des faits.

Tel est, Messieurs, le résultat du travail auquel votre commission s'est livrée sur les incendies. Elle n'a pas prétendu vous donner l'histoire complète de ce fléau qui dure encore ; elle n'a dû s'en occuper que dans ses rapports avec les ministres accusés. Là se bornait le mandat de votre commission.

Mais en terminant cette partie de notre travail, sera-t-il permis à celui qui a été chargé de vous faire ce rapport, de dire qu'il a vécu douze ans avec le magistrat qui tenait les sceaux de l'État, et auquel l'administration de la justice était plus spécialement confiée lorsque les premiers incendies éclatèrent ; ce n'est pas à M. de Courvoisier qu'on eût osé offrir d'employer le crime au succès d'un parti politique. Sa vertueuse indignation eut accablé le misérable qui lui en eût fait la proposition. Malheureusement pour lui on triompha de sa résistance à faire partie du ministère du 8 août, mais ceux qui l'ont connu savent assez que, zélateur sincère des libertés publiques, qu'il avait défendues long-temps à la tribune, il ne céda que par de nobles sentimens, et dans l'espérance de coujurer les tempêtes qu'il voyait se former autour de nous. Lorsque cette espérance s'évanouit, il rentra dans la vie privée.

Qu'il soit permis encore à votre rapporteur, ancien premier président de la cour royale de Lyon, dont M. de Chantelauze était membre, de rendre hommage à ses qualités privées, à cette intégrité du magistrat qui appelait la confiance et l'estime de ceux dont il avait à peser les droits et à discuter les intérêts ; intégrité qui se retrouve tout entière dans la correspondance qui a été mise sous vos yeux.

Je devais à M. Courvoisier et à M. Chantelauze ce témoignage public, auquel mes longs rapports avec eux donnent peut-être quelque poids.

Si les incendies qui dévastent encore la France sont le résultat d'un affreux complot, espérons enfin qu'il sera découvert : le Gouvernement pour saisir le fil de cette horrible trame, redouble de zèle, et nous devons tout attendre de ses efforts ; mais aujourd'hui qu'il nous suffise de dire que rien n'annonce qu'aucun des membres du dernier ministère ait conçu ces complots, qu'il les ait appuyés ; et qu'ainsi l'on doit écarter du nombre des faits qui leur sont imputés tout ce qui a rapport à ces attentats exécrables.

TROISIÈME PARTIE.

Nous vous avons, Messieurs, dans la première partie de ce rapport, exposé les faits qui constituent le chef principal de l'accusation, et les circonstances qui en dépendaient immédiatement ; nous vous avons présenté ensuite une analyse rapide des incendies qu'une rumeur publique que nous n'avons pu dédaigner, voulait y rattacher. Il nous reste maintenant à appeler votre attention sur les principes qui doivent présider à la vérification de votre compétence, et vous mettre en état de juger si les parties civiles qui se présentent devant la cour sont fondées à demander que leurs droits y soient discutés et appréciés.

En ce qui concerne votre compétence, vous ne pouvez la vérifier et la reconnaître, sans que l'accusation ne soit parfaitement qualifiée à vos yeux. Mais pour obtenir ce résultat, il est nécessaire avant tout d'interroger la loi sous l'empire de laquelle le crime dont cette accusation est l'objet a été commis.

L'article 47 de la Charte constitutionnelle du 14 août 1830, porte que la chambre des députés a le droit d'accuser les ministres, et de les traduire devant la chambre des pairs qui seule a celui de les juger. L'article 55 de la Charte de 1814 était identiquement le même.

Mais il était suivi d'un autre article qui n'a pas été reproduit dans la nouvelle Charte. Selon cet article, les ministres ne pouvaient être accusés que pour fait de *trahison* ou de *concussion*. Le législateur annonçait aussitôt après que des lois particulières spécifieraient cette nature de délit et en spécifieraient la poursuite.

La comparaison des dispositions des deux Chartes manifeste entre elles une différence notable Suivant la Charte de 1830, les ministres peuvent être accusés de toute sorte de crimes ou de délits ; suivant la Charte de 1814, ils ne pouvaient être accusés que de trahison ou de concussion.

C'est sous l'empire de la Charte de 1814 qu'ont eu lieu les faits dont les derniers ministres de Charles X sont accusés d'être les auteurs. C'est donc uniquement dans la Charte de 1814 qu'il faut rechercher les élémens légaux de l'accusation.

Sous la Charte actuelle, nul doute que les crimes prévus par les articles 91, 109, 110, 123 et 125 du Code pénal ne pussent devenir la matière d'une accusation intentée par la chambre des députés contre les ministres du Roi; mais sous la Charte de 1814, ils n'auraient pu motiver une accusation de cette nature qu'autant qu'ils auraient été considérés comme rentrant dans les crimes énoncés dans son article 55, et ceux-ci n'avaient été définis par aucune loi. On pourrait donc en conclure qu'une telle accusation était et demeure encore impossible.

En effet, en matière criminelle ordinaire et devant les tribunaux de droit commun, la spécification légale du fait incriminé doit non-seulement précéder toute condamnation, mais toute accusation et toute poursuite ; car on ne saurait traduire un citoyen en justice que pour un fait spécialement prévu par la loi pénale. Aussi tout acte d'accusation indique-t-il, avec les circonstances du fait qui constitue le corps du délit, la disposition de la loi qui le définit et le spécifie.

Toutefois, en matière de crimes politiques et de responsabilité ministérielle, lorsqu'il s'agit de l'indépendance ou de la sûreté de l'Etat, du maintien des institutions ou des lois, des libertés publiques ou des garanties individuelles, devant un tribunal que la constitution a placé au sein des deux chambres législatives, dont l'une a l'accusation et l'autre a le jugement, il est impossible qu'il n'y ait pas accusation quand il y a eu péril pour la patrie, et qu'il n'y ait pas jugement quand il y a eu accusation.

Sans doute, la sûreté et la liberté d'un citoyen doivent être préférés à la répression d'un trouble ou d'un désordre que le législateur a négligé de signaler. Si la société souffre de cette omission, le mal est réparable pour l'avenir, et il serait injuste qu'une peine quelconque atteignît celui qui n'aurait pas été préalablement averti par un texte exprès de la loi, puisqu'il n'aurait pas enfreint ses defenses; mais il n'en saurait être ainsi lorsque la sûreté et la liberté du pays ont été mis en danger par ceux-là mêmes qui doivent veil-

ler à leur conservation, car la liberté et la sûreté de tous sont pré-
férables à celles de quelques-uns. De si audacieux abus de la puissance publique sont souvent irréparables. Ceux qui les commettent
se mettent en guerre avec la société; elle ne peut demeurer désarmée contre leurs attaques. La justice politique n'est pas seulement
du droit public, elle est du droit des gens ; elle est inhérente au
droit naturel, qui appartient à chaque peuple, de veiller à sa propre
conservation; elle ne doit, elle ne peut donc jamais manquer ni de
tribunaux, ni de lois.

Il y avait quelque témérité dans la promesse contenue dans l'article 56 de la Charte de 1814, et il n'était peut-être pas au pouvoir
du législateur de spécifier ou de définir à l'avance tous les faits qui
peuvent compromettre l'indépendance du pays, ou porter atteinte
à sa constitution; enfin, par quelque motif que ce soit, et quoiqu'on
en puisse penser, cette promesse n'a point été tenue. En cet état,
c'est à la chambre des députés qui accuse, et à la cour des pairs qui
juge, à suppléer à l'absence d'une définition légale appliquée
au crime de trahison. Les actes d'un tel procès ne sont pas seulement judiciaires, ils participent nécessairement du caractère
législatif ; et, en effet, la puissance qui, en cette matière,
règle la procédure, qualifie les faits, détermine la peine, en
même temps qu'elle statue sur toutes ces choses en principe, et qui
fait aussitôt, et presque simultanément, l'application du principe, crée
la loi, et en use à l'instant même pour prononcer le jugement. Ainsi
le commande la nécessité qui proroge tous les pouvoirs, et qui est
la plus impérieuse et la plus irréfragable des lois.

Ce n'est pas, d'ailleurs, sans dessein que la constitution a placé si
haut, et dans une région exclusivement politique et législative, le
jugement des crimes de trahison commis par les chefs responsables
de l'administration. Cette disposition indique assez que le législateur
a voulu que ces jugemens participassent du caractère des juges
dont ils émaneraient, qu'ils fussent sans recours comme sans appel,
et souverains comme la loi-même. Déjà la pratique de la cour des
pairs a prouvé qu'elle connaissait toute l'étendue de ses droits et de
ses pouvoirs. Dans des causes où il s'agissait de crimes que le Code
pénal avait prévus, par des motifs d'un ordre supérieur au texte de

la loi écrite, en présence des grands intérêts de l'Etat, elle n'a pas craint d'arbitrer la peine, de s'écarter de celle qui était déterminée par le Code, et de choisir celle qui lui paraissait le mieux proportionnée avec la nature du délit. Cette puissance, elle pourrait en user encore, elle le pourra toujours. Mais l'usage d'un tel pouvoir, entièrement facultatif, n'est par cela même concevable, et n'a pu trouver son application que dans les cas prévus par le Code, et dont la connaissance était cependant réservée à la cour. Tel a été celui d'attentat à la sûreté de l'Etat sur lequel la cour a déjà eu à prononcer.

Dans le cas présent, au contraire, dans celui d'une accusation de trahison portée contre des ministres par la chambre des députés, tant qu'il n'existera pas de loi antérieure qui définisse ce crime et détermine une peine que la cour des pairs puisse appliquer ou modérer, l'usage de sa puissance législative est forcé. Il cesse d'être un droit pour devenir un devoir; car si la cour n'instituait pas la peine en prononçant la condamnation, toute condamnation deviendrait une iniquité, puisqu'elle appliquerait une peine que rien n'autoriserait, ne justifierait, qui ne serait établie par aucune loi.

Que si la sûreté de l'État commande en effet de soumettre de grands fonctionnaires, qui ne cessent pas pour cela d'être citoyens, à des poursuites criminelles, de leur faire subir l'épreuve solennelle des débats judiciaires, et de les exposer, peut-être, à une condamnation capitale en vertu d'une accusation dont le titre ne se trouve point dans le Code des lois pénales, et contre les règles ordinaires du droit criminel, ce serait excéder toutes les bornes que de laisser peser sur eux les peines portées par le Code pour des crimes spécifiés et définis, mais qui ne seraient que les élémens ou les conséquences du crime dont ils sont accusés. On ne saurait invoquer contre eux la sévérité des mêmes lois dont on ne les admettrait pas à réclamer la protection. Le Code pénal est hors du procès; pour être équitable et conséquent, il faut écarter ses dispositions, puisqu'on ne tient aucun compte de son silence.

Vous aurez donc à examiner, Messieurs, si les faits constatés par l'instruction constituent, non pas aux termes de telle ou telle loi, mais selon la raison et le sens naturel des mots, le crime de *trahison*.

Vous ne vous arrêterez aux qualifications données à ces faits et extraites des divers articles du Code pénal, qu'autant qu'il est nécessaire pour bien saisir les élémens du crime que vous êtes appelés en ce moment à spécifier et à reconnaître.

En effet, la mission de la cour des pairs a évidemment trois objets : la qualification du crime, qui est le titre de l'accusation ou la vérification de la compétence; l'examen des faits incriminés, ou l'examen de la culpabilité des accusés, enfin la détermination de la peine ou son application, si les faits sont déclarés constans et les accusés reconnus coupables.

Nous sommes au premier de ces trois périodes du procès.

Les accusés étaient ministres du roi ; comme tels ils sont justiciables de la cour des pairs, s'il sont accusés d'avoir commis le crime de trahison. Vous examinerez d'abord si les faits qui leur sont imputés constituent ou non ce crime. Vous aurez à constater plus tard s'ils en sont ou s'ils n'en sont pas les auteurs.

Le principal de ces faits, celui auquel se rattachent tous les autres, consiste à avoir conseillé au roi les mesures illégales et inconstitutionnelles consacrées par les ordonnances du 25 juillet, et à les avoir contre-signées. Il est évident que ces mesures tendaient à changer arbitrairement et violemment les institutions du royaume. Si elles ont été conseillées au roi par suite d'un concert entre ses ministres, ce concert attentatoire à la sûreté intérieure de l'État aggraverait sans doute leur culpabilité, mais ne changerait pas la nature du crime et n'en constituerait qu'une circonstance accessoire. Cette guerre civile de peu de jours, grâce à la résolution vigoureuse et au généreux courage des citoyens, les dévastations et le massacre qui en ont été les suites, ne sont encore que des circonstances accessoires du fait principal. Toutefois, la gravité de ces circonstances est telle, qu'elles auraient pu seules imprimer le caractère de trahison à des conseils moins pernicieux, à des actes moins illégaux que les ordonnances du 25 juillet, surtout si l'on venait à découvrir que leurs sanglantes conséquences avaient été prévues ou préméditées.

Mais en présence des ordonnances du 25 juillet, qui transportaient sans partage la plénitude du pouvoir législatif au roi et à son conseil, sans respect pour la division des pouvoirs publics établie par la Charte constitutionnelle; qui dépouillaient arbitrairement et sans jugement un nombre considérable de citoyens de leurs droits politiques; qui annulaient les élections générales du royaume, légalement et régulièrement faites; qui détruisaient la liberté de la presse, et qui remplaçaient par les rescrits du prince et de ses ministres les lois fondamentales qu'elles abrogeaient; ne trouverez-vous pas la trahison flagrante? Être accusé d'avoir contresigné de tels actes, lors même qu'on ne les aurait pas conseillés; être accusé de les avoir contresignés après les avoir conseillés, c'est évidemment être accusé d'avoir commis le crime prévu par l'art. 56 de la Charte de 1814. Il est inutile de chercher au-dehors de ce fait des circonstances caractéristiques de la trahison pour établir la compétence de la cour des pairs. Il est oiseux de s'enquérir si les crimes prévus par les articles 91, 109, 110, 123 et 125 du Code pénal, commis par des ministres, constitueraient le crime de trahison. Il existe dans la cause un corps de délit manifeste. Ce délit, dont les pièces de conviction sont sous les yeux de l'Europe entière, ne serait prévu par aucune loi, s'il n'était l'un de ceux que l'art. 56 de la Charte énonce; et cependant c'est un des plus graves délits politiques qui puissent autoriser l'accusation des ministres. Vous n'hésiterez donc pas, indépendamment de toutes les circonstances qui peuvent l'environner, à le qualifier légalement de trahison, et cette qualification proclamera votre compétence, puisque, suivant le titre de l'accusation, MM. le prince de Polignac, le comte de Peyronnet, de Chantelauze, de Ranville, de Montbel, d'Haussez, Capelle, ex-ministres, sont accusés d'avoir signé les ordonnances du 25 juillet, et d'avoir, en les signant, changé arbitrairement et violemment les institutions du royaume.

Il nous reste encore, Messieurs, une question importante à examiner. Si la compétence de la cour des pairs comprend les faits et les accusés dans le cercle tracé par la Charte, peut-elle aussi s'étendre à tous les intérêts civils, à toutes les conséquences pécuniaires que ces faits peuvent entraîner? Cette question a cessé d'être pour vous une pure théorie; vous êtes obligés de la résoudre.

Des parties civiles ont déposé entre les mains de votre commission des demandes en intervention : elles réclament de la justice de la

cour des condamnations pécuniaires, à titre de dommages et intérêts. La commission a reçu leurs pièces et les a jointes à la procédure. Là se bornait sa mission; à la cour seule appartenait le droit
d'examiner sa compétence, la qualité et le titre des intervenans.

Il est nécesssaire que cet examen ait lieu sans retard, et c'est
pour la cour des pairs une haute convenance de régulariser avant
tout la marche de la procédure ; il importe que sa décision éclaire
l'opinion sur le mérite de ces demandes. L'admission de l'intervention, si ou croit devoir la prononcer, éveillera les intérêts lésés, et
permettra de réunir toutes les demandes analogues. Son rejet épar-
gnera aux parties civiles des démarches infructueuses, et, à la cour
des discussions tout au moins inutiles, et qui ne pourraient qu'em-
barrasser la marche du grand procès qui vous est soumis.

Nous allons, Messieurs, essayer de fournir à la cour tous les
élémens qui peuvent éclairer sa discussion, et lui faciliter la décision
qu'elle est appelée à porter sur cette question, digne de ses méditations les plus sérieuses.

Et d'abord, Messieurs, si l'on ne s'en référait qu'aux principes du
droit commun, l'intervention des tiers pourrait-elle être contestée ?
Nous ne le pensons pas.

L'article 3 du Code d'instruction criminelle dit en effet que l'action civile peut être poursuivie en même temps et devant les mêmes
juges que l'action publique, et l'on n'aperçoit pas au premier coup-
d'œil pourquoi la juridiction plus élevée qu'exerce la cour des pairs
priverait les parties qui se prétendent lésées d'une faculté qui ne
leur serait pas contestée devant une juridiction ordinaire; mais cette
argumentation ne tombe-t-elle pas devant un examen plus attentif?

Nul doute que toute personne qui se croit lésée par un crime ou
par un délit, n'ait le droit, d'après l'article 63 du Code d'instruction
criminelle, de s'adresser directement au juge instructeur, et de
saisir ainsi la juridiction criminelle par la voie de la plainte. Ce droit
d'action explique très-bien le droit d'intervention. Comment, en
effet, la partie civile ne pourrait-elle pas se présenter devant un
tribunal correctionnel ou même devant une cour d'assises, lorsque,
devant la première de ces juridictions, il lui est permis de saisir
directement le tribunal, et qu'au grand criminel elle a du moins la

faculté de donner l'impulsion à l'action publique. Le droit d'action de la partie lésée est alors si incontestable, qu'elle peut former opposition à l'ordonnance de la chambre du conseil, et saisir ainsi, par sa seule volonté, la chambre d'accusation obligée de prononcer sur sa plainte; qu'elle peut assister aux débats, y prendre des conclusions positives, les soutenir et aggraver ainsi la situation de l'accusé; et qu'enfin, si ses droits avaient été méconnus, et que l'on eût refusé d'instruire sur sa demande, la prise à partie lui est encore accordée comme dernière ressource pour forcer le ministère public en retard à donner suite à la plainte qu'il aurait négligée.

Or, c'est précisément parce que dans les formes ordinaires, le droit d'intervention s'explique par le droit d'action, que, devant la cour des pairs, appelée à juger les conseillers de la Couronne, l'intervention est inadmissible. La juridiction élevée de cette cour prend sa source dans la loi fondamentale elle-même, et ne peut être mise en mouvement que par la chambre élective, arbitre suprême du droit d'action : la chambre des députés n'est pas, comme la partie publique, dans la nécessité d'agir sur les faits qui lui sont dénoncés, elle n'est pas, comme les juridictions ordinaires, obligée d'admettre les plaintes portées devant elles, et de juger leur plus ou moins de fondement : et ainsi, pour rentrer dans les termes rigoureux de la loi, l'on peut dire que devant la cour des pairs les parties civiles se trouvent écartées par cet axiôme si connu, que *le droit d'intervention ne peut être là où le droit d'action n'existe pas.*

Il est bien d'autres considérations, Messieurs, qui viennent dans le procès actuel confirmer cette décision. Devant les tribunaux ordinaires, aucun obstacle ne se présente à l'exercice de l'action civile; et si, par exemple, pour l'appréciation des dommages dont la réparation est réclamée, des vérifications, des auditions de témoins, des enquêtes sont nécessaires, les magistrats peuvent les ordonner et se livrer à leur appréciation. L'administration de la justice, dans tous ses détails, est le devoir des tribunaux ordinaires, le but de leur institution, et leur temps tout entier doit lui être consacré.

Qui ne sent, au contraire, que la cour des pairs, qui doit avant tout à la société une haute et solennelle justice, verrait sa marche

embarrassée, entravée par tant d'actions diverses et contraires peut-
être, que feraient naître des plaintes dont elle ne pourrait ni limiter
le nombre , ni entraver la discussion, sans porter préjudice au droit
le plus sacré de tous, celui de demander réparation d'un dommage?
Qui ne voit que l'accusation politique dont les commissaires de la
chambre sont les organes, disparaîtrait, pour ainsi dire, au milieu
des questions, si nombreuses et si graves, dont les interventions
seraient la source? Et comment, pourtant, juger sainement ces
plaintes, sans entrer dans toutes les appréciations de détails, sans
les considérer dans leur ensemble et dans leur situation accidentelle
et personnelle, et sans juger enfin par quels liens nécessaires elles
se rattachent à l'accusation principale, seule base de votre compétence et de votre justice ?

Il est bien d'autres difficultés qui surviendraient dans l'application,
ce la cour des pairs était obligée d'examiner les intérêts civils. Elle
n'a rien dans son organisation intérieure qui la rende propre à cette
nature de travaux, soit le nombre de ses membres, soit leurs habitudes parlementaires, soit les formes accoutumées de ses discussions.
On sent déjà avec quelle peine et quelle lenteur la cour procéderait
au jugement de ces procès; quel temps réclamerait leur examen ;
quel préjudice il en résulterait pour les parties lésées, et, ne craignons pas de le dire, pour l'État tout entier. La justice, pour être
la première des obligations de cette assemblée en cour criminelle ,
n'est pas le seul devoir de la chambre des pairs; et l'on comprend
combien elle pourrait être détournée de ses autres travaux et de ses
occupations législatives.

En effet, l'intervention des parties civiles une fois admise dans les
procès politiques, le nombre ne peut s'en calculer. Comment évaluer
en effet celui des habitans lésés par des calamités qui auront pesé
peut-être sur une province entière? Chaque citoyen viendra-t-il
demander la réparation des pertes qu'il aura éprouvées par la mort
des êtres qui lui étaient les plus chers, par l'incendie de ses propriétés ou de ses récoltes? Tous les malheurs enfin seront-ils une
cause légitime de dommages et intérêts? Mais alors le nombre des
plaignans ne pourra-t-il s'élever à plusieurs milliers? Comment les
entendre eux et leurs défenseurs? Comment pouvoir seulement les

admettre, et quelle sera la durée d'un débat où tant d'individus sont appelés à prendre une position et à jouer un rôle ?

Ce n'est pas ici le lieu d'examiner si, lorsque tant d'individus sont atteints, quand il en est un si grand nombre qui pourraient demander des réparations, ce n'est pas l'État tout entier qui se trouve alors lésé ; si ce n'est pas à lui qu'il appartient d'aviser à la réparation de tant de malheurs, de la demander dans la mesure qui peut la rendre praticable, comme aussi de réparer par d'autres moyens que par des actes judiciaires, toujours bornés de leur nature, des dommages que lui seul peut consater et apprécier. Les tribunaux, juges naturels des parties, seront appelés à décider ces graves questions, et nous devons nous abstenir ici d'un avis qui pourrait gêner leur décisiou future.

Mais l'intervention serait-elle jugée possible dans les accusations politiques ? ce n'est jamais devant la cour des pairs qu'elle pourrait être portée. Il est reconnu en effet par les criminalistes les plus estimés que le pouvoir judiciaire étant réparti en France entre les tribunaux civils et les tribunaux criminels, ceux-ci ne peuvent que par exception se trouver appelés à prononcer sur une action civile ; et personne n'ignore que les exceptions sont de droit étroit : aussi les tribunaux criminels ne peuvent-ils connaître des actions en dommages et intérêts qu'en vertu d'une attribution spéciale de la loi. Toujours la cour de cassation est restée fidèle à ce principe. Un arrêt le rappelle d'une manière tellement précise, que nous nous sommes décidés à le mettre sous les yeux de la cour.

« Considérant que toute action en dommages-intérêts est de sa » nature une action civile dont la connaissance n'appartient, d'après » les principes généraux du droit, qu'aux seuls tribunaux civils ; » que par conséquent, les tribunaux criminels ne peuvent en con- » naître que dans les seuls cas d'exception précisés par la loi, » casse, etc. »

Ces principes s'appliquent très-bien à la position actuelle. La cour des pairs, investie par la Charte constitutionnelle d'une juridiction criminelle spéciale et complète quant à l'espèce de délits qui fonde sa compétence, n'a été cependant instituée juge des ministres que sur le chef de trahison ou de concussion : hors de là, point de juri-

diction, et par conséquent point de droit pour statuer sur les demandes qui ont trait aux biens des ministres accusés devant elle. Ce
sont les principes de notre ancien droit français. D'Aguesseau établit,
d'après les autorités les plus nombreuses et les plus imposantes, que
les tribunaux privilégiés par la nature du crime ou la qualité des
accusés, peuvent bien atteindre les personnes, mais que leurs jugemens n'affectent jamais la fortune du condamné.

Une dernière réflexion achèverait, s'il en était besoin, de démontrer combien la cour des pairs diffère de celle des juridictions ordinaires, combien ses droits sont plus restreints. Les cours d'assises
peuvent, aux termes mêmes de la loi, même en cas d'acquittement
ou d'absolution, accorder des dommages-intérêts à la partie plaignante, et dans la vérité, le juge en qui réside une juridiction universelle pour statuer sur les intérêts privés, conserve dans l'exercice
de la justice criminelle la plénitude de ses droits et de son autorité.
Mais dans l'hypothèse de l'acquittement des ministres, la juridiction
de la chambre des pairs s'évanouit tout entière avec le délit, source
unique de sa compétence ; et alors que deviendront les plaintes des
parties civiles, et les démarches infructueuses, onéreuses peut-être,
dans lesquelles elles ont été entraînées?

Enfin, Messieurs, une dernière considération, plus décisive que
toutes les autres, mais spéciale, nous devons le dire, à la cause actuelle, et qui, ainsi, laisse à la cour toute sa latitude pour l'avenir,
et empêche même qu'on ne puisse lui reprocher d'être en opposition
avec ses précédens, vient achever cette suite de raisonnement, desquels il semble résulter la démonstration la plus complète qu'on
puisse désirer.

Le ministère public est absent, et ne doit point paraître dans cette
cause.

La cour a pensé qu'il ne pouvait y être reçu ; sa présence, inutile
pour la justice, ne pouvait qu'y être pénible pour la couronne et
embarrassante pour MM. les commissaires de la chambre des députés. A ces commissaires appartient, dans cette cause, l'accusation
publique, mais seulement dans le cercle de leur mandat.

Or, il est de doctrine que les droits civils des intervenans ne peuvent se décider qu'en présence du ministère public, que la loi

charge spécialement de porter la parole dans les affaires de cette nature. Toutes les fois que des magistrats civils ayant compétence pour connaître ces sortes d'affaires, les ont jugées sans entendre les conclusions du ministère public, la cour de cassation, gardienne des lois, a toujours annulé ces arrêts. Il n'est pas nécessaire, Messieurs, de vous citer les nombreux monumens de cette jurisprudence; mais nous croyons devoir remettre sous vos yeux le texte même de la loi. L'art. 58 du Code d'instruction criminelle porte : « qu'a-» près le jugement, la cour statuera sur les dommages-intérêts res-» pectivement prétendus, après que les parties auront proposé leur » fin de non-recevoir ou leurs défenses, et que le *procureur-géné-» ral aura été entendu*.

  » La cour (dit encore ce même article) pourra néanmoins, si elle » le juge convenable, commettre l'un des juges pour entendre les » parties, prendre connaissance des pièces et faire son rapport à » l'audience, où les parties pourront présenter leurs observations, » et où *le ministère public sera entendu de nouveau*.

Il y a une grande pensée d'équité dans cette intervention du ministère public, si rigoureusement exigée par la loi.

Soit en effet que le condamné se trouve soumis à des dommages-intérêts, soit qu'il ait à en réclamer, c'est alors qu'intervient le ministère public, organe impassible de la loi, modérateur des droits et des passions dans l'examen des intérêts privés, comme il venait de l'être dans celui des intérêts généraux.

Ce n'est pas ici un de ces principes étroits, un de ces axiômes de procédure dont la cour des pairs peut s'affranchir ; c'est une des règles fondamentales de l'ancienne justice de France, de cette justice à laquelle tous les peuples ont rendu hommage, et qui a dû une partie de son lustre aux travaux des membres du ministère public appelé à éclairer le magistrat et à le diriger dans la voie de la justice et de l'impartialité.

Or, pour le jugement des ministres, il n'existe point près la cour des pairs de ministère public représentant la société pour toutes les actions criminelles et civiles. Les députés, par leurs commissaires, ne le représentent que pour une action unique, immense sans doute, l'accusation de trahison : mais hors de là, ils sont sans pouvoir. Ces intérêts civils, dans lesquels les commmissaires de la chambre seraient sans action, manqueraient donc de ce modérateur que doivent réclamer également les accusés et les parties civiles, et qu'on ne peut leur refuser sans les dépouiller d'une partie des garanties les plus importantes que la loi leur accorde.

Il faut donc le dire, Messieurs, si la cour des pairs manque d'un élément indispensable à la décision de ces intérêts civils, elle est incompétente.

Mais ce n'est pas seulement par respect pour les principes, pour les droits des accussés et des parties civiles elles-mêmes, que vous ne pouvez admettre leur intervention, c'est dans l'intérêt du procès actuel. Vous avez reconnu en effet, que dans cette cause, le concours du ministère public serait non-seulement inutile mais nuisible. Vous ne pouvez admettre, à plus forte raison, des intervenans, dont le nombre, les droits divers, viendraient bien autrement entraver la marche régulière du grand procès qui vous est soumis. Tout se réunit donc pour décider que la cour ne peut recevoir l'intervention des parties civiles; si elles ont des droits, c'est devant d'autres juges qu'elles devront les faire valoir.

Nous n'avons pas craint, Messieurs, de donner à cette grave question le développement dont elle était susceptible, sûrs que tout ce qui pourrait éclairer votre religion, et montrer à la France le zèle et la sollicitude de la cour des pairs pour les victimes de notre dernière révolution, serait bien accueilli par vous.

Tel est, Messieurs, le résultat de l'instruction dont vous nous avez chargés. Nous avons lu avec soin toutes les pièces de la procédure; nous en avons extrait les documens qu'elles pouvaient nous offrir. Nous avons entendu près de cent témoins; les accusés ont été interrogés plusieurs fois. Nous n'avons rien négligé enfin pour obtenir sur chacun d'eux les renseignemens qui pouvaient modifier sa situation personnelle.

La signature des ordonnances incriminées était hors de toute discussion et ne comportait aucune instruction spéciale, et nos investigations ont dû naturellement se porter sur toutes les circonstances accessoires de ce fait principal.

Quatre seulement des ministres accusés sont aujourd'hui sous la main de la justice, les trois autres sont absens. Attendrez-vous, Messieurs, pour juger les premiers, que toutes les formalités relatives aux contumaces soient remplies. L'éloignement du domicile de quelques-uns d'entr'eux, prolongerait, sans nécessité, la situation des accusés présens, et peut-être trouverez-vous juste de distraire les contumaces pour les juger plus tard, et de passer immédiatement au jugement des accusés, à l'égard desquels l'instruction est complète.

Quelque pénible qu'ait été la mission que nous avons reçue de votre confiance, nous nous sommes efforcés de la remplir avec cette impartialité du magistrat, à laquelle refusent toujours de croire, dans les temps d'agitations politiques, ceux que la justice n'a pas servi au gré de leurs intérêts ou de leurs passions. En présence de ces accusés tombés du faîte du pouvoir, et sur lesquels pèse l'attente d'un si grand jugement, en présence de la patrie outragée qui demande une éclatante réparation et des garanties pour l'avenir, nous n'avons écouté que notre conscience, nos devoirs et la vérité.

—La translation des ex-ministres, de Vinceunes au Luxembourg, a eu lieu le 10 décembre : partis à sept heures, ils sont arrivés à huit heures et demie.

Tout s'est passé avec le plus grand ordre dans tous les lieux parcourus ; et, durant le trajet à travers le faubourg Saint-Antoine, dont les habitans ont pris une part si active aux journées de juillet, aucun rassemblement ne s'est formé, aucun cri ne s'est fait entendre. Chacun vaquait à ses travaux comme de coutume ; la curiosité même, si naturelle dans cette conjoncture, semblait avoir fait place à un sentiment profond des convenances.

M. de Chantelauze, en proie aux douleurs d'un rhumatisme aigu, n'a pu être transféré au Luxembourg en même temps que les autres ex-ministres ; mais il y a été amené dans le cours de la journée.

www.ingramcontent.com/pod-product-compliance
Lightning Source LLC
Chambersburg PA
CBHW071958270326
41928CB00009B/1477